JN144437

中国社会

周建国　著

目次

訳文での各種パーレン使用の原則

1. (1) ― 筆者注。主に筆者が参考にした書籍や論文で、各章末にまとめて掲載。
2. [1] ― 訳注。多くは数字番号ではなく、語句の説明等を入れているが、数字番号を付してある箇所は各章末に説明を付した。
3. 原文で（○○）が付してある箇所は、そのままにして中を日本語に訳した。
4. 原文で“○○”‘○○’が付してある箇所は、「○○」『○○』に変え、中を日本語に訳した。原語と訳語が同じ場合もある。
5. 原文で≪○○≫が付してあるもののうち、書籍名は『○○』に、論文・リポート等の名称は「○○」に変え、通達等の名称はそのままにして中を日本語に訳した。
6. 原文の中国語を訳文でそのまま用いる場合には“○○”を付した。初出の箇所だけに付した場合もある。
7. 英語の文献についてはすべて原稿のままにしている。

なお、原則に従わず例外的な処理をしている箇所もあることをご了承願いたい。

第一章
中国の伝統社会の概説

現代の中国社会についてある程度全体的な認識を得ようと試みるならば、いかなる試みであれ、中国社会の歴史をおよそ理解しておかねばならない。さもないと、得られる認識に多かれ少なかれ偏差が生じることは免れまい。これは、一面では中国の歴史が悠久であるため内在的に継承されてきた伝統があるゆえであり、また一面では社会認識の内在的法則にもよる。なぜならば、歴史を分断することは永久にできず、いかなる社会の発展であれ既定の歴史的前提や基礎と不可分だからである。まさにある学者の言葉どおり、「自己の歴史を尊重すれば、歴史はよい報いをもたらすだろう。自己の歴史を尊重せず、ひたすらそれを誇るならば、歴史は手厳しい報復をするだろう。」[(1)] このような認識に基づき、現代の中国社会の全体像を描き始める前に、いささか紙幅を割いて中国の伝統社会の政治・経済・文化倫理の秩序についてあらましを述べ、現代中国の社会を認識する前提及び基礎としたい。

第一節　中国の伝統社会の政治秩序

伝統的中国社会の歴史は数千年の長きにわたって続き、中国は世界四大文明発祥地の一つであるとされている。奴隷社会初の王朝である夏から今に至るまで、中国はすでに四千年以上の歴史を有する。秦の始皇帝が中国を統一して初の封建的統一王朝を打ち立ててから1840年のアヘン戦争勃発までに限っても、二千余年を数える。歴史学者は一般に、中国の伝統社会とは主に秦・漢から清末までの時期を指すとする。すなわち、主に秦が中国を統一して封建的帝国を樹立してから清末にその帝国が崩壊するまでの歴史的時期にあった中国社会を指す。この二千余年連綿と続いてきた歴史の交替劇の中で、中国の伝統社会は世界にも類を見ない極めて安定した政治秩序を形成してきた。

なぜ中国の伝統社会だけが、長期にわたり極めて安定した政治秩序を形成したのか。その答えは、おそらく政治のコントロール・メカニズムを端緒に探していかねばならないだろう。政治のコントロール・メカニズムといえば、伝統的中国社会には二元社会構造が存在していた。その一つは専制主義的中央集権を特徴とする国家政権であり、もう一つは宗法（宗族）制度を特徴とする“郷族社会”［農村宗族社会］である。言い換えれば、伝統的中国社会の統治構造には二つの異なる層があった。上層は中央政府で、上から下への官制システムを構築しており、下層にあったのは地方的統治機関で、族長・郷紳あるいは地方の名士が主管していた。[2] このように「伝統的中国社会には事実上二種類の相互不干渉な秩序の中心があった。一方は官制の領域で、国家を権威の中心とし、具体的な社会ではその整合的意義は多分に文化の象徴性にあった。もう一方にはより実質性があり、それは実際の管理にあたる権力を担っていたからで、その権力こそが地方体の権威であった。」[3] この二種類のコントロール・システムは、内部に各々整ったコントロール・メカニズムを有すると同時に相互にも支え合い、大きな完全に近いコントロール・システムを形成して、中国の伝統社会の安定した政治秩序を維持していたのである。

一、伝統社会の官制体系と政治秩序

中国の伝統社会の官制体系（政治構造）は主に相互に関連する三部分、すなわち皇権を中心とする専制集権政体、徳治を主とする治国術、科挙制度からなっていた。そのうち皇権を中心とする専制集権政体は官制体系において最も重要な一極であり、伝統的中国社会の政治体系の中核である。そして、徳を以って国を治めるのはその専制集権政治の治国術であり、科挙制度は専制集権制度の一種の緩衝装置であった。それゆえ、中国の伝統社会の政治秩序を理解するには、この三部分の内容及び相互の関係を理解しなければならない。

（一）皇権中心の専制集権政体

中国の伝統社会では秦の始皇帝が郡県制を敷いて以来、王朝が国家権力を一手に握り、皇権を中心とする専制集権政体がしだいに形成されてきた。この専制集権政体は、中央から地方に至る権力システムと厳格に統一した法律制度を作り上げることで、社会全体をコントロールしていた。皇権は主に国家権力を体現するものとなり、その代名詞となった。ある学者は社会統治の視点から、国家権力を独占した皇権を治権と法権の二面に分け、かつ治権とは国家権力メカニズムを実体とする権力体系、そして法権とは国家権力を後ろ盾にした規則体系であると考えた。このような治権と法権は一方では両者が統一された形で現れ、また一方では両者の間が一定に区分された形でも現れた。[4] まさにこうした治権と法権との統一が、中国の伝統社会の皇権を中心とする専制集権政体を形成したのである。

具体的な歴史の歩みからは、こうした専制集権政体がよりはっきりと見て取れる。例えば中国初の封建王朝である秦は、中央政府の下に郡・県・郷という三段階の行政区域を設けた。「県ヲ以テ郷ヲ統ベ、郷ヲ以テ亭ヲ統ベ、亭ヲ以テ里ヲ統ベル。大率10里ニテ1亭、亭ニ長有リ;10亭ニテ1郷、郷ニ三老(秩有リ)・嗇夫・游徼有リ。三老ハ教化ヲ掌リ、嗇夫ハ訟ヲ聴キ賦税ヲ収ムルヲ職トシ、游徼ハ盗賊ヲ循ムヲ主トス。県ハ大率方百里、其ノ民ガ稠ナレバ減ジ、稀ナレバ眡シ、郷亭モマタ之ノ如クス。」[5] ここからうかがえるように、中国の伝統社会は相対的に完成度の高い、上から下への集権統治の秩序を早くから作っていた。

その後、秦朝から明・清まで、国家の権力システムは各王朝で多少の変化はあったものの、中央権力と地方権力の間には交互に勢力が消長する関係が現れた。ある時は国家権力が相対的にいくらか強大になり、国家権力が基層社会へより多く浸透した。またある時は国家権力が相対的に弱小化して、国家権力が上層に向かって収縮し（例えば、王安石の新法から清代に実施された保甲制までは県を基層行政区域とし、郷は基層行政区域ではなくなったため、国家権力は郷のレベルから県のレベルに収縮)、国家権力と地方社会の間には融合と分離が共存する矛盾した状態が現れた。しかし総体的にいえば、中国の伝統社会の統治構造における国家権力と地方社会は分離したものである。この問題は地方の統治構造を論じる部分で詳述するので、ここでは触れない。

中国の伝統社会の統治構造では、国家権力と地方社会の間に常にさまざまな動態変化が現れていたにせよ、総体的には安定性と継続性がその主たる特質であり、長期にわたる安定した専制集権統治が中国の伝統社会の明らかな特徴の一つである。中国の著名な学者王亜南はこの点について透徹した論を述べている。王亜南によれば、「極めて少数の例外を除き、中国の政治形態には大した変更がなく、言い換えれば一貫して専制政体—官僚政治の支配を受けてきた。譚嗣同が『二千年ノ政ハ、秦ノ政ナリ、皆大盗ナリ』と言ったとおりである。二千年間の政がどうして皆『大盗』であるのか、ここでは説明を加えないが、二千年間の政がすべて秦代の専制政治を踏襲してきたことは、一つの事実である」[6] という。中国の伝統社会二千年の歴史は一面では同一形式の異なる王朝の交替劇であったが、同時にまた別の一面から見れば各王朝の専制君主間での支配権力の伝承であった。王朝の絶え間ない「再生産」、さらに官僚統治に見合った絶え間ない「再生産」が、中国の伝統社会の政治秩序の極めて安定した構造と秩序を作り上げてきたのである。

(二) 徳治を主とする治国術

専制的秩序か民主的秩序かを問わず、いかなる統治秩序もその統治秩序に沿う形で系統的な治国方法を実行していくことが必要である。そうしなければ、その秩序を長期に維持することは難しい。世界各国の歴史と現実を見れば、多種多様な治国方法が存在するものの、簡単に分類すれば徳治と法制という二種の類型に帰結する。中国の伝統社会は、歴史文化・生育土壌及び各朝各代の思想と智恵を結集させることで独自の特色を持つ徳治を主とした治国術を生み出した。

中国伝統社会の徳治思想は古くに生まれ、確かな歴史文化の源を持つが、整った徳治思想体系を形作った功績は、中国古代の儒家思想を集大成した孔子に帰すると言わざるを得ない。孔子は彼の生きた特殊な時代に、心に描く理想の社会をつくるため、理想とする治国の道を苦心して模索した。そして最後には徳治を自らの理想における治国の道と定めた。「政ヲ為スニ徳ヲ以テスルハ、譬ヘバ北辰ノ其ノ所ニ居テ、衆星ノ之ニ共スルガ如シ」（『論語』為政）という考えが、その治国の指導思想になった。具体的に言えば、その徳治思想は主に以下の三点の内容からなる。

1．徳治は具体的な政治施策の実質、すなわち民を愛するところまで行き渡らせる。孔子いわく、「古ノ政ヲ為スハ、人ヲ愛スルヲ大ナリト為ス。人ヲ愛スルコト能ハザレバ、其ノ身ヲ有ツコト能ハズ。其ノ身ヲ有ツコト能ハザレバ、土ニ安ンズルコト能ハズ。土ニ安ンズルコト能ハザレバ、天ヲ楽シムコト能ハズ。天ヲ楽シムコト能ハザレバ、身ヲ成スコト能ハズ」（『大戴礼記』哀公問于孔子）。ここからうかがえるように、孔子は為政愛民の重要性を非常に強調している。民を愛してこそ「民ヲ恵ス」ことができ、「文徳ヲ修メテ以テ之ヲ来ス」ことができる。そうすれば最終的に天下の万民が従い、天下が睦まじくなる。このように、孔子の徳治思想において「人ヲ愛ス」ことは第一に説くべき核心であった。

2．為政者は必ず身を修めて徳を備えなければならない。孔子は為政者の道徳修養の重要性を非常に強調した。孔子は、身を修めなければ他人を、そして自己を正しくすることはできないと考えた。自他の双方のうち、孔子はとりわけ自己を正しくすることの重要性を強調した。いわゆる「政ハ正ナリ。子帥イルニ正ヲ以テセバ、孰カ敢テ正シカラザラン」（『論語』顔淵）、及び「上ハ民ノ表ナリ。表正シケレバ、則チ何レノ物カ正シカラザラン」（『大戴礼記』王言）という文言で説いているのは、まさにこの道理である。これらは、為政者がまず人徳を高め自らの行いを正してこそ、人民を感化して善行を成さしめるということをよく物語っている。

これだけにとどまらず、為政者はさらに“身体力行、以身作則”、つまり自らの模範的行為によって多くの庶民に良い影響を与えねばならない。孔子いわく、

「其ノ身正シケレバ、令セズシテ行ハル。其ノ身正シカラザレバ、令スト雖モ従ハズ」（『論語』子路）、「上礼ヲ好メバ、則チ民敢テ敬セザル莫シ。上義ヲ好メバ、則チ民敢テ服セザル莫シ。上信ヲ好メバ、則チ民敢テ情ヲ用ヒザル莫シ」（『論語』子路）、「苟クモ其ノ身ヲ正シクセバ、政ニ従フニ於テ何カ有ラン。其ノ身ヲ正シクスル能ハズンバ、人ヲ正シクスルヲ如何セン」（『論語』子路）。これらはいずれも「上ノ施ストコロハ、下ノ効（ナラ）フトコロナリ」という道理を説明している。

3．道徳感や羞恥心は人々の行いに強い拘束力を持つ。まさにいわゆる「之ヲ道（ミチビ）クニ政ヲ以テシ、之ヲ斉（トトノ）フルニ刑ヲ以テスレバ、民免レテ恥ヅル無シ。之ヲ道クニ徳ヲ以テシ、之ヲ斉フルニ礼ヲ以テスレバ、恥ヅル有リテ且ツ格（イタ）ル」、すなわち法律や命令で庶民を管理し、刑罰をもって取り締まれば、庶民は一時的に罪を犯すことは免れても、罪を犯すことが恥ずべき行いだとは思わない。だが道徳で庶民を教化し、礼をもってその行いを制約すれば、庶民は「羞恥心」を持ち、さらにまた一切の誘惑に負けない堅固な意思を持つようになる。それゆえ為政者は道徳による教化の効用を認識し、道徳教育が社会習慣の改善、他者との協調、社会秩序の維持という面で何物にも代えがたい役割を発揮するようにしていくべきである、とする。

当然ながら、伝統的中国社会の徳治思想はこれらの内容にとどまらない。歴代の統治者は孔子の徳治思想を基礎にしながらも、時代による変更や統治上の必要から絶えずその徳治思想体系に新たな内容を加え、終始その肉付けと強化を図り、最後には一連の完全な治国術にまとめ上げた。だが、本稿の重点は中国の伝統社会における治国の道を論ずることではなく、中国社会の徳治の伝統及びその専制集権体制擁護の作用を述べることにあるため、この問題についてはこれ以上論じない。

また、中国の伝統社会の徳を主とした治国術を語るには、徳治と深く相関するもう一つの要素——礼治にも言及しなければならない。徳治は主に治国の理念であり、礼治こそが真に人間の行いを拘束する規範だからである。この意味では、徳をもって国を治めるとは主に「礼」によって維持されるのであり、中国の伝統社会における秩序は本質的には礼治の秩序である。道徳を備えた人とは、具体的な生活の中では多くの場合において礼を知る人であり、「徳」と「礼」の間には強い相関関係が見られる。道徳と同じように、「礼は外部からの権力によって広められるものではなく、教化される中で個人の畏敬の念を養い、人を服膺せしめるものである。人が礼に服すのは自発的なことである。」[7] 礼は物事を処理する一種のルールとして経験世界でしだいに形成され系統化されていき、中国の伝統社会の安定した社会構造にうまく対応して徳治に実在的な規範の基礎を与えた（中国の伝統社会に対する礼の擁護作用については後の部分で詳細に論じる）。

以上のように、中国の伝統社会の長期にわたり安定した専制集権の政治秩序は主に徳治によって維持されてきたものであり、徳を以て国を治めることは中国の伝統的政治の鮮明な特徴である。そして、道徳は一度人間の心理世界に入り込むと、強い拘束性と安定性を持つ。この視点から見れば、徳治の術は中国の伝統社会が長い歴史を刻んでこられた要因の一つである。王朝や君主が代わろうと、徳治思想は中国の伝統社会の政治を初めから終わりまで貫いていたのである。

（三）伝統社会の政治秩序の維持手段——科挙制度

王亜南は中国官僚政治の研究において、中国の高度に発達した官僚政治には二つの大きな支柱、すなわち両税制と科挙制があったと指摘している。前者はその経済的基盤をなし、後者は人材登用制度であった。[8] この見解が正確かつ全面的であることに疑いはないが、筆者は中国の専制集権政治が長期にわたり維持された特有の要因は後者であると考える。なぜなら、両税制と似た経済的基盤は世界の他の国家にもかつて存在したが、それらの国家の封建的統治秩序が長く維持されることはなかったからである。この点から、経済基盤が同じ、あるいは大体相似した情況下において、何らかの特殊な要素がある制度を確固たるものとし、継続させる要因になっていたといえよう。そのように見れば、中国の伝統社会の専制集権政治が高度に発達し、かつ長い歴史を刻んだ特有の要因は、まさしく中国が隋・唐以降徐々に創り上げてきた独特の官吏選抜制度——科挙制度と大きな関連がある。

中国の伝統社会の官僚政治における科挙制度については、これまでも内外の学者による論述が少なくない。例えばT.T.メドウズはかつて、国家による競争試験制度が中国を長く維持せしめた一つの制度であると指摘した。銭穆は試験制度が「政府と社会を緊密に結び付け、一体化させた」としている。[9] 中国社会にすこぶる興味を持ち、かなりの研究を重ねていたB.ラッセルはさらに進んで、官吏選抜の科挙制度を中国の伝統社会だけが持つ三大特徴の一つと見ている。[10] これらの見解は大方において同じことを説明している。それはすなわち、科挙制度が中国の伝統社会の政治秩序の擁護に相当重要な役割を果たしていたということだ。

実のところ、科挙制度が中国の伝統社会の政治秩序擁護に果たした役割を歴史と結び付けて分析すれば、あるいは問題をもっと浮き彫りにすることができるかもしれない。周知のように、専制集権政治制度に応じて生まれる人材登用制度は通常縁故採用や特殊主義が盛行し、最終的には専制主義の副産物——世襲制へと変化していく。中国史上で秦から隋まで盛んに行われたのは、主にそのような人材登用制度であった。例えば漢代の人材選抜方法は、中央で採用されて相国等の機関[1]でふるいにかけられ、さらに郡国の定期的推薦を経るものであった。このような選抜・推薦制度は当初はさほど問題がなく、選抜基準をきちんと定めさえすれば優秀な人材を官僚システムに送り込めるかに見えたが、実際はそうはいかなかった。名門や豪族がまだ十分に形成されていない社会環境では、このような制度があるいは相当の合理性を有したかもしれない。「だが官僚政治が長期に及び、官吏となって勢力を増し、長くその座にいた者やその子孫らが、徐々にさまざまな社会経済上の便宜に頼って特権者層を形作るようになると、彼らは中央でも郡国でも必ず採用・推薦される対象になった。」(11)こうなると、この採用・推薦制度の悪弊が現れ始め、推薦された者の多くは賢才ゆえではなく家柄や血縁ゆえであったので、いきおい「上品ニ寒門ナク、下品ニ世族ナシ」という二極化した局面が現れ、社会全体の階級矛盾が鋭い対立を見せて、社会の安定が脅かされた。秦から隋までの歴史にもその一斑がうかがわれ、その間は前漢が比較的安定していた例を除き、ほとんどすべてが不安定な激動の状態にあった。

このような鋭く対立する階級矛盾を緩和するため、隋・唐からはこうした人材登用制度が統治階級によってしだいに改められ、試験を選抜の基準とした科挙制度が始められて、唐の初期にそれがおよそ整った。科挙制度実施の結果、庶民と皇族の子弟縁者が少なくとも制度上は同様に学習の機会を得て、門閥が仕官の途を独占する局面を打破し、統治階級と非統治階級の間に移動のルートが開けた。下層社会の知識人の一部は勤勉に学習すれば仕官昇進の道を歩むことができ、上層社会の人々も以前のように何の懸念もなく子弟縁者を官吏の座に押し上げることはできなくなった。このため階級矛盾は大幅に緩和され、社会の安定性が強化された。それと同時に、科挙が儒家の経典や道徳的著作を試験内容としたため、一面では学問尊重の気風を育てて昇進を目指す官吏の道徳修養を高め、また一面では社会全体、特に官僚集団の形成を可能にした。以上からうかがえるように、中国の伝統社会が独自に創り出した科挙制度は、確かに一種の緩衝装置のごとく伝統社会の安定を大いに擁護し、専制集権制度の衰亡を遅らせた。

当然ながら、科挙制度にもそれ自体では克服できない弊害がある。例えば、その試験内容ないし形式の固定化は、人々の創造性を大きく拘束するものであった。特に後年はしだいに“八股”〔八股文〕による答案作成が求められるように変化し、開かれた試験で人材を選ぶという当初の意味を徐々に失って、その弊害もいっそう露わになった。だが、それは問題の一側面であり、それのみをもって科挙制度がかつて中国の伝統社会の政治秩序擁護に果たした大きな潤滑油の役割を否定することはできない。

二、官制以外の地方統治構造

中国の伝統社会では、「普天ノ下、王土ニ非ザルハ莫ク、率土ノ浜、王臣ニ非ザルハ莫シ」という皇権を最大限に称賛する文言に疑いを向ける者はほとんどなかったが、近代[2]以降の多くの研究がいずれも物語るように、万能と見られた封建的皇権の浸透力にも実は限りがあった。社会統治構造という視点から見れば、中国の伝統社会は実際には封建的皇権と地方統治権が共存する二元社会構造であった。正式な官制システム以外に、基層社会にはさらに膨大な地方統治システムが存在したのである。地方社会の秩序維持という面では、この地方統治システムは皇権が浸透しにくいものであったため、代替不可能な機能を持っていた。地方統治システムは中国の伝統社会の長期的安定と継続に対して、封建的皇権よりもさらに大きな役割を果たしていた。大きくまとめると、この地方統治システムには主に以下の二つの要素があった。

(一) 家庭・家族・宗族及びそれに基づく儀礼文化

アメリカの著名な中国研究家J.K.フェアバンクは、中国伝統社会の構造を研究して次のように述べた。「中国は家族制度の堅強な堡塁である……中国の家庭はその成員独自の生活空間であり、ミクロな国家である。かつて、社会を構成する単位は個人ではなく家庭であり、家庭こそが人としてのモラルを教える責任を担う単位であった。家庭生活で教えられる孝順の道は、そののち統治者に忠誠であり国家の政権に従うように人を育成する訓練の基礎であった。」(12) ここで、フェアバンクは中国伝統社会における家庭・家族及び宗族と政治秩序との関係を指摘している。詳論を展開してはいないものの、フェアバンクは中国の家庭と国家（政治）の間に内在する関係をはっきり見ていたのである。

なにゆえ「家庭こそが人としてのモラルを教える責任を担う単位であった」のか。家庭生活で孝順の道を教え、統治者に忠誠であり国家の政権に従う代々の臣民を育てるほかに、家庭・家族及び宗族は社会秩序の擁護においてさらに多くの役割を持っていたのであろうか。この問題について思考を深めていけば、家庭・家族及び宗族、それらを基礎に構築された儀礼文化と中国伝統社会の社会秩序（むろん政治秩序も含まれる）の間に、強い関連性が見られることに気付くだろう。

周知のように、伝統社会においては農民の土地に対する依存性が大変高い。土地の不可動性は必然的に住み慣れた土地からは離れがたいという農民の気質を養い、最後には一族が集まって居住する生活形態が形作られる。農民は子々孫々にわたり「斯ニ生マレ、斯ニ長ズ」、先祖代々同じ土地で「日出レバ作リ、日落ツレバ息ス」という生活を送る。このような生活環境により、農民は必然的に自分が慣れ親しんだ家庭・家族ないし宗族をとりわけ重視し、血縁・地縁が農民のあらゆる関係を結ぶ絆になる。このような生活環境にあるため、父子兄弟で構成される家庭が生産の基本単位となり、「家は必ず存続させなければならず、個人の成長で分かれることなく、個人の死で終わることもないゆえ、家の性質が族に変わった。」(13) しかも、家族はさらに政治・経済・宗教等の面で一家庭では担いきれない多くの役割を担うことができたので、家庭を重視する考えはしだいに家族を重視し、互いを同族と認識する方向へと変化した。まさにある学者が言ったとおり、「家族の政治・経済上の勢力は家庭のそれより大きく、多数の家族がまたその勢力を象徴し維持する宗祠・家族共有財産（田畑を含む）・家族のしきたりを持っていた。それに加えて伝統的な中国の農村の同姓一族集合居住という習慣……及びそこから生まれる経済利益共同体は、伝統的農民に自分が所属する家族という血縁共同体に対する高い同族認識を持たせ、またそれゆえに鮮明な家族意識が形成された。」(14) まさにこのようなロジックによって、中国の伝統社会には家庭・家族及び宗族社会という鮮明な文化的構造が徐々に形作られてきたのである。

家庭・家族及び宗族文化の影響により、中国の伝統社会の政治文化ははっきりした地域的特徴を帯びている。それは、人々の家族・郷里という血縁あるいは地縁的な地域共同体に対する同族としての認識が、その地域以外の国家システムに対する認識よりはるかに高いことに突出して現れている。日常生活において庶民の言行を支配かつ規範付けているのは国家権力を体現する王法（法律）ではなく、伝統により維持されてきた儀礼、家庭・家族あるいは同郷者の感情をつなぐ情理であった。一族集合居住及び代々変わることがない近隣が存在したことで、人々は強力な外在の王法に頼って相互の関係を維持するには及ばず、完全に彼ら相互の細部にわたる結び付きや長期的な利害関係に基づいた考えにより、社会生活各方面をカバーする儀礼を通して公共生活で生じる衝突を仲裁し、家族あるいは農村共同体内部の秩序を維持することができたのである。(15)

それゆえ、家庭・家族及び宗族を基礎として形成された儀礼文化は、中国の伝統社会の秩序維持において国家権力システムが果たしえない役割を目に見えない形で果たしてきた。

儀礼文化に対する同族間の共通認識があるため、中国の伝統社会では庶民が日常生活で経験する衝突の類を、やむを得ない場合を除いて法律に訴えるようなことはしなかった。逆にいえば、庶民にとって役所に訴えるのは名誉なことではなかった。役所に訴えることは、第一に元々家族内部の対立を外部の社会、特に外部社会の強者に訴え出ることであったため、第二にその家族の成員の悪賢い横暴な部分や教養または忍従精神が欠如していること物語り、家族内にそのような対立を解決する力がないことをも示すからである。そうした行いは、家族あるいは地縁共同体内部の人間関係や威信を損なわせる。中国社会への洞察が深く東西の文化に精通していた林語堂は、伝統社会の農村制度にも言及しており、この現象についてもすぐれた論を述べた。林語堂は、“郷土社会”では「人々は常に裁判を避け、農村の争いの95%はその土地の長老が解決する。訴訟にまで及ぶのは、それ自体不名誉なことである。体面を重んじる人々は、自分の一生が役所や法廷と縁がないことを誇りにする」(16) としている。中国社会を細部まで見通した費孝通は、さらに直截に次のように指摘した。「“郷里社会”では、『三百代言』と言えば誰もが『悶着が起こるよう双方を焚き付ける』悪行を連想した。そのような社会では代言人に地位などなかった。」(17) 農村社会では隣近所で争いが起こると、通常その一族やその土地で身分や地位が高い長老や有力者が仲裁を行うが、その仲裁方法とは争う双方を一喝することであった。「まったく村の面汚しだ！間違いだと分かったら、家に帰れ。」その後ひとしきり説教が続く。ときには机を叩いて癇癪を起こしてみせる。……これは効果てきめんで、双方はいつも「和解」するし、ときには罰として双方に食事を振舞わせることもある。(18) この滑稽とも言えそうな仲裁方式は、伝統社会の礼治の秩序のもとでは極めて有効であり、しかも庶民から大いに認められていた。逆に、“郷土社会”では、司法の場に訴えるのはまさにその土地で「クズ」と目される人物であり、善良な民は訴えを起こすことを嫌ったのである。

以上のことからうかがえるように、中国の伝統社会においては、家庭・家族及び宗族を基礎に成立した礼治文化が、社会秩序の擁護に非常に大きな役割を果たしていた。礼治が伝統社会の秩序擁護にこのように大きな役割を果たし得たのは、本質的に礼治が中国の伝統社会の徳治とかなりの部分で一致するものであり、礼治は伝統社会の徳治思想を基層社会へ押し広げたもの、「礼」の規範は「徳」の思想を具体化したものであるからだと思われる。仮に家庭・家族及び宗族という基礎上に成立した儀礼文化の制約がなければ、中国の伝統社会の長期にわたる存続や極めて安定した政治秩序は想像もできないことであった。

(二) 紳士階層と社会統治

中国の伝統社会の地方統治構造に論が及ぶに至って、多数の学者が中国の伝統社会の紳士階層が地方社会統治の面で果たした役割を認識した。学者諸氏は、紳士階層を主として構成された地方の権威(エリート)が伝統的中国の地方社会統治における事実上の中心的パワーであり、かつ紳士階層が事実上の権力——紳権を形成していたとみている。このような権力が国家権力と相互にうまく作用し、二種の秩序の中心を成して、共に中国社会を統治していた。「この二種の秩序はそれぞれの領域でそれぞれの権威の中心を形作り、また相互に礼儀上の付き合いをする以外、他方の領域に踏み込むことは注意深く避けていたので、この二種の秩序の間に安全な隔層(gap)が生まれた。それゆえ、多種の局部的な地方体に立脚した国家の政治制度が、広い社会の整合のために提供した基盤は主に文化的意義のものであり、構造的意義における政治的整合は事実上地方体のレベルで完成して、かつ地方の権威がその任に当たっていた。そこから見えてきたのは、国家は地方の象徴的な承認さえ得られれば、地方体に対する真の、挑戦的な意味を持つ管轄権を求めることはなく、統治のルールにおいてすら統一的な管理ルールを実際に推進することはなく、地方が慣例によって掌管するのに任せていた……つまり国家は常に地方の権威を通して地方社会を統治し、彼らに取って代わって地方社会を統治しようとは企てていないことである。地方の範囲、特にその基層では、地方の権威が国家の成し得ない局部の整合作用を替わって担っていた。」[19] ここから、地方の紳士が国家の定めた大まかな範囲内でいかに地方事務を管理し、地方秩序を維持したかということが明白にうかがえる。

紳士とその誕生過程については、学界に一致した見解がない。張仲礼の研究と説明によると、紳士とは中国の伝統社会が科挙制度実施以降に生み出した独特の社会階層であり、科挙で得た資格・学業品行・学位と官職が結び付いた一種の身分であるという。[20] また費孝通は、紳士とは封建制が解体して統一的専制皇権が確立したのち、中国の伝統社会に特別に存在した人々であるとする。紳士は特定の社会集団であり、その資格と役割、及び政治に参与する方式やルートは、いずれも国家の法律で厳格に定められていた。[21] 両氏の見解を見たところ、紳士に対する見方には確かに比較的大きな相違がある。だが、それはここで論ずる問題にあまり影響がない。本稿で関心を寄せるのは、紳士とはどのような人々かではなく、彼らが基層社会の統治において果たした役割だからである。ある人間が社会の統治において役割を果たそうとするとき、重要な条件はその人間が必ず一定の権力を持っていることであり、本稿で関心を寄せるのは実際にはその紳権である。だが紳権は国家権力とは異なり、国家の権力機関から授けられた地方の権威ではなく、自身が持つある条件によって獲得するものである。正確に言えば、それは権力ではなく、権威である。したがって、紳権は実質上一種の地方的権威である。すなわち、地方的権威となった者だけが、地方社会の統治において役割を果たし得る。そうならなければありきたりの紳士でしかなく、地方社会にいくらの役割も果たせない。ひいては庶民と対立する側に向かって、地方社会の庶民に恨まれる「劣紳」になる。

“郷土社会”ではどのような人間が高い威信や声望を持つ地方のエリートとなり、かつ社会統治において役割を果たすようになり得るのか。これまでの研究に基づくと、“郷土社会”の紳士が地方的権威となるには、以下の三つの必要条件を備えていなければならない。

まず、科挙試験によって「学位」と資格または官職を得ることである。大部分の学者が同様に、紳士は“読書人”［科挙を受験する者または合格した者や、そのような家柄・環境にある人々］であらねばならないと考えており、最も好ましいのは科挙によって一定の資格または官職を得た人物で、これが紳士となる「正道」である。たとえ一部の者が「官職を金で買い」紳士の身分を得たとしても、「邪道」としか見られない。「学ビテ優ナレバ即チ仕フ」ことが、中国の伝統的地方社会では十分に体現されていたのである。さらに重要であるのは、“読書人”だけが社会にあまねく認められる正統な道理をわきまえ、それを上に立つ家長のように道徳的な力をもって、庶民一人一人に伝えることができた点である。道徳的感化と儀礼文化によって社会を統治することが紳権統治と皇権統治の最大の相違であり、科挙によって「学位」と官職を得た人物だけがこの任に堪えたのである。

第二は、相当な私的財産を所有していることである。“読書人”たる者、一定の財産を持っていなければ、“郷土社会”でもあまり尊重されず、ひいては貧乏に甘んずる頭の古い「孔乙己」のような悲劇的人物と見られて、高い声望を得ることなどまったく不可能である。さらに重要なのは、相当な財産がなければ地方公共事業に金や力を注ぐことは不可能であり、権威を得る手立てもないことだ。それゆえ、郷紳はある程度の財産を持っていなければならない。

第三は、無償で地方公共事業に奉仕できることである。地方的権威を獲得するための重要な前提は、社会への奉仕を望んでいること、しかも私的財産を投げ出して無償で地方公共事業に奉仕することである。彼らは地方教育を担い、公共工事を興し、“団練”［宋から民国にかけて各地につくられた民間の自衛武装組織］の組織づくりや徴税など、多くの公共の仕事を請け負う義務があった。凶作の年には、一般の地主とは違い、往々にして地租を減免したり、あるいは田畑に赴いて小作農を慰めたりした……総じて、彼らにはその地域社会で各種の「世話」や「保護」を提供する義務があった。そうしなければ、紳士は威信や声望を真に得ることはできず、庶民が危険や困難に見舞われたときにそれを助け、各種の社会矛盾を解決することはできなかった。

このほか、紳士が州あるいは省、さらには中央に一定のコネのネットワークを持っていれば、地方的権威になる可能性はさらに高かった。そうした資源を掌中にする紳士は、コネのネットワークを利用して一般の情況下では成し得ない多くのことを地方社会の庶民のために成し遂げたので、庶民に尊重される存在となり、地方的権威になる後押しを庶民から受けたからである。

以上の条件を備えて、紳士は真の意味での地方的権威になった。彼らは自身の権威を利用して社会の矛盾を解決し、近隣の関係を調整し、公共事業を興して、国家権力と地方社会の間を頻繁に行き交い、地方社会の統治において何者にも代えがたい役割を果たしていた。

当然ながら、紳士階層が中国の伝統社会の統治構造の中で果たした役割を認識したとしても、その役割を無限に誇張することはできない。社会の深層に横たわる要素から見て、紳士階層が地方社会の統治において大きな役割を果たし得たのは、主に紳権が皇権と本質的に一致するところがあり、上層社会の統治のニーズに適合したことによる。紳権は社会の統治に対して、より多くの場合、各種の矛盾が衝突する中で緩衝装置の役割を果たしていたのである。この種のことは、いずれもその役割が有限であったことを決定付けている。それゆえ、中国の伝統社会の紳士階層が社会統治において果たした役割を過分に誇張することはできない。

三、国家権力と地方統治の関係

これまでの部分から分かるように、中国の伝統社会には国家権力（封建的皇権）と地方統治（地方的権威）という二種の権力システムがあった。したがって、中国の伝統社会の統治構造を知るには、この二種の権力システムそれぞれが機能するルールを知り、さらに両者の間の関係を理解しなければならない。

これまでの中国の伝統社会における二元統治構造に関する研究では、学者の多くが国家権力と地方統治という二種の権力システムは分離したものだという考えに傾いている。あるいは両者の間にある種の関連性が存在するとは考えても、両者の間の分離をより強調し、さらに進んで地方統治における地方的権威の役割を強調している。だが、このような認識は偏りに失しており、社会全体という大きな背景から地方統治構造の力を見るという足場から浮いているように思われる。そこで、二つの対峙する視点から封建的皇権（国家権力）と地方統治（地方的権威）の間の関係を分析してはどうであろうか。

（一）国家権力と地方統治の間の融合

中国の伝統社会の統治構造において、国家権力と地方統治の間にはまず両者の融合という形が現れた。

まず、国家権力と地方統治の間の融合は、家庭・家族・宗族勢力と国家権力の融合に現れている。中国の伝統社会では、国家権力が基層社会への浸透を完全な意味で実現したことは一度もなかったが、これは封建的皇権が地方社会統治において何の役割も果たさなかったということではない。逆に、秦から明・清まで、国家権力は常に多かれ少なかれ地方社会にさまざまな影響を与え、ときには正式な郷官を設けて地方事務を管理させたことさえあった。

中国古代[2]の地方吏治史をざっと振り返ると、国家権力が地方社会に与えた影響をはっきりと見て取れる。秦から隋までは郷亭制が敷かれ、官が派遣した郷官を主、民間が推薦した人員を補として、郷が基層行政区域とされた。隋から宋にかけては郷里制度が郷官制から職役制に変化していった。北宋王安石の新法実施から清代までは保甲制が実施され、県が基層行政区域となり、郷は基層行政区域ではなくなった。(22) 以上のことから分かるように、中国の伝統社会では国家権力は地方統治に対して終始直接的あるいは間接的な影響を与え続けていた。それゆえ、国家権力の外に完全に独立した権力システムがあったと単独に想定してはならず、双方の間の融合により多く目を向けるべきである。国家権力と地方社会の間には相互依存の関係が存在していた。その関係とは、①家庭・家族・宗族等の血縁・地縁関係は国家権力が形成される基礎であり、機能を発揮する前提であった。国家権力の地方社会における行使は上層社会におけるものとははっきり異なり、家族・宗族制度への依存により多く現れていた。②国家の基層組織の指導者と家族・宗族組織の間には非常に緊密な関係が存在していた。こうした関係は主として、国家基層組織の指導者には宗族の族長などが直接その任に就いたこと、そうでなければ基層組織の権力が宗族勢力に支配あるいは掌握されていたことに現れていた。これらはいずれも、中国の伝統社会の国家権力が基層社会に浸透したのち、地方統治構造との間に微に入り細をうがつ関係が存在しており、双方に多かれ少なかれ結び付きや関連が現れていたことを物語っている。

次に、国家権力と地方統治の間の融合は、紳権と皇権の融合にも投影されている。紳士階層は中国伝統社会の地方統治において最も注目されるパワーであり、彼らと国家の正式な権力システムの間には高度な融合関係が存在していた。

張仲礼は中国伝統社会の紳士の職責についての研究で、紳士はリーダーの地位にあり、各種の特権を享有する社会集団として若干の社会的職責を担っていたと指摘している。紳士は自分の郷里の福利増進や利益保護を自らの責任と捉え、例えば公益活動・トラブルの解決・公共工事の実施・“団練”の組織や徴税など多くの仕事を担っていた。彼らが担っていたこれらの仕事は、その多くが政府にとって有用であった。ときに紳士は官府の命令を受け、あるいは官府に協力して仕事をした。またときには官吏が何かを提案して紳士に実行させ、しかも紳士に思う存分腕を揮わせた。さらにまた、紳士が何かを提案して官府がそれを許可すると、往々にして官府から経費もしくはその他の面での実際的な支持が得られた。紳士は伝統的な儒教道徳を守り、思想的には国家が提唱する倫理道徳と一致していた。地方のリーダーとして、紳士は政府と聯盟を結び、また官吏と地域住民との仲介役も担っていた。正常な情況では政府と紳士の主たる利益は一致しており、また社会の運営を保ち現状を維持するために、互いに協力していた。[23] 紳士は特殊な社会階層として、政府と庶民をつなぐ橋になることが最大の役割であったことに間違いはない。紳士は国家と地方社会の間を頻繁に行き交い、国家と地方社会を一つに融合させたのである。

とりわけ注目に値するのは、紳士がりっぱな教育を受け、かつて官であった、あるいはその時点でも引続き何らかの官職を担っている人々として、その影響力が居住地域の範囲をはるかに超え、どの階層にも一定のネットワークや影響力を有していたことである。このため紳士は各階層間の連係と意思疎通を強化し、各階層間の融合を進め、社会の整合に至るまで、何者にも代えがたい役割を果たした。その上、紳士は制度下の教育を受けていたので、おしなべて統治者が唱える儒教道徳を身に付けて自らの行動規範としており、その結果自覚の有無に関わらず国家の道徳的要求と地方社会の礼治秩序を結び付け、国家権力と地方統治の融合をうまく実践していたのである。

(二) 国家権力と地方統治の間の分離

中国の伝統社会の地方統治構造において、国家権力と地方統治の間には相互に融合する一面があったほか、事実上の分離も存在し、多くの不一致性が見られる。おそらくこの不一致性が、学者が伝統社会の地方統治にすこぶる興味を抱く理由の一つになっているのであろう。

まず、このような分離は国家の提唱する理念や行いと、地方社会における人々の実際の言動の分離に現れている。この問題について学術界の論議は多くはないが、この問題は中国社会の極めて重要な特徴であり、掘り下げた研究が必要であると思われる。仔細に観察すると、伝統社会で国家が提唱していた理念や行いと地方社会における人々の言動の間には明らかな不一致が見られることに容易に気付く。こうした不一致性を生み出した深い原因は、中国文化の内在的構造にあると考えられる。

中国文化の内在的構造のモデルを作るとすれば、それは幾星霜を経た古木のようなもので、その古木は三部分からなる。上は繁茂した枝葉、中間に太い幹、そして下は錯綜して生える根である。そのうち上の枝葉の部分は、長い歴史の中でしだいに形成された中国の官界文化である。それは明文化されたルールがあまりないままに広まったが、官界に足を踏み入れれば、生き残りゲームのルールがあることに徐々に気付くだろう。昔から今に至るまで、官僚は官界文化が定めたこのゲームのルールに則って行動している。こうしたルールは通常長い官僚生活の中で習得されるもので、官僚の表向きの言説とはまるで一致しないが、本当に彼らの行動に強い拘束力を持っているのはまさにこうした明文化されていない潜在的ルールであり、いわゆる「官僚の建前」ではない。中間部分は国家が提唱し追求する主導的価値観及び理念で、これらが一貫して社会教育や宣伝の主たる内容であった。例えば、伝統社会が力を尽くして提唱した「天下ノ憂ヒニ先ンジテ憂ヒ、天下ノ楽シミニ後レテ楽シム」「天下ノ興亡ハ匹夫ニ責アリ」等の価値観や理念はこの部分に属し、それはあたかも大樹の幹のように中心に位置して、人々の注目が最も集まりやすいところであった。にもかかわらず、常に軽視されがちであった理由は、それらがまさしく日常の行いではなかなかできない、または全くする必要のないことであり、事実上形式化していたからだ。そして、樹下の錯綜した根の部分はあたかも地方社会の文化のような、一般庶民の日常の言動や生活のルールが存在する場である。庶民の誰もがたとえ学校に入って勉強しなくても日常生活でこの文化のルールを習得し、また生活の中で思うように運用することができる。この複雑な脈状に広がる根は地下深くに埋もれ、見ることも触ることもできないようであるが、実はこれこそが人々の日常行為を支配する真のルールである。(24)

以上の分析から分かるように、伝統社会で国家が提唱した理念や行いと地方社会の人々の実際の言動とは多くの情況で分離しており、一般庶民の行動ルールは彼らが経験した世界の潜在的ルールに多分に支配されたもので、官側の提唱した内容は庶民にあまり影響を与えず、またさほどの拘束力も持たなかった。このような文化構造の中で、国家権力が地方社会に深く入り込もうとするのは、実際には非常に困難なことである。このような情況下である地方勢力を選び、それを自らが地方社会を統治する代表に据えるのは、一種理性的な選択であると言える。国家権力はその手を伸ばしきれないものの、地方社会の統治は必要不可欠である── これが伝統社会で家族・宗族及び紳士を代表とする地方統治が非常に発達かつ成熟した理由であるのだろう。

次に、こうした分離はさらに、紳士階層と国家の間のある程度の分離にも反映されている。紳士階層は特殊な集団として国家との間にある種の機能上の結び付きがあるものの、双方の間の分離もまた明らかである。その主な理由は紳士が「政府の役人の前では、その地域の利益を代表していた」ことにある。[25] 紳士は総体的には地方の利益の代弁者であり、国家の利益と地方の利益にはいつも不一致が存在するので、紳士及びそこに生まれる紳権と国家権力との間で衝突が生じることはある程度避けられない。このとき、地方の利益の代弁者たる紳士は、常に自分たちの見方を受け入れるよう官府を説得した。情況によっては、紳士は自らの官府に対する影響力を利用して自分の意志に従うよう地方官吏に強い、ときには地方のリーダーという地位を盾に官府に圧力を加えてまで、地方の利益を擁護した。このような場合、統治者の根本的利益に抵触しない限り、官府も黙認するか、何とか寛容に対処するかしかない。[26] 当然ながら、こうした衝突・反対ないし官府に抵抗する行為は、中央政府に重大な脅威を与えないことが前提であった。言い換えれば、地方の紳士と国家権力の間には衝突や不一致が存在するにしても、それは依然として制度内での衝突であり、双方の分離はその融合を前提条件とするものであった。

中国伝統社会の統治構造はこのように国家権力と地方統治が共存する二元構造であり、双方の間には融合もあり、また分離もあった。ときには互いに衝突や対立を見せ、ときには互いに支持し合った。一方の権力構造が危機に見舞われたときは、もう一方の権力構造が揺らぐことなく安定していた。それゆえ、一度また一度と繰り返される王朝の交替を経ても、地方社会の統治構造はほとんどその衝撃の影響を受けることなく、独自の生命力と実用的価値によって継続してきた。このような統治構造は中国の伝統社会の安定と継続に極めて有利であった。なぜならば、政治的激動でたびたび崩壊したのはある王朝の皇権統治と国家権力に過ぎず、それと共に地方秩序まで徹底的に壊すことなど不可能であり、その必要もなかった。ある新しい王朝が誕生すると、地方社会はその内在的構造力によって素早くかつての秩序を回復し、そのようにして中国の伝統社会は二千余年にわたり繰り返しその営みを続けてきたのであった。

第二節 中国の伝統社会の経済秩序

中国の伝統社会の二千余年にわたる歴史の中で、小農経済と家内手工業が結び付いた自給自足的自然経済は一貫して社会経済生活の主導的地位を占め、農業文明が伝統社会の経済秩序の主軸を成していた。18世紀まで、「中国経済全体がほとんどすべて農業分野で占められ、その他の分野は農業が原材料を提供する必要があるか、あるいは農業分野にサービスを提供する付属的地位にあるかであった。手工業はその多くが綿花・食糧及びその他の農産品の加工業であり、商業は主に食品や衣料の市場分配を行っていた。農業に原材料の提供を頼る必要がないのは、経済全体に占める割合がごくわずかな分野、例えば鉱業や冶金業・建築業・政府のサービス部門だけであった。」[27] こうした記述から、家族経営農業と家内手工業が結び付いた自給自足的自然経済が、確かに伝統社会における主要な経済形式であったことは、容易にうかがえる。

だが、伝統社会の農業経済の自給自足性を強調する一方で、それを理由に伝統的農業経済のその他の面を軽視することがあってはならない。伝統社会の農業経済は農民の自己消費を満足させると同時に、農民の生活上の必要、あるいは少量の余剰生産品の存在から、ある程度の定期市場交易も発展させていた。地方によっては定期市場交易が相当なレベルまで発達し、伝統社会の農業経済の重要な構成部分になっていた。

一、自給自足的自然経済及びその成因

中国の伝統社会の経済史では、家族経営農業と家内手工業が結び付いた自給自足の自然経済が一貫して経済の主導的地位を占めてきた。農民は自分の土地あるいは地主から借り受けた土地で簡単な再生産を行い、大部分の生産品を自らの生活の需要を満たすことに使った。それと同時に、農閑期には簡単な家内手工業による生産に従事して、日常の生活必需品を作り出していた。このような自給自足的自然経済が封建時代の最も典型的な経済形式であることはすでに広く認められているので、ここでさらに詳しい検討は加えない。

しかし、伝統社会の自給自足的自然経済の成因については学界に各種の異なる見方があり、さらに詳しい研究が待たれる。このような経済形式の成因を分

析するには、少なくとも三つの要素を考慮しなければならないと思われる。その三つの要素とは、封建的土地所有権制度・血縁を基礎とする家族構成・相対的に密集した人口及びそれに起因する“人地矛盾”［人が多く土地が少ないという矛盾］である。

（一）土地所有権制度と自給自足的自然経済

中国の伝統社会の高度集権的政治体制と適応する形で経済上実施されていたのは国家土地所有権制度であり、国家は少なくとも形式上は土地所有権を持っていた。そして国家の土地所有権は最終的に国家君主一人の所有に帰し、すなわち「普天ノ下、王土ニ非ザルハ莫シ」という状態であった。それゆえ、土地は国家君主を象徴とする国家の所有であることが、中国伝統社会の土地制度の総体的特徴である。このような土地所有権思想のもとで、「伝統的中国社会では次のような土地財産権構造が形成された。国家君主は法権が定めた最高の土地所有権を有する。統治階層内部の利益関係を調整するために、国家君主は土地を配下に分封したが、それにより各級の貴族に等級（公・侯・伯・子・男）及び軍功により土地を授与すること、すなわち『封邑』が出現した。このように、表面的に見れば、国家君主が有するのは所有権あるいは最終的支配権というべきものであり、封ぜられた貴族官吏が有するのは占有権、農業生産に従事する農民が有するのは使用権であった。」[(28)] つまり、中国の伝統社会には事実上土地所有権と使用権が分離する情況が存在していた。

当然ながら、中国の伝統社会の土地所有権と使用権の分離には、しだいに複雑化していった過程がある。国家君主は名義上の土地所有者ではあったが、封建地主による土地私有化制度が確立するにつれて、封建時代の統治階級の主体——地主階級が事実上の土地所有者になった。土地私有化制度が確立したため、地主は土地所有を最も重要な家業と見なすようになり始め、自らの優位な立場を利用して大量に土地を併合・占有し、農民に貸し与えて耕作させ、地租を取り立てた。国家は農民を土地に縛り付けて地租収入の安定化を図るため、土地を持たない、もしくは土地が狭い農民に国有地を長期に占有・使用するよう与えたが、これによって農民が実質上小さな土地を占有するという情況も生まれた。このように、中国の伝統社会の土地所有権には上から下への三層の関係、すなわち国家——地主——農民という関係が存在した。説明を要するのは、三者の間にはなはだしく不平等な契約関係が存在した点である。土地財産権の形成及び変化の過程全般において、国家は財産権の範囲を確定及び行使する唯一の合法的存在として、こうした関係で自らを絶対的な主導的地位に置き、一方で農民を極度に不利な地位に置いて、国家が決めた契約を受動的に受け入れざるを得ないようにした。[29] まさにこのように不平等な契約関係が、中国の伝統社会の自給自足的自然経済という基本的道筋を根底から決めたと言えよう。

国家及び国家の利益を代表する地主階級が大量の土地を占有していたため、農民は狭い土地に頼り、あるいは地主の土地を借り受けて耕作し、生存を維持するよりほかなかった。このような土地制度のもとでは、農民の生活状況は推して知るべしである。一方では最も基本的な生産手段である土地が不足し、また一方ではつらい労働による成果の大部分を地租として取り立てられた。こうした情況では、農民の収穫がいかに多くても衣食を満たすため使われるに過ぎず、余剰を蓄積して他の事業を発展させるなど当然ありえないことであった。「大多数の前資本主義の農業社会では、食物不足への懸念が『生存倫理』を生んだ……わずかしかない収穫は食物不足を意味するだけではない。さらに、食物を口にするために支払う代価は他人に大きく依存する屈辱感であったかもしれないし、あるいは土地や役畜を売って翌年に十分な食物を収穫する手立てを減らすことであったかもしれない。農民家庭の問題は、はっきり言うと家族を養うに十分な米を生産することであり、塩・布等の生活必需品を買うことであり、そして外部の人間による減るはずのない取り立てに従い得ることであった。」[30] このように、封建社会の土地所有権制度のもとでは、土地不足で常に生存の脅威にさらされていた農民が、リスクを冒して農業以外の相対的に豊かな利潤をもたらすかもしれない仕事に従事するなど不可能であり、自給自足的小農経済が農民にとって唯一の理性的選択であった。

(二) 家庭——自然経済の基本構成単位

近代工業文明とは異なり、伝統的な農業文明は自然条件に大きく依存していた。大自然が格別の恵みを施して適度に風雨をもたらし、天災や人災がなければ、農業は良い収穫が得られる。天災や人災により凶作に見舞われれば、農民は飢餓を耐え忍ぶほかはなく、生存が直ちに脅威にさらされる。生存を図ることが最大の目標であるこのような伝統的農業経済について、アメリカの著名な学者J.C.スコットは優れた論を著した。スコットは、「生存を目的とする農民の家庭経済活動の特徴は以下の点にある。資本主義企業と異なり、農民の家庭は一生産単位であるばかりでなく一消費単位でもあるので、家庭の規模によって、始めから多かれ少なかれ、ある種の削減できない生存のための消費の需要があった。一単位として存在し続けるには、どうしてもその需要を満たさなければならない。その最低限の人の需要を安定した確実な方法で満たすこと、これが農民が種子・技術・耕作時間・輪作制などの選択を総合的に考える主要な基準であった」[31]とする。スコットの研究は主に東南アジアの農民の生活を資料にしているが、世界各国の伝統的農業経済の基本的特徴をも概括したものになっている。

中国の伝統社会では、農民が生存を図るためにまず考えなければならなかったのは、生存と直接関係する衣食の問題であった。この二つの基本的な生活問題は、家々の農業と手工業が結び付いた生産方式によって解決された。伝統社会の農民家庭では、通常男性が主に田畑の仕事を受け持ち、女性が織物や針仕事をすることで、一方が食べ物を、もう一方が着る物を手に入れた。中国古代の民間社会に広く伝わる“男耕女織”という言葉が表すのは、農耕社会の典型的な光景であった。

当然ながら、こうした社会分業のない基盤に成立した農業の経済効益は極めて低い。効益の低い生産方式のもとで生存を図るため、一般農家では男女が共に生産労働に加わらなければならず、そうしないと生存が危ぶまれる脅威に見舞われた。いわゆる「一夫耕サズンバ、或ルモノ之ノ飢ヲ受ク：一女織ラズンバ、或ルモノ之ノ寒ヲ受ク」（『漢書』食貨誌）というのは、こうした理由による。このような生産方式のもとで、多くの農民の消費水準は当然極めて低いレベルを維持し得るのみだった。“男耕女織”という農業生産及び経営方式は農民の最も基本的な衣食のニーズを満たすことしかできず、ごくわずかの享受を求めることもできなかったので、農民の消費水準は基本的な生活のニーズを解決するレベルに長くとどまっていた。総じて、家庭を基本的構成単位とする自給自足的農業経済は、せいぜい農民の衣食をまかなう水準に達することしかできなかった。

このような家族経営農業と家内手工業が結び付いた生産方式を形成した要素として、伝統的農業生産の目的が主に農民の衣食のニーズを満たすことであったという理由以外に、もう一つ重要な理由があった。それは「中国の伝統社会は終始家庭をその構成の基本単位としており、社会は家庭から構成されているが（家庭化数量を単純に加えたものではない）、その基本構造は家庭と同じであり、その基本機能は家庭の中にすべて備わっている……社会の自足は家庭の自足から実現されるのである。したがって、耕作と織工が結び付いた自給自足は農業社会の家庭経済の構造及び機能そのものであった」[32]ことである。家庭は農民の生活において最も頼りにできる組織であり、農民は家庭のおかげで生き長らえ、代々命をつないでいけるので、自給自足の家庭経済はおのずと中国の伝統社会で主導的地位を占める経済形式になっていった。

家庭を基本単位とする社会構造は、人々の血縁や地縁への同一認識や親近感も高めた。逆に言えば、そのような認識や親近感がさらに家庭の観念を強化したが、両者は一方が原因でもう一方が結果という関係ではなく、互いが因果関係にある。血縁や地縁関係の影響により、伝統社会の農民はやむを得ず自分の土地にとどまるのではなく、自分の土地を離れることを望まず、代々狭小な世界で暮らし、先祖から受け継いだ土地を耕作して、「父死スレバ子ガ継グ：農人ノ子恒ニ農ヲ為シ、商人ノ子恒ニ商ヲ為ス……貴人ノ子旧ニ依リテ貴ナリ……富人ノ子旧ニ依リテ富ナリ」という、何代にもわたってほとんど変化のない決まりきった生活を送っている。なぜならば、「血縁は安定した力である。安定した社会では、地縁は血縁が投影されたものに過ぎず、血縁と切り離せない。『斯ニ生マレ、斯ニ死ス』ことが、人と土地の縁を固定した。生、それはすなわち血であり、血がその人間の生きる地を決めた。世代間で人口が増えると、一本の根から生え出た苗のように、ある地域に寄り集まって一群になった。生活地域が近いのは血縁の親疎を反映していると言える……血縁と地縁の合一はコミュニティーの原始的状態である。」(33) それゆえ、伝統社会の血縁と地縁が一つになった環境で暮らす農民は、おのずと“男耕女織”という相対的に閉鎖的な農耕生活を送ることしかできなかった。

(三)“人地矛盾”と集約型農業文明

中国の伝統的農業社会は一貫して比較的高い出生率を保ち、人口が多く、世界でもその人口は上位にあった。前漢の時代、人口はピーク時に5,800余万人に達した。その後戦乱や社会の激動を経て、人口はある程度下降を見せる。しかし隋に入ると戸籍人口は4,600余万人まで回復し、唐玄宗の天宝14年（紀元755年）に再び5,200余万人に達した。それ以降は総体的に緩やかな増加を見せ、5,000～7,000万人前後を行きつ戻りつしていた（特別な戦乱期にはある程度減少した）。清の康熙年間には「人丁ヲ滋生セシメ、永ク賦ヲ加ヘズ」という人口増加政策が実施されたため、人口は急成長期に突入し、18世紀初頭に1億人の大台を超え、1762年に2億人突破、1790年に3億人を突破し、1834年には4億人を上回った。(34) その後は150年以上絶え間なく戦争が続いたため、人口増加の勢いが抑えられ、1949年に新中国が成立するまで人口は終始その数字の前後を推移していた。

人口が莫大であっても、土地は一種の有限な資源であるため、中国ではいきおい人が多く土地が少ないという矛盾した状態が生まれた。加えて、伝統社会の大多数の農民は住み慣れた土地への愛着が強く、自分が住む村落を離れて知らない土地へ開拓のために移住することを望まない（伝統社会では血縁と地縁により一族が集合居住するという事実も、外部への移住の可能性を低くしている）。この傾向は人が多く土地が少ないという矛盾をさらに激化させた。このような情況でその矛盾を解決する唯一の方法は、新しい労働力を絶えず有限な土地に投入していくことである。多くの人口がそれぞれ一塊の土地を守って、伝統社会の集約型の農業文明を育ててきた。「集約農業の任務は最小の面積で最大の生産量を獲得することであり、土地が少なく人の多い情況では集約農業以外ありえない。」[35] このように、伝統社会の集約型農業文明は人が多く土地が少ないという矛盾が生んだ必然的な結果であった。集約型農業は一方では高度に発達した農業文明を育てたが、また一方では農業文明が大規模経営に舵を切ることを阻み、長期にわたって安定した生産レベルを維持しうるにとどめた。当然ながら、このような集約型農業文明のもう一つの結果は、伝統社会の家内手工業の発展を促したことである。このような農業生産では大量の労働力が手すきの状態にある（農閑期はいっそう顕著である）ので、農民は余剰労働力を家内手工業の発展に向けざるを得ず、それが客観的には家内手工業の発展を引き起こした。

アメリカの著名な中国研究家フィリップC.C.ホアンは、このような伝統社会の大量の余剰労働力投入によって得られる経済成長の方式を、「過密化」あるいは「内巻化」と呼んでいる。[36] 農民は人が多く土地が少ないという矛盾に直面したとき、労働力を解放してその他の職業に従事したのではなく、絶えず有限な土地への労働力投入を増やした。その結果が「単位労働日当たり限界報酬逓減を代価に総生産増加を獲得する」ことで、これは実際には発展のない見かけの増加であった。スコットはさらに踏み込んで、このような生産活動の「付加労働の限界利潤は極端に少ないが、資本と土地を持たず、また自分の持つ資源の一部を家庭の食物にあてなければならない農民にとっては、大した影響がなかった。労働は農民の持てる唯一の、比較的充足した生産要素であったので、生存を図るためにはおそらくそうした利潤の極めて低い、労働力を消耗する仕事をせざるを得なかったのであろう」[37] としている。これらの論述は、いずれも人口が絶えず増加する中で土地がほとんど増えないことに起因する伝統的農業社会の厳しい矛盾を鋭く洞察しているが、この矛盾が伝統社会の高度に発達した集約型農業文明を促進したのである。

二、農村市場と定期市場交易

中国の伝統社会の経済構造において、家族経営農業と家内手工業が結び付いた自給自足的自然経済のほかに、農民はさらに少量の経済交換と交易活動に従事しており、そうした基盤の上に農村市場と農村定期交易が形成された。したがって、伝統社会の経済秩序を社会全体のマクロ構造の中に置いて論じるとき、農村市場と農村定期交易が研究を深めるべきもう一つの問題となってくる。

(一) 農村市場と定期市場交易及びその成因

多くの史料や研究成果が物語るように、中国の伝統社会、とりわけ後期の伝統社会では、全国あまたの地方で比較的整い成熟した地域的農村市場が形成されていた。これらの農村市場では農産品と手工業製品の交易が相対的に発達し、その地域の経済活動ないし社会活動の重要な場所になっていた。アメリカのB. I. シュウォルツは中国社会の大量の地方誌など原始資料の閲覧及び実地調査を通して、中国の伝統社会には他の地域に見られない長期性・安定性があったため、近代化の始まるまでに多くの地域の市場システムが相当成熟したレベルに達しており、中国の農耕社会における農民の市場行為と交易活動には相当な典型的意義があると述べている。[38] そのほか、大量の社会学・人類学・経済史及び社会史の研究が、いずれも異なる側面から伝統社会にはすでに相当成熟して整った地方市場や定期市場の交易活動が存在したことを証明しているが、それらはすでに定論となった史実であるので、ここでは詳しい検討を加えない。

しかし、伝統社会でなぜそのように発達した農村市場システム及び定期市場交易活動が形成されたのかは、さらに研究を深めるに値する問題である。ホアンは近代に長江デルタ地域の農民による市場行為の展開を可能にした社会環境を分析した際、農民が市場活動に参加した主な目的は次の三点であると指摘した。①現金あるいは現物で不在地主に租税を納めるため。地主が現金を要求した場合、小作人は食糧や綿花を売って得た金で納税した。納税の形式が現物であれば、その大部分は後日地主によって売りに出された。いずれにしろ、租税として納められた農産品は早晩市場に持ち込まれた。②生産や生活維持のための直接的経費(地租は含まないが各種税金は含む)を支払うため。農民はいつも収穫後ただちに食糧を売って未払い債務の支払いに充て、その後再び高値で食糧を買い入れて食い扶持としていた。③租税・生産費用及び消費ニーズに充てた後の余剰農産品を売って利益を得るため。一部には、余剰生産品を貯蔵して季節的な価格上昇を待ち、できるだけ多くの利潤を得ようとする農民もいた。[39]

ホアンの研究の結論は近代の農民の経済生活を資料としたものではあるが、伝統社会の農民が市場活動に参加した主な理由をおおよそ説明している。

だが、注意すべきはホアンの研究が近代に商品経済が比較的発達していた長江デルタを資料としている点で、その当時、長江デルタの商品経済はすでに相当発達したレベルにあった。したがって、その研究結果をもって、伝統社会全体の自給自足的自然経済という基盤に成立した農村市場及び定期市場交易を完全に説明することはできない。伝統社会の経済活動は自給自足的自然経済を基盤としており、それゆえ農耕時代に形成された農村市場及びその機能と近代的意義の市場には多くの差異が存在すると考えられる。ホアンが述べた三つの要素は、もとより伝統社会の農村市場及び定期市場交易の形成ないし興隆の理由ではあるが、少なくとも根本的理由ではないと思われるのである。農民は“郷土社会”において自給自足的生活を送っているので、彼らが市場活動に参加する第一の理由はやはり「自給自足」と関係があり、生活のなかで事実上「自給自足」できない場合、農民は初めて市場に出向いて生活必需品を交換入手することに思い至ったのであろう。それゆえ、農民が市場交易に参加した第一の理由は、売買という行いを通して自分の土地では作らない、だが生活に不可欠な日用品を手に入れようとしたことにあった。簡単に言えば、農民の市場活動参加の第一の理由は、主に各自の生活必需品を取引するためで、大きな利潤を欲するためではなかった。このほか、伝統社会の農村市場や定期市場交易が発達したもう一つの大きな理由は、おそらく農村の家内手工業の発達とかなり大きな関係があるだろう。前述のとおり、伝統社会には人が多く土地が少ないという矛盾があり、そのため農民にはかなり多くの余剰労働力と空いた時間があったので、一部の農民は農業と関係がある家内手工業の生産に従事するようになり、伝統社会で発達をみた家内手工業の誕生を促した。そして家内手工業による製品には往々にして相当の余剰分が生まれ、その余剰品は農村市場に販路を求めるよりほかになく、そうしなければ価値を生むことがなかった。要約すれば、農村市場は「農民家庭のあらゆる正常な交易のニーズを満たした。家庭で生産した自家用以外の物品は通常そこで売り、家庭で生産しない必需品をそこで買い入れた。基層市場はこの市場に属する地域内で生産された商品に交易の場所を提供したが、さらに重要なことは、そこが農産品と手工業製品が市場システムの上位に流れていく起点であり、また農民の消費に供する外部からの物品が流れてくる終点であったことだ。」(40) このように、農民の日常生活に不可欠な交易のニーズこそが、農民の市場への意識をしだいに育て、彼らを市場活動に参加させていったのである。

(二) 農村市場と定期市場交易の機能

中国の伝統社会では発達かつ成熟した農村市場と定期市場交易が形成されたが、これらの農村市場や定期市場交易には近代の市場や交易とは大きな差異、それも本質的な差異があった。事実、それらは農村の自給自足的経済と不可分の関係にあり、強い封鎖性を持っていた。本稿でそれらの市場を"農村市場"と称し、近代社会の統一的大市場と区別しているのには、そうした理由もある。

伝統社会の農民は、一族集合居住というモデルに従って無数の村落に分散して居住しており、往々にして村落の中心から境界までがその生活半径であった。こうした居住方式が農民の交易の範囲を極めて限りあるものにし、そのため農村市場も相対的に封鎖された狭小なものであった。総体的に見れば、伝統社会では上下に流動的な市場システムが形成されてはいたが、実際にはそれぞれが相互に分割された自然成立的で狭小な市場であり、相互に強い独立性を持っていたことが見て取れる。言い換えれば、伝統社会の農村市場の市場圏は広くはなく、相互の境界がはっきりしていて、それぞれが個別のルールによって独立的に運営されていた。

シュウォルツの農村市場についての研究も、この点をよく説明している。シュウォルツは、中国の伝統社会の農村市場はレベルの高低により三種の類型に分けられるとする。そのうち最下層レベルのものとは村落に分散している市場を指し、それを"小市"と名付けている。通常"菜市"と呼ばれるこの小市では、もっぱら農家生産品の等価交換が行われており、多くの必需品は見当たらず、実際に労働サービスや外部の商品は提供していない。地方の生産品がより大きな市場に流れていく起点としては、その役割はごくわずかであった。小市は中国の農村に散在しており、その限られた役割からより大きな市場システムの周縁に位置するものでしかなかったが、それでも農民の日常の交易に便宜を供するもので、農村市場の不可欠な一部であった。ほかの、より上層の高いレベルにある二種の市場は、「中間市場」(intermediate market)と「中心市場」(central market)である。このうち中心市場は流通ネットワーク中で戦略的地位にあり、重要な卸売機能を担っていた。その施設は、一方では外部の商品を受入れてその市場圏に分散し、また一方では地方生産品を収集してほかの中心市場、あるいはさらに上層の都市の中心に流していた。また、中間市場は商品や労働サービスが上下双方向に流れる中で中間的地位にあった。[41] これら中間市場あるいは中心市場の所在地は、通常"中間集鎮"または"中心集鎮"["集鎮"=非農業人口が一定数を超える町]と呼ばれる場所にほかならない。興味深いのは、これらの"集鎮"が空間上ほぼいずれもある種の幾何的法則に従って六角形を呈し、いくつかの村落の中心地点に分布していることである。多数の“集鎮”にちょうど六つの隣り合う“集鎮”があり、六角形の市場圏を形成している。これらの基層市場圏は、理想的には分散状態または六角形を成し、その圏内には星のように多数の村落が等距離で分布していることが望ましい。楊懋春が伝統社会における農村市場システムの研究において指摘しているように、「総じて言えば、明確な境界線はないにしろ、どの町にも［自分のエリアであると］認められる決まった地域があり、町はその地域の村落の住民を主な顧客と見なし、それと呼応するように、その村落の住民もその町を自分たちの町だと見なしていた。」[42] こうしたことが十分物語っているように、伝統社会の農村市場や定期市場交易は一方では農民の日常の交易の重要な場であり、大きな経済機能を持っていたが、また一方では相対的に封鎖性を帯び、個々が独立した役割を果たしていたので、近代的意味の市場とは本質的な差異がある。

農村市場には閉鎖的かつ狭小であるという以外に、もう一つ重要な特徴がある。それは、ある周期に従って開かれていたことだ。町の市場が開かれる日、すなわち“集期”のたびに市場に行って売買活動をすることを、“赶集”といった。農村市場の交易が周期的に行われたことは、伝統社会の生産や消費と関係がある。生産という視点から見ると、伝統社会の商品流通の最終過程は大多数が担ぎ商いであり、「単独の農村市場の市場圏が抱える需要量は、いかなる市場圏であれ、商人に生活していけるほどの利潤を提供するには及ばなかった。そのため周期的に商いの場所を変えることで、商人はいくつかの市場圏の需要を吸収することができ、利潤も暮らしていけるレベルに達する……その上、交易活動の周期性は需要をある日時に集中させ、商人はそれによって最も有効なやり方で生産と販売を結び付けることができる。」[43] 消費者の視点から見ると、市場の周期性は必要な商品や労働サービスを得るのに長い道のりを歩かずにすむ便法に等しかった。伝統的な農民の需要は極めて限られたもので、恒常的な貧困、倹約を旨とする価値観や伝統的消費スタイルが、農民家庭の生存を維持するための要求を極めて低いレベルに抑えていた。農民の大多数の要求は市場に依存する必要がなく、自給自足に頼って解決していた。このように、農民は毎日市に出かけるには及ばないので、毎日市場を開くなど当然必要がない、また利益も見込めないことだった。言うまでもなく、仮に農村社会で毎日必ず市を開き、かつ商人が比較的満足できる利潤の獲得を最低限保証し得るようにするには、方法はただ一つ、すなわち市場の数を減らして一市場の市場圏を拡大し、より広い範囲の村民を同一の市場に集めて交易をさせるしかない。だが、このような方法は伝統社会の農村市場の空間分布のルールに背き、市場圏の周縁に居住する村民は長い道のりを歩かなければ市場の所在地に来られないし、しかも一日では居住地と市場の間を往復できない。これは村民にとっては極めて不便であり、村民が市場交易に参加する可能性を減らしてしまう。

このような社会条件のもとで、"郷土社会"では広域に分布する周期的な交易市場が形成された。数日おき（通常は5～6日周期、周期には多少長短もある）に一度開かれるこの農村市場は、経済上は農民の市場交易のニーズを満たし、また空間構造上も農民の要求に最も適合していたので、自然に伝統社会で農民に最も受け入れられる市場形式になった。現在、比較的立ち遅れた農村地域の多くには、依然としてこのような周期的な市場があまねく存在している。"赶集"の日が来ると、定期市場は普段の数倍活気を帯び、人気も高く、なかなか壮観を呈していると言えよう。その理由は、やはり周期的な市場が農民の生産・消費のニーズに適応しているからであり、農業社会の自給自足的自然経済という条件下での必然的選択であろう。

以上の論述から分かるように、伝統社会の農村市場は経済機能の発揮という面では近代の市場と大きな差異があるが、その差異はそれぞれの経済機能そのものにより多く現れているのである。一般的な理解に従えば、市場は経済活動の産物であり、各種の異なる経済機能を担っている。しかしながら、伝統社会の農村市場は商品交易という経済機能を担うと同時に、通常軽視されがちではあるが、社会機能も有していた。伝統社会の農村市場は、村民の意思疎通・交流・集会、ひいては地域社会の問題を解決したり人間関係のトラブルを仲裁したりする重要な場であったのである。楊懋春は伝統社会の農村市場（"集鎮"）のこうした社会機能について優れた論を著したので、その一部を引用する。

町は異なる村落から来る村民に出会いの機会を提供したが、事実そこは互いに集い合える数少ない場所の一つであった。中国の農民は普通他の村落に数人の友人や親戚がいるものだが、市場で互いに顔を合わせることは、出費のかさみがちな家庭訪問に替わるものであった。農民は帰宅後、家族に市場での見聞を話して聞かせ、このような方法によって村民は相互に十分理解し合っていた。

農村コミュニティーの指導者には少し空いた時間があったが、彼らは酒屋や茶館でその時間を過ごすことを好み、そこで時事問題や歴史事件について議論あるいは論争したり、コミュニティーの問題を話し合ったりした。多くのコミュニティーの計画がこうした非公式の会合から生まれ、こうした討論のなかで多くの問題が賢明な、または間違った解決をみたが、村落はこのような方式でつながっていった。村落同士が衝突によって疎遠になると、村落の指導者たちは定期市場で互いに避けた。

分散した村落はひとまわり大きな郷村コミュニティーから独立しているようだが、町の定期市場が開かれる日には、村落がいかにつながってきたかを容易に見て取れる。地域政府からニーズに沿った、かつ強制的ではないプランが提示されると、その地域のすべての村落の指導者が町に招集されて政府側と討議し、村落側の意見を提出する。村役人代表は村落に戻ってから重要な民間指導者や一般の村民と会い、町であった事柄を伝える。村民は明確な意見を出せなくとも、その事柄について話し合う。次の市の日、村役人代表は他の尊敬を集める村落にその事柄に関する意見を聞き、民間指導者も同様のことをしたが、ときには民間指導者がさらに政府側指導者と会合を持って解決方法を討議した。数週間後、問題はすでに繰り返し討議されており、そうなった時点で当局が村落指導者とその地域の重要人物を集めて町で最終決定をし、それから各村落で実施プランが制定された。

ときには、異なる村落の複数の影響力を持つ人物から計画が提唱されることもあっただろう。そのような場合は、提唱者は町の市で他の村落の指導者と集まるとき、それぞれの考えを披露して話し合った。こうした会合を数回繰り返した後、最終決定をして明確なプランを打ち出したようだ。[44]

この引用から、伝統社会の農村市場が経済機能を発揮すると同時に、重要な社会機能も担っていたことを容易に見て取れよう。このような市場では経済機能と社会機能が交錯していて、どのようなときに経済機能を発揮し、またどのようなときに社会機能を発揮していたか、線を引くことは難しい。シュウォルツは伝統社会のこのような社会機能を有する農村市場を「社会システム」的市場構造と称して、「空間システム及び経済システム」としての市場構造と区別している。農民は各種の社会的な目的を実現する必要から、一生に何千回も村落と町の市場の間を往復していた。シュウォルツは1949年に成都市郊外の町、高店子での実地調査に基づいて、ある一般的な「市場コミュニティーの農民は、50歳までに、居住地域の基層市場にすでに3,000回以上通っていた。平均して少なくとも1,000回、彼とコミュニティー内の各家庭の男性戸主は市場の小さな一角に寄り集まっていた。彼は町の周囲に住む農民たちから商品を買っていたが、さらに重要なのは、彼が茶館で遠くの村落からやってきた農民と同じ卓を囲み会話をしていたことで……市場に交易にやって来たら茶館１～２軒で少なくとも１時間ほど時間をつぶさない人間はまれであり……茶館でつぶす１時間で、彼は間違いなく顔見知りの輪を広げ、コミュニティーの他の地域への理解を深められたはずである」[45] ことを見出した。農民にとっては、例えば友人をつくる・トラブルを解決する・息子の嫁候補を探す・いろいろ自分に関わることを尋ねる・自分の物事に対する考えを表明する等のことが、ひいては「高みの見物」に類することまでが、いずれも「社会システム」的市場で実現したのであった。

このことから分かるように、社会システムとしての農村市場は、農民が生活範囲を拡大する、見識を広める等の面で、確かに少なからぬ役割を果たした。このような社会市場が存在しなければ、農民の閉鎖性は想像を絶するものだろう。今日に至るまで、農村社会の町の市場は依然多数存在しており、都会の人間から見るとひどく雑然とした定期的“赶集”に農民が今なお喜々として参加する理由は、おそらくそれがこうした社会的ニーズに答え得ることと大きな関連があるだろう。

伝統社会において、農民は封建的な土地所有権制度のもとで家庭を基本的生産単位とし、人が多く土地が少ないという相対的に厳しい条件下で高度に発達した集約型の伝統的農業文明を創造してきた。この自給自足的自然経済は、農業社会の生産・交換・分配及び消費を有機的に結合させ、整った経済運営システムを形成して、伝統社会の経済秩序の安定を維持していたのである。

第三節 中国の伝統社会の文化倫理秩序

中国の伝統社会は独自の特色をもつ経済運営モデル及び政治統治構造を形成したばかりでなく、特有の品格を備えた倫理文化をも創造してきた。倫理道徳を文化の中心として社会秩序を維持したことは、中国の伝統社会がその他の民族の社会と区別される最も顕著な特徴であると言わざるを得ない。慧眼の持ち主である梁漱溟は、中国の伝統社会の特徴に論を進めたとき、この一点に深い洞察を及ぼした。梁漱溟は、中国の伝統社会は西洋の個人本位とも、また前ソ連の社会本位とも異なり、倫理本位の社会であったと述べた。[46] 中国の伝統社会と文化に論及したあまたの学者のなかで、梁漱溟は中国社会の本質を見ていたように思われる。したがって、全面的に、かつ深く中国の伝統社会を認識するには、中国の倫理文化及びそれが社会秩序維持の面で果たした役割に論及しなければ全く不十分である。この問題について、次の三つの面から考察を加えたい。まず中国の伝統的倫理社会はどのような社会構築理論の指導のもとで造られたのか、第二に倫理文化がなぜ中国伝統文化の中心となったのか、そして第三に中国人の倫理本位社会において具体的実践理論は何か、という三面である。

一、社会構築理論と中国の倫理本位社会

西洋の社会学史上の社会構築理論には、常に二種類の対立する理論の前提と方法論の傾向が存在していた。一種は個人主義の理論と方法論で、これによると、社会の構築を個体に還元して各々の個体こそが真実の存在であると認識し、社会学では個体から入って社会を研究するべきであるとする。M.ウェーバーはこのような社会構築理論を採る代表的人物である。ウェーバーは、「社会学理論そのものの誕生は一人の、あるいはより多くの独立した個人の行動に基づくものでしかないので、個人主義の方法を厳格に採用しなければならない」(47) とする。このような個体主義方法論は個人の視点から出発して社会を研究するもので、ミクロ社会学の伝統を形成した。もう一種は集団主義の理論と方法論で、これによると、単一の個人は社会的特徴を備えていないため、個体を研究することは社会の特徴を把握するには不十分であり、社会構造から入って社会を研究することで初めて社会の本質を把握できるとする。また、社会学と心理学を完全に分け、社会現象によって個人の心理や行動を説明することに反対している。こうした立場の社会学者から見ると、「社会現象の基本的特徴は、個人の外部から個人の力量に、また意識に作用する圧力であるが、個人の特殊現象とは異なるもので、社会学は心理学の推理の必然的結果ではない。なぜならば社会現象の強制力はある個人現象とは異なる性質を持ち、個人を抑え付け、個人を服従させ、ときには個人がそれを受けると非常に苦痛を感じることを明らかにしている……このような社会的圧力を個人が強制されると、個人はそれが自分の外部のものだと感じる。個人を強制する社会的圧力は個人自身が生み出すものではないので、社会現象は個人の心理的体験から説明することは不可能である。」(48) E.デュルケムのこの論から分かるように、集団主義を採る社会学者は社会的立場から社会を研究することを強調し、マクロ社会学の伝統を形成した。社会学史上のこの二種の理論系統は一見かけ離れ、対立する両極を向いているようだが、実は本質的には同じであり、どちらも個人と社会という対立する視点から社会の構築を見ている。このような社会構築理論にしたがって具体的な社会形態を考察すると、その結果は必ず完全に対立する両極へ向かう。個人主義の社会構築理論に従えば、社会構築の実践結果は個人本位の社会である。そして、集団主義の社会構築理論の直接的結果は、全体本位の社会である。このような対立した思考モデルは近代以降学者によって中国に導入され、中国社会の構造の考察に異常に深い影響を及ぼした。

中国の学者がそのような二元対立的な思考モデルで中国社会における個人と

社会の関係を説明しようとすると、理解に苦しむ問題にぶつかる。その思考モデルで中国社会の構造を考察すると、いかにも道理がありそうな、しかし完全に逆な二種類の結論に達することに気付くのである。例えば、中国近代革命の先駆者孫文は中国革命指導の実践を通して、中国社会が団結していない、「皿に盛られた砂」のごとき個人主義社会であることを深く痛感した。(49) その少し後、陳独秀は中国革命を指導する活動の中でその言葉に深く同感し、中国人は「全く皿に盛られた砂であり、……人々は狭隘な個人主義を抱いていて、公共心のかけらもない」(50) と述べている。最近では、台湾の作家柏楊がさらに核心を突いた次のような指摘をした。「『一対一』の個人の勝負で、中国人１人対西洋人１人であれば、中国人の方が賢い……だがいったん集団での勝負になり、中国人２人対西洋人２人、あるいは中国人２人以上対西洋人２人以上になると、中国人は耐えられないし、かなわない」(51)。こうした叙述はおしなべて同一の観点、すなわち中国社会は個人主義が盛行する社会であるということを強調している。これとは逆に、一部の学者は中国社会が団結を強調する全体本位社会であるとしている。例えば、梁漱溟は『東西文化及其哲学』という書中で次のように指摘している。「西洋人には自我というものがあるが、中国人には自我がない。母親は息子に対し、息子だけを思い自分は顧みない。息子は母親に対し、母親だけを思い自分は顧みない。兄は弟を思い、弟は兄を思う。朋友の付き合いも同様であり、すべて他人のためには自分を顧みず、自分を曲げて他人に従う。彼我の境などを分けず、権利や義務なども語らず、いわゆる孝弟礼譲の訓で、処々情を尚(とうと)んで自我はない。」(52) すべてこのような観点は、中国人は極めて強い団結精神を持っており、この精神は他人のため忘我の境地に達することさえあることを物語っているようである。

同じように社会構造についての説明であるのに、なぜ全く相反する結論が導き出されるのか。

この問題に答えるには、恐らく社会構造理論に話を戻さなければならないだろう。中国人の学者が中国社会の構造を分析すると二つの完全に相反する観点に至る理由は、思考のロジックから考えて、自覚の有無にかかわらず、彼らがいずれも完全に西洋の社会構築理論の個人と社会が対立する思考モデルの影響を受けていることにある。彼らは個体行動者を問題分析の出発点として中国社会が個人本位の社会であるという結論を導き出すか、あるいは社会構造を問題分析の出発点として中国社会が全体本位の社会であるという結論を導き出すかのいずれかである。このように、中国人の学者がこの問題でジレンマに陥る第一の理由は、西洋の学術的思考における二元対立モデルの誤った手引きを受けためである。その実、いわゆる個人と社会という二元対立の思考方式は個人と社会の関係を真に表現したものではなく、学術的思考における一種の幻像であり、現実の世界は調和のある統一されたものである。[53] 西洋の社会構築理論が二元対立というジレンマに陥る理由は、主に二つの要素と関係があるように思われる。その第一は西洋社会の個人主義の伝統がこの学術的思考に一定の余地を残したこと、第二は学術研究における理想的タイプの影響である（学術上のタイプの線引きにより、個人と社会を二種のタイプとしてはっきり対立するものとしがちである）。しかし、中国の伝統社会は個人と社会が対立するものだというロジックに従って構築されたものであろうか。この根源的問題をはっきりさせる前に、分析を加えることなく西洋社会学史上のこうした二元対立の社会構築理論を借用して中国社会を説明しようとすれば、その結論の信頼度は当然問題となろう。

中国社会の構築という問題について、翟学偉は東西の社会構築の差異を比較した後で次のように指摘している。「儒家社会建設中の個人と社会、ミクロとマクロは対立するものではなく、方法論上も相応する個人主義と全体主義の争いはなかった……儒家は我々のために、連続体の社会を育てた。」[54] このような考え方は中国社会の実情に比較的正確に合うため、わりに強い説明力を持つと言えよう。

なぜ中国社会では、一つの連続体の社会が構築されたのであろうか。その答えは国家成立当初の原始的家庭・氏族等の血縁組織の継承の中に見出すことができる。「中国社会が原始的氏族社会から国家の形態を備えた社会へ移行したとき、他の国家と比較すると、ある重要な特徴があったことにすべての歴史学者が気付いている。それはすなわち、中国が一種の国家の形態として世に現れたとき、その国家は打破すべき血縁関係の基盤に成立したのではなく、逆に元来の血縁関係の基盤に成立したことだ。したがって、実質的には、中国の原始的氏族組織と国家形態は一体化していた。」[55] 実際には、中国の伝統社会は本質的に“家国同構”という理念に基づいて成立したのであり、国家とは家庭という原型の拡大あるいは延伸であったということだ。このような社会では、家庭は国家を複製かつ縮小したもの、国家もまた家庭を複製かつ拡大したものであり、両者は構造上完全に一致していた。

このような“家国同構”の社会では、種々の複雑な社会関係が存在していたものの、家庭関係が最も基本かつ最も原初的意味を持つ関係であり、その他の一切の関係はすべて家庭関係を推し広げたものであった。そして家庭では、「家族（成年の息子や兄弟を含む）は、常にその家の前途のため共に努力した。そこから、人生の意味が見付かるかのようであった。……（一）彼らは共に努力していた。……なごやかに楽しく、力を合わせて協力することは、人の心を最もおおらかにし、自己を忘れさせる。このようなときは、たとえ苦境にあり、みなが苦労をしても、楽しくて苦労を忘れてしまう。（二）努力をするのは、一人自分のためではなく、家族全員のため、ひいては祖先や子孫のためである。あるいは家を発展させて父母の名をあげ、あるいは父母の志を継いで家の名声を保ち、またあるいは徳を積み財を貯めて子孫に残す。だが、少なくとも彼らはみな一種の神聖ともいえる義務感を持っていた。その義務を果たしたときは、眠りについても安らぎ穏やかであった。（三）同時に、彼らには将来の展望が開けていて、それが常に彼らが働く励みとなった。人生に飽きたときには、いつもその中（義務感や展望）から新たに活力を得て、また奮励努力した。それぞれ家が貧しい、仕事が振るわない、家族を失ったなどの境遇にあれば、ますます祖先に対する自らの責任の重さを自覚し、家を再興しようと努力した。」[56]
ここからうかがえるように、打ち解けて仲睦まじく、積極的に努力し、互いを思いやることが中国の家庭関係の主軸である。中国人の一生とは、まさにすべて家庭のために努力をしながら送るもので、家庭は個人の住処であるばかりでなく、個人の精神のよりどころでもあった。家庭では、個人とその家族の関係は総じて団結して協力し合うもので、実質的な衝突や対立が生まれるはずはなかった。そして、国家もまた氏族という大きな家庭組織を拡大したものであり、社会関係も家庭関係あるいは家庭を擬した関係を押し広げたものであった。したがって、国家という大きな家庭の中では、あらゆる社会関係もまた自然に調和とまとまりを主軸とするものであった。

以上のことから考えられるように、個人と社会が対立する社会構築理論をもって中国の伝統社会の構造を考察することは、実情に即さない。中国社会は連続体の社会であった。中国の社会構造を考察するときは、社会がつながっているという思考ロジックに従わなければならない。簡単に言えば、中国の社会構造を考察するには単に個人から出発するのでもなく、単に社会から出発するのでもなく、社会構造を個人と社会がつながる系統中のある結合点と想定するのである。このようなつながりのある系統の中に見える社会が、つまり梁漱溟が言うところの倫理社会である。

二、社会パターン維持システムと倫理文化

アメリカの著名な社会学者T.パーソンズによると、社会の大きなシステム

にはいかなるものにも行為有機体システム・人格システム・社会システム・文化システムという四つのサブシステムがあり、この四つのサブシステムは社会の運営において、それぞれ適応（Adaptation）・目標達成（Goal attainment）・統合（Integration）及び潜在的パターン維持（Latent pattern maintenance）という四種の機能を担うという。[(57)] そのうち、文化システムは社会運営上で主にパターン維持の機能を担っている。そして維持システムとしての文化にはまた、必ず文化システム全体の中で中心的地位にある一種の文化があり、それをその文化システムの文化の中心と呼んでもよい。

パーソンズのこうした見方は、すべての人にあまねく受け入れられる文化的価値観が、ある国の民族の統一・社会の整合の重要な条件であることを説明している。この問題については、P.M.ブラウもマクロ社会の人間の交際を研究した際に、類似した独特の見解を示した。ブラウは、複雑な社会での交際は必ず「共に享受する価値観」という基礎の上に成立するとしている。この共に享受する価値観は、「社会構造及びその個体成員間の複雑なコミュニケーションに、一連の共通した基準を提供した。……社会構造の個体成員は常に共通の価値観によって社会化され、彼らはその共通の価値観が適切であると考えて、それを受け入れた。このようにその価値観は効果的なコミュニケーションの仲介を提供した……集団や組織間のコミュニケーションを取り持つときには、共に享受する価値観が基準を提供した。」[(58)] ブラウはここで主に人類社会のマクロなレベルでの交際関係の研究に着目しているが、多民族国家の統一融合に、この道理は同じように適用される。広大な国土を持ち、多数の民族を抱え、さらにさまざまな風土や人情の差異が大きい国家では、強い凝集力を持とうとするのであれば、人々に受け入れられる共通の倫理がなければその実現は難しい。

世界各国、特に西洋の国家の歴史を総合的に考察してみると、西洋の国家には一つの例外もなく、このような民族団結を維持する「共に享受する価値観」が存在することに気付く。だが、さらに考察を進めれば、もう一つの、より意味深長な現象が見出せる。それは、西洋の国家の「共に享受する価値観」としての文化システムが、いずれも宗教文化をその中心としていたことである。

このような現象に対して、梁漱溟は社会の形成と維持という二つの視点から説明を加えた。社会形成の視点から見ると、人類社会の創生期、各種の社会関係はまだ作られていなかったが、人類社会が存続していくには相互依存・相互協力という関係を作らなければならず、これがすなわち社会形成の前提条件であった。そして各種の分散している力を一つに結び付けるには、それらの力を凝集する一種の超自然的で絶対的な力が必ずなくてはならなかった。ところが、人類社会の初期には、宗教以外にこのような統轄・凝集の効用を持つものはまるでなかった。社会秩序の維持という視点から見ても、やはり宗教だけがその任に当たり得た。社会が成立すると、人類の社会生活は秩序をもって営まれる必要があり、誰もが認めうる秩序を打ち立てなければならなかった。だが人心が一にならず、それぞれ別の考えを抱いていたため、人々にある普遍的ルールを受け入れさせて現存の秩序の維持を図ることは、極めて困難であると言わざるを得なかった。ところが、宗教の超人的な特性は好都合にも人々を従わせる効用を持っており、宗教はある種の超自然的で神秘的な力を利用して人々を従わせ、また神秘的で測りがたい力のもとに人々をまとめ、社会秩序を維持させることができた。(59) 以上の梁漱溟の説明から分かるように、宗教は主にある種の共通の目標を確立することによって、ばらばらの人々を集めて一つにまとめ、同時にある種の超人的力で人々の粗野な性格を抑え、現存の秩序維持という目的を達成しようとするものだった。まさに宗教がこのような凝集整合機能を持つがゆえに、世界各国の文化の芽はすべて宗教から生まれたのである。人類社会の創生期には文化システムが整っておらず、それが社会の整合という機能を担うことは難しかった。このようなとき、宗教文化が文化の中心的位置を占めたことに何ら不思議はない。研究を深めるに値するのは、西洋社会ではしだいに成熟が進んだ後も宗教文化が依然として文化システムの中心的位置を占めていたが、なぜ中国では宗教文化がしだいに衰退して倫理文化に取って代わられたのかという問題である。

実際に、文化は最終的にはやはり社会の現実を反映するもの、あるいは社会の運営を支えるシステムであるので、上述の問題に答えるには東西社会の現実の中に答えを探さなければならない。根本的には、西洋社会の個人と社会が対立する現実は個人と社会の間の潜在的緊張を生み出し、双方が事実上一致を保つことは難しく、衝突が生まれることすらある。このような社会では、対立する双方に強弱の関係が存在せず、一方がもう一方を服従させることができなければ、双方の対立が解消されるのは難しい。たとえ一連の行動規範や制度が作られたとしても、個人の行為を秩序付ける原則や規範と社会の公共秩序を保証する制度や規範とが、実際の運用において分化する傾向も見られる。(60) このような局面は個人と社会の関係を長期にわたり潜在的な衝突状態に置き、社会秩序の維持は絶えず脅威にさらされる。個人と社会とを比較的安定した関係で維持するには、双方を超越した力によって双方のバランスを維持することが差し迫って求められる。そして宗教文化の超自然的な神秘性はちょうどこのニーズを満たしたため、当然のこととして宗教文化がその重要な役割を果たし、西洋伝統社会の文化の中心となったのである。

翻って中国の伝統社会を見ると、社会の実情が西洋とは完全に異なる。国家は原始的な氏族血縁関係を基盤に成立し、家庭・家族が社会の基本構成単位となった。これに関連して、社会制度を設ける場合にも、宗法制をその社会運営を維持する基本制度として選択した。このような社会では、「社会全体の各種の関係をすべて家族関係に見立て、その情をますます深め、その意味をますます重んじる。それによってこの社会に暮らす人間に、各々周囲との倫理関係に、相当の義務を負わせる。同時に、その人間と倫理関係で結ばれている周囲の人々もまた、その人間に対して義務を負う。全社会の人間が、図らずも次から次へと相互につながり、無形のうちに一種の組織になる。」(61) このような社会がすなわち「倫理本位」の社会である。倫理社会の主導的原則は情理であり、法律ではない。例えば、「一家の中で、老少・尊卑・男女・強弱など、その個別の情況は一目瞭然であり、衆人の煩に対処せず、まさに事実に即して論じ、宜しいところに従う。みな家族のように親密で、個人的なことまで互いに知り尽くしているので、あったことをなかったとは言えず、見ぬふりや知らぬふりもできない。みな家族のように親密で、互いに手足のように不可欠な存在であるので、尚のことときめ細かい思いやりが求められ、互いにそうした思いやりを持ってこそ関係が円満になり、気持ち良く生活できる。このような場合、法律は必要なく、それに法律では治まらない。」(62) 衆人を家族と見なし、互いに義務を重んじるこのような社会では、人と人との間、個人と社会の間にはおのずから根本的な対立や衝突は存在しない。事実、倫理本位の社会では、個人と社会の間にはっきりした境界線は存在せず、双方は「個人――社会」がつながった系統中のある結合点で自然に融合しており、相互の対立もそれで解消されている。このような社会では、人と人、人と社会、人と組織、人と自然等の関係はすべて調和を主とし、あらゆる社会の結び付きはすべてある種の「関係」によってつながっているが、こうした「関係」を最も調和させるのが「倫理」ではないだろうか。まさにこのような社会の現実の中で、倫理文化は当然その役割を果たすべく中国文化の中心になったのである。

伝統的倫理文化が中国の文化システムでこのように重要な位置を占めているがゆえに、古今の数限りない学者は中国社会の研究にあたり、倫理文化に例外なく大きな関心を寄せてきた。ある者はこのような倫理文化の起源を根本から探究し、ある者はそれがなぜ中国の伝統社会の秩序を維持する上で重要な役割を果たし得たのかを分析し、またある者はそれと西洋社会の宗教文化との比較を試みた……その理由をまとめれば、つまり誰もが中国の伝統社会における倫理文化の重要性を目にし、倫理文化が中国の伝統社会の研究において不可避の重要な分野であることを認識したのである。梁漱溟はそうしたあまたの学者の中でとりわけ注目された人物であるので、梁漱溟が中国の倫理社会と倫理文化をいかに捉えていたかをみよう。

> 中国は倫理をもって社会を組織していたが、最初に見識ある人物が、人間に明らかな美や善の感情は家庭で生まれ家庭で育てられることを見出した。彼は一面ではとくにそれを取り上げて、常に人々の意識を喚起した――これがすなわち“孝悌”“慈愛”“友恭”等の教えである。また一面ではその意義を家庭の構造に求め、そこから社会の構造を造ろうとした――これがすなわち、いわゆる倫理である。ここで指摘しておかねばならないのは、人間は情感の中では、常に相手を思いやり自分を忘れるが、逆に、欲望の中では自分を思うばかりで他人を顧みないことである。前者の例は、慈母はみな子女のために我が身を忘れ、孝行な子女もまたみな親のために我が身を忘れる。夫婦、兄弟、友人の間でも、感情が厚い者は必ず処々で相手を思いやり、いつも相手を重んじて、自分を軽く考える。いわゆる「情二因（ヨ）リテ義有リ」という意味は、まさに相手との関係から考えを進め、自分の立場から考え始めるのではないということである。後者の例は、人は口腹の欲を満たすために魚や肉を食べざるを得ないし、芸者遊びに興じる者は女性の人格に気を配ることがない。ことごとくそのようである。この世の一切の問題は、後者――自分のために他人を顧みないことから起こるのであり、そして、前者――情に因りて義有り――こそが実際に人類社会がまとまり調和をとる上で頼みとするところである。古人はこの点に気付き、孝悌等の厚い情感を提唱すべきであることを理解していた。さらに重要であるのは、社会における人はそれぞれの関係に基づき、彼我の名分地位を見定め、相互の間にあってしかるべき情と義を明らかにして、常に名分地位から実際の行動を判断するように提唱したことである。しきたりを教育する者は必ずそのように提唱しなければならないし、したがってそれを監督する責任を負わねばならない……倫理社会で貴いのは、一言でいえば、相手を尊重することである。……いわゆる倫理というものに他の意味はなく、つまりは人生における相互の関係の理をはっきり認識して、彼我の相互の関係の中で互いに相手を尊重するということにすぎない。[63]

以上の引用からうかがえるように、中国の伝統的倫理文化は家族・宗族等の血縁関係に深く根ざしており、宗法倫理が中国の倫理文化の土台であった。孔子が提唱した“孝悌・忠信・礼儀”から孟子が挙げた“仁義理智”“孝悌忠信”“親義別序信”、そしてさらに董仲舒がまとめ上げた“三綱五常”等の倫理規範まで、いずれも家族・宗族等の血縁関係と多少の、あるいは親疎のつながりを持たないものはない。プラスの面から見れば、この家族・宗族とつながる一連の道徳規範は濃厚な情感主義に彩られており、家庭内での義務を尽くす・情義を重んじる・処々他人を思いやる等の理想的な心情を広範な社会関係にまで拡大して、人々が社会関係の中で他人を尊重し、進んで協力し、調和を重んじる道徳的人格を育成してきた。またこのような環境でこそ、倫理文化は中国の伝統社会の営みを維持していく中で重要な役割を果たし得たのである。だがこうした血縁関係の中で育成された倫理道徳には、マイナスの面も存在する。血縁関係そのものが狭隘なものであるため、そこから生ずる道徳観もおのずと狭隘であることは免れず、さらにそれが助長されれば、セクト主義・小集団・特殊主義等の傾向が生まれるかもしれない。仮にそのような傾向が閉鎖的な伝統社会では過大な影響を持つに至らなかったとしても、翻って社会がますます開放に向かう現代では、その弊害を日ごと露わにしている。

三、倫理本位社会の実践論理

これまでの論から推察されるように、倫理は本質的にある秩序に従って定められた関係であり、それゆえ個人の倫理本位社会における実践の規範は、ほかでもなく関係重視である。社会生活の中でいかに定められたルールに従って種々の関係をうまく処理するか、これが中国人の事に処し人に対する上での重要な規準になる。それゆえ、上は大官貴族から下は名もなき庶民まで、我が身に関わる錯綜した複雑な関係を重視しない人間はほとんどいない。

「関係」は中国社会でこのように重要な位置にあるため、大多数の学者が中国社会は「関係重視」の社会だと考え、さらに深層にある倫理の本質を軽んじている。例えば楊国枢は、中国人の日常生活に対する姿勢は社会重視であり、この社会重視はまた、具体的には家族重視・関係重視・権威重視そして他人重視という各面に現れるとしている。(64) この区分から分かるように、楊国枢は中国人の存在方式を社会重視であると定義し、それをさらに細分化しているが、これら四つの異なる面からは実際には共通する点が見出せる。それはつまり、中国人が自分を何らかの関係の中に置き、その中で自分を認識している点である。家族と共にあるときは家族を重んじ、権威者と共にあるときは権威を重んじ、日常生活で他人と共にあるときは他人を重んじる。要するに、中国人は自己と他人の関係の中に存在するため、関係がより重要であり、個体は人と人との社会的関係から自分の身分を判断する。「中国人が関係を重視する中で、日常生活で最も活動を左右する特徴は『関係中心』あるいは『関係決定論』（relation determinism）である。社会での双方向のやりとりの中で、相手と自分との関係が、相手や関わりのある事柄にいかに対応するかを決めた。」(65) このように、個人は他人をよりどころに自分の位置を判断し、また他人との関係を見て自分の対応を選択した。何友暉らはより直接的に、中国人の行為重視を関係重視であると定義して、「人間関係は人類の性格の形成過程において歴史的使命を担ったほか、個体が生命を持つ間、その生命のため人の人たる意義を定めた。個人の生命は完全なものではなく、他人との共存を通さずして生命の意義を尽くすことはできない。他人なしには、個人そのものは意義を失う。この意味において、中国人の社会生存論は関係を中心としたものであり、西洋の社会生存論は個体中心に向かう」(66) としている。中国人はまさに人間関係の中で自己の関係性を構築するのであり、「中国の文化では、自我とは一個体の自我ではなく、自己の存在・独自性・方向感・目標や望みに対してはいずれも強い自覚がない。自我と非我の間の境界線がはっきりせず、彼我の境界も明らかではない。中国人の自我は関係性自我と称することができる。それは他人の存在に対しては高度な察知能力を持っている。他人が自己の現象世界に現れることと自我の出現とはすでに融合した境地に達している。つまり自我は他人と同体であり、かつまた現象世界では分化しており、『他人との関係における自我』を形成しており、これがすなわち自我の現象世界における表現である。」(67) このような「関係性自我」「自己が他人と同体である」という現象には、中国人が関係を通して自我を定めることや、中国社会の関係重視という特徴がまさに集中して現れている。

中国人の日常生活に対する姿勢は関係重視であるため、関係は中国人一人一人にとって当然ながらさらに重要であると思われる。

まず、個人は関係規範の学習を通して社会システムに足を踏み入れる。中国社会では、個人は「関係重視」というルールの支配や影響を受けるので、自我の意識は相対的に形成が難しい。それぞれの個体について言えば、幼少から家族と共に暮らす中で人と付き合う種々の規範を習得し、すべてにおいて家庭が重く個人が軽い、家族が主で個人が従、家族が先で個人が後という行動ルールを身に付けた。これらのルールが行動や意識に染み込んだのち、個体もしだいに成長して大人になっていく。その後、個体はそれらの規範の適用範囲を拡大し、それらを応用して他人と付き合い、またそこからさらに多くの関係規範を学んで、うまく社会システムの中に入っていった。無論、世界の各民族の社会化は大方このような過程を経て完成するが、中国人が他の民族と異なるのは、より多分に関係規範や関係の認知を通してこの過程を完成させていく点である。社会化の過程全般において、個人が処々で自己中心を通して他人と付き合うための各種の規範を身に付けなければ、本当の意味で社会に溶け込むことは難しい。まさにこうした理由から、中国人は既存の社会規範に極めて高い関心を寄せるが、これは伝統社会でなおさら目立っていた。「伝統的な中国社会では社会規範と基準が極めて重要であり、それらは他人の共通の意見を代表しているようで、大衆の言論及び行動の主なよりどころであった。中国人にとって、その土地の社会規範と基準は相対的に参考にする原則ではなく、絶対的な社会の権威である。社会規範と基準は権威化されたことにより、二度と分析や懐疑あるいは批評の対象とはならず、盲目的かつ無条件に守る、あるいは従う法則であった。権威化された社会規範と基準は、伝統社会において人々が一切の言行を判断する唯一の根拠となり、また人物を褒貶する主なよりどころでもあった。言行でその規範や基準に背いた者は、必ず他人の厳しい批判あるいは懲罰を受けることになった。そのため、日常生活の中で、人々はみな社会規範や基準に注意を払い、気をもんでいる。」[(68)] このように、中国人はまさに関係規範を学ぶことによって社会システムの中に入っていったのである。

次に、関係という資源は、中国人の行動における重要な社会資源である。新しい経済社会学が社会資本の研究について明らかにしているように、いかに近代的な国家（例えばアメリカ）であっても、関係という資源は依然として行動者の重要な社会資源である。しかし中国人は、関係という資源に対する依存や思い入れが他の国家や民族の比ではない。中国人の行動にはある明らかな特徴がある。それはすなわち、事が起きたときに制度の許す範囲内で解決し得るかどうかを考えるのではなく、条件反射のようにコネの有無を考え、そのコネを通して発生した問題が解決できるかどうかを考えることである。それはなぜか。さまざまな理由があろうが、一つ間違いなく言えることは、中国人の関係ネットワークには多大な社会資源が含まれているからだ。そのような社会資源の持つ力はときに制度化された力を超えることさえあるので、人々はおのずと問題解決への希望をそれに托すようになる。注意すべきなのは、どの行動者も平等にその社会資源を享受できる訳ではないことで、もし誰もが平等に享受できるものであれば、関係の一種の資源としての意味もさほど重要ではなくなる。それでは、いったいどのようなルールがそうした社会資源の使用を左右しているのか。黄光国は中国人の日常生活における権力ゲームのルールについて述べ、比較的うまくこの問題に答えている。黄光国は中国人の人間関係を情感的関係・モノ的関係とその混合的関係という三種のタイプに分類し、資源支配者は往々にして異なる社会取引の法則を頼りに、これら三種の「関係」が異なる人物と交際するとしている。情感的人間関係とモノ的人間関係に対して人々が用いる交際の法則はそれぞれ需要の法則と公平の法則で、この二つの法則は相対的にわりと規範的であり、融通の利く余地は少ない。そして、混合的関係に対して人々が用いるのは人情の法則であり、この法則は比較的柔軟で融通が利く部分も少なくない。したがって、人々は混合的関係においては「人に便宜を図る」ことができ、社会資源の支配者は融通を利かせる大きな余地を手に入れる。[69]分かりやすく言えば、混合的関係においては、社会資源の支配者と被支配者が交際するとき「与える」「与えない」という二種類の選択肢が存在するので、社会資源の支配者に「人に便宜を図る」可能性を提供することになる。この与えることも与えないことも可能な社会資源は、往々にして行動者が目標を達成するための重要な資源であるので、彼らは当然この資源をとくに重視する。まさに黄光国が言うように、「中国社会では、個人は『人情』と『面子』で他人の人間関係の策略に影響を与える見込みが最も高く、これは混合的関係に属する。このような人間関係の特色は、付き合う双方が互いに知り合いで、かつある程度情感関係が存在することだが、その情感関係は家族など親密な間柄のように、随意に誠実な行動をとるような深いものではない。……このような人間関係のネットワークは中国人の社会的行動に非常に深い影響を及ぼしている……個人がある生活資源を必要とし、かつその個人の人間関係ネットワーク内のある支配者に助力を要求したならば、資源支配者は往々にして中国社会特有の『人情の法則』［いわば資源貸し借りのルール］に配慮しなければならず、そのため『人情がらみの苦境』に陥る。例えば、資源支配者が公平取引の法則を堅持し、相手に特別な助力をしなければ、必ず相手との関係の本質に影響を与え、その『人の縁』を壊すことにすらなりかねない。それゆえ、多くの場合、資源支配者は『人情の法則』に従い相手に特別な助力をせざるを得ない。中国社会では、多くの人が混合的人間関係のこうした特性を利用して種々の方法で他人の心中にある自分の権力イメージを強化し、それによって相手に影響を与え、自分が欲しい生活資源を獲得する。」[70] まさに中国社会で長い間形成されてきた混合的人間関係が、多くの資源支配者に権力で私利を図り、権力を膨らませ、不法行為に走る機会を与えたと言えるし、また被支配者には権威に屈服し、関係を妄信し、制度で設けられた制限を超える等の行動をとらせたとも言えよう。その根本を突き詰めれば、混合的関係の中で随意に動かせる社会資源が多すぎ、それらが往々にして行動者の目標達成を決める重要な要素になるからである。

さらに、人間関係をうまく働かせることは、行動者が社会的地位を向上させ、目標を達成する重要な手段である。中国人には周知のことであるが、中国社会では地位の向上あるいは目標の実現は、多かれ少なかれコネの利用と関わりがある。こうしたことは他人に公にしてはならない場合もあるが、大多数の人々は言わずとも心得ている。コネを使うことが行動者にとってこのように重要である理由は、主に人間関係の中には豊富な社会資源が潜んでおり、その社会資源は運用してこそ役割を発揮し得るものだからである。日常生活では人々がある目的を達成するため苦労を厭わずにコネを付けたり裏工作をしたりするのをよく目にするが、それは実際には、人間関係の中に潜んでいる社会資源を運用しているのである。最も面白いのは、中国の社会では、個人の社会的地位向上というような正式な制度で決められる事柄が、往々にしてコネの利用と「切っても切れず、道理ではどうにもならない」つながりがあることである。なぜならば「中国社会では、『人情』とは本来人と人とがなごやかな関係を維持するための一種の社会規範であるからだ。しかしながら、個人がある特別な資源を必要とするとき、『人情』もまた変化して個人が資源を争奪する道具になり得る。このとき、個人はしばしば『コネを付ける、裏工作をする』という手を使い、資源支配者の同情を勝ち得なければならない。」[71] そして、これらの資源支配者は往々にして公共資源の保有者で、彼らが「人に便宜を図る」のに用いる資源は公共資源と区別が付かない場合もよくあり、それを「人情」として贈るのであるから、互いに実にめでたいことだ。資源支配者にとっては掌中の公共資源を利用して人に便宜を図った結果、相手に「貸し」ができる。被支配者にとっては関係を利用して個人の目的を達成し、あるいは地位の向上がかなえられ、当然喜びと感謝の気持ちを抱き、機会があればその「借り」にどう報いるかを考える。このように行き来が重なり関係が交錯して、コネは徐々に強くなり、中国人独特の行動ルールになったのである。

このように見てくると、中国社会は倫理本位社会であると言われ、問題はさほど複雑でないように思われるが、この倫理関係がひとたび具現化して人々の行動に現れてくると、情況はずっと複雑になってくる。だが、人間関係は中国人にとって確かに極めて重要なものであり、それが中国人の日常生活に対する関係重視という姿勢を促したことは、総体的に肯定してよい。

＊注

(1) 潘維『農民與市場——中国基層政権與郷鎮企業』2003年 商務印書館 291頁
(2) 王先明『近代紳士』1997年 天津人民出版社 21頁
(3) 張静『基層政権——郷村制度諸問題』2000年 浙江人民出版社 19頁
(4) 于建嶸『岳村政治——転型期中国郷村政治結構的変遷』2001年 商務印書館 57 ～ 58頁
(5) 『漢書』百官表
(6) 王亜南『中国官僚政治研究』1981年 中国社会科学出版社 39頁
(7) 費孝通『郷土中国　生育制度』1998年 北京大学出版社 51頁
(8) 王亜南『中国官僚政治研究』（前掲）90 ～ 111頁
(9) 金耀基『从伝統到現代』1999年 中国人民大学出版社 31頁
(10) Ｂ．ラッセル『中国問題』1996年 学林出版社 32頁
(11) 王亜南『中国官僚政治研究』（前掲）101頁
(12) Ｊ．Ｋ．フェアバンク『美国與中国』2001年 世界知識出版社 21 ～ 22頁
(13) 費孝通『郷土中国　生育制度』（前掲）40頁
(14) 周暁虹『伝統與変遷——江浙農民的社会心理及其近代以来的嬗変』1998年 生活・読書・新知三聯書店 50頁
(15) 周暁虹『伝統與変遷——江浙農民的社会心理及其近代以来的嬗変』（前掲）58頁
(16) 林語堂『中国人』2000年 学林出版社 208頁
(17) 費孝通『郷土中国　生育制度』（前掲）54頁
(18) 費孝通『郷土中国　生育制度』（前掲）56頁
(19) 張静『基層政権——郷村制度諸問題』（前掲）19頁
(20) 張仲礼『中国紳士——関于其在19世紀中国社会中作用的研究』1991年 上海社会科学院出版社 1頁
(21) 費孝通「論紳士」／費孝通、呉晗等『皇権與紳権』1948年 上海観察社 1頁
(22) 于建嶸『岳村政治——転型期中国郷村政治結構的変遷』（前掲）60頁を参照のこと
(23) 張仲礼『中国紳士——関于其在19世紀中国社会中作用的研究』（前掲）54 ～ 73頁を参照のこと
(24) 周建国『緊縮圏層結構論——一項中国人際関係的結構與功能分析』2005年 上海三聯書店 32 ～ 33頁
(25) 張仲礼『中国紳士——関于其在19世紀中国社会中作用的研究』（前掲）54頁
(26) 張仲礼『中国紳士——関于其在19世紀中国社会中作用的研究』（前掲）57 ～ 59頁
(27) 許紀霖、陳達凱主編『中国現代化史』第一巻 1995年 上海三聯書店 31頁
(28) 王昉『中国古代農村土地所有権與使用権関係：制度思想演進的歴史考察』2005年 復旦大学出版社 27頁
(29) 王昉『中国古代農村土地所有権與使用権関係：制度思想演進的歴史考察』（前掲）40 ～ 41頁を参照のこと
(30) Ｊ．Ｃ．スコット『農民的道義経済学——東南亞的反叛與生存』2001年 訳林出版社 3頁
(31) Ｊ．Ｃ．スコット『農民的道義経済学——東南亞的反叛與生存』（前掲）13頁
(32) 虞和平主編『中国現代化歴程』第一巻 2001年 江蘇人民出版社 22頁
(33) 費孝通『郷土中国　生育制度』（前掲）70頁
(34) 童星『世紀末的挑戦——当代中国社会問題』1995年 南京大学出版社 33頁
(35) 許倬雲『中国文化與世界文化』2007年 広西師範大学出版社 35頁
(36) フィリップC.C.ホアン『華北的小農経済與社会変遷』2000年 中華書局 及び『長江三角洲小農家庭與郷村発展』2000年 中華書局
(37) Ｊ．Ｃ．スコット『農民的道義経済学——東南亞的反叛與生存』（前掲）14頁
(38) Ｂ．Ｉ．シュウォルツ『中国農村的市場和社会結構』1998年 中国社会科学出版社 1頁

(39) フィリップC．C．ホアン『長江三角洲小農家庭與郷村発展』（前掲）105頁
(40) B．I．シュウォルツ『中国農村的市場和社会結構』（前掲）6頁
(41) B．I．シュウォルツ『中国農村的市場和社会結構』（前掲）6～7頁
(42) 楊懋春『一個中国村庄――山東台頭』2001年 江蘇人民出版社 185頁
(43) B．I．シュウォルツ『中国農村的市場和社会結構』（前掲）11～12頁
(44) 楊懋春『一個中国村庄――山東台頭』（前掲）188～189頁
(45) B．I．シュウォルツ『中国農村的市場和社会結構』（前掲）45頁
(46) 梁漱溟『中国文化要義』2005年 上海世紀出版集団 上海人民出版社 72頁
(47) S．ルークス『個人主義：分析與批判』1993年 中国広播電視出版社 119頁より引用
(48) E．デュルケム『社会学方法的規則』1999年 華夏出版社 82～83頁
(49)『孫中山全集』第一巻 1981年 中華書局 523頁
(50) 陳独秀「卑之無甚高論」／『陳独秀選集』1990年 天津人民出版社 115頁
(51) 柏楊『丑陋的中国人』1986年 花城出版社 137頁
(52) 梁漱溟『東西文化及其哲学』1999年 商務印書館 157頁
(53) 周建国『緊縮圏層結構論――一項中国人際関係的結構與功能分析』（前掲）6頁
(54) 翟学偉『中国人行動的邏輯』2001年 社会科学文献出版社 47頁
(55) 翟学偉『中国人行動的邏輯』（前掲）28頁
(56) 梁漱溟『中国文化要義』（前掲）78頁
(57) 童星『発展社会学與中国現代化』2005年 社会科学文献出版社 77～79頁 あるいは宋林飛『西方社会学理論』1997年 南京大学出版社 92頁を参照のこと
(58) J．H．ターナー『社会学理論的結構』1987年 浙江人民出版社 331頁
(59) 梁漱溟『中国文化要義』（前掲）87頁
(60) 翟学偉『中国人行動的邏輯』（前掲）26頁
(61) 梁漱溟『中国文化要義』（前掲）72頁
(62) 梁漱溟『中国文化要義』（前掲）60頁
(63) 梁漱溟『中国文化要義』（前掲）80～81頁
(64) 楊国枢「中国人的社会取向：社会互動的観点」／楊国枢、余安帮主編『中国人的心理與行為：理論及方法篇』1992年 桂冠図書公司出版 94～120頁
(65) 楊国枢「中国人的社会取向：社会互動的観点」／楊国枢、余安帮主編『中国人的心理與行為：理論及方法篇』（前掲）106頁
(66) 何友暉、陳淑娟、趙志裕「関係取向：為中国社会心理方法求答案」／楊国枢、黄光国主編『中国人的心理與行為』中国人叢書10 1991年 桂冠図書公司出版 58頁
(67) 何友暉、陳淑娟、趙志裕「関係取向：為中国社会心理方法求答案」／楊国枢、黄光国主編『中国人的心理與行為』中国人叢書10（前掲）62頁
(68) 楊国枢「中国人的社会取向：社会互動的観点」／楊国枢、余安帮主編『中国人的心理與行為：理論及方法篇』（前掲）116頁
(69) 黄光国「人情與面子：中国人的権力游戯」／楊国枢、李亦園、文崇一等編著『現代化與中国化論集』中国人叢書9 桂冠図書公司出版 130～137頁
(70) 黄光国「人情與面子：中国人的権力游戯」／楊国枢、李亦園、文崇一等編著『現代化與中国化論集』中国人叢書9（前掲）133～134頁
(71) 黄光国「中国人的人情関係」／文崇一、蕭新煌主編『中国人：観念與行為』巨流図書公司 民国77年 56頁

＊訳注

[1]　“相国”は官職名であると思われるが、原文に従って訳す。
[2]　中国の歴史学界における時代区分は一般に以下のとおりとされている。

古代：有史以来、1840 年アヘン戦争前まで
近代：1840 年アヘン戦争～ 1919 年五四運動前まで
現代：1919 年五四運動～ 1949 年中華人民共和国成立前まで
当代：1949 年中華人民共和国成立～現在

＊訳者補記

中国古典の引用部分で、出典が明記されている箇所及び訳者が調べて出典が明らかになった箇所は、以下の注釈書より書き下し文を抜粋して転載させていただいた。
①『新釈漢文大系 1 論語』平成 8 年 明治書院
②『新釈漢文大系 113 大戴礼記』平成 3 年 明治書院

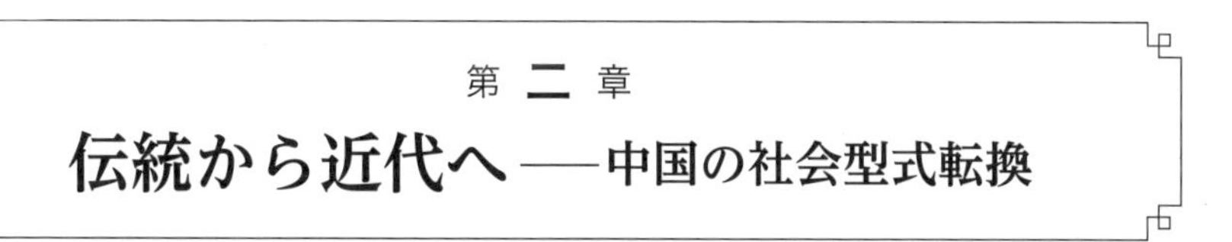

第二章
伝統から近代へ——中国の社会型式転換

総体的見地から中国の現代社会を一言でまとめれば、型式転換しつつある社会だと言えよう。社会の型式転換とは、まず社会が伝統型式から近代型式に転換する過程であり、その過程では伝統的要素がしだいに減少する一方で近代的要素が徐々に増加していく。次に、それは伝統的要素と近代的要素がせめぎあう進化の過程であり、発展型式上では外から内へ、表から中へ、名から実へと深化していく過程に現れる。そして最後は、全体的な社会発展の過程である。人々の社会型式転換に対する認識もまた、実践が広がるにつれて深化を続ける。初期に社会の型式転換を単純に経済成長と同様に見なしているところから、最後には社会の型式転換とは経済成長・社会変遷・環境保護等の一連の複雑な内容からなる全体的な社会発展の過程だと認識する、これはすなわち社会の型式転換に対する人々の認識がしだいに深化をした結果である。[1] 中国の社会型式転換に対する認識の中から、本章では中国及び西洋の社会型式転換理論、中国の社会型式転換の実際の進行過程、及び中国の社会型式転換の特徴とそこに存在する問題について概括して述べる。

第一節 社会型式転換理論と中国の社会型式転換

一、西洋の社会型式転換理論の概説

西洋社会の早期の社会学者による理論では、「理想的類型」という方式で社会を伝統社会と近代社会という対立する両極に分けて社会型式転換を説明することが普遍的かつ流行していた研究方式であった。例えば、イギリスのH.スペンサーは社会を「軍事社会」と「工業社会」に、フランスのE.デュルケムは「機械結合」社会と「有機結合」社会に、またドイツのF.テンニースは「共同体」と「社会」に、同じくドイツのM.ウェーバーは「宗法伝統経済社会」と「理性資本主義社会」に、K.マルクスは「封建主義社会」と「資本主義社会」に、アメリカのG.E.メイヨーは「身分社会」と「契約社会」に、A.ドゥトクヴィルは「貴族制社会」と「民主制社会」に、C.H.クーリーは「第一次集団」と「第二次集団」に、P.A.ソローキンは「親密関係」と「契約関係」にそれぞれ区別した……そして社会学誕生から百年後も、やはり多くの社会学者が依然としてその方式を採り、社会を似通った類型学で分けている。例えば、R.レッドフィールドの「郷民社会」と「市民社会」という区分、H.ベッカーの「神聖社会」と「世俗社会」という区分、及び費孝通の“礼俗社会”と“法理社会”という区分等々である。[2] このような分け方は問題を単純化する嫌いがあるために絶えず各方面からの批判にさらされてきたが、その分け方自体が大きな概括力と包容性を有することから、一貫して社会学者が社会の発展の段階やレベルを研究・分析及び判断する基本的な方法であった。

それらの分析の枠組みを参照すれば、いわゆる「軍事社会」・「機械結合」社会・「共同体」・「宗法伝統経済社会」・「封建主義社会」・「身分社会」・「貴族制社会」・「第一次集団」・「親密関係」・「郷民社会」・「神聖社会」そして“礼俗社会”等は、いずれも異なる視点あるいは側面から伝統社会の特徴を映しており、それらは立ち遅れた、未発達の、静止した、閉鎖的かつ時代遅れの社会状態や観念とつながる社会構造の類型である。一方、「工業社会」・「有機結合」社会・「社会」・「理性資本主義社会」・「資本主義社会」・「契約社会」・「民主制社会」・「第二次集団」・「契約関係」・「市民社会」・「世俗社会」そして“法理社会”等も同様に、異なる視点あるいは側面から近代社会の特徴を映しており、それらは先進的な、発達した、流動的で、開放的かつ新しい社会状態や観念とつながる社会構造の類型である。この観点から見ると、いわゆる社会型式転換とは本質的に伝統社会から近代社会に変遷する過程、あるいは社会がしだいに個別主義から普遍主義に転化する

過程であると言える。

あらゆる社会学者の中で、アメリカの機能主義の大家T.パーソンズは「伝統」と「近代」という「二分法」思想を極限まで活用した。

古典的社会学者と同じように、パーソンズの考えでは、伝統社会と近代社会はやはり対立する両極に置かれ、それぞれが完全に違う特徴を持っていた。ただ古典的社会学者と異なる点は、パーソンズを代表とする社会学者たちが言う「伝統」と「近代」は時間的に相前後した交替関係にあるだけでなく、さらに空間地域上の含意も与えられている点である。パーソンズらは地域空間という観点から出発し、世界全体について西洋と非西洋という明確な区分けをして、アメリカを主とする西洋国家を「近代社会」、非西洋国家を「伝統社会」と見なし、さらに双方の間にあり伝統から近代へ変化しつつある社会を「二元社会」と見なした。ここから分かるように、パーソンズの「二分法」思想は古典的社会学者による伝統と近代の両極対立の思想とはすでに大きく異なっている。パーソンズらは多数の国家と民族について横断的比較をした基礎の上で「伝統」と「近代」という概念を用いたのであり、それによってこの概念は西洋中心主義的色彩を帯びることになった。[3]

その社会行動理論において、パーソンズはそれぞれの人間が行動を選択する傾向は、すべて共有する価値と規範的基準により調整されていること、またそれら共有する価値と規範的基準は人々の目標選択やそのために用いる手段に支配的な役割を果たし、たとえ基本的な生理上のニーズを満たす場合でもそれら価値規範の調整を受けることを強調している。社会あるいは文化的背景がどのようなものであれ、そうした基本原則は普遍的であり、かつ人の行動全般を支配している。しかし、問題の分析をこの一点だけにとどめては、依然として人の行動に科学的分析を加えることは難しい。そこで、パーソンズは一歩進んで、ある行動者の選択の傾向が二つの基本的要素、すなわち動機と価値で決まることを指摘した。[4] 動機的傾向とは行動者が最大の満足と最小の損失を希望することを指し、価値的傾向とは個人の選択（手段や目的）、及び異なるニーズや目標に対する優先的な考えを支配している規範的基準を指す。そのうち、動機的傾向にはさらにa. 認知面／b. 情感面／c. 評価面という三方面があり、価値的傾向にもa. 認知面／b. 鑑賞面／c. 道徳面という三方面の要素がある。行動者の行為選択はすなわち、動機的傾向の三方面の要素と価値的傾向の三方面の要素が共同で働いた結果である。しかし、行動者の選択傾向はそれらの要素の制約を受けるものの、異なる立場や環境では制約を受ける程度に差異がある。例えば、情感面や評価面は人々の傾向の中に常に存在してはいるが、どちらが優先するかは恐らく変化する。もし認知面が優先すれば、行動のタイプは一種の知的活動であり、情感面が優先すれば表現的活動であり、評価面が優先すれば道徳的活動であろう。これら二種の基本的要素六方面の異なる組み合わせに基づき、行動者はいかなる社会的立場や環境においても、他人に対したとき、表面的にあるいは表面下で、五種類のパターンを選択しなければならない。この五種類のパターン選択がパーソンズの唱える「五組のパターン変数」で、具体的には（1）情感と情感中立性／（2）自己選択傾向と集団選択傾向／（3）個別主義と普遍主義／（4）属性本位と業績本位／（5）限定性と無限定性である。

パーソンズは、伝統社会と近代社会においては、行動者の「行為動機」「選択傾向」「価値基準」「役柄評価」「役柄関係」という五点がいずれも異なり、その五点に関わる「五組のパターン変数」のそれぞれの組み合わせが伝統社会と近代社会の両極対立を代表し、伝統社会と近代社会の行動者は社会行動における行為選択パターンが異なると考えた。

（1）情感と情感中立性

この組み合わせは行為の動機に関わる。伝統社会では「情感性」が人々の行為の主要動機であり、人々は通常個人的感情あるいは私情関係を職業行為の中に持ち込み、行為時には情感面が高い優先的地位にあって、情感の投入あるいは満足が十分に現れる。反対に、近代社会では「情感中立性」が人々の行為の主要動機であり、人々の関係にはより多分に「情感的無干渉性」が現れる。例えば医師と病人の関係では、医師は医療従事者の身分で病人を治療し、いかなる個人的感情や私情関係の色彩も治療には持ち込まない。

（2）自己選択傾向と集団選択傾向

この組み合わせは行為の選択に関わる。自己選択傾向とは自身の利益優先を意味するが、集団選択傾向とは他人あるいは集団全体の利益優先を意味し、集団の道徳面が優先的地位を占める。伝統社会は一般に集団あるいは団体選択傾向であり、人々は一種の滅私奉公的な社会行為を追求する。例えば、伝統社会では医師が病人を治療することはある種の集団主義的貢献であるとされ、個人の利益のためではない。少なくとも第一義的には個人の利益追求を動機とするものではない。反対に、近代社会では通常自己選択傾向あるいは個人の利益が重視され、医師が病人を治療するのは金を稼ぐためであり、個人の利益を得ようとすることが行為の主要動機となっている。

（3）個別主義と普遍主義

この組み合わせは社会関係を支配する規範的・価値的基準に関わる。普遍性のパターンは個人を確定しない範疇に従って一つに区分されるあらゆる人に適用される基準を含むが、個別主義のパターンは他人の個別行動者に対するある特殊な関係、あるいは双方が共有するある特性を根拠とする基準を含む。これに対応して、伝統社会は「個別的基準」であり、例えば医師が病人を治療するには特定の基準があって、ある一部の有資格者のためだけに治療することすらあった。近代社会は「普遍的基準」であり、例えば医師のサービスを受ける資格は病気があること、医師の倫理道徳は病気があればそれを治すことで、その他は問われない。また、近代社会における「法の前では万人が平等である」という観念こそが最も典型的な普遍主義の例である。反対に、一種の規範的パターンはある家庭の構成員、ある同じ民族あるいは種族の人間に運用されるだけ、もしくはある年齢層の人に運用されるだけというのが、典型的な個別主義のパターンである。

(4) 属性本位と業績本位

この組み合わせは役柄評価に関わる。属性本位が強調するのは、人々がある種の社会関係に加わるときの特殊な身分あるいは特徴に基づき、彼らに対応したり、彼らを評価したりする意味である。例えば、家庭の構成員は家庭で他の人とは異なる対応を受けるが、それはただ彼らに家庭の構成員という身分があるからにすぎない。伝統社会は通常「属性本位」で、人々は出生・年齢等先天的に賦与された条件によって他人を評価し、それら個人の努力で取得したのではない条件によって他人の地位や等級を分け、身分がある人間の社会的地位の重要な基準とされる。近代社会は「業績本位」で、例えばある医師の地位は主にその医療レベルによって確定される。すなわち、業績本位のパターンは公開された表現や能力に着眼し、一人の人間の社会的地位の向上は主にその業績あるいは成果によって定められる。実際に、「業績本位」あるいは成果選択傾向は、すでに私たちがある社会の近代化のレベルを判断する重要な尺度になっている。例えば、経済分野である経営者の収益は自らの経営とイノベーションによるものか、それとも権力や特権、あるいはその他の不当な手段によって獲得されたものか。行政部門の昇進栄転は、主に自らの能力と貢献によるものか、それとも年功序列や権力、あるいは私情関係によるものか。これらはいずれも、人々がある社会を「伝統」的社会か「近代」的社会か評価する重要な基準になっている。

(5) 限定性と無限定性

この組み合わせは役柄関係に関わるもので、主に個人の他者に対する関わりの度合を指している。仮に相互の義務が狭隘かつ具体的に限定されているもの（例えば契約関係等）であれば、このパターンは限定性である。反対に、もし他者から得る、あるいは他者に与える満足が広汎なものであれば、そのパターンは無限定性である。二者のうち、伝統社会の役柄関係は「無限定性」のものである。例えば、医師は病人を治療すると同時に病人に対して道徳思想の教育をする、あるいは病気治療とは明らかな相関性の見られないその他の問題で言葉を交わすようなことが、役柄関係の無限定性の表現である。近代社会の役柄関係には「限定性」が現れている。同じように病人を治療する場合を例にとれば、近代社会では医師は病気を治療するだけで、病人に思想道徳の教育をすることや、あるいは病気治療とは無関係のその他の活動をすることはない。これが役柄関係の限定性ということである。一般的に限定性の役柄関係はいずれも一定の法律制度あるいは明文化された規定によるもので、“科層制”〔官僚制〕組織における役柄関係（例えば雇用主と雇用者）のように関係する職責の規定があり、人々は通常それぞれの職責を担って規則に基づき事を行う。反対に、無限定性の役柄関係は多くの場合明確な規定がなく、人と人とはいかに付き合うか、及び各自がどのような責任や義務を持つかは、いずれも生活の中でしだいに明らかになる。行為時にも法律制度の拘束を受けず、交際の中で各自が尽くす責任や義務も個人の理解に関わっている。ゆえに、無限定性の役柄関係は通常親密な友人あるいは小集団関係の中に現れる。それは伝統社会の人間関係及び交際の一般的モデルである。

パーソンズは伝統社会と近代社会の対比を上述の五組のパターン変数にまとめたが、実際には二つの完全に異なる社会システムを描き出した。「一つは伝統的で分化していない集団主義の社会システムであり、もう一つは現代的で分化を経てから新たに整合した個人主義の社会システムである。」[(5)] この二つの社会システムは異なる構造と機能を持ち、二つの社会の人々の行動パターンも同じではない。パーソンズ及び多数の社会学者から見れば、伝統社会と対応する五つのパターン変数、及びこの五つのパターン変数に導かれる社会システムと社会行為は、社会の進歩と経済発展に不利である。それに反し、近代社会と対応する五つのパターン変数、及びその五つのパターン変数に導かれる社会システムと社会行動は、社会の進歩と経済発展にいっそう有利である。すなわち、前者は効率が低く、後者は効率が高い。社会の発展とはまさに前者から後者への転換過程である。ある社会に近代社会のパターン変数五つの特質が多ければ多いほど、その社会の発展は近代社会に近付いている。また、この二つの社会システムの運営ルールも完全に異なり、二つの社会システムの中で生活する人々の社会行動も完全に異なっている。単独の行動者としての個人があるシステムから別のシステムに向かっていくことは、その個人が思考スタイルと行為スタイルのすべてを変え、思想あるいは行為の根本的変革を実現していくであろうことを意味する。

以上のように、古典的社会学者が提唱してからパーソンズに至るまで、成熟と完成に向かった「伝統―近代」「二分法」の理論は、幾多の不足点が存在するものの、社会型式転換の研究に得がたい分析の枠組みを提供したのである。

二、中国の社会型式転換理論の研究

中国で初めに社会型式転換の概念を用いたのは中国社会科学院社会学研究所研究員の李培林で、彼は1990年代以前に早くも西洋社会の構造機能主義社会学派による近代化理論中の社会型式転換理論を用いて、中国の社会構造の変遷を説き始めていた。李培林は中国の改革開放以降の一連の社会変化についての観察を通し、中国はすでに新しい社会型式転換期に入っており、型式転換の主体は社会構造であると考えた。型式転換の主な内容とその典型を挙げれば、中国はまさに自給・半自給の生産品経済社会から社会主義市場経済社会へ、農業社会から工業社会へ、農村社会から“城鎮”社会[1]へ、閉鎖的・半閉鎖的社会から開放的社会へ、同質の単一性社会から異質な多様性社会へ、倫理社会から法理社会へと転換しつつある。(6) さらに李培林は、社会構造の型式転換は一種の構造的パワーであり、それは二つの手――一つは有形の手＝国家の干渉、一つは無形の手＝市場調節――と共に、まさに資源配置や経済発展に影響を与える三つ目のパワーになると見ている。これは主に、目下中国社会が構造型式転換期にあるからであり、また中国経済が広汎な意味で不均衡な状態にあるからである。それゆえ、社会の型式転換は「もう一つの見えざる手」――「第三の手」として、必然的に中国の資源配置や経済発展に小さくはない役割を果たしている。

そして、同研究所研究員の陸学芸は、西洋の学者の社会型式転換に関する理論を総括し、彼らの理論を六つの方面、すなわち“六化”［六種の変化］にまとめた。(7)

“六化”の第一は経済の型式転換、すなわち工業化である。社会の型式転換は、まず農業社会から工業社会への移行に現れる。工業化は近代化の必要条件であり、“早発展国家”の歩んできた道であると同時に、“遅発展国家”の近代化に避けて通れない道でもある。

第二は社会の型式転換、すなわち都市化である。社会型式転換はまた、農村社会から都市社会への移行に現れるが、それは都市社会が近代化社会の主要な形態だからである。工業化は必然的に都市化を招き、都市化はまた必然的に社会の経済・政治・文化等の発展を導き、促進する。関連の研究によれば、社会の都市人口が総人口の10%を占めなければ知識技能は拡大・展開が始まらず、総人口の25%が都市化を実現しなければ知識技能の成長は都市の発展に直接的関係を生じないという。西洋先進国の都市人口は一般に総人口の70%～80%を占め、90%以上を占める高い国すらある。しかしながら、中国の目下の都市及び町部の人口は多くても45%前後しかない。それゆえ、都市化は中国の社会型式転換における重要な課題である。

第三は政治の型式転換、すなわち民主化である。専制から民主に向かうこともまた社会型式転換の内容であり表現であるが、それは主に社会の大衆が政治に対して無関心で疎遠である状態から熱意をもって一様に参加するようになる等の面に現れ、しだいに多くの階層が社会の主要な事物に関わりを持っていく。

第四は文化の型式転換、すなわち世俗化である。これは主に、「聖霊社会」という宿命論の打破、宗教イデオロギーへの従属性が比較的低いこと、科学や技術イノベーションが世界をより良くすると信じること、新しい事物や思想に開放的な態度をとること等の面に現れる。

第五は組織の型式転換、すなわち科層制である。社会管理は家長制からしだいに科層制に転向し、近代的組織には日増しに職位の専業化・規則による管理・業績本位の昇進等の特徴が現れてくる。

第六は思想の型式転換、すなわち理性化である。人々の思想や行為動機は、宗教的あるいは情感的要素の支配を受けるところから、普遍的な理性の原則に従うように変わる。

これらの研究は、主に世界各国及び地域の社会型式転換の主要な特徴をまとめたものであり、すべてに当てはまる指導的意義を有する。

中国の社会型式転換に関する理論研究でもう一つ触れておくべきは、劉祖雲の社会型式転換についての研究である。劉祖雲は『社会転型解読』という著書で、中国の社会型式転換について系統的な研究と総括を行った。劉祖雲は、社会の型式転換はある特定な社会の発展過程として、主に次に述べる三方面の内容を含むとしている。[8]

まず、社会型式転換とは、社会が伝統型から近代型に移行する過程を指す。伝統社会と近代社会の主要な違いには以下の七点がある。一点目は社会の産業基盤の違いである。伝統社会の産業基盤は農業で絶対的多数の人口が農業生産に従事しているのに対し、近代社会の産業基盤は工業及びその基盤上に発展してきた近代的商業やサービス業である。二点目は社会の労働スタイルの違いである。伝統社会は技術設備が貧弱であったため手仕事による労働が中心であったが、近代社会では工業上の発明や科学技術の進歩によって、主に機械化またはオートメーション化された生産が行われている。三点目は社会分業及び社会分化の程度の違いである。伝統社会には簡単な労働分業があっただけで、社会分化や専業化のレベルが低く、社会的同質度が相対的に高かった。近代社会には複雑な労働分業があり、社会組織の構造や機能もそれに伴って高度に分化ならびに専門化しており、社会的同質度が比較的低い。四点目は主要な組織形式及び社会関係の違いである。伝統社会の主な組織形式及び社会関係は家庭組織と血縁関係であったが、近代社会のそれは職業組織と業務上の関係である。五点目は社会活動の主な場所の違いである。伝統社会の社会活動の主な場所は農村コミュニティーであったが、近代社会のそれは都市コミュニティーである。六点目は社会の開放度の違いである。伝統社会は自給自足的自然経済を基盤としていたので分散性と閉鎖性が比較的強かったが、近代社会は社会化された大量生産と商品流通ないし市場経済という基盤に築かれたため、高度に開放された社会である。七点目は社会管理の権威基盤や主要スタイルの違いである。伝統社会の社会管理は伝統的権威を基盤とし、家長制管理がその主要管理スタイルであったが、近代社会のそれは法理的権威を基盤とし、科層制管理が主要管理スタイルになっている。無論、伝統社会と近代社会の違いは相対的なものであり、絶対的なものではない。しかしながら、社会型式の転換は伝統社会と近代社会とを線引きした基礎の上に成立するもので、社会が伝統型から近代型に変化する移行の過程であるという一点は肯定できよう。

次に、社会型式転換は伝統的要素が減少し、近代的要素が増加する進化の過程である。

伝統社会と近代社会という二者の間には越えられない大きな溝のような対立する思考方式が存在すると考える学者が少なくないが、それに対して劉祖雲は、社会の型式転換とは実際には伝統的要素が減少し、近代的要素が増加する進化の過程であるとしている。社会型式転換の始まりが遅く、その最初の原動力が社会外部からもたらされた“遅発外生型国家”にとって、社会型式転換の過程はまた、往々にして近代的要素が外から内へ、表から中へ、名から実へ到る生成と発展の過程として現れる。

1．外から内へ。これは“遅発外生型国家”の社会型式転換の過程において、近代的要素が生成かつ発展していく主要ルートである。これは主に、“遅発展国家”の社会型式転換が外在的な圧力や影響のもとで始まったため、近代社会的要素が最初その社会内部から生まれたのではなく、外部から伝えられたからである。それにより“遅発展国家”の社会内部の要素と外来の要素の間には長きにわたって互いに適応し、互いに吸収する過程が存在しており、いかに外来の近代的要素に対応するか、いかに内在の伝統的要素に対応するか、及び内外の要素が結び付く過程で近代的要素をいかに生成かつ発展させていくか等の問題に直面した。言い換えれば、伝統的要素と近代的要素とが消長する過程は、“遅発展国家”では近代的要素の本土化及び本土的要素の近代化という複雑な過程に現れ、近代的要素の本土化を通して本土的要素の近代化が促進されて、外来的要素と本土的要素の相互受容から本土社会に適合する新しい近代的要素を生成かつ発展させることにより、その社会の伝統型から近代型への移行を導いたのである。

2．表から中へ。社会型式転換における近代的要素の生成や発展の程度から見て、中国の社会型式転換は物のレベルから制度のレベルへ、さらに文化のレベルの表から中へと、しだいに深く発展していく過程であった。初期の開始段階であれ、1978年以降の急速な進行段階であれ、この特徴はともに大変明らかであった。初期の開始段階では、1840年に始まった中国の社会型式転換はまず物のレベルに発生し、その典型が“船堅炮利”［堅牢な船舶やすぐれた大砲］を求める洋務運動であった。続いて制度のレベルに進み、その典型が立憲君主式の近代化を求めた維新運動であった。最後に思想文化のレベルにまで深く入り込み、その典型が西洋の民主・科学思想の導入の要求を中心とした五四運動であった。1978年以降社会型式転換は急速な進行段階に突入したが、その進行はやはり物のレベルから制度のレベルへ、さらに思想文化のレベルへという過程をたどった。具体的には、まず国外から大量の近代化設備・科学技術・資金を導入し（物のレベル）、それにすぐ引き続いて経済体制ないし政治体制の改革を行い（制度のレベル）、最後に社会主義精神文明の建設に着手した（思想文化のレベル）。このように、中国の社会型式転換は表から中へ、しだいに進化する過程をたどったのである。

3．名から実へ。“遅発展国家”の社会型式転換は、その近代的要素の生成や発展の過程が名から実に到る過程であることも表している。この特徴は中国の都市化の過程・科層化組織の成立など多くの面で実証されている。改革開放政策実施以降、中国の都市化は急速な発展期に入り、都市の数量であれ都市及び町部の人口の比率であれ、また都市の拡大であれ都市の経済状況・インフラ・都市景観等のハード面や都市の教育・科学技術・文化・衛生及び管理等のソフト面であれ、すべて未曾有の発展を成し遂げた。近代社会の管理に対応する科層制が、伝統社会の管理に対応する家長制にしだいに取って代わり、中国の各分野各レベルにおける主要な管理スタイルとなって、中国の社会型式転換の重要な典型の一つとなった。当然ながら、社会型式転換の名から実へという過程はこれらの面だけに現れたのではなく、社会の各面にも十分に現れており、社会型式転換を有効に推し進めた。

さらに、社会型式転換は全体的な社会の発展過程である。

社会の型式転換が全体的な社会の発展過程であることは、世界各国の社会の近代化の過程から得られた結論である。相当長期にわたり、ある国の近代化を説明する場合、「成長」と「発展」という二つの概念が往々にして相互に入れ替わっていた。すなわち人々は社会の近代化とはGNPあるいは国民所得の量的成長だと見ていた。この時期は、社会の型式転換＝経済成長であった。

だが、社会の近代化は経済成長のみによって決まるのではなく、政治・文化・教育・科学技術及び人口等、多くの非経済的要素の制約を受けることに人々はまもなく気が付いた。“早発展国家”であれ“遅発展国家”であれ、一方的に経済成長のみを追求し、社会福祉・社会の公平・文化教育等いくつかの社会の進歩につながる要素を経済成長の代価として犠牲にしてしまうと、経済成長はそれら非経済的要素による制約を受けて困難な局面にぶつかる。人々はこのような経済成長の状態を「発展のない成長」と総括し、このような発展モデルに数々の疑問を呈してきた。そして、単純な経済発展戦略は経済と社会の調和がとれた発展戦略に取って代わられた。この時期は、社会の型式転換＝経済成長＋社会変革であった。

1970年代になると、世界各国の社会の近代化は社会面からの障害にぶつかったうえ、自然面からの障害にもぶつかるようになった。すなわち、一方的に経済成長を追求したために招いた再生不可資源の大量消費や環境汚染が日々深刻化して、徐々に経済及び社会の発展の障害となり、一部の国家や地域の経済及び社会の発展は持続していくことが難しくなった。近代化の実践が再度人々の思考の筋道を広げ視野を大きくして、人々はさらに一歩進み、社会の近代化が生態バランスや環境保護問題とリンクしていなければ、その社会の発展は持続不可能であることを認識したのである。すなわち、社会の近代化は経済と社会という二者の調和を必要とするのみならず、経済・社会・環境という三者の調和を必要とし、経済・社会・環境が調和のとれた発展を遂げることで、ようやく持続的発展が可能になるのである。この時期は、社会の型式転換＝経済成長＋社会変革＋環境保護であった。

以上から分かるように、社会型式転換は社会システム内部の各レベルの変化を含み、また社会と自然が相互につながった全体的な社会の発展過程に関わっている。

中国の社会型式転換があまねく、そして深く展開していくのに伴い、社会学者がその主な内容と特徴について進める研究も日々深みを増して、徐々に多くの成果を収めつつあるが、ここではその各々には言及しない。以上述べてきた三名の学者の見方は、それぞれ異なった視点から出発し、社会型式転換の主な内容と特徴について比較的正確な理論的総括を行って、現代中国の社会型式転換を理解する上で参照するに足る枠組みを提供している。

三、中国の社会型式転換の過程

仮に社会の型式転換をある伝統的要素がしだいに消失して近代的要素が日々生成されていく過程であるとするならば、中国の社会型式転換は大変早くから萌芽が見られた。歴史学者の研究によると、早くも宋朝にはすでに近代資本主義の兆しが見られるという。当時、中国社会では手工業が空前の発展を見せ、都市化及び都市機能が希有の高度なレベルに達し、商業がかつてない繁栄を遂げて、科学技術・思想・文化及び人々の意識にも明らかな変化が起きていた。(9) 一言でいうと、中国社会の各面で資本主義の萌芽が見られたということだ。しかし、それをもって中国社会はその時点から社会型式転換が始まったと考えることはできない。なぜならば、伝統社会の近代化発展の潜在的要素及び資本主義の萌芽が比較的早期に見られたとはいえ、毎回王朝の興亡が繰り返される周期的変動の中でその芽が摘まれたので、生じたものがしだいに蓄積または成熟し、全体として近代的意味での社会型式転換を発動させることは終始できなかったからである。こうした認識に基づき、一般に学術界では、中国の社会型式転換は1840年のアヘン戦争から始まったと考える。そのときから現在まで、中国の社会型式転換は1840年から1949年までの緩やかな進行期・1949年から1978年までのやや速い進行期・1978年以降の急速な進行期という三段階を経てきた。(10)

(一) 社会型式転換の緩やかな進行段階（1840 ~ 1949年）

アヘン戦争以降、中国の古く重い門が強制的に開かれ、外部から近代西洋社会の民主政治・科学文化・宗教意識・生活スタイル等が中国社会へ全面的に浸透し始めて、それにより中国社会では構造的瓦解が起こった。そして太平天国の乱は、数千年続いてきた封建的支配を内部から大きく揺るがし、伝統社会に未曾有の衝撃を与えた。内憂外患という情勢下で、中国社会は伝統から近代への型式転換を始めたのである。中国の社会型式転換は外国の植民統治と国内の矛盾が幾重にも重なった情勢下で進められたため、その道程は艱難と曲折を極めるものだった。

まず、工業化を主な典型とする経済の型式転換が、並外れて困難であった。中国の工業化は半植民地・半封建的な近代社会で始まったため、始まると同時に外国の資本主義と国内の封建勢力から二重の圧力を受け、さらに百年近く連綿と続いてきた戦争や自然災害等の影響もあって、その進行が困難を極めたことは想像に難くない。百年前後の歴史の歩み全体においては、第一次世界大戦で西洋列強が戦事に忙しかったため中国の民族工業に暫時発展の空間が生じた時期を除き、近代工業の発展は終始順調には運ばなかった。外来の資本と商品が大量に流れ込んできて中国の自給自足的家内手工業を手ひどく破壊したので、当時萌芽状態にあった家内手工業は近代工業に向けての転換を図れなかっただけでなく、外来の廉価な商品流入による衝撃を受けて次々と倒産に追い込まれ、これによって中国の近代工業の発展は極めて速度が鈍った。1949年になっても、近代工業はGNPの10%前後を占めるばかりで、たとえわずかに工業が成立していたにせよ、そこには構造不全・基盤脆弱・設備旧式・規模弱小・分布の偏り等の問題が存在していた。

次に、都市化を主な典型とする社会の型式転換の歩みが緩慢であった。中国の近代工業化の開始と進行が艱難を伴うものであったため、都市化もまた緩慢な歩みで始まったのである。これは主に、中国社会に出現し始めた一部の近代的意味における都市に現れ、例えば上海・天津・広州・青島・武漢・重慶等の都市はしだいに地方ないし全国の商工業の中心あるいは交通の要衝となり、その一部は世界的な影響力すら持ち始めた（上海など）。しかしながら、近代の都市化には明らかに不均衡等の特徴が見られ、少数の大都市は広大な農村地域とほぼ相互に隔離された状態に置かれていて、農村地域に放射的作用を及ぼすことは難しく、社会全体を都市社会に向けて型式転換に導くことは困難だった。それゆえ、百余年の都市化推進の歩みを経たのち、1949年になっても中国の都市化レベルはようやく10.6%に達する程度であった。このように、中国近代の都市化への足取りは緩慢なものであった。

さらに、民主化を主な典型とする政治の型式転換は、転変がいっそう激しかった。封建的専制統治を倒して民主国家を建設することは、近代社会への型式転換の重要な一部分であり、中国近代以降の民主革命指導者はそれに努力を傾注してあらゆる労苦を嘗め尽くしたと言える。最も早く立憲君主政体の樹立を直接の目標に掲げた戊戌の政変は、わずか103日で失敗に終わり、民主共和政体の樹立を直接の目的とした孫文の指導による辛亥革命は、数千年続いた封建帝政を倒したものの、新しい民主国家を打ち立てることは依然できなかった。その後、中国共産党が人民を指導して28年に及ぶ困難な戦いを経たのち、最終的にようやく人民を主人公とする人民民主専政国家が成立した。この百余年間の艱難曲折と深い感銘を呼ぶ成功は史上前例を見ないものであると言えよう。

(二) 社会型式転換のやや速い進行段階(1949～1978年)

社会学者は通常1949年から1978年までの社会型式転換をやや速い進行段階と称する。型式転換の速度から見ると、この時期の型式転換はそれ以前よりずっと速いものの、それ以降に比べるといささか遅い。さらに重要であるのは、主観・客観両面の種々の理由によってこの時期の社会型式転換には少なからぬ曲折が現れ、型式転換の順調な進行が妨げられたことだ。

工業化の面から見れば、建国後30年間は「工業成長の速度がはやかった。1952～1979年の間は総生産額の年平均成長率が11%で……完全に近い近代的工業システムが建設され、重点は資本設備の製造で、中国は大多数の発展途上国に比べて生産する工業製品の種類がずっと多く、輸入設備に対する依存度は大幅に低かった。重要な工業部門はほぼいずれも全国の若干の地域に重点工場を設立し、また製造業を立ち遅れた地域や農村にも配置するよう特に努力が払われた。」[(11)] 以上の叙述は、新中国の工業化の成果を総括したものと見ることができるが、このように、建国後30年間、中国の工業化は大きな成果を上げた。まず、工業基盤が脆弱で構造が不合理であるという基礎の上に整った近代的工業システムを建設したが、重工業の発展はとりわけ目覚ましく、国家の独立と安全に保障を提供した。第二に、工業の発展を加速させ、毎年11%の成長率を実現させた。第三に、工業が少数の都市に集中していた解放前の状態に比べ、工業配置がよりバランスのとれた合理的状態となり、立ち遅れた地域や農村の工業が比較的速い発展を遂げた。さらに重要であるのは中国が短期間にハイテク技術の分野で画期的な進展を得たことで、原子爆弾・水素爆弾の開発に成功し、また人工衛星の発射にも成功した。当時の複雑な国際環境下でこれらの成果を勝ち得たことは、工業化の成果を明確に示したばかりでなく、国家の総合力を明らかにして、国家の安全に必要な保障を提供した。全体的には、文化大革命の10年間を除いて、この時期の工業化は比較的成功を収めたと言えよう。

都市化という面から見ると、この時期の都市化の過程はときに曲折も生じたが、全体的なレベルでは依然向上が見られる。1949年の中国の都市化のレベルは10.6%で、都市化の始まるレベルに達したばかりであった。1949～1957年には国民経済が急速な回復と発展を見せ、とりわけ第一次五カ年計画の期間には、社会主義建設の全面的展開に伴って農村人口が都市鉱工業地域に大量に吸収され、都市化の過程を強力に推し進めた。1957年に都市化レベルは15.4%となり、1960年には「大躍進」政策の実行で都市人口が急激に増加し、都市化レベルは19.8%にまで急上昇して改革開放政策実施前の最高水準に達した。その後すぐに国家は国民経済の調整に着手し、都市人口は減少に転じる。その問題が解決を見ると同時に文化大革命が始まり、中国社会の発展に停滞ないし後退が現れ、1978年の都市化レベルは17.92%前後を維持していた。(12) 都市化のレベルがある程度上昇したほか、都市の数量や規模が拡大してさまざまなタイプの都市に各様の発展が見られたが、特に中小規模の都市の発展がとりわけ目を引く。これらの情況から分かるように、建国後30年間で中国の都市化のレベルは一定の向上を見せ、都市の分布がより合理的になり、機能もいっそう細分化した。だが、この時期の都市化の発展は、その他の事業と同様、全体的には曲折の中で進められたものであった。

(三) 社会型式転換の急速な進行段階(1978年~現代)

1978年の改革開放政策実施以降、中国の社会型式転換は急速な進行期に突入した。中国共産党第十一期中央委員会第三回総会を契機に、経済社会の発展は新しい歴史的時期に歩を進めたのである。党と国家は経済建設を任務の中心に据え、政治・経済・文化等各分野で全面的な改革を行って、中国の経済発展と社会型式転換は高速レーンに入った。それについて、これまでと同様に工業化と都市化を例にして分析を加える。

工業化の面から見ると、ここ30年で得た成果は世界の注目を集めた。まず、経済規模が大幅に拡大して世界有数の経済体になった。国家統計局公表のデータによると、2010年中国のGDPは39.8兆人民元〔以下、人民元は略して「元」と表記〕に達し、同年の元と米ドルの換算レートで計算すると6兆米ドルを超え、世界第二位にある。1978年の3624.1億元と比べれば、大幅な成長である。次に、産業構造がいっそう合理化された。第一次産業の貢献率はさらに下降し、第二次及び第三次産業が良好な発展の勢いを見せている。そのうち、人民の生活と関連する軽工業の発展が改革開放後の注目ポイントであり、社会に大量の日常消費財を提供した。これは国内市場のニーズをまかなうほか、多くの製品が海外市場に進出し始め、国家に大量の外貨をもたらした。2006年、中国の外貨準備高はすでに1兆米ドルを超え、中国の輸出による外貨獲得能力が強大であることを十分に示した。これらの事実は、改革開放政策実施以降、中国の工業化の過程が急速な発展期に入ったことを表している。

工業化の急速な推進に伴って、中国の都市化も高速レーンを進み始めた。まず、都市の数量と規模が大幅に拡大した。2004年までに中国の都市数は661カ所に達し、相対的に見て、数量が増加した。だが、より重要であるのは都市の規模が日々拡大していることで、香港・北京・上海・広州・深圳・天津・武漢・重慶・南京・瀋陽・西安・青島・大連等の都市はすでに相当の規模へと成長した。これらの都市は人口・面積・機能の充実度・インフラ建設等の各面でいずれも比較的高いレベルに達し、全国的または地域の中核的大都市になっている。第二に、郷鎮企業の発展に伴って"小城鎮"[2]の建設が続々と進み、都市化の過程の一種の花形になった。目下のところ、広東・浙江・江蘇等沿海部の発達した省市における"小城鎮"の建設は相当の規模とレベルになっている。一部には人口10万、中には数10万というレベルに達したところもあり、そうしたところはすでに伝統的意味での"小城鎮"ではなく、近代的意味での都市となっている。第三に、改革開放後、中国の都市化のレベルにも急速な発展の態勢が現れた。統計手法の違いにより、現在都市化レベルの推算には比較的大きな差異が存在する。例えば、王穎が1990年代末期のデータを根拠に推算したところでは、都市化レベルは当時すでに50%に達したか、もしくはそれに迫っていた。(13)近年の都市化の急速な発展を考慮すれば、王穎の計算方法に基づいた推算では都市化レベルは60%近くになるだろう。この推算はいささか実際の数字を上回るかもしれず、各方面のデータから推定するに45%前後というのが比較的信頼に足る数字だと思われる。さらに、目下中国の都市化レベルは依然毎年1%強の速度で進んでおり、この速度で発展を続ければ、将来数年のうちに50%を突破して、近代的な意味での都市社会に変貌するだろう。

以上は、工業化と都市化という両面から改革開放以降の中国の社会型式転換を考察したものにすぎない。その実、最近30年来、社会型式転換はこの両面に現れているばかりではなく、社会生活の各分野でいずれも急速な型式転換が全面的に起こっている。だが紙幅の関係で、ここではそれを逐一述べることは差し控える。

第二節　中国の社会型式転換の特徴

伝統社会から近代社会への型式転換は世界各国の社会が発展する中で必ず通らなければならない段階であり、その過程には普遍的に見られる特徴がある。ある学者はその特徴を、社会構造の漸次分化と整合・理性化・科学技術が経済及び社会の発展においてしだいに重大な役割を果たすこと・経済の持続的かつ急速な発展・都市化・人の近代化・グローバル化という七方面にまとめた。(14)

これらの普遍的な特徴は中国の社会型式転換にも適用し得るし、また中国の社会型式転換の過程でもしだいに明らかになっている。だが、“後発展国家”として中国の社会型式転換にはさらに多少の特性があり、その特性を認識することは中国の社会型式転換を導く上でより重要な意義を持つ。

一、受動的型式転換から能動的型式転換へ

これまで述べてきたように、中国の社会型式転換は19世紀中葉に始まった。しかし、その型式転換は社会発展の必然的な結果ではなく、西洋列強の砲撃や銃火にさらされて否応なく始まったものであったため、中国の社会型式転換には最初から“外生的性質”が備わっていた。1840年に勃発したアヘン戦争とそれに続く太平天国の乱は、中国古来の封建体制を外側から内部まで揺さぶり、西洋近代の民主政治・科学文化・宗教意識・生活スタイルが全面的に中国社会に浸透し始め、数千年間連綿と続いてきた中国の封建社会の構造的な瓦解が始まった。このような歴史的背景のもとで、中国の社会はようやく受動的な、艱難極まる型式転換を開始したのである。

中国社会が受動的状況で艱難極まる社会型式転換を始めたのは、主に中国の植民地化・半植民地化という歴史的条件ゆえである。西洋国家による侵略と植民地化は、中国に近代的な経済的・文化的要素をある程度もたらしはしたが、より重大な意味を持つのは彼らが中国社会の自然な発展過程を人為的に破壊して、中国社会に経済・社会・政治・民族精神の面で限りない災厄をもたらしたことである。これによって中国の社会型式転換は当初から西洋帝国主義による略奪・内部の封建主義による抑圧という二重の搾取に直面した。加えて、すでに形成されていた世界の資本主義の政治経済システムが、中国をはなはだしく不平等な地位に押しやった。このような内憂外患の歴史的条件のもとで、「亡国滅種という民族生存の危機が絶え間なく中国を苦しめた……民族の生存と尊厳は終始外来の脅威のもとにあり、中国の近代化の過程は大きな困難と深い恥辱に直面してきた。こうした状況が中国の民族主義を奮い起こし深化させたのであるが、このような民族主義は近代化の過程にとっては諸刃の剣であった。すなわち、一面ではこの過程に魔力のような社会動員作用を発揮し、もう一面では常に近代化を埋没させ、また本道から逸脱させた」。そして「清国政府の愚かな『天朝上国』及び『世界の中心を自任する』という思想により、中国人は外部の世界について何一つ知らず……中国の列強への挑戦は準備も対応策も皆無のものであった。」「中国の近代化が始まったとき、それはまさに清国政府の腐

敗と無能が頂点に達していたときであり、清国政府には近代化の道筋を指導する中心的存在という重責を担う力はまるでなく、1949年に至るまで、中国には真に近代化を指導する中心的存在は形成されなかった。政治的権威や権力の危機・社会的承認や整合の危機・文化道徳の規範喪失と秩序逸脱の危機が互いに交錯しながら全面的な社会危機を招き、長期にわたって中国を苦しめ、中国社会の動揺と混乱は長らく治まらなかった。このため中国の近代化の過程は、暴力・欺き・腐敗にまみれた無秩序状態の中でよろめきつつも歩を進めざるを得なかったのである。」[15] この引用からうかがえるように、中国社会が型式転換を始めた当時、中国政府そして民衆は外部の世界に対して全く無知であったため、必要な心構えもまた持ち合わせていなかった。そして民族的危機と社会の動揺が、中国人民をまずは民族の解放と独立を勝ち取り安定した生存環境を獲得するという問題の解決に向かわせた。そうしなければ、順調に社会の型式転換を進めることはできなかったのである。外部の世界の変化に対する理解が乏しかったため、中国社会は西洋の国家から突然もたらされた衝撃に直面しても臨機応変に対処する余地がほとんどなく、社会の型式転換の道を歩き始めざるを得なかった。そして、民族存亡の危機と長期的な社会の動揺もまた、このような社会の型式転換の道を艱難に満ちたものにした。それゆえ、中華民族は受身のままその困難な社会型式転換の道を歩み始めたのである。

1949年、中国は新民主主義革命の勝利をつかみ、中華民族は独立自主の国家を樹立した。理屈から言うと、中国は正常な社会型式転換の軌道に乗るはずであった。しかしながら、複雑な国際環境と社会主義建設のルールに対する認識が不足しており、加えてソ連社会主義の建設モデルを盲目的に見習ったため、解放後の30年間、社会の型式転換は決して順調には進まなかった。建国初期においては社会の発展に黄金期が出現し、共和国は短期間に一面の廃墟の中でさまざまな建設事業を再開して、経済・社会・文化事業が急速な発展を見せ、全国津々浦々まで熱意がみなぎり、社会主義建設事業が日々発展していった。しかしながらこうした好調は長続きせず、50年代中期以降になると国家の発展路線は経済建設中心から「階級闘争を要とする」ことに転換し、反右派闘争・大躍進・人民公社運動、そして特に「文化大革命」など一連の政治運動によって近代化事業が大きく頓挫し、社会型式転換もそのために30年間曲折した道を歩んできた。この時から、社会型式転換は世界の先進国と比べ、不幸にも30年の遅れを取った。その原因を探ると、第一にはやはり社会型式転換に対する認識が足りず、経済建設と社会発展という要点をしっかり押さえなかったので、それが社会型式転換が順調に進まないという結果を招いたのであった。

1970年代末から80年代初めにかけて、中国共産党はようやく平和と発展がすでに時代の主題であるとの認識を持ち始め、「階級闘争を要とする」路線に果敢に終止符を打ち、経済建設中心·改革開放という治国方針を実行に移し始めて、中国はかろうじて真の意味での能動的な社会型式転換を開始した。

経済分野では、中国の特色ある社会主義経済体制改革に全面的に着手し、社会主義市場経済体制の確立を経済体制改革の目標と定めた。1978年から農村ではしだいに家庭生産請負責任制を実施し、1982年末までに約80%の農民が請負生産実施に移行して、多くの農民の生産意欲が大幅な向上を見せた。長期にわたり抑圧されてきた農村の生産力が速やかに解放されて、農民の衣食の充足という問題はほぼ解決された。それと同時に農村の大量の余剰労働力が解放され、農村経済は単一経営から多角経営に転換し始めた。農民は持てる創造力を十分に発揮して、人類の歴史上未曾有の奇跡を生み出した——"郷鎮企業"[3]という新たな存在が世に現れたのである。農村のこうした大変革に、鄧小平はかつて感嘆してこう言った。「農村改革の中で我々が予測もしなかった最大の収穫、それは郷鎮企業が発展し始めたことであり、突如多業種・商品経済・各種小型企業が現れて、新たな勢力が湧き起こった。」当時、中国の郷鎮企業は少なくとも1.3億人前後の農村の余剰労働力を吸収し、農民が農業から工業に歩みを向ける上で大きな貢献を果たした。1984年以降、改革政策が都市でも推進され、国有企業改革・分配メカニズム改革・各種所有制共存・経営メカニズム転換・近代的企業制度確立等の諸施策により改革は広く深く進められ、社会主義市場経済体制もしだいに確立されつつある。

政治分野においても、改革は社会主義民主政治の樹立に向けて着実に進められている。30年来の改革を通して中国の政治の民主化レベルには大きな向上が見られ、中国政府はこれまでの集権的政府から民主的政府に変わりつつある。康暁光は改革の方法を分析する中で次のように指摘している。中国社会の改革の過程は本質的に「中国社会の『権力の一極集中構造』から『権力の三極分散構造』への変遷である。社会の変遷の実質とは『権力の多極化』であり、『権力の多極化』とは実質的に経済分野と社会分野が政治分野の支配下からしだいに『解放』される過程である」。(16) 康暁光の考え方は、中国の政治分野の改革における変化の動向をうまくまとめている。すなわち、中国はまさに政治分野が一切の権力を掌握する政府から、政府・市場・社会それぞれが権力を持つ国家へと転換しつつあるのである。こうして、政府は市場化改革という外部の要求に適応し、また本来市場と社会に属するべき権力をそれぞれに譲り渡して、政府・市場・社会がバランスよく発展する好ましい構造が形成された。そうなれば、政府が自らの職責をよりよく履行することが保証され、また市場の資源配置におけるメリットも十分に発揮されることとなり、各種の社会組織が社会管理の中でしかるべき役割をようやく発揮することができよう。現代中国の農村における村民自治及び都市コミュニティーの自治は政治分野の改革が成功した試みであり、民衆が政治に参加する熱意を大きく引き出して、好ましい成果を収めている。

文化思想の分野でも、改革開放以降大きな変化が起こった。人々の科学への信頼度が徐々に高まり、新しい事物や思想に開かれた態度をとる、日常生活や仕事の中でしだいに普遍的な理性の原則が受け入れられる、法制思想が段々と人治思想に取って代わる、時間遵守・分担協力・他者のプライバシー尊重などの近代的生活観念が受容され始める等々、まさに水面下で人の思想・行動・考え方に変化が起こりつつある。

総じて言えば、改革開放以降、中国社会はようやく受動的態度を真に能動的態度に変えて、未曾有の急速な社会型式転換への取り組みを始めたのである。

二、長期にわたる「二元」社会構造の存在

いわゆる「二元」社会構造とは、社会全体の構造システム中に、比較的近代化した社会と相対的に近代化していない社会との二種類が明らかに共時で並存していることを指す。この「二元社会」は社会性質上の相違に現れ、また発展レベル上の相違にも現れる。この「二元」社会構造の形成は、“先発”国家と“後発”国家では異なる近代化の起点とその過程に直接的関係を持っている。(17) 1840年前後に中国の社会型式転換が始まって今世紀中葉にほぼ完成を見るまで、中国の「二元」社会構造は長期的に存在し続け、かつ社会型式転換に相当程度の影響を及ぼすだろう。社会型式転換の過程では、経済構造・社会構造・組織構造及び人格構造のいずれにも「二元」的特徴が現れ、伝統的要素と近代的要素が互いに交錯・融合したり、互いに矛盾を生じて衝突したりするような局面を呈する。

社会型式転換の過程で「二元」社会構造が長期的に存在する要因は、一面では中国の社会型式転換が西洋国家の植民統治下で始まり、西洋の工業国の刺激に対して現れた受動的反応であった部分が大きかったためである。また一面では、“後発赶超型”［73～75頁参照］の社会型式転換の中で、内外のさまざまな要素の制約を受け、政府が一般的に常に重点的推進という発展戦略をとっていたからでもある。これにより、西洋経済と比較的密接につながった業種や重点部

門は発展が速く、しだいに先進国のレベルに接近していったが、先進国とのつながりが弱い業種や非重点部門は発展の歩みが遅れ、長期にわたって伝統社会の発展レベルに留まった。このように、国家全体の経済・社会の発展は必然的に極めて不均衡な状態に陥っていった。ある学者がこのようなバランスを欠いた社会の発展についてすぐれた描写と分析を行っている。中国のような発展途上国においては、「近代化は往々にしてまず比較的条件の良い地域で始まり、規模と範囲の限られた近代化の孤島がいくつか形成された。当初、人々は拡散効果が現れるよう一方的に期待をかけ、孤島の近代的要素が伝統という洋々たる大海に向かって伝播してくるのを待ち、そして近代化の『中心』が伝統的な『周縁』をも牽引することを期待していた。だが、歳月が流れても期待通りの青写真は実現しなかったばかりか、逆に人々の目に映ったのは、往々にして別のありさま、すなわち近代化した地域や部門が互いに連係や促進を図ることなく、かえって互いに門戸を閉じて排斥し合う姿であった……そして二極分化という現象が現れ、近代化した地域と部門はどんどん近代的になる一方、伝統的地域や部門はますます『伝統的』になって立ち遅れ、鮮明な二元社会経済構造が形成されたのである。……外部の近代的な『手本』や推進のもとで、“後発外生型国家”の経済と社会構造は非常に複雑な形態を呈するようになった。その典型的な情況は、近代化が最も進んだ地域、通常首都または近代化の要素が初めに輸入された一部の港湾都市では、発展レベルが西洋の最も発達した都市と変わりがなく、経済から人々の意識まですでにある種の『ポスト工業社会』の特徴さえ備えている。その他の一部の都市は、通常『工業社会』段階にある。そして広大な農村地域は依然として典型的な農業社会であり、最も辺鄙な地域はまだ前農業社会の段階ですらあった。このような多元化した社会構造は社会成員の情緒面に反映して、多様で、ややもすれば互いに衝突する要求があがった。例えば知識人や青年学生は自由民主を、労働者や都市・町の住民は経済発展と公正な社会を、農民は衣食問題の解決をそれぞれ要求し、その上あるときは部落住民の原住民文化保護や近代性の侵入を拒絶する要求が混じることもあった。」(18) この引用に示されているのは“後発外生型国家”の社会型式転換の普遍的特徴であるが、中国の社会型式転換の複雑なありさまにも適合する。

「二元」社会構造が長期的に存在したことは、すでに中国の社会型式転換に重大な影響を与えてきたし、そして今後も与え続けるであろう。「二元」構造社会では、人々の属する社会的地位に大きな差があるため、社会のそれぞれの集団や階層の利益の訴求は必然的に異なり、このため政府の政策決定や社会型式転換の難度に拍車をかける。一面で、政府がある時期精力を傾注してある階層の利益の要求を検討すれば、そのあいだ他の階層の要求までは検討できず、これが他の階層の不満を引き起こし、社会的衝突すら招きかねない恐れがある。また一面では、地域間で発展のレベルが異なり、各地の基礎的条件も大きく隔たり、人々の思想観念や生活レベルにも大きな差があるため、各地域の社会型式転換の足並みがばらばらで協調が難しく、それが社会型式転換に一定の難しさを与えている。

大いに注目すべきであるのは、「二元」社会構造が長期的に存在したことが、中国で急速に進行中の都市化の過程に深刻な影響を及ぼしてきた点であり、長期にわたり人為的に実施されてきた戸籍制度、そして都市と農村の対立が、すでに中国の都市化の急速な発展に制約を与えるボトルネックとなっている。現代では都市に流入した出稼ぎ労働者がすでに１億人前後に達し、彼らは近代化建設の重要なパワーとなっている。しかし、彼らの都市における唯一の合法的身分は労働者で、多くの都市住民が享受する福利待遇は彼らにはほとんど関係がない。彼らは都市住民が誰もやりたがらない３Ｋの仕事をほとんど引き受けているにもかかわらず、最低限の尊重や保障も得られない。毎日十数時間働いても残業代も支払われず、給与支払いが理由なく遅延することすらある。彼らの生存環境は劣悪で、子女に良い教育も受けさせられず、安定した仕事や定住の場所もなく、確認できる身分すらない……こうした事情によって、彼らは本当の意味で都市に融け込む術がなく、都市と農村の間を往復する振子のような漂泊の生活を送っている。周大鳴が広東省珠江デルタの出稼ぎ労働者を対象に実施した調査結果によれば、出稼ぎ労働者は生活スタイル・職業選択・収入分配及び集合居住や交際圏のいずれもが、地域住民とははっきり異なる。彼らは出稼ぎ期間中、地域住民と同じ土地に住んではいるが、実際には両者の違いは実に明らかで、いわゆる「二元コミュニティー」現象が形成されている。彼ら出稼ぎ労働者は都市や町に暮らしてはいるものの、心は郷里あるいは出稼ぎ先にできた“農民工”〔出稼ぎ農民労働者〕集団の中にあり、都市や町の地域住民と一体化することは難しい。(19) こうした状況はいったいどのような原因で生じたのか。制度の導入によって生まれた都市と農村の二元社会構造が、おそらくその主な原因であろう。

総じて、中国の社会型式転換の過程に長期にわたって「二元」社会構造が存在したことは、社会型式転換の複雑性と難度を高めて一連の社会問題を引き起こし、とりわけ都市化の過程に相当大きなマイナスの影響を与えたのであった。

三、“後発効応”

いわゆる“後発効応”［後発効果］とは、発展途上国が自国の社会歴史の伝統や歴史条件の制約を受け、その社会型式転換あるいは近代化のスタートが先に発展し始めた工業国から大幅に遅れたことによる結果的現象を指す。こうした背景は“後発外生型国家”の発展過程に深い影響を及ぼし、その社会型式転換が“早発内生型国家”の社会型式転換とは根本的に異なるという結果を招いた。中国の社会型式転換は始まりが比較的遅く、また少なからぬ挫折に遭ってきたため、その“後発効応”は当然著しく明らかであった。

“後発効応”は中国の社会型式転換の明らかな一特徴として、プラスの効果もまたマイナスの影響も含むが、それぞれが中国の社会型式転換にいかに作用したのかを見ていく。[20]

まず、“後発効応”が中国の社会型式転換に与えたプラスの効果について見る。

“早発内生型”近代国家の社会型式転換の成功は“後発外生型国家”の社会型式転換にとってかなり大きな示範効果があり、良い影響をもたらした。これがすなわち“後発効応”中のプラスの効果である。“後発効応”が中国の社会型式転換にもたらしたプラスの効果は、主に次の数点である。

（一）先導作用：中国が社会型式転換を始め、特にそれを急速に進めていた当時、西洋先進国の大部分はすでに近代社会への型式転換を終えていて、相当豊富な経験を蓄積していた。それらの経験は中国が社会型式転換への認識を深めてそのルールをつかむ助けとなり、それによって中国の社会型式転換は可能な限り横道にそれず、正確な軌道に沿って進められた。先人の経験を正しく手本とするという基礎に立ち、中国の政府と人々はより自覚的に上から下への改革を通して近代社会への型式転換を速やかに始め、かつ加速させることができた。

（二）促進作用：中国の社会型式転換は西洋先進国の植民統治拡大という条件下で始まったため、始めの一歩から困難なものであった。しかし西洋列強の植民統治拡大は彼らの思いもよらぬ結果を招くことにもなった。その結果とは、列強の植民統治拡大が、一定の条件のもとで中国の前近代的社会制度や自給自足的自然経済を瓦解させる役割を果たしたことである。西洋の近代的要素のいくつかが中国に入ったことで、中国の伝統社会の閉鎖的状態が打破され、客観的には中国の社会型式転換に一種の促進作用を及ぼした。

（三）示範効果：中国の社会型式転換が始まったとき、西洋先進国の近代化はすでに比較的高いレベルに達していたため、その姿は中国に希望を抱かせる社会の青写真を示し、中国の社会型式転換に一定の示範効果を提供した。中国政府は人々の先頭に立ち社会型式転換を進めるとき、その示範効果を利用して各階層が社会変革に参加する積極性を十分に引き出し、社会型式転換の推進を加速させた。

（四）参考作用：中国の社会型式転換が始まったとき、西洋先進国ですでに出来上がっていた比較的成熟した技術設備及びそれに対応する組織構造・管理制度は、中国の社会型式転換にとって良い参考になるという役割を果たした。それによって中国の社会型式転換はすべてをゼロから始めるには及ばず、先進国の進んだ経験を参考にして、発明創造や模索のコストを減らし、比較的有利な基礎の上に社会型式転換を始めた。そのため社会型式転換中で必ず経験しなければならないある段階を飛び越す、あるいは短縮することができ、直接もしくは短時間でより高い発展段階に歩を進めることができた可能性がある。

（五）資本導入：中国の社会型式転換は、急速な進行段階に入ると、資金不足・労働力過剰等の問題に直面した。その時点で、西洋先進国には長期の発展によって大量の余剰資本が蓄積されており、これが発展途上の中国に得難いチャンスをもたらした。中国は折よく先進国の産業構造のレベルアップや改良及び経済構造再転換のチャンスを利用して、大量に外資を導入し、それを国内の労働力と十分に結び付けて近代化の推進を加速させた。

“後発効応”のプラスの効果に目を向けると同時に、そのマイナスの影響も非常に明らかであったこと、ときには“後発国家”に重大な影響を及ぼした事態すらあったことも認めざるを得ない。中国の社会型式転換の実情に結び付けて考えると、そうしたマイナスの影響は主に次の数点である。

（一）不利な国際的政治経済秩序：西洋先進国は社会の近代化あるいは型式転換の中で、自らの“早発”のメリットを利用して立ち遅れた国々の資源を容赦なく掠奪し、その資源を基礎として不平等な国際的政治経済秩序を打ち立てた。中国は社会型式転換を始めるやいなやそのような不平等な秩序の中に押し込まれて、先進国の掠奪と搾取を受け、また西洋先進国が危機や矛盾を転嫁する対象となった。これが中国の社会型式転換が向き合わざるを得なかった極めて不利な国際環境であった。

（二）“同歩発展効応”［同時的発展をめざしたことによる影響］：“早発国家”の社会型式転換あるいは近代化は自然な発展の道を歩み、数百年の道程を経て、伝統社会から近代社会への型式転換が自然かつ順当に達成された。だが中国の社会型式転換は、当初からいかに早く先進国と同時的レベルの発展を遂げるところまでいくかという難題に直面していた。そのため中国は社会型式転換の過程で先進国の歴史や経験を手本としなければならなかった上、先進国の当時の発展にも絶えず目を向け、科学技術・産業・経済そして社会の動態を追い、自身の発展の参考にしなければならなかった。そのような二面を追ったやり方ゆえに注意が行き届かず、機械的な模倣という泥沼に陥り、社会の実情からかけ離れたことを多数行って、型式転換が加速できないだけでなく常に足止めさえ食うような事態に見舞われた。

（三）“赶超効応”［追いつき追い越せという意識がもたらした影響］：中国のような“後発展国家”にとって、その社会型式転換は近代百年にわたる屈辱の歴史を経験し、先進国との巨大な差を身をもって知るという歴史的条件下で始まったものである。そのため中国の社会型式転換には始めから強い“赶超”［追いつき追い越せ］という意識が備わっており、出来るだけ早く、立ち遅れた様相を改めて先進国の仲間入りができるように望んでいた。“赶超”という目標を実現するため、政府はかつて高度集権的計画経済モデルを採用し、国内の有限な資源・財力そして生産要素を組織化し、国家の発展目標に集中して運用した。このような方式は短期間には一定の効果を上げたが、ある程度の時間が経過した後はマイナスの影響が表面化して、最終的には国家経済が停滞に陥るという事態を招いた。したがって、“赶超”は一種の前向きの願望として理解はできるが、いったんコントロールが失われると、往々にして急いては事を仕損じるというマイナスの影響を生むことになった。

（四）“超前効応”［実力以上に高い水準を急ぎ求める心理がもたらした影響］：“早発国家”が政治・経済・社会・文化等多くの面において見せた高い水準は、“後発国家”にとって強い「示範効果」があった。このような示範効果にはプラス・マイナスの両面があり、中国は社会型式転換の過程でその両面の影響を受けた。マイナス面では、“早発国家”の水準は容易に人々の“超前”心理［実力以上に高い水準を急ぎ求める心理］をかき立て、人々は政治の民主化・経済能力以上の消費を行うなど、国や個人の実情からかけ離れたものをむやみに追い求め、社会の型式転換に一連の悪影響が生じた。

（五）文化衝突効果：社会の型式転換の過程で、外来の物質文明が導入されるに伴い、異質な文化を取り入れることが当たり前になった。伝統から近代に向かう過程で、外来の優れた文明を吸収して自国の近代化に役立てることは本来至極当然なことである。しかしながら、異質な文化の導入と受容は往々にして多くの特殊な影響をもたらす。第一に、外来文化の導入は、必然不可避的に、自国の社会固有の伝統的要素や社会構造との対立を生み、さまざまな社会矛盾や衝突を引き起こす。第二に、外来文化に対して、人々は往々にして正しく向き合うことができない。心理的抵抗と拒絶から文化保守主義者になったり、あるいは盲目的に受容して西洋文化なら何でも素晴らしいと判断したり、さらには自覚の有無を問わず、西洋文化のある基準で一切の物事を判断しようとする文化コンプレックスの状態に至る者さえいる。第三に、より重要であるのは、外来文化は往々にして立ち遅れた国家に対して巨大な社会的圧力になり得る点である。外来の「先進的」文化は立ち遅れた国の人々に容易に高すぎる望みを抱かせ、その発展レベルと受容能力を超えるラディカルな心理を形づくる。(21) これらの問題は程度の差はあれ現代中国の社会型式転換中にも現れているので、これらを十分に注視していくべきである。

四、政府主導による政府・市場の二重原動力メカニズム

伝統社会から近代社会への型式転換過程で、すべての“早発”国家の社会型式転換あるいは近代化の主要な推進力はほぼいずれも「市民社会」から生まれており、市場は経済発展の主要な動力メカニズムであった。それとは反対に、ほとんどすべての“後発”国家の社会型式転換は強大な政府のリードによって始まり発展したものである。現代中国の社会型式転換は前者の経験を吸収し、また後者の特色も合わせることで、政府主導による政府と市場という二重のパワーで推進するというモデルを選択した。

中国の社会型式転換のモデル選択は、歴史的経験や教訓を総括した基礎に立ってなされた正しい選択である。周知のとおり、中国の社会型式転換は外国による植民統治という歴史的条件のもとで始まり、百余年の植民地・半植民地時代の歩みの中で、人々を独立自主の発展の道に導く強大な政府は終始生まれなかった。この歴史上の時期、中国は強く盛んな国に変わることはおろか、日に日に衰弱して西洋列強に意のままに侵略される弱国となった。この残酷な史実を通して、独立自主の国家と政府なくしては国家の富強など不可能であることを、中国人は深く理解した。それに鑑みて、新中国成立後、国家権力を至上とする行政全能主義の政府を速やかに樹立したのである。この強大な全能的政府のリードによって、人々は困難な国家創設事業に取り組み、奮起して強国を目指した結果、30年を経ずして国の姿には天地を覆すがごとき変化が起こり、万人が注目する成果を収めた。しかし、数年の実践を経て、このような行政全能主義の政府の弊害もまたしだいに明らかとなってきた。その主な点として、まず政治面では権力が高度に集中し、政治が一切を評価する最高の基準となり、市場や社会の成長が極力抑えられていた。次に経済面では、行政手段が主要な、ひいては唯一の資源配置の手段となり、一切の経済行為は国家によって統一管理さ

れた。その結果、経済活動における財産権が不明確であったりモチベート制約メカニズムが機能不全に陥ったりして、価格が経済に対する指示性を失い、労働者の意識低下・市場資源が合理的に配置されない等の事態を招いて、最終的には経済が発展せず人々の生活レベルが下がってしまった。社会生活の面では情況はさらに深刻で、あらゆる社会組織が政府の直属機関となり、しかるべき機能が発揮できなくなった。1978年の改革開放前夜には、そのような行政全能主義モデルによる弊害がすでに十分現れており、社会経済の発展がますます妨げられていた。歴史的経験の総括を通して、中国政府はしだいに、完全に市場主導の、あるいは完全に政府主導の社会型式転換の推進にはどちらも克服できない弊害があることを認識するようになったため、改革の過程で中国の社会型式転換の原動力メカニズムを新たに模索し、最終的に政府主導下において政府と市場という二重の原動力で社会型式転換を推進する方法を選択した。

政府主導下で政府のパワーと市場のパワーを巧妙に結び付けたことは、中国共産党が歴史経験の総括をふまえて成功を収めた初の試みであり、中国の社会型式転換が順調に進展するための制度的な保証であった。「中国の社会型式転換の過程で、政府と市場は二種類の異なる推進力となったが、この二種類のパワーが巧妙に結び付いたことは、確実に世界の近代化の過程における一つの範例である」「中国の社会型式転換の過程で、政府のパワーと市場のパワーが巧妙に結び付いたことは、三方面の条件にプラスであった。第一に民心民意に沿っている。改革開放は根本的に言えば多くの民衆の実際的要求を反映したものである……第二に大多数の人々に利益をもたらす原則……そのため経済改革は広汎な支持を得て、人々の構造型式転換や体制変動に対する経済的受容力や心理的忍耐力を大幅に強化した。第三に構造型式転換という歴史の流れに順応している……政府の干渉はもはや経済を超越した一種の強制的パワーではなく、市場に対する有効な補填となるものであった。」(22) この引用から分かるように、改革過程で政府主導による政府と市場を巧妙に結び付けて中国の社会型式転換の二重の原動力としたことは、歴史の経験や教訓に対する真摯な総括であり、また現実のニーズに対する熟慮の結果でもあり、中国共産党の中国の近代化の過程における偉大な創造であった。

社会の型式転換における政府のパワーの地位と役割等の問題は、一貫して学術界及び社会の実践上で注目を集める問題であった。これらの問題をめぐって学術界は多くの討論を重ね、いくつかの異なる見解が現れたが、そのうち代表的なものを次に挙げる。(1) 政府干渉有用論――この見解はさらに二つに分かれる。一つは、市場には欠陥があるので政府が干渉してそれを補う必要があるとするもの、もう一つは、市場競争は自由放任的なものであるので政府が干渉してコントロールする必要があるとするものである。(2) 政府干渉無用論——この見解は、市場は経済発展と社会型式転換が唯一依存できる推進力であり、政府の干渉は一種の国家の強制であって経済発展や社会型式転換に影響あるいは制約を与えることしかできないとする。(3) 政府推進有限論——この見解は、政府が社会型式転換を推進するのは政府の役人が利益を得ることを前提としているので、政府の役人が型式転換中から利益を得られれば政府はそれを推進するが、そうでなければ推進しないとする。[(23)] 社会型式転換の始まりや進行条件が異なる国家にとって、以上三つの見解を受け入れられる程度には違いがあろう。だが何といっても、社会型式転換の推進力を完全に市場に帰することは、世界各国の実情にあまり合致しない。"早発国家"であれ"後発国家"であれ、政府は社会型式転換の過程において、程度こそ異なるが、一定の役割を果たしてきた。これは、市場には本来自ら克服できない欠陥があるため政府がそれを補う必要があるからだけではなく、"後発国家"にとって政府は国家の政治・経済的独立の守護者・擁護者であり、また国家の近代化の組織者・計画制定者でもあるからだ。政府は近代化の過程を推進すると共にコントロールしており、ときには経済活動に直接参与することすらある。[(24)] それゆえ、社会型式転換、とりわけ"後発国家"の社会型式転換の過程における政府の地位と役割は、極めて重要である。中国は典型的な"後発展国家"であるゆえ、社会型式転換の過程で政府がやはり重要な役割を発揮しつつある。

しかし、政府の社会型式転換過程における重要性を強調することは、決して市場のパワーの有無を介しないことを意味するわけではない。建国後の全能主義政府が生んだマイナスの影響に関する部分ですでに述べたように、中国はこの面で重い経験と教訓を得た。市場は資源配置や有効なモチベートメカニズム提供などの面で、他に代え難い機能を持っている。改革開放政策実施以降の30年近い経験が表しているように、政府の干渉が有効なものとなるには、市場調節機能が十分に発揮されることが前提でなければならない。逆にまた、市場の調節機能が有効に働くには、国家の干渉作用が適度に発揮されることを保証しなければならない。まさに歴史的経験に対する総括と認識の深化に基づき、中国共産党の指導者は社会型式転換の原動力という問題において、政府と市場による二重の原動力メカニズムを選択したのである。最後に説明を要するのは、中国の社会型式転換の二重原動力メカニズムが中国の特殊な歴史的条件と現実の国情によって決定され、政府の主導下で機能を発揮したことである。政府の主導によって双方は巧妙に結び付き、共に中国の社会型式転換を推進した。これは中国共産党指導者の偉大な創造的試みで、“後発国家”の社会発展に貴重な経験を提供し、中国の社会型式転換が最終的に成功するための制度的保証であった。

第三節 社会型式転換期に存在する主な問題

伝統社会から近代社会への型式転換は現代中国社会が発展を遂げるための時代のテーマであり、中国社会の発展の方向を表している。しかし、はっきり認識しておかねばならないのは、社会型式転換の過程で中国の社会がこれまでのどの時代よりも複雑化し、いくつか懸念される問題も現れていることだ。これらの問題をはっきり認識して適切に処理しなければ、一連の社会矛盾や衝突を引き起こし、逆に社会型式転換の順調な進展を妨げることさえあるかもしれない。それゆえ、以後の各章に分けて現代中国の社会型式転換期の主要な社会問題を述べるのに先立ち、本節ではマクロ的に社会型式転換期に存在する社会の均衡喪失・調和喪失及び秩序喪失の問題について理論上の概説を述べ、社会型式転換期の社会問題を認識するためにマクロ的解釈の枠組みをいくつか提供したい。

一、社会型式転換期の社会均衡喪失

いわゆる社会均衡喪失とは、社会システムの各構成部分の間に現れた、発展レベルがばらばらな状況を指す。(25) 社会学者の一般的考えに基づけば、社会とは一つの有機体であり、相互につながり合うそれぞれのサブシステムから構成されている。社会が正常に運営されている情況下では、社会のそれぞれのサブシステムは相互に協調し支え合っているはずである。だが、いったん社会システム中の一つ、またはいくつかのサブシステムの発展がその他のサブシステムとの間で食い違いを生ずると、社会の発展は均衡喪失状態に陥る。現代中国の社会型式転換の過程で、社会均衡喪失という問題はますます突出してきており、社会が発展する中で日増しに注目を集める重大な問題の一つになっている。

改革開放政策実施以降、中国の社会構造は一貫して変化のただなかにある。だが、最近30年の社会の変遷についてわずかでも深い観察や分析をすれば、その間の社会構造の変化は決して多くの人々が想像するようなものではなく、ほとんど同じ流れをたどっていることに気付くであろう。逆に、1970年代末から90年代初めにかけての社会構造の変化は、90年代以降とは大きく異なって、い

くつかの実質的な変化さえ起こった。簡単に言えば、90年代初めまで、改革の流れは社会資源が拡散する趨勢を見せ、それによって社会的弱者や社会的周縁者の層が改革のもたらす成果を享受することが可能であり、社会の周縁に活気ある様相や発展の生気が現れ、社会は総体的に「共に豊かになる」という発展目標に向かって邁進していた。しかし90年代初め以降、情況は大きく様変わりした。孫立平はこの社会構造の型式転換に起こった変化を「資源の拡散から資源の再集積へ」と要約している。孫立平は、「20世紀80年代末期から90年代初期、80年代の歩みと明らかに逆行していたのは富の搾取収奪過程が発生し始めたことである。この過程は多くの要素が相まって生まれた。その要素とは、市場メカニズム／巨大な収入格差／汚職収賄／国有資産の大規模な分割等により収入や富がますます少数の者に集中したこと／都市と農村の間には越え難い壁がありながら、税収・貯蓄及びその他のルートで農村の大量の資源が絶えず都市社会に流入したこと／税制改革が進む中で政府はいっそう多額の財政収入を得るようになり、その後それらを集中して大都市や巨大都市に注ぎ込んだこと／証券市場の発展や企業のリストラ・合併によりますます多くの資金や技術・設備がより少数の企業に集中するようになったこと等である。これらすべてのこと、それが中国の資源配置の構造を根本から変えている」としている。[26] このような資源の再集積の直接的な結果の一つが、ほかでもなく社会に相当な規模の社会的弱者層が形成され始めたことである。彼らは社会構造の外に投げ出されて社会階層の底辺を形成し、主流をなす社会とは正常なつながりを失って、社会全体に一種の“断裂”現象が現れた。社会という有機体の視点から見れば、いわゆる“断裂社会”は実際には一種の深刻な社会均衡喪失現象にほかならず、これは社会型式転換期、とくに90年代以降に現れた懸念される社会問題である。

中国の劉祖雲は、現代中国の社会型式転換過程に現れた社会均衡喪失現象を、地域間の発展の均衡喪失・業種間の発展の均衡喪失・職場間の発展の均衡喪失及び個体間の発展の均衡喪失等の数点に要約している。[27] 劉祖雲のこの要約はかなり全面的であると言ってよいであろう。ここでは紙幅の制限から、貧富格差・地域間の発展不均衡・社会的弱者という三方面に限って社会型式転換期の社会均衡喪失の問題について分析を加える。

まず、90年代以降中国の社会型式転換が推進されるに伴い、中国社会の貧富分化の問題は日ごとに深刻化している。改革開放以降、市場メカニズムの導入・収入格差の合理的拡大という分配政策・各種所有制共存等の理由により、中国の各階層間の収入格差や財産格差に一定程度の分化が現れ始めた。しかし、80年代全般を通しては、資源の拡散と対応して、こうした分化は依然合理的な範囲内に抑えられていた。少数の者が“官倒”〔役人ブローカー〕を頼りに一部の社会的財産を短期間で収奪した以外、社会全体の貧富の分化は社会の正常な運営が保たれるレベルを超えることはなかった。この時期に計測した「ジニ係数」〔190頁参照〕もこの点を説明している。各国の経験から、ある国家及び地域のジニ係数は0.25～0.30間であれば正常レベルとされる。改革初期の1978年、訪中した世界銀行視察団の計測による都市住民の収入のジニ係数は0.16、農村住民は0.22で、この数値はほとんど当時の世界最低レベルではあったが、当時の中国が世界でもまれな収入平均主義の国家であったことを物語っている。(28) 1990年になると中国の都市住民のジニ係数はすでに0.23まで上がり、農村住民も0.30に達したが、依然正常範囲内に抑えられていた。(29) しかし、90年代以降、この情況は急激な変化を見せ、各種の資源が一部の人間のもとに再集積し、社会の貧富分化の問題が日増しに深刻化してきた。李強がある全国的大規模調査のデータを分析した結果によると、1994年に中国の都市・農村住民の合計のジニ係数は0.43～0.44というレベルに達している。これまで社会の貧富問題が深刻であると認識していた西洋先進国と比較して言えば、この数字はすでにジニ係数の警戒ラインを超えている。21世紀に入ってから、中国の貧富の格差はいっそう大きくなり、ジニ係数がすでに0.45というレベルを超え、名実共に高リスク国家となったことが、多くの調査データで明らかになっている。(30) これらの事実が物語るように、90年代以降中国では社会構造に相当大きな変化が起こり、社会分化が日増しに激化して貧富の格差が拡大を続け、それが社会均衡喪失を表す重要な現象になっている。

中国の社会型式転換期の社会均衡喪失は、さらに地域の発展不均衡にも現れている。それは一面では東・中・西部地域間の発展不均衡に現れ、また一面では都市と農村の間の発展不均衡にも現れている。改革開放以降、東部沿海地域は中国の改革開放の前線基地となり、政策の偏りや沿海という地域メリットによってこの地域の経済社会は急速な発展を見せ、しだいに中・西部との格差が拡大していった。経済発展のレベルから見ると、東部地域の経済規模が全国の経済規模に占める割合は増加を続け、広東省だけでも2010年のGDP総額は4.5兆元前後に達して、全国のGDP総額の1/8に迫っている。中・西部の発展レベルが中級である多数の省または区では、その小数点以下のレベルにさえ達しないことからも、格差の大きさが分かるだろう。1980年に中国の東部地域の一人当たり平均GDPは中部の1.53倍、西部の1.8倍に相当し、それが1990年にはそれぞれ1.62倍、1.9倍に拡大している。2002年、東・中・西部の経済発展レベルの格差はさらに拡大して、東部地域の一人当たり平均GDPは中部の2.08

倍、西部の2.63倍に相当するまでになった。住民の収入レベルから見ると、都市住民か農村住民かを問わず、可支配収入は東部地域が中・西部地域より明らかに高い。1980年における東・中・西部地域の都市部住民の一人当たり平均可支配収入の比率は1.19：1：0.98であったが、1990年には1.38：1：1.09、2002年には1.43：1：1.02となっている。また、1980年中部地域・東部地域の農民の純収入の比率は1：1.22であったが、1990年には1：1.40、2002年には1：1.57となっている。[31] これらのデータが物語るように、東部地域と中・西部地域の経済発展レベルは改革開放以降、特に90年代以降ますます格差が拡大している。経済発展レベルの格差はさらに社会事業の発展にも影響し、東・中・西部の社会発展の不均衡もまたいっそう明らかになっている。

都市と農村の間の発展不均衡も、中国の経済社会の発展不均衡の大きな現れである。新中国成立後、中国は整った近代的工業システムを造り上げて複雑な国際環境に対応しようと急ぎ、ある程度ではあるが農業を犠牲にして工業の速やかな発展を期する政策を採った。それに加え、農業そのものに市場競争での優位性が欠けていたため、工業と農業の間、都市と農村の間に長きにわたって大きな格差を生む結果となった。改革開放政策実施の初期、中国の改革はまず農村で広められ、農村の発展にチャンスをもたらして、農村経済はかつてない発展を遂げた。80年代全般を通して都市と農村の格差は依然存在していたものの、総体的に言えば、農村での家庭生産請負責任制の実施や郷鎮企業の誕生・成長は農村経済に比較的速やかな発展をもたらし、農民の生活レベルにも一時期比較的大きな向上が見られた。しかし改革が全国に展開されると、農業に本来欠けている部分や市場競争力に劣るという弱点がたちまち露わになり、都市と農村の格差や発展不均衡が再び注目を集める問題になった。特に90年代以降、農業の発展はさらに困難なものとなった。内外の環境が変化し、農産品はいっそう競争力を失って、伝統的農業の経営はほとんど利益が望めない状況に陥ったのである。そして、都市と農村の格差がさらに拡大したことで生まれた吸引力の増大と低下、及び市場の開放がもたらした機会によって、農村の大量の主要労働力が農村を離れて都市に出稼ぎに行ったり、あるいは別の発展の道を求めたりするようになった。これはもともと脆弱な農業にとって間違いなく不幸が重なる結果となり、農村の衰退に拍車をかけた。90年代末期以降、農民収入の平均レベルは緩やかな速度で上昇しているとはいえ、実際に農業に頼って生活する大多数の農民の収入は実質的には低下している。

もう一つ挙げておくべきは、80年代中期以降、中国の農村、特に東部の発達した地域の農村の郷鎮企業が大きな発展を遂げ、90年代以降になると、一部の郷鎮企業がさらに相当な規模を誇るまでに成長して強い市場競争力を持つようになったことである。これは先祖代々黄土を耕して暮らしてきた農民にとって、本来は大変好ましいことである。一面では農村の余剰労働力の問題をその地域で解決することができ、また一面では農民の収入を増やし、地域が発展する中でしだいに郷村の工業化及び農村の都市化を実現できるからである。郷鎮企業が順調に発展すれば、長期にわたる都市と農村の格差の縮小に相当良い影響を与えたかもしれない。しかし、90年代中期前後、財産権を明確にするとの口実による「私有化」の動きの中で、郷鎮企業はほとんど何の心構えもない情況下で政府の強制的な制度改変に遭い、あっという間に「巨大なエコノミックアニマル――中国農村集団工業は、恐竜のように突然姿を消した。」(32) 事後の経過が物語るように、郷鎮企業の制度を改めたことは郷鎮企業の発展を加速する結果にはならず、また改革者が期待したように郷鎮企業を近代企業に変身させることもできなかった。逆に、少数の者が郷鎮企業の安い売却額から暴利をむさぼり、少なからず甘い汁を吸った。多くの農民は自分たちが苦労の挙句に立ち上げた経済実体を失い、得難い発展の空間をなくして、生活がさらに悪化するという苦境に陥った。それゆえ、「郷鎮企業の『制度転換』は中国の21世紀初頭の『三農』問題悪化の大きな背景であった。」(33) この結果、中国は21世紀に入るや即座に厳しい「三農」問題［農業の低生産性・農村の荒廃・農民の貧困という農村が抱える三つの問題］という試練に直面しており、都市及び農村社会の調和のとれた発展が過去のいかなる時代にも増して差し迫った問題になっている。

最後に、中国の社会型式転換期における社会均衡喪失は、相当な規模を有する社会的弱者を生み出した事態に、さらに突出して現れている。1990年代、社会資源の再集積が進むという条件下で、中国社会に相当な規模を有する社会的弱者層が形成され始めた。この社会的弱者は主に、農村の貧困農民・都市に流入した農民工・都市の一時帰休による失業者を主体とする貧困階層である。(34) 2003年末、中国農村の貧困者数は依然2,900万人と多く、その上貧困状況を脱したばかりの農民も依然脆弱な状態であり、いったん防御できないリスクにぶつかれば再び貧困者に戻ってしまう恐れが高い。さらに、中国の1億人以上に達する出稼ぎ労働者には合法的身分がない上、彼らの労働の利するところを表現するメカニズムもなく、収入も多くは800～1,000元前後にとどまっている。彼らは規模の異常に膨大な社会的弱者である。中国農村の貧困問題がいまだ徹底的な解決を見ていないと同時に、都市の経済体制改革は一部の素養や能力が高くない労働者を一時帰休や失業の脅威に陥れ始め、しだいに都市貧民という存在へ追いやっている。彼らの大多数は年齢が40～50歳で、かつて「文革」

の期間に誕生・成長し、きちんとした教育をほぼ受けておらず、市場環境競争に参加して新たに就業のチャンスを獲得する能力もほとんどない。そのため、彼らは長期にわたって貧困生活を送っていく恐れが極めて高い。

以上三種類の人々が、現代中国の膨大な社会的弱者層を構成している。彼らは上流社会とは縁がない上、社会の一般階層と比べることもできない人々で、社会の軌道の外に投げ出され、社会の周縁層になった。一つの社会にこのように規模の膨大な社会的弱者層が存在する、このことからも社会均衡喪失の程度がすでに大変深刻であることがうかがえよう。

二、社会型式転換期の社会調和喪失

いわゆる社会の調和喪失とは、社会が型式転換の過程で各分野あるいは各レベルが調和のとれた発展や全体的な推進が図れず、発展に調和喪失現象が現れていることを指す。(35) 1978年の改革開放政策実施以降、中国社会の発展は急速に進み、世の注目を集める大きな成果を収めた。しかし同時に、社会の大きなシステムの各構成部分の発展は極めて不均衡で、比較的深刻な社会の調和喪失という問題が現れている。このような社会調和喪失は、経済発展が招いた自然環境の悪化、及び市場化の過程で社会問題が日増しに深刻化する等の面に集中して現れている。

改革開放以降、中国経済は急速な発展を遂げ、毎年成長率10%前後のペースで発展を続けている。2010年末までに中国は経済規模が39.8兆元前後に達し、世界第二の経済体となって、世界経済に与える影響もいっそう大きくなった。しかし、経済が飛躍的発展を遂げると同時に、それに関連する多くの社会問題が姿を見せ始めた。資源問題・エネルギー問題・環境問題等は中国経済が更なる発展を図る上でのボトルネックになっている。

これまで、中国人は常に誇らしげに「国が大さく物資が豊かで人口が多い」という表現で自国の国情を語ってきた。その実、この文句は完全に正しいとは限らない。中国が「人口が多い」と言うのは客観的な事実だが、「国が大きく物資が豊か」という点は熟考に値する。自然資源の絶対数から見ると中国は確かに「国が大きく物資が豊か」であり、多くの自然資源の総量は世界でも上位を占める。しかし中国が13億余の人口を抱えるという現実を考えれば、自然資源の相対的数量、すなわち一人当たりの保有量は非常に少なく、大多数の自然資源の相対的保有量はいずれも世界の平均レベル以下である。次表は中国の主要資源の一人当たり占有量と世界平均レベルを比較したものである。(36)

表 2-1 主要資源の中国の人口一人当たり占有量と世界平均レベルの比較

資源名	中国の一人当たり占有量／世界平均レベル（%）	資源名	中国の一人当たり占有量／世界平均レベル（%）
国土	32	鉄鉱石（確認埋蔵量）	48
耕地	32	銅（確認埋蔵量）	29
森林	13	ｱﾙﾐﾆｳﾑ（工業埋蔵量）	33
草原	33	ﾀﾝｸﾞｽﾃﾝ（工業埋蔵量）	225
開墾可能農業用地	31	錫（確認埋蔵量）	70
森林蓄積量	13	希土類（工業埋蔵量）	338
淡水	24	ﾁﾀﾆｳﾑ（確認埋蔵量）	100
石炭（地質埋蔵量）	47	ﾆｯｹﾙ（確認埋蔵量）	25
〃 うち開発可能量	40	鉛（確認埋蔵量）	54
石油（地質埋蔵量）	32 ～ 64	亜鉛（確認埋蔵量）	100
水ｴﾈﾙｷﾞｰ（総貯蔵量）	61	硫黄（確認埋蔵量）	85
〃 うち開発可能量	81	燐（確認埋蔵量）	52

この表から分かるように、確認埋蔵量から見れば、タングステン・希土類・亜鉛等少数の自然資源の一人当たり平均占有量が世界平均レベルに達しているか上回っているのを除いて、中国の自然資源の一人当たり平均占有量は大多数が世界平均レベルを下回っている。中には世界平均レベルに遠く及ばないものすらある。そのうち森林資源と淡水資源の一人当たり平均占有量はそれぞれ世界平均レベルのわずか 13%、24% であり、中国は森林資源と水資源が極度に欠乏した国に属する。その他の国土・耕地・草原・開墾可能農業用地・石油・銅・アルミニウム等も、世界平均レベルの 30 ～ 40% 前後しかない。こうした面から見ると、中国は「国が大きく物資が豊か」、すなわち資源豊富な国家でないどころか、世界でも資源が非常に不足した国の一つである。中国政府はすでに資源問題の重大性を認識し、少なからぬ対応措置を講じてはいるが、自然資源の再生不可性及び経済の急速な発展による資源消耗が日々増加していること等によって、問題が緩和されることはほぼなく、その一部は日ごとに深刻さを増して将来の経済発展に対する潜在的な懸念になっている。

資源問題がこのように深刻な状態にあるにもかかわらず、中国の経済は資源節約型の道を歩むことはなく、大量投入・大量消費・大量排出という粗放型経済成長方式で発展を牽引してきた。2004 年、国家発展及び改革委員会主任馬凱らは第十回人民代表大会第二次全体会議の記者会見上で、経済社会発展と改革の問題について記者の質問に答えた際に、「2003 年、中国の経済は依然として急速な発展を続け、成長率 9.1% という高成長のペースを保っており、この数字は世界の経済発展史上でも誇れる成果である」と表明した。しかしこの成果は、大量投入に頼って取得したものである。その年、中国の鋼鉄・電解アルミニウム・セメントへの投資はそれぞれ96.6%、92.9%及び121.9%増加しており、この増加ペースは国内外のいずれでもあまり例を見ない。このように、経済成長には相当大きな代価が支払われてきた。同年、中国のGDPが世界総額に占める割合はおよそ4%であったが、消費が世界総額に占める割合は石油7.4%、原炭31%、鋼鉄27%、酸化アルミニウム25%、セメント40%であった。こうして中国の石炭・電気・油や運輸体制は全面的に余裕がなくなり、経済運営全体が緊張した状態に陥った。[37] 浙江のような東部の経済が発達した省では情況はいっそう深刻で、その年は電気一項目に限っても不足分が30%以上に達し、電気使用ピーク時に工場は生産停止をして一般家庭の日常生活に電気を回さざるを得なかった。その後、国も問題の重大性を認識するに至って経済成長方式を転換する一連の措置を講じたが、現在までのところ、経済成長方式の転換という問題は依然根本的な解決を見るには至っていない。

資源の過度な採掘及び消費が進むと、当然ながらエネルギー問題も続いて発生した。2004年までにエネルギー不足の問題が日増しに目立つようになり、石油等重要エネルギーはすでに経済発展のニーズをまかなえなくなった。このため中国政府は、国内では新エネルギーを開発すると共に既存エネルギーを節約する政策を採り、対外的には海外市場の支持を積極的に勝ち取って経済発展に必要な大量のエネルギーを獲得しようとした。しかし目下の情況から見て、依然として楽観は許されない。エネルギー消費総量から見ると、中国の資源消費量はすでに世界第二位である。今後も経済成長に伴いエネルギーの供給はさらに増加するはずで、さらに中国は世界有数の巨大な人口を抱える国でもあるため、仮に中国と先進国が同様のエネルギー消費方式を採用するなら、中国のエネルギーをいかに供給するかが問題になる。なぜならば、中国一国の現在の人口は、すべての先進国の人口を加えたよりもさらに多いからだ。アメリカのエネルギー消費は中国より多いが、アメリカの人口は中国の1/4に届かず、仮に中国がアメリカと同様にエネルギーを消費するとすれば、中国一国だけで現在の全世界の60～70%、さらにはより大量のエネルギーを消費してしまうことになる。これは実際には不可能なことだが、このような比較から中国のエネルギー問題の重大性をよりはっきり認識することができよう。

経済発展の過程において、中国の環境問題もまた日増しに深刻化している。それは具体的に、水循環や水バランスの枠組みが破壊されつつある・生態環境の守護神と言える森林が危機に直面している・土壌が深刻な侵食を受けている・大気の質が日々悪化している等の現象に現れている。[38] 中国の大気汚染の状況だけを見ても、中国の環境問題の深刻性をうかがい知ることができる。『中国環境状況公報』によれば、1997年、中国の都市の空気の質は依然比較的高い汚染レベルにあり、北方の都市は南方より汚染レベルが高い。二酸化硫黄の年平均濃度は3～248ﾏｲｸﾛｸﾞﾗﾑ/m^3の範囲にあり、全国平均値は66ﾏｲｸﾛｸﾞﾗﾑ/m^3である。北方都市の半分以上、及び南方都市の1/3強では年平均値は国家基準二級（60ﾏｲｸﾛｸﾞﾗﾑ/m^3）を超えている。北方都市の年平均値は72ﾏｲｸﾛｸﾞﾗﾑ/m^3、南方都市の年平均値は60ﾏｲｸﾛｸﾞﾗﾑ/m^3である。宜賓・貴陽・重慶に代表される西南部の高硫黄炭地域の都市、そしてエネルギー消費量が大きい北方の山西・山東・河北・遼寧・内蒙古、及び河南・陝西省の一部の地域の都市は二酸化硫黄による汚染が比較的深刻である。(39) そのほか、中国の水質汚染・固体廃棄物汚染・騒音汚染等も大変深刻で、中国の環境に巨大な脅威を与えている。これらすべてが、中国の経済発展において調和が失われていることを表す現象である。

以上の問題が主に表しているのが経済発展における人間と自然との調和喪失であるとするならば、中国の経済発展にはさらにもう一つ調和喪失現象——人と人との関係の調和喪失も現れている。この調和喪失現象は主に、政治の腐敗が日々深刻化する・社会風紀が悪化する・社会発展が滞る等の面に現れている。(40) 政治の腐敗はすでに世界各国の政治の社会における宿痾であり、中国も例外ではない上、相対的に見て病状が重い。最近十数年の情況から見てこの問題は効果的に抑制されていない上、憂慮される特徴をいくつか現し始めた。まず、汚職の規模が拡大し、隠蔽化・ネットワーク化という特徴が出始めている。最近数年に摘発された汚職事件から見て役人の汚職はますます隠蔽化が進み、監督や調査摘発には一定の困難が伴う。そして、汚職がいったん明るみに出ると、その規模は往々にして膨大で、一つ一つ複雑な汚職の人脈ネットワークが作り上げられている。広西壮族自治区前主席成克傑による事件は百余人に関係し、その地域で勢力の強大な汚職の人脈ネットワークができていた。最近摘発された上海市党委員会前書記陳良宇の事件は、やはり少なくない役人やビジネス界の知名人に広がりを見せ、汚職のネットワーク化という特徴が大変明白であった。二点目に、汚職問題はしだいに関係者が上層化する傾向を見せている。1950年代、毛沢東が自ら劉青山・張子善の腐敗事件に取り組んで処理したとき、国中驚愕しない者はなかった。だが劉青山・張子善は庁局長クラスの幹部に過ぎず、また相対的に見て事件の重大性は今日の多くの汚職事件に遠く及ばない。80年代に入ってから、特に90年代以降、汚職問題はしだいに関係者が上層化する傾向を示し、目下処理中の事件を見ると、最も上層に及んだ事件では党や国家の指導者層が関与していた。成克傑・陳希同・陳良宇らはいずれも当時の党や国家の指導者であり、その汚職による危害はさらに深刻である。三点目に、汚職問題はさらに高知能化・マフィア化する傾向を見せている。当世の汚職事件はますます高知能化する傾向にあり、事件当事者は多くがコンピュータ等のハイテク手段によって経済犯罪を実行していて、解決はなかなか難しい。それだけではなく、事件当事者の多くはさらにマフィア勢力と結託して地域社会に害を及ぼし、人々の生活や財産に巨大な損失を与えている。数年前に解決を見た頼昌星の「運華」密輸事件は、事件当事者とマフィアが結託した典型である。ここ数年、中国政府の腐敗撲滅への決意と取り組みが徐々に強化され、腐敗現象の抑制に一定の役割を果たしたが、腐敗一掃は依然として長く困難な道のりである。

政府の役人の汚職問題が深刻であると同時に、社会の風紀悪化もますます懸念される。例えば人々の道徳レベルに低下が見られ、市場経済が一部の人間の不合理な欲望を増長させて、そうした人間の「だまし取る、強奪する」「手段を選ばない」という意識を掻き立てている／価値目標が力を失った状態になり、「すべては金のため」という金銭至上主義・「絶対的自由を追求する」という個人至上主義・「宵越しの金は持たない」という享楽主義等が多数複雑に混在している／社会の公民の一部には公共の責任や義務の意識が乏しく、「我が家の門前の雪は掃いても、他人の家の瓦の霜はかまうな」という自己本位で小ざかしい保身思想が多く見受けられる／人間同士の義理人情が薄れて、社会交際が過度に功利的になっている／いくつかの醜悪な社会現象——列車や自動車を襲う匪賊・マフィア勢力・麻薬の使用や販売・売買春・婦女子誘拐等の犯罪が再び復活している等々の現象が見られる。[41]

このような現象が物語るように、中国は社会型式転換期に経済が急速な発展を遂げたが、一方で社会システム中のそれぞれのサブシステムがうまく調和をとりながら発展しなかったため、比較的深刻な社会調和喪失現象が現れている。

三、社会型式転換期の社会秩序喪失

社会秩序の面から見ると、社会運営には通常三種類の基本的な形式、すなわち秩序あり・秩序喪失・秩序なしという形がある。当然ながら社会運営の理想は秩序がある状態で運営されていく形で、極めて望ましくないのが無秩序での運営であり、社会秩序喪失とはその間に介在するあまり望ましくない状態である。それゆえ、社会秩序喪失とは社会全体に秩序がない状態を指すのではなく、社会秩序に一定の程度、あるいは一定の範囲で乱れが現れている状態を指す。

一部の学者が指摘しているように、「個体の心理あるいは行為の秩序喪失、及び社会のコントロールシステム機能の秩序喪失など、社会秩序が一定の範囲内で、そしてある程度損なわれ、混乱が現れた状態、それを『秩序喪失』と言う。」(42) この点から見ると、中国には改革開放以降、特に90年代以降社会運営上確かにいくつか調和に欠ける要素が現れ、社会秩序にある程度喪失状態が現れている。

劉祖雲は中国社会型式転換期の社会秩序喪失現象を五方面にまとめている。すなわち、政治分野の社会秩序喪失・経済分野の社会秩序喪失・教育分野の社会秩序喪失・思想文化分野の社会秩序喪失及び社会生活分野の社会秩序喪失という五方面である。(43) そのうち政治分野の社会秩序喪失とは主に権力の腐敗、つまり公共の権力を非公共的に行使することである。前面の社会調和喪失を論じた部分で公共権力腐敗問題について重点的に触れたので、ここで再度詳しくは論じない。だが補足しておかねばならないのは、腐敗が引き起こした社会調和喪失は必然的に社会秩序喪失を招き、深刻な場合は社会を無秩序状態に陥れることさえある点である。中国の社会型式転換期の公共権力の非公共的行使は、すでに権力の場である程度の社会秩序喪失を招いており、十分に重視をしていくことが必要である。幸いにも近年中国政府の腐敗撲滅への決意と取り組みが強化されつつあり、また一定の効果も生んでいて、庶民から高い評価を得ている。

社会型式転換期には、経済分野の社会秩序喪失問題は、主に市場主体行為の短期化と無規範・市場での偽造劣悪品や密輸品の氾濫・不当な取引や競争等の面に現れている。多くの不法な商売人が法律の抜け穴や役人の手中の権力を利用して社会的財産を不法に巻き上げ、短期間で巨万の富を手にしたという事件は珍しくない。80年代中期の二重価格制、90年代初期の「土地囲い込み運動」、そして90年代中・後期の国有企業・郷鎮企業の制度転換では、多くの人間が国の政策の隙間に食い込んで短期間に大量の財産を我が物にし、お伽噺のようにビジネス界の巨星となった。太平洋建築集団董事長厳介和・国美電器有限公司董事長黄光裕・深圳市明倫集団有限公司董事長周益明等はいずれも近年飛ぶ鳥も落とす勢いのビジネス界の寵児であるが、彼らの多くはわずか数年で中国の富豪ランキングのトップあるいは上位に名を連ねる存在となっており、内情を知らない者は彼らの「天賦」の商才に感嘆するほかはない。しかし後から分かったところでは、彼らのいわゆる「成功の道」とは、万に一つの例外もなく、制度あるいは法律の抜け穴に潜り込むことで、実際には文字通りの山師に過ぎなかったのである。内情が明るみに出るまで、彼らはみな羨望を集める成功者であり、神々しさを身にまとってマスコミや人々にもてはやされる対象になり、社会に極めて悪い影響を与えていた。偽造劣悪品や密輸品に至っては、度重なる禁止にもかかわらず、異常な健在ぶりである。毎年各地の商工部門が摘発・焼却廃棄する偽造劣悪品は常に数万、数十万、さらには百万を超える数に達し、その規模には全く舌を巻くほかはない。2005年3月13日午前、海口市工商局公消分局が3月15日偽造品撲滅キャンペーンに合わせ、秀英獅子嶺一帯で一斉に焼却廃棄した偽造劣悪品は数万点に達し、煙草・酒類・化学肥料・日用品・日用化学製品・農業物資・食品・携帯電話・眼鏡・海賊盤CD等20余品目を数えた。[44] 2004年に明るみに出た「大頭嬰児」粉ミルク事件は、世間をもっと震撼させた。暴利をむさぼるため、製造業者はこともあろうに嬰児の生命や健康を顧みず、劣悪な品質の粉ミルクを製造し、多くの家庭や嬰児に取り返しのつかない損害と苦しみを与えた。全人代代表の金志国が2007年全人代及び全国人民協商会議の期間に「動物食べればホルモン怖い、植物食べれば毒素が怖い、飲物飲めば色素が怖い、何を食べればいいのやら」という語呂のよい一節を会場で披露したが、これは現在の中国の食品問題の深刻性を語って余りある。その他にも、例えば製品やサービスの虚偽の広告宣伝・勧誘や、脅迫による不法な資金集め、紹介販売・賄賂やリベート等の手を使った取引などのように、詐欺まがいの販売・強制販売、さらには故意的詐欺行為が禁止しても後を絶たない／地方保護主義が深刻化して交易の障壁になり、経済資源の正常な流れを阻害している／信用危機・商業詐欺等々多くの問題があり、中国経済の秩序をひどくかき乱している等の現象が見られる。

思想文化の分野でも、秩序喪失現象は同じように比較的深刻で、情勢は楽観を許さない。改革開放以降、西洋の思想文化は間断なく中国に流れ込んでいる。それらの文化自体が玉石混交で精華と残渣が混在しているため、当然中国文化に一定のマイナス影響も与えてきた。加えて一部の人々には限られた識別能力しかなく、外来文化の精華を合理的に吸収することができなかった上、腐った外来文化にまで生存の土壌を提供してしまった。また、一部の人々はしだいに西洋の価値観や道徳基準を受け入れ始め、個人的享受を追求し、私利私欲に走り、モラルなどは微塵も持ち合わせていなかった。そうした人々は西洋社会の価値観や生活スタイルを信奉し、一切において西洋至上を唱えた。性の開放を叫び愛人を囲う、「一夜限りの恋」や気ままな買春賭博をする等、かつて中国で人々に軽蔑されたことが再び公然と行われるようになっており、国民のモラルが懸念される。

ある学者は国民のモラルに欠けた心の危機を六方面にまとめて、六大病的社会心理とした。[45]

(1) “物欲化傾向”：この傾向は、人を物に対する占有・享受・崇拝に過度に夢中にさせたり、貪欲に、またどんどん利己的になるよう変貌させたりする。金銭の力を過度に強調して、「金は万能の神ではないが、金なしでは何もできない」という「至理名言」を深く信じ、一切の行為が金銭を中心にしてまわるようになる。物欲化傾向は人から理性を奪い去り、貪欲で満足を知らない状態に変えるため、この傾向を持つ人は汚職に走り、貪欲に陥り、色をむさぼり、食をむさぼり、賄賂をむさぼって法を曲げ、むさぼって飽きることがない。また党の規律・政治の規律・法の規律をすべて顧みず、人間の良心・公共道徳・職業道徳・礼節上の廉恥さえ問題にしないレベルに至っている。物欲化傾向はさらに少なからぬ人に壮志を失わせ、遠大な理想を失わせ、奮闘の目標を失わせて、最後には彼らを「金しか残らない貧しさ」に陥れている。

(2)“粗俗化傾向”：社会型式転換の過程で、粗野になりつつある人間が少なくない。彼らが認めるもの、好むもの、楽しむもの、もてはやすものは粗野・低俗・媚俗・俗悪なものである。これらの俗気を貫いているのは赤裸々な人欲・物欲・金銭欲であり、人間臭い放縦と刺激の追求である。人々は、一方で声高に不正の風潮・腐敗行為の拡大を非難していながら、自分は大急ぎで裏に回って誰かにご馳走をしたり贈り物をしたりする。あるいは、あちらでは不合理な社会に憤りを露わにして悪しざまに罵りながら、こちらに来ると「耐えられない俗っぽさ」にまみれたことをしてしまう……粗野・俗悪に向かう現象は人々の抵抗に合わないばかりか、ときには一種の「流行」になっており、この問題はどうしても今一度考えなければならない。

(3)“冷漠化傾向”：当世の中国の人間関係が冷淡になったことは、誰もが認める事実である。マスコミ報道では常に、義を見て為さず・死を見て救わずというような例を目にするし、少なからぬ人が白日の下で窃盗・強奪の類を見かけても、我が身に火の粉がかからぬよう、見て見ぬ振りをする。昨今一部の中国人が冷淡になった現象は、実に「魂が麻痺した」という程度まで進んでおり、注意を払うべき問題であると言わざるを得ない。

(4)“躁動化傾向”：当世の中国社会では少なからぬ人が焦燥と不安に襲われる傾向にある。彼らはいらいらし、落ち着かず、騒ぎ立て、動き回り、事を行うのに根気がなく、常に一夜で名をあげたり富貴栄華を味わい尽くしたりする幻想を抱いている。彼らは金銭のためなら努力し、奮闘し、奔走するが、そのせいで異常に脆弱であり、軽率であり、危険を冒す。「風が吹き、草が動く」程度の異変が少しでもあれば盲動し、わずかばかりの「誘惑」に盲従する。「成功する」あるいは「名をあげる」ためには一切の代価を惜しまず、自分を落としめすらして、自己の人格や尊厳と引き換えにいわゆる「名をあげる」ことを実現する。そこで“裸奔”［ストリーキング］が現れ、街には裸踊りをする者が現れ、“芙蓉姐姐”［ネット上で裸体に近い姿を披露している女性］が現れる……こうしたことは、とどのつまり金銭に突き動かされての躁動化行為である。

（5）“無責任化傾向”：当世の中国に現れている無責任化傾向は、主に何に対しても興味がなく、どうでもよく、意味を感じない等の態度に見られる。この傾向を持つ者は、やるべきことをやらず、負うべき責任を負わず、すべて多いよりは少ない方を好み、仕事に対しては適当に片付ける態度をとる。一切を「いいかげん」にあしらい、天下にも国家にも、家庭や個人のことにも、何事にも関心を持たず、すべて自分とは関係なしという態度をとるなど、責任感のかけらもないと言えよう。

（6）“虚仮化傾向”：虚仮とは真実でないこと・虚偽・欺くことを言う。すべての社会には多少なりとも“虚仮現象”が存在するが、当世の社会の“虚仮現象”はすでにいわゆるマイノリティの問題ではなく、一種の風潮、それも抑制しがたい強い風潮になっている。政治分野での“虚仮化傾向”は嘘をつく・ホラを吹く・誇張してしゃべる等や、でっち上げた数字で政治上の功績を捏造することに集中して現れているが、これは中国では珍しいことでも何でもない。経済分野での“虚仮化傾向”は主に利益があると見込めさえすれば何でもやることに現れており、その結果が考慮されることなど毛頭ない。「偽話」「偽テスト」「偽本」「偽歌」「偽試合」「偽酒」「偽薬」「偽靴」「偽煙草」「偽農薬」「偽小麦粉」等々、一切合切で「偽」物が作り出されている。

これら六つの傾向は当世の中国社会における思想文化の秩序喪失状態下での国民の心理状態をまとめたものと言えるが、これらがもたらすマイナスの影響と危害ははなはだ大きく、深く考えるべき問題である。

社会生活分野での秩序喪失は、主に犯罪現象の増加及び犯罪主体の低年齢化や組織化に現れている。中国には建国以来犯罪のピークが五回現れたが、そのうち時代順に前四回はいずれもある種の特殊な原因が引き起こしたものだった。したがって、政府はそれら犯罪の誘発原因を除くことによって、短期間に犯罪問題を解決した。しかし、1980年代中期に第五次の犯罪ピークに入って以降、犯罪は年を追うごとに増加を続け、抑制が不可能になった。相当多くの地域で社会の治安秩序が乱れ、一般の人々は安全感が持てなくなっている。刑事事件は件数が増えただけでなく、悪質化の程度に拍車がかかり、ある学者は第五次ピークの犯罪の具体的現象を次のようにまとめた。第一に、暴力的犯罪、とくに殺人・強盗・強姦・騒乱行為等の犯罪が増加している。第二に、もっぱら交通手段を狙って殺人や略奪を図る盗賊行為が陸海空の交通路上で横行して、一般の人々の生命や財産の安全を著しく脅かしており、人々から大変憎まれている。第三に、窃盗事件が多発して減らず、経済犯罪による損失が巨額に上る。第四に、婦女子の誘拐事件や麻薬密輸販売事件が一向になくならない。第五に、国境がさらに開かれて以降、水面下での闘争がいっそう激化し複雑化している。(46) こうしたあらゆる刑事事件の中でとりわけ目立つのは、日々進む犯罪者の低年齢化・犯罪行為のグループ化であり、さらにはそれがマフィア組織に成長・変化する傾向が現れている。長期にわたり高い発生率で推移している社会犯罪は、人民の生活や安全に深刻な影響を及ぼし、社会秩序を破壊して、社会が秩序喪失状態に陥る結果を招いている。

最後に教育分野の秩序喪失問題に目を向ける。教育は国家の根本に関わる大計であり、国家の近代化の過程で重要な役柄を担っている。しかし不幸なことに、社会型式転換期、一貫して「聖地」と目されてきた教育の分野にも秩序喪失現象が現れた。教育分野の秩序喪失は、主に教育費として高額の金を徴収する・教育を金儲けの事業にする・教育費が高すぎて多数の貧困家庭の子女が学校に通えない等の面に現れている。教育費として高額の金を徴収する現象は長期にわたり何度禁止されてもなくならず、むしろ徐々に激化する傾向を見せている。『新聞周刊』掲載の記事によると、政府の統計では中国で10年間に徴収された不当な教育費はすでに2千億元に達しており、高額な学費によって多くの貧困家庭の子女が学校に通えなくなっている。不当な教育費は徴収の名目も多岐に及び、驚くよりほかはない。一部の都市の人気小・中学校の学校選択費あるいは賛助費の高さには呆気にとられる。ハルビンのある重点小学校の学校選択費は3.5万元であり、北京のある有名小学校の学校選択費は2006年すでに7万元に膨れ上がった。一部の地域政府は小・中学校を通し、農業税・敬老院費・寄付金・産児制限違反の罰金等、多種多様な名目で金銭を徴収している。また、一部の学校では保険・食品・学習用具などのセールスを強引に行っている。(47) さらに理解できないのは、教育部が調査した不当に教育費を徴収している高等教育機関には、国内トップクラスの大学もいくつか名を連ねていることだ。ここからも教育費不当徴収は教育の各分野、そして各レベル各種の学校にまで深く浸透した現象であることが分かる。このように深刻な教育部門の教育費不当徴収現象は無数の学生や児童に巨大な負担を与え、同時に実に良くない社会的影響を生み出している。近年、国と教育部は大きな決意をしてこの問題に取り組み、すでに一定の成果を上げている。

教育分野でもう一つ懸念すべき問題は、一部の無知蒙昧な商人が教育を金儲けの場としていることである。彼らは教育の名のもとに各種型式の学校をつくり、主な精力を学校運営には注がず、金儲けを第一の目的にしていわゆる花形業種の学科を開設し、巨額の利潤をむさぼっている。80年代初期に比べて、放送大学・夜間大学・通信教育制大学等の“五大学”[4]の学生の質は明らかに低下しており、国もこの問題を十分に重視していくべきである。

近年、高等教育機関の学生募集拡大も大きな注目を集める問題である。総体的に見て、高等教育機関の学生募集拡大は中国の国情や現実的ニーズに合致するが、準備不足、及び地域間や都市と農村の発展不均衡等の現実的条件の制約を受け、いくつか問題を生み出している。例えば、貧困地域や貧困家庭の子女が経済的に大学に通えないことや大学生の就職難等は、すでに軽視できない問題になっている。関連するマスコミ報道によると、中国の最も貧しい家庭で大学生一人を養う経費は将来35年分の給与前借額に相当するが、毎年大学生の就職率は基本的に70%前後で推移しており、多くの大学卒業者が仕事にありつけない、あるいは専門分野と関係する仕事には就けない。このような事態は、一面では学生の家庭に大きな圧力になり、また一面では人材の莫大な浪費を生み出すことになるので、政府はできるだけ早急に高等教育機関の学生募集拡大が招く問題を解決しなければならない。

＊注

(1) 劉祖雲「社会転型：一種特定的社会発展過程」/『華中師範大学学報』(哲学社会科学版) 1997年第6期
(2) 周暁虹『西方社会学——歴史與体系』2002年 上海人民出版社 2～3頁を参照のこと
(3) 童星『発展社会学與中国現代化』2005年 社会科学文献出版社 69頁
(4) D.P.ジョンソン(南開大学社会学系訳)『社会学理論』1988年 国際文化出版公司 510頁
(5) 尹保雲『什麼是現代化——概念與範式的探討』2001年 人民出版社 111頁
(6) 李培林「“另一只看不見的手”：社会結構転型、発展戦略及企業組織創新」/袁方等『社会学家的眼光——中国社会結構転型』1998年 中国社会出版社 35～40頁。または陸学芸、李培林主編『中国社会発展報告』1991年 遼寧人民出版社を参照のこと
(7) 陸学芸主編『社会学』1991年 知識出版社 375～376頁を参照のこと
(8) 劉祖雲主編『社会転型解読』2005年 武漢大学出版社 3～12頁
(9) 張琢、馬福雲『発展社会学』2001年 中国社会科学出版社 253～258頁
(10) 劉祖雲主編『社会転型解読』(前掲) 18～25頁
(11) 胡福明主編『中国現代化的歴史進程』1994年 安徽人民出版社 235～236頁
(12) 鄭杭生主編『社会学概論新修』第三版 2003年 中国人民大学出版社 301頁
(13) 王穎『城市社会学』2005年 上海三聯書店 143頁
(14) 鄭杭生主編『社会学概論新修』第三版(前掲) 334～340頁
(15) 陳勤、李剛、斎佩芳『中国現代化史綱』(上巻) 1998年 広西人民出版社 8～9頁、35頁

(16) 康暁光『権力的転移――転型時期中国権力格局的変遷』1999年 浙江人民出版社 59頁
(17) 鄭杭生主編『社会学概論新修』第三版(前掲)347頁
(18) 張琢、馬福雲『発展社会学』(前掲)229～230頁
(19) 周大鳴「永恒的鐘擺――中国農村労働力的流動」/柯蘭君、李漢林主編『都市里的村民――中国大城市的流動人口』2001年 中国編訳出版社 304～343頁
(20) 「後発効応」問題の叙述には張琢、馬福雲『発展社会学』中の関連する内容を参照した。
(21) 鄭杭生主編『社会学概論新修』第三版(前掲)347頁
(22) 陸学芸、景天魁主編『転型中的中国社会』1994年 黒竜江人民出版社 46～47頁
(23) 劉祖雲主編『社会転型解読』(前掲)41頁
(24) 鄭杭生主編『社会学概論新修』第三版(前掲)348頁
(25) 劉祖雲主編『社会転型解読』(前掲)101頁
(26) 孫立平『断裂――20世紀90年代以来的中国社会』2003年 社会科学文献出版社 61頁
(27) 劉祖雲主編『社会転型解読』(前掲)105～123頁
(28) 李強「社会学研究與我国的貧富差距問題」/鄭杭生主編、楊雅彬副主編『中国社会結構変化趨勢研究』2004年 中国人民大学出版社 15～16頁
(29) 童星『世紀末的挑戦――当代中国社会問題研究』1995年 南京大学出版社 336～337頁
(30) 李強「社会学研究與我国的貧富差距問題」/鄭杭生主編、楊雅彬副主編『中国社会結構変化趨勢研究』(前掲)16～17頁
(31) 劉祖雲主編『社会転型解読』(前掲)105頁
(32) 潘維『農民與市場――中国基層政権與郷鎮企業』2003年 商務印書館 321頁
(33) 潘維『農民與市場――中国基層政権與郷鎮企業』(前掲)326頁
(34) 孫立平『断裂――20世紀90年代以来的中国社会』(前掲)64～66頁
(35) 劉祖雲主編『社会転型解読』(前掲)123頁
(36) 鄧英淘「新発展方式與中国的未来」/『未来與発展』1989年第5,6期。童星『世紀末的挑戦――当代中国社会問題研究』(前掲)77頁を参照のこと
(37) 人民日報2004年3月9日火曜日第4面
(38) 童星『世紀末的挑戦――当代中国社会問題研究』(前掲)101～109頁
(39) http://news.163.com , 2005-03
(40) 劉祖雲主編『社会転型解読』(前掲)132～133頁
(41) 劉祖雲主編『社会転型解読』(前掲)133頁
(42) 呂耀懐、劉愛龍「失範・越軌與失序」/『長沙電力学院学報』(社会科学版)1999年第2期
(43) 劉祖雲主編『社会転型解読』(前掲)145～148頁
(44) 『南国都市報』2005年3月14日第22面
(45) 邵道生『中国社会的困惑』1996年 社会科学文献出版社 188～193頁
(46) 童星『世紀末的挑戦――当代中国社会問題研究』(前掲)270頁
(47) 「学費猛如虎:中国十年教育乱収費達2000億元」/www.ep-china.net(中国教育先鋒網)2004-07-26より引用

＊訳注

[1] "城鎮"="城市和集鎮"。この部分は便宜上原文のままにしたが、ほかの部分では原則として"城鎮"を「都市及び町」または「都市及び町部」等と訳している。
[2] "小城鎮"=小規模な"城鎮"。便宜上原文のままにしている。
[3] "郷鎮"="郷村和集鎮"。"郷鎮企業"は、農村や町が起業ならびに経営する集団所有制企業や、その他の形式の合作企業・個人企業。
[4] "五大学"="業余大学"(成人大学)・"夜大学"(夜間大学)・"電視大学"(放送大学)・"職工大学"・"函授大学"(通信教育制大学)。

第三章
社会階層と社会移動

“社会分層”［社会階層（化）、以下訳語で表記］は社会学の研究において伝統ある重要理論であり、社会階層の研究は社会学を他の学科と分ける主要な特徴の一つでさえある。したがって、社会学史上では社会階層化現象が多くの社会学者の注目を集め、それぞれ異なる理論の伝統が形作られてきた。そのような理論の伝統の中で、最も代表的なものはK．マルクスの社会階級理論とM．ウェーバーの社会階層理論であり、彼らは社会階層の研究に二つの異なる基本理論モデルと分析の枠組み、すなわち一般的にもよく知られた階級理論と多元的社会階層理論を提供した。本章ではそれら社会階層に関する二大理論の伝統を顧みるという基礎に立ち、社会型式転換期の中国の社会階層の変化について全体的な分析と考察を行う。同時に、社会階層と社会移動とは切り離せない関係にあることから、社会階層考察という基礎をふまえ、社会型式転換期における社会移動の変化状況及び相関する問題についても論を進める。

第一節　社会階層化とその基準

一、社会階層の概念

“分層”とはもともと地質学者が地層構造を研究する際に使っていた概念で、地質構造の異なる各層を指す。社会学者は社会にも差別や不平等が存在すること、人と人との間、集団と集団との間にも地質構造と同じように高低の序がある若干の等級レベルが存在することに気付いた。そこから、社会学者は“分層”という言葉を社会と結び付け、その言葉で人々の社会構造中の地位や社会不平等の問題を説明するようになった。

アメリカの著名な社会学者D. ポプナーは、「いわゆる社会階層とは、有価値物を獲得する方式に基づいて人々の社会的位置中の集団等級あるいは所属を決定する恒久的モデルである」としている。(1) ポプナーの社会階層についての定義は、私たちに少なくとも次のような情報を提供している。①社会階層は人々の有価値の希少資源に対する占有率が一様でないことから生まれる、②社会階層は人々の社会的位置中の等級と所属を決定する、③社会階層は一種の恒久的モデルであり、このモデルはあらゆる社会に存在し、なおかつ一度形成されると社会の成員に恒久的な影響を生み出す。

現代イギリスを代表する社会学者A.ギデンズは、社会階層とは「人類社会の個人や集団の間に存在する不平等を指す。……階層システム中では、地位の異なる個人や集団が報酬を獲得する機会は異なる(不平等である)。それゆえ、階層の最も簡単な定義は異なる人や集団の間の構造的不平等である」としている。(2) ここから分かるように、ギデンズの社会階層に対する定義は、社会階層の構造的不平等を強調している点でポプナーの「恒久的モデル」という考え方と一致するが、異なるのはギデンズが人々の報酬を獲得する機会の不平等をさらに強調している点である。

中国の学者も社会階層についてはかなり研究を進め、少なからぬ成果を収めている。ある者は、いわゆる「社会階層化」とは、社会の人々が一定の基準にしたがって高低の序がある異なる等級やレベルに分けられる過程及び現象であるとする。社会階層には相関する特徴が四点あり、それは①社会階層は社会の特徴であり、純粋な個人的差異ではない、②社会階層は普遍的なものであり、また多様なものである、③社会階層は世代間で持続的に伝承されていく、④社会階層は道徳・倫理の体系によって支えられている、ということである。(3) この定義は社会階層の社会性・多様性・伝承性そして合法性等の要素を強調しており、社会階層に含まれるものをわりと全面的にまとめている。

また別の学者は、社会階層の実質は社会の不平等であり、社会の不平等は「垂直分化に対して生まれた各階級・各階層間の関係を集中要約したものであり、その指すところは、各階級・各階層には相対的に希少な社会の有価値物の占有量及び獲得の機会に対して差異性が存在していることである」とする。(4) この定義は、社会階層は社会の垂直分化が生んだものであり、その結果として各階級・各階層には社会の有価値物の占有と獲得に対して異なる機会が存在することを述べている。ここから分かるように、社会階層の実質、あるいはその社会運営上での具体的な表現は、つまるところ社会の不平等である。学者が研究しているのはいずれも社会の垂直分化が招いた社会成員中における社会資源の不均等な分配であり、社会の成員は社会資源に対する占有状況の違いで異なる階層を形成するということである。

以上の社会階層(化)に関する定義から、社会階層(化)は少なくとも次に述べる重要な問題数点に関係することが分かる。

1. 社会階層化とは主に一種の社会現象である。人々の社会階層システム中の地位の高低はその人自身の生来の属性と多少の関連はあるものの、主として社会的要素の影響を受けたものであり、社会資源は異なる類型の人々の間では平等に分配されない。

2．社会階層は本質的に一種の社会的不平等関係である。人類の社会は今日まで発展しても、依然として大多数の資源が不足する社会であり、とりわけ有価値の資源は誰もが得たいと望んでいるものである。社会資源獲得の機会が不平等であるため、各種の有価値の社会資源の占有率もまた不平等であり、それが人々は常にある種の不平等な社会構造中に置かれることを決定付けた。権力・富・声望等は人々の社会的地位を決める重要な資源であり、それらの資源に対する占有量の多少が人々の社会階層システムにおける地位を決定している。

3．社会階層には恒久的であるという特徴がある。ミクロな面から見ると、社会階層には時々刻々変化が起きているように思われる。ある社会では、この人間あるいはこの集団の社会的地位に変化が起きているか、そうでなければあの人間あるいはあの集団の社会的地位に変化が起きているかで、社会階層は変化が激しく予測がつかないという印象を与える。その実、それは現実世界が作り出す一種の錯覚である。マクロな面から見ると、社会階層は総体的には比較的安定的かつ恒久的なもので、社会構造に巨大な変化が起こらないかぎり社会階層システムもまた相対的に安定した状態にある。したがって、ある階層中のある個人またはある少数の人々が社会階層システム中の地位を変える姿を目にしたとしても、階層全体の状況は安定的かつ恒久的である。しかし、社会構造に巨大な変化が起こったときは、社会階層の安定性も試練を受け、やはり絶え間ない変化の中に置かれる。

二、社会階層研究の二大理論の伝統

社会階層が社会の成員の社会資源に対する占有や獲得の機会の違いで生まれるという以上、続いて答えが必要になる問題は、どのような社会資源が社会の不平等の形成に決定的作用を及ぼすかということであろう。明らかであるのは、社会資源は内容も形式も豊富かつ多様であるが、その多くの社会資源中、一部は人々の社会生活に重要な影響を生み出し、人々の階層地位の形成において決定的な役割を果たすが、別の一部は人々への影響がさほど重要ではなく、人々の社会的地位にも決定的な作用を及ぼすことがない事実である。この重要性の基準に基づいて、さまざまな社会学者が各自の研究ニーズに従い、異なる理論の視点から出発して、異なる社会階層理論を打ち立てた。それらの理論の伝統の中で最も代表的かつ深い影響力を持つのは、マルクスの社会階級理論及びウェーバーの社会階層理論であり、彼らは社会階層研究に二種類の異なる基本的理論モデルと分析の枠組み、すなわちよく知られている階級理論と多元的社会階層理論を提供した。

マルクスは、生産手段が最も重要な社会資源であると考えた。一面では、生産手段を占有しているか否か、及びどの程度占有しているかは、人々の生産関係システム中の地位の高低を直接決定し、生産過程における地位と役柄の相違を決定し、分配方式や分配の多寡を決定する。別の一面では、生産手段を占有しているか否か、及びどの程度占有しているかは、人々の生存や生活方式の違いを直接決定する。大量の生産手段を持つ者は生産手段の占有により他者を搾取して自分を養い、少量の生産手段しか持たない者は自ら労働することで自分を養い、生産手段をまったく持たない者は自らの労働力を売ることで自分を養う。ここからマルクスは、生産手段占有の有無や多寡は、人々の経済収入の多少を決定するだけでなく社会的地位の高低をも決定すると考えた。大量の生産手段を占有する者はそれをよりどころに、生産手段を持たない、あるいは少量しか持たない者を搾取かつ抑圧し、社会の搾取階級になる。生産手段を持たない者あるいは少量しか持たない者は自分の労働力を売ることで生存を維持するしかないので、社会の被搾取階級になる。マルクスの見方では、搾取階級と被搾取階級の間にあるのは一種の階級対立という関係であり、両者の間には妥協できない矛盾が存在している。したがって、マルクスは通常両者を相互に対立する二つの階級と称しており、二つの階層とはしない。これが、一般にマルクスの社会階層理論を階級理論と称し、社会階層理論とは呼ばないゆえんである。筆者個人は、階級理論はやはり一種の社会階層理論であり、社会階層の一種の極端な形式にすぎないと考える。すなわち、社会の大多数の成員がみな社会的上層（統治階級）と社会的下層（被統治階級）とに分化して、社会等級の序列に断裂が現れたにすぎない。マルクスの理論モデルが強調しているのは社会関係中の不平等であるので、一般にマルクスの社会階層理論は「関係論」とも称される。

マルクスとは異なり、ウェーバーは最も重要な社会資源は物質的財産・政治権力・社会的声望という三種の要素であり、人々はその持てる富・権力・声望の差異によって社会的地位が異なると考えた。ウェーバーの三元社会階層理論は社会階層の研究に重大かつ深い影響を生み出したが、その理由を分析するとおよそ次の二点にまとめられる。第一に、富・権力・声望は人々が最もよく使い、最も顕著で、最も基本的な、社会的地位を表すものであるからだ。ある人間の社会的地位がどのくらいか、すなわち社会階層中どの層にいるかを判断するための直観的な材料は、まさにその人間が持つ富・権力・声望の多寡である。中国社会で長い間使われてきた“達官”“顕貴”“富人”という言葉は、まさに権力・声望・富を持つ者に対する呼称であり、多くの場合人々がこの三種から直観的に人間の社会的地位の高低を判断し得たことを表している。第二に、富・権力・声望という三種の間には相互に条件になる、あるいは原因や結果になる社会的連係メカニズムが存在しているからだ。一般的に、人々が富・権力・声望を同時に手に入れる可能性は低い。まずはそのうち一種を得ることしかできず、その後ようやく二種あるいは三種を手中に収める。通常三種の間には強い相互関係が存在しており、その一種を手に入れさえすれば、二種あるいは三種を手に入れ得る可能性が高い。例えば、巨額の富を持つ人間は権力や声望をも併せ持つ可能性が最も高く、声望は富や権力を手に入れるのに役立ち、そして富と声望は常に権力のある人間に付き従ってくるものだ。このような三種の相互の転化や保有関係には異なる歴史条件や空間状態のもとで差異が存在する（例えば、西洋の自由市場経済国家では富める者が権力や声望を獲得することは、多くの東洋の国家との比較で言えばより容易であるはずで、あるいはまさにそのような理由からウェーバーは富を社会階層の三種の要素の首位に置いたのかもしれない。だが、中国のような集権の歴史が長い国では、権力が富や声望の中に食い込む、またはそれらを占有することが日常茶飯事であった。したがって、そのような国では社会階層体系の三種の要素のうち権力が首位に置かれるべきである、と筆者は考える）が、三種の間に相互に因果関係や転化関係が存在することは公認の事実である。例えば、当世の中国社会で新たに豊かになり始めた人間には、金で票を集めて全人代代表の座を得ようとする者や、または腐敗した役人に直接金を渡して不法な収益を得ようとする者が少なくないが、これらは富が権力に浸透していく典型例である。そして、彼らは豊かになると社会の名士との交際を好んだり、あるいは大学に入り数年ぶらぶらして卒業証書を「買い」、自分に箔を付けたりするが、これらはさらに富が声望に擦り寄っていく絶好の「標本」である。同じように、今の政府部門ではますます多くの役人が誘惑に負け、手中の権力を使い不法商人相手に権力と金を交換して不法収入を得ているが、これは権力と富が結び付く格好の例である。少なからぬ役人がコネを使い遊び半分で学校に通って、最後にうまく博士の肩書きを手に入れるのは、役人が声望という価値を争奪する現象である。声望がある人々に至っては、そのうちかなりの者が常に自らの声望という価値を通して社会の富を得ようとする、あるいは何がしかの官職を不正に手に入れようとするが、それも珍しいことではない。このように、当世の中国で富・権力・声望という三種間に相互浸透現象が起きていることは軽視できない社会的事実であり、社会はこれを十分に注視していかねばならない。富・権力・声望という三種に相互に因果関係または転化関係があるという現象は当世の中国に特有のものではなく、人類の歴史上それぞれの国にほとんど普遍的に存在しており、異なるのはわずかな程度の差異にすぎない。アメリカでは、社会学者の研究にも現れているように権力と富の間に完全な対応関係は存在しないものの、富がときに権力を購うことができる場合が確実に存在した。この典型的な例は、政権を握る候補者が普通いずれも裕福なことである。ケネディー兄弟、ロックフェラー家三代の総裁及びルーズベルト一族は、いずれも裕福な者が政治権力を握った代表例である。逆にまた、権力は通常富の獲得に役立ち、退職した元高官が貧困な生活を送っている姿を見ることはほとんどない。金銭で声望を購うことに至っては、さらにその例に事欠かない。J.D.ロックフェラー翁が石油で財産を築き始めた当時、大衆は彼のことを鼻であしらっていた。しかし時間が経過するにつれ、彼が巨額の財産を運用して博物館・公園・基金をつくり、慈善事業に投資をすると、彼自身のみならず彼の継承者までが声望を勝ち得たのである。(5) 同様に、多くの人間がいったん声望を得ると、すぐそれに次いで富も得ており、この面の実例は各分野のスターの身上に実によく現れているので、ここでその一々は列挙しない。

以上から認められるように、ウェーバーの社会階層理論の体系は、マルクスの階級分析のように問題の核心に密接に沿って展開されたものではないが、富という社会階層問題の根本をつかむと同時に富・権力・声望という三種の相互の関連をも見出したので、多くの具体的な社会的事実に対してさらに説明性があり、後世の人間から特に好意的に受け入れられた。むろん、後世に与えた影響は多言を必要としない。ウェーバーの社会階層理論が強調しているのは社会資源の社会成員及び社会集団の間における不平等な分配であり、それゆえ一般にウェーバーの社会階層理論は「分配論」とも称される。

表面的には、マルクスとウェーバーは社会階層化の依拠に比較的大きな相違があり、前者が依拠しているのは一元的基準、後者が依拠しているのは多元的基準である。だが仔細に考えれば、両者にはやはり大きな一致点が存在する。なぜならば、生産手段の占有と富・権力・声望の間には密接な関係が存在し、生産手段の占有量の多寡と富・権力・声望の保有量の多寡、すなわち経済・政治や社会的地位の高低とは正比例の関係にあり、かつ前者は往々にして後者の決定的要因であるからだ。このように見ると、マルクスの一元的基準が押さえているのは問題の核心であり、ウェーバーの三元的基準は問題の核心から出発して相互に関連する三要素を引き出し、問題をより直観的に示したにすぎない。

二種の理論間のさらに重要な相似性は、「関係」と「分配」の間そのものに緊密な内在的関連性が存在することである。人々が異なる「関係」構造の中にいれば、それぞれの得る「分配」も異なる。逆に、「分配」の違いは、人々が異なる「関係」構造の中にいることを決定付ける。これがまさに「関係論」と「分配論」の間の内在的関連性である。当然ながら、マルクスの社会階層理論とウェーバーのそれとの間にある何らかの関連性を強調することは、両者の社会階層理論の差異を無意識に否定するものではない。逆にそれによって、両者の理論の違いがすこぶる明確になる。マルクスの社会階層理論が強調するのは生産手段を持つか否か、及びそこから引き起こされる生産手段占有者と被占有者の間の矛盾や衝突であり、そのような矛盾や衝突の多くは社会階層化に現れているのではなく、有産者と無産者の間の先鋭な対立、すなわち階級闘争に現れている。かたやウェーバーの三元的階層化は社会階層に着目したもので、強調しているのは社会の成員が富・権力・声望の保有量の多寡によって社会のどの層にいるかという問題であり、そのような等級的階層の存在は客観的な社会の現実で、それが必然的に社会の衝突、ひいては階級闘争を招くわけでは決してない。両者のこの相違から分かるのは、マルクスの社会階層理論は階級対立の社会により適合し、ウェーバーの社会階層理論はそれより普遍性を備えていて階層化現象が存在するあらゆる社会に適合する、ということだ。前者は革命的で、後者は擁護的である。両者の間に存在する一致と相違を認識することは、社会階層及び社会不平等について研究する上での理論的前提であり、基礎である。

三、改革開放前・後の社会階層化の基準の変化

社会学史上、社会階層研究に関する二大理論の伝統は、実際には二種類の異なる社会階層化の基準を提示し、社会階層化に対して重要な指導的意味を担っていた。だが、時期も国家も異なる状況では、社会階層化に影響する要素は極めて複雑であり、そのため具体的な社会階層化の基準には常に多少の差異が存在し、さらに本質的な差異が存在するケースもある。したがって、ある国家のある時期における社会階層を研究する場合、社会階層化の基準の確立は何よりも肝要な問題である。

中国社会について言えば、改革開放前・後の社会階層化の基準には大きな相違が存在していた。改革開放までは、中国社会のすべての生産手段は国や集団の所有に帰するものであり、いかなる個人も生産手段によって他人の労働を占有することはできなかった。したがって、その意味から言えば、社会階層化は

すでに経済的基盤を失っていた。しかし、これは決して当時の社会が完全に平等であったということではなく、人々はやはり異なる等級に分けられていた。当時、人々の等級は主にその身分によって決まっていた。改革開放までの中国社会は基本的に一種の身分社会であったのである。具体的には、人々の身分・地位は次の四種の要素により決まっていた。[(6)]

（1）階級闘争を軸に作られた各種の政治的身分。「階級闘争を要とする」という思想の指導下で、中国社会には各種各様の政治的身分が出現した。農村では人々は階級基準によって地主・富農・中農・下中農・貧農そして雇農等の異なる等級に分別された。また都市では、同様に革命幹部・革命軍人・“烈士家族”〔烈士＝当時の中国で革命に命を捧げた犠牲者〕・“工人”〔労働者〕・店員・資産階級・商工業者・“小業主”〔零細企業経営者〕・手工業者・職員・上級職員・都市貧民等の階層に分別された。そしてこのほか、都市や農村にはさらに反革命分子・“壊分子”〔犯罪行為をする悪質な者〕・右派分子とされる人々がいた。彼らは地主・富農と共に「地・富・反・壊・右」とまとめて称され、当時は地位が最低の「黒五類」〔反動的で邪悪な五種類の人々〕とされていた。また当時、“知識分子”〔知識人〕も政治的には信用されていない階層で、そのため社会的地位も低く、その地位は、地・富・反・壊・右・資本家・“走資派”〔資本主義の道を歩む共産党員〕・“可教育子女”〔教育により革命家になりえる子女〕の下位に置かれ、そのため「臭老九」〔九番目の鼻つまみ者〕という蔑称で呼ばれた。このように固定化された身分は人々の生活や発展に重大な影響を与え、出身身分が良い者の前途には比較的上層に移動する機会が多くあるが、良くない者は一部の重要部門に移動する機会が奪われていた。

（2）都市と農村の切り離しが生んだ工人・農民の身分。計画経済の体制下で、中国社会は「戸籍制度」により人為的に工人・農民という二種の地位の差がはなはだしい社会階層を作り出した。農民の子女は生れ落ちたときから「農民」という身分に固定され、それによって先天的に他の身分より一段劣っていた。一方で工人の子女は生まれれば“商品糧”〔商品として売買する穀類〕の優待が受けられ、農村の子女よりも一段優遇されていた。この二つの階層間の差は想像を超えるもので、そのため当時は都市の子供たちが幼いころから“郷下人”〔農村住民、田舎者〕を見下すほどであり、成長後の差異の大きさは言を俟たない。ある農村の非常に優秀な娘が都市の下層の男性に妻として嫁ぐこともまた一種の誉れで、それは都市住民が通常農村住民とは付き合いを望まなかったからである。都市と農村の間に横たわる巨大な溝以外に、各種レベルの都市間や都市と町の間にも比較的大きな差異があり、小さな都市や町の住民が大・中規模の都市、とりわけ巨大都市に移住することは通常困難であった。北京・上海等の巨大都市は大多数の人間にとって夢に見るあこがれの世界に過ぎず、そこに移住する機会などほとんどあり得なかった。戸籍制度が生み出したこのような都市と農村が切り離された局面、それが中国社会にもたらしたマイナスの影響はいかに大きいか。それは本当に計り知れず、現在に至るまで中国人の生活の各面にかなりの程度影響を及ぼしている。

（3）膠着した人事制度が生み出した幹部・大衆の身分及び単位での身分。計画経済の時代、中国は人事制度では膠着した“人事档案管理制度”［“档案”＝身上調書のようなもの］を実施していた。幹部と大衆は社会的地位の開きが大きい二種の階層であり、学校受験・軍隊転属等の少数のルートを除き、一般大衆が幹部の身分を得ることは難しかった。その上、個人がいったんある“単位”［職場組織］に入ると、その単位が個人の「档案」の管理を始め、個人の一生の重大な事柄、特に政治的「汚点」がすべて档案に記載されて、その個人の一生の成長に影響し、ときにはそれを左右することさえあった。単位は個人個人を厳しくコントロールしており、何事にも単位のリーダーの同意あるいはサインや押印を得なければならず、それは個人の自由に大きな影響を与えた。数年前までずっと、中国では大学院への出願には単位の同意押印が必要であり、それを経なければ出願できなかった。そして単位のリーダーは「単位の利益」に基づいて出願条件に種々の厳格な規制を設け、大学院受験が人に言ってはならない事のようになっていた。実に不可思議極まりない。その根源を探れば、膠着した体制下での人事制度が長く尾を引いていたにすぎない。

（4）“一大二公”が生み出した所有制身分。改革開放前まで、中国の経済分野では基本的に公有制が私有制に取って代わっており、“一大二公”［第一に規模が大きく、第二に所有制が公有制であること］が当時の中国政府及び社会の最大の目標であり、政治的に最も栄誉あることであった。だが、国全体が公有制という情況下でも、公有化の程度にはやはり差異が存在し、最高は全民所有制、その次が集団所有制であり、各種所有制の内部にもやはりまたいくつか小さな差異が存在した。このようなわけで、全民所有制の単位で働いている者は集団所有制の単位で働いている者より高い地位を得ており、また集団所有制の単位の工人は集団所有制の条件下で働いている農民よりも高い地位を得ていた。

指摘しておくべきは、以上の種々の身分は要するに政治的身分であったことである。なぜなら、当時の中国社会は政治権力がその他一切の権力を凌駕する行政全能主義国家であり、政治が国家の営みにおいて支配的役割を果たしており、一切の基準は政治的基準に従っていたからである。

改革開放以降、中国社会には重大な変化が起こり、人々の社会的地位に影響する要素にもそれに伴う大きな変化が生まれた。当然ながら、社会階層化の基準にも大きな変化があった。中国の楊継縄はそれらの要素を次のいくつかの面にまとめている。(7)

（1）社会階層化と制度変遷は相互に密接な関係がある。1978年以降、中国社会は計画経済体制から市場経済体制へ軌道転換を始めたが、その動きの中には一連の制度改革も含まれていた。第一は政治路線の変化で、党の中心的役割は階級闘争を要とすることから経済建設を中心とすることに変わった。第二は産業構造の変化で、重工業優先の発展から、第一次産業から第三次産業まで調和のとれた発展に変わり、社会の成員の職業構成にもそれにより変化が起こった。第三は所有制構造の変化で、全民所有制が絶対的に優勢であった構造から各種の所有制が共に発展する構造に変わった。第四は分配原則の変化で、公平を優先する原則から効率優先で公平にも配慮するという原則に変わった。改革開放実施後のこのような制度の変遷は中国社会における各種の関係を全方位的に調整し、社会階層化に重大な影響をもたらした。

（2）「階級闘争を要とする」ことが否定され、政治的身分が廃止された。改革開放以降、中国の社会階層化に生じた大きな変化は、30年近く続いた「政治的身分」が廃止され、人為的に定められた政治的基準がもはや社会階層化の基準ではなくなったことである。1979年中国共産党中央委員会は重要な決定を下し、地主・富農及びその子女を30年抑圧してきた階級闘争による烙印を取り消した。80年代初期、さらに商工業者とされていた人々のうち大部分が労働者の身分を取り戻した。続いて、台湾に渡った親族や海外と関係を持つ人々が正常な公民の権利を回復した。こうした重大な政策の調整すべてが、関係する人々のしかるべき社会的地位を回復させたが、それは社会階層構造上の重大な変化であった。

（3）所有制が変化し、社会階層の基盤に変化をもたらした。改革開放以降、中国社会の所有制の構造に根本的な変化が生じ、それまでの単一所有制構造が現在の多種所有制共存の構造に取って代わられた。この変化が中国の社会階層構造にもたらした影響はことに深く大きかった。一方では過去の所有制身分を徐々になくし、どのような所有制の単位で働こうと、それが人々の社会的地位を決定する重要な参考となる根拠にはならなくなった。また一方では、多種所有制の共存及びそれがもたらした合理的競争は、異なる所有制の単位で働く従業員に同等の機会を提供して、その結果私営企業主やトップ経営者の層が出現し、彼らは社会階層の中層あるいは上層を構成するようになった。逆に、少なくない国有企業は競争の中で劣勢に置かれ、国有企業従業員の社会的地位が低下する事態を招いた。一部の外資企業・合弁企業・株式保有制企業は中国の経済における重要な構成部分となり、それらの相当数の職員や労働者、特に管理者層の社会的地位もまた比較的高くなっている。

（4）市場の資源配置がそれまでの階層の分化と再構築を促進した。計画経済の体制下では、政府が資源配置の主要な担い手であり、国家がすべての資源をほとんど独占していた。計画経済から市場経済への軌道転換に伴い、市場は資源配置において徐々に重要な役割を果たすようになった。それと同時に、国家は経済分野からしだいに撤退を図った上、社会分野にある程度の自由空間を与え、市場・社会は共に適当する成長を遂げることができた。それによって個人は「単位人」からしだいに「社会人」へと変化し、公民はしだいに独立した身分をもって社会で自立するようになったが、これが社会階層構造に与えた影響は極めて大きかった。この問題については後の部分で単独に論ずるので、ここでは詳細な論述はしない。

（5）人民公社の解体と戸籍制度の緩み。この制度変革は主として農民が運命を変えるチャンスを創り出した。それまで、人民公社制度、とりわけ戸籍制度が農民を土地にかたく縛り付けており、農民の移動は厳しく制限されていた。人民公社制度の解体で土地から解き放たれた大量の農民は、商売をしたり都市に出稼ぎに出たり、あるいは多角経営に従事したり、さらには自分で企業を起こす者すら現れて、未曾有の偉大な事業を始めていった。特に郷鎮企業の勃興は、無数の農民に就業と発展の機会を創出した、中国の農民による偉大にして初の試みであった。改革開放の総プランナーである鄧小平が言ったように、「農村改革の中で我々が予測もしなかった最大の収穫、それは郷鎮企業が発展し始めたことであり、突如多業種・商品経済・各種小型企業が現れて、新たな勢力が湧き起こった。これは私たち中央政府の功績ではない。……これは私個人が予測し得なかったことであり、また多くの同志も予測し得なかったが、突然このような良い結果が現れてきたのである。」[(8)] これら農村を後にした農民のうち、大部分は依然として社会の下層で生活している。だが、チャンスをつかんで自らの努力で運命を変え、社会の中層、そして上層に上り詰めた者も少数ながら存在している。

（6）都市化と産業のレベルアップ。改革開放以降、特に90年代末期以降、中国の都市化進展の速度は明らかに上がり、これが多くの農民に大量の都市進出と発展のチャンスを提供した。2010年末までに都市化のレベルは47％前後に達したが、その結果大量の農民が身分を変え、農民から産業労働者になった。また、絶え間なく加速を続ける産業のレベルアップやモデルチェンジも、人々にさらに広大な就業空間や発展のチャンスをもたらし、第三次産業やハイテク産業が急速に発展している。仮に都市化進展の過程や産業のレベルアップが順調に進めば、膨大な規模の中産階級を生み出し、さらに社会階層の構造を根本から変えるであろうと予言しても差し支えない。

第二節 社会型式転換と社会階層

改革開放以降、中国の社会構造は終始変化のただ中に置かれてきた。政治社会学の角度から見ると、中国の社会構造の変遷は、実質上「中国社会の『一極権力構造』から『三極権力構造』への変遷である。社会構造変遷の実質は『権力の多極化』であり、そして『権力の多極化』の実質は経済分野と社会分野が政治分野の支配下からしだいに『解放』される過程である。」[(9)] 簡単に言えば、中国の社会は過去の政治分野が一切を率いていた形から、しだいに政治・市場・社会という三項鼎立かつ相互支持の枠組みに変わりつつある。社会の変遷過程において、社会の階層構造にも重大な変化が起こった。前出の社会階層化の基準に関する論述で、すでにこうした変化について一定の分析を行ってきた。しかし、社会型式転換期の権力構造の変化・市場の型式転換・制度の変遷という三要素が中国の社会階層構造に与えた影響はとくに重大であるので、それらについてはさらに深く分析を加える必要がある。

一、権力構造の変化と社会階層

権力が社会階層に与える影響は、マルクス及びウェーバーの社会階層理論の中でも重要な位置を占めている。前者が強調しているのは、生産手段に対する占有ではあるが、事実として際立っているのは生産手段占有の多寡によって権力構造中に占める位置が異なることである。後者は明確に、「権力」を社会階層化の一要素としている。ここから分かるように、権力と社会階層の間には高い相関性が存在し、社会権力構造の変化は必然的に社会階層に重大な影響を及ぼす。

中国政府は1978年改革開放という基本的国策を実行に移し始め、改革は中国の社会権力構造に根本的な変化を引き起こした。改革開放実施まで、中国は「行政全能主義」の国家であり、政治が全社会を凌駕する唯一の権力の源になっていた。社会全体が高度に政治化して、政治の強制原則が政治・経済・社会生活の中を貫き、政治が一切の分野を支配して、その支配は家庭生活や個人の内面世界にまで及んでいた。政治の厳格なコントロール下で、経済分野と社会分野の成長はほとんど不可能となっており、社会生活にも多大な影響をもたらしたことは言うまでもない。

30年近い改革を経て、政治権力の構造は総体的に高度集権から適度な分散に向かう傾向を示しており、政府の一部の権力は市場や社会に譲り渡されて、権力の「三分」という枠組みが形成されつつある。まず、市場経済体制改革は市場という「見えざる手」の役割をますます増大させ、経済分野はしだいに権力構造中の重要な一極になり始めている。政治は依然として意識の有無を問わず経済分野に浸透してはいるが、経済分野の独立空間がしだいに目立つようになり、それは経済分野の寵児が社会全体に相当の影響を及ぼし始めたことに顕著に現れた。次に、経済分野の独立性がしだいに強まると同時に、社会分野も徐々に発育成長を始め、各種の社会団体が社会管理上で果たす役割が絶えず増えてきた。

社会権力構造のこのような変化は、現代中国の社会階層に重大な影響を生み出している。

まず、権力の適度な分散が市場や社会の成長に適度な空間を創出した。改革開放初期、政府は“放権譲利”［権力を放出して権利を譲渡する］という政策を実行し、社会の大多数の人々がそれによって実益を得て、社会階層構造中の地位を向上させた。農村では国家が家庭生産請負責任制を通して農民に権力を譲渡し、国家権力は農村である程度の収縮を果たした。そのため農民はより大きな発展の空間を与えられ、多くの農民が貧しく立ち遅れているという様相を改めて、自らの社会的地位を引き上げた。都市では国家が権力を企業法人に譲渡し、それによって企業はより大きな経営自主権を持つようになり、企業の経営者階層及び一部の有能なエンジニアや労働者は、勤勉な労働や合法的経営で豊かになり始めた。

次に、権力の適度な分散は国家と社会の関係を改め、政府の一部の権力がしだいに社会へ移行していった。改革開放以降、党と政治の分離・政治と企業の分離・政治と行政の分離が進むに連れて、高度に集中していた権力が市場や社会に移行し始めた。各種の仲介組織・社会団体・民間組織が社会生活中でますます大きな役割を発揮し、市民社会の勢力がしだいに強大になり始めた。この方面はまだ今後の道のりが長いが、社会分野の成長と発展はいずれにせよ喜ばしい一歩を踏み出し、これから社会階層の構造に大きな影響を及ぼすようになるであろう。

さらに、権力の絶対的な中心的地位が揺らぎ始め、権力・富・声望という「三種合一」の局面に変化が生じた。改革開放実施までは政治権力が唯一の権力の源であり、富と声望は事実上政治権力の支配を受け、権力・富・声望は実際には「三種合一」の局面を呈していた。しかし、改革開放以降、政治権力の適度な分散に伴って富や声望の獲得はしだいに一定の独立性を持つようになり、社会階層化に影響を与える重要な要素になっている。

最後に、政府権力の適度な分散は権力を用いる手法の転換を直接的に引き起こした。政府はもはや行政干渉という方法で経済活動を指導することはなく、法律や政策を通したマクロ調整方式で企業の経済行為を指導し、企業の発展により大きな自由空間を提供した。政府の指導方法の転換は中国の社会構造にも大きな影響をもたらし、また中国社会の階層構造を変えつつある。

以上四方面は、権力構造の変化が中国社会にもたらしたプラスの影響だが、その変化を理性的に捉えれば、その過程で種々の原因から中国社会に少なからぬマイナスの影響も及ぼしたことに気付く。

まず、権力が少数の者に過度に集中するため、それを利用して大量の不法な財産を占有した者が少なくない。改革開放以降、中国は各分野や各業界で基本的に行政トップによる全責任負担制を実施したが、これは管理上権力・責任・利益が有効に結び付くことに有利であった。だが同時に、行政一極に過度に権力が集中する事態を招いて、その中で少なからぬ者がそれを利用して不法に大量の社会的財産を占有し、権力と金銭の交換取引は腐敗した役人が社会的財産を懐に入れる主要な手段になった。戴建中の研究によると、現段階で政治権力は経済生活に対して依然強い庇護性を持っている。私営企業主は企業の生存や発展を図るため、内外いずれにも支持者や保護者を必要とし、特に政府の各職能部門と付き合ったり銀行の融資を得たりしようとする。成功した私営企業主はみな念入りに人脈ネットワークを築こうとするが、この功利性が極めて強いネットワークは多くが幹部によって構成されている。この人脈ネットワークに属する全員が私営企業主のネットワーク圏を構成しており、その構成員が手中にしている権力資源のレベルの高低が、私営企業主が得られる影響力の大小を決めている。私営企業主が営業許可証を受け取るとき、その３％はネットワークの構成員の助力を得ている。資金集めや金融機関から融資を受けるときは13％がネットワークを利用し、日常の買付けや販売・情報や技術の獲得・用地の借用や購入・水道や電気供給の保証等の面では65％がネットワークの構成員の世話になる。[(10)] これらの私営企業主はなぜ政府役人の庇護を求めるのだろうか。その鍵は彼らが役人の「庇護」から破格の利潤を得られることにある。そして、かたや役人はそのようないわゆる「庇護」によってどれほどの見返りを得られるのか。明るみに出た一部の腐敗事件によれば、役人は権力と金銭の交換取引で大量の不法財産を得ていたことが分かっている。

次に、「官本位」思想が根本的に一掃されておらず、依然頑迷な特権思想を持っている役人が少なからずいて、権力は今なお富の分配を決定する重要な要素である。現代の中国では、「官本位」思想が相変わらず根強く、政府の役人は多くの一般人が持ち得ない特権を手にしている。俗謡で伝わる「一等公民は宮仕え、妻子にまで福が来る」という歌詞は、官僚集団の特権享受を傍観するしかない庶民の揶揄である。そのような特権思想は、実際の行動中ではまず、権力保有者が政策制定及び制度立案中に意識の有無にかかわらず常に自身の集団の利益を考慮し、政治権力に依然社会資源獲得上の優位性を持たせていることに現れている。次に、「政治的地位を占有する、あるいはかつて占有していた者は、市場経済、特に私営企業で役に立つ技術や社会関係をおそらく持っている」。「政治的地位そのものが市場取引において持続的に利益を提供し得る」[11] とされている。特権思想の存在は、権力保有者の手中に大量の権力・富・声望等の社会資源を易々と収めさせ、彼らを社会階層構造の中で羨望を集めるトップレベルにとどまらせている。

さらに、権力が社会型式転換期に生み出すマイナスの影響は、権力がその他の分野に度を超えて浸透していくことにも現れている。権力・富・声望という三種の社会資源の間には人為を超えた相互転換及び浸透の傾向があるが、合理的な構造の社会では、そのような相互の転換や浸透が常に合理的な限度内に収まっている。改革開放以降、特に90年代以降、中国の社会権力が富と声望に浸透していく度合いは合理的限度を明らかに超えて、権力が富や声望を完全に侵食する状況が出現した。手中の権力を利用して社会の富を大量に奪い取り、「隠れた」富豪となった役人も少なくない。彼らは権力を持つと同時に名声も欲しくなる。そこで、一部の有名大学大学院の社会人博士課程には、部長職の院生・省長職の院生・市長職の院生・社長職の院生があふれている。さらに深刻なのは、彼らの中には秘書に代理で受験や受講をさせ、他人に論文代筆を頼み、文字通り権力と金銭で声望を購う者が少なくないことである。一部の退職した役人は昔の威光を看板に掲げ、有名大学で兼職する、あるいは重要な職務を担当する等しており、まさに名利共に手に入れたと言えよう。こうした現象から分かるように、社会型式転換期には、権力と金銭が結び付いたり権力で声望を奪い取ったりする現象が相当深刻な社会問題になっており、社会にかなりのマイナス影響を及ぼしている。

まとめると、社会型式転換期の権力構造の変化は、中国の社会構造に重大な影響をもたらしており、それらの影響にはプラス面・マイナス面の両方がある。総体的に見れば、権力保有者の階層は依然として社会的地位が非常に突出した階層であり、彼らは社会階層構造中で最高の位置を占めている。

二、市場の型式転換と社会階層

改革開放以降、中国の社会階層構造に最大の影響を与えたのは、市場の型式転換である。改革開放まではあらゆる社会資源が国家の手中に握られており、国家政権は社会資源の分配者となり、「各人が持てる能力を尽くし、労働に応じて結果を分配する」ということが当時の唯一の合法的分配原則であった。都市においては個人は国家が配置した大小無数の単位で統一的基準に従って労働し、ほとんど平等な労働収入を受け取っていた。かたや農村では、集団所有制の原則に従って農民が集められ、一緒に労働して、収入もほとんど差がなかった。このような収入分配原則をとった結果、労働者の積極性は向上せず、社会的財産が日増しに乏しくなり、社会全体が原始的社会平等の様相に近付いていた。農村社会では、国家が人民公社運動を通して郷村に公社・大隊・生産隊という三等級の権力機構を設立し、最終的に国家権力を社会の最下層まで浸透させて、社会に対する完全なコントロールを実現させた。このような社会分配システムでは人々の収入は自然に差異が大きくなり、それゆえ社会階層の等級も存在してはいたが、各階層間の差異は特に明らかにはならなかった。

しかし、計画経済体制から市場経済体制への軌道転換に伴って、中国の社会は市場に目を向けて型式転換を始めた。市場経済発展のニーズに適応するため、国家はしだいに権利を手放し始め、社会分配システムにもそれにより巨大な変化が起こって、単一的な「労働に応じた分配」制は多種の分配形式に取って代わられた。労働に応じた分配・需要に応じた分配・資本に応じた分配・効益に応じた分配・リスクに応じた分配・権力に応じた分配等の分配形式が、いずれも合法性を持つようになった。

都市社会では、国家は整った市場システムの育成を加速するため、企業に対する厳しいコントロールをしだいに緩め、企業に徐々に大きな自主権を持たせるようになった。企業は市場競争の中でしだいに自主経営・独立採算の法人実体となり、市場競争の内外の環境が企業に自主分配の権力を持たせていった。このため、企業は社会資源分配のもう一本の重要なルートになり、個人の社会階層システム中の位置が大きな割合で企業の効益や社会的地位と密接に関係することを、事実上決定付けた（改革開放以降、中国の少なからぬ国有企業の従業員の収入が社会全体で相対的に見ると明らかに低下したことは、国有企業自体の効益が激減したことに関係しており、国有企業の従業員、特に一部の失業者の社会的地位が急速に低下したことは、また彼らの収入レベルの低下と直接関係していた)。そして「効益に応じた分配」が多くの国有企業の従業員の収入の重要な構成部分となり、単位の効益が人々の収入レベルに与える影響がますます大きくなり、かつ人々の社会階層中の地位にも日増しに深い影響を及ぼすようになった。

市場型式転換の過程で、「単位人」としての個人は市場で徐々に独立した個人となり、市場が彼らに自由な移動の機会を与えたことで、個人に対する単位のコントロールがしだいに弱まった。「単位人」はしだいに「社会人」へ変化して、新時代の市場経済という条件のもとで新しい波に乗ろうとする“弄潮児”［リスクを冒して目的達成のために闘う人］になった。単位から足を踏み出して外に出たそれらの「社会のエリート」は、多くが三資企業・私営企業やさまざまな性格の会社に就職し、彼らの個人収入は過去に比べて大幅に増加した。少数の創業意欲やチャレンジ精神の持ち主は、単位の束縛を抜け出すと改革開放という好機を捉えて自ら各種の経済実体を起こし、羨望される個人経営者となった。彼らは短期間に資本の原始的蓄積を終え、自分の企業あるいは会社を持って、「資本分配」の受益者になった。国有企業を辞めて三資企業・合弁企業・私営企業に転職した人々も、より高い収入を得て社会の新富裕層になった。顧朝林らが北京の都市富裕層を対象に実施した調査によると、北京市の都市富裕層のうち、三資企業・個人企業・さまざまな性格の会社に勤める会社員が総数の1/3を占め、それに続く第二位は企業責任者及び会社社長で16.34%を占めた。富裕層の70%が三資企業・私営企業及び国内の会社に勤務している。そのほか、一部の国家及び政府機関、国営企業組織の責任者も都市富裕層に加わり、新しい都市富裕層の一部を構成している。それらの人すべてが改革開放以降の新富裕層になった。(12) これらの新しい都市富裕層は 部のリスク収入・資本収入・効益収人、さらには一部の不法収入さえ得て、社会階層構造中の自らの地位を向上させてきた。

しかし、社会の成員がしだいに「単位」の束縛を抜け出して「単位人」から「社会人」になりつつあるとはいえ、同時に「単位」が社会階層に及ぼした影響も未だに過小評価はできない。単位は社会資源の分配及び社会階層に対し、相変わらず大きな影響を生み出している。まさに、「現代の中国社会では、人々が働く単位の組織資源、すなわち保有する『単位』資本の蓄積量が、社会の成員の収入・地位・権力及び声望を直接的に決定し、それによって社会の成員の社会階層をも直接的に決定している」[13] と指摘されたとおりである。「単位」資本の社会階層に対する影響は、主に二つの面に現れている。第一に、社会の成員の権力と声望は基本的に「単位」資本を通して獲得されることである。国家権力は単位組織を通して配分されるもので、社会の成員は相応する単位組織の中にいなければ一定の国家権力を獲得することができない。それは単位組織の外では獲得不可能で、外で獲得できるものは一定の経済収入のみに限られ、しかも中国の社会では、個人の身分と声望を表わす職業はほぼすべて単位組織内の正式な職業なのである。第二に、権力と声望以外に、単位はまた人々の経済収入状況も直接決定している。目下の中国社会では、人々の収入は個人の能力と関係はあるものの、かなりの程度で単位の地位により大きく関係している。周雪光らは実証調査後に、「資源と福利は多くが団体という媒体を通して配給されることが必要であり、それが、個人は単位が違えば発展の道筋や与えられる機会が異なり社会的チャンスも異なる、という結果を生んでいる」と指摘している。[14] 周雪光らの研究は、個人の社会階層中の地位に単位が与える影響は依然過小評価できないものであることを物語る。現実の社会では、一部の単位が掌中の権利及び独占している資源や機会を利用して、自らの経済利益を極力拡大し、単位の利益を社会資源の平均分布をはるかに上回るところまで引き上げ、それによって単位の成員の収入を大幅に増加させた、という例をよく見聞する。こうして、社会の成員の社会階層構造中の位置は個人の能力で決まるだけではなく、さらに単位の「良し悪し」で決まるようになり、単位は個人が社会資源を獲得する重要な場所になった。ここから分かるように、社会型式転換の過程では、社会資源分配システムはこれまでの単純な権力システムによる分配から権力と市場による共同分配の枠組みに転換しつつあり、この転換の結果、政治権力と市場メカニズムが社会階層化に共同で影響を及ぼすようになった。

それと同時に、広大な農村地域でも国家が家庭生産請負責任制等の改革措置を講じて農民に対する完全なコントロールをやめ、それによって農民の収入は個人の労働を直接反映するようになった。さらに、自主権を獲得したことで一部の農民は土地の束縛を脱し、郷鎮企業あるいは都市の第三次産業の分野に流入して、ある程度の自由を獲得した。その結果、それらの農民の社会的地位には一定の向上が見られ、社会階層構造中の地位が一定の改善を見せた。

市場型式転換における受益者層とは逆に、かなりの人々は市場型式転換の過程で損害を被った層になり、市場型式転換の代価の負担者となった。市場メカニズムの導入は平均主義的分配制度を打破し、人々の間の収入格差を広げ、計画経済体制下の社会階層構造を変えた。種々の原因によって市場競争で失敗した人も少なからずおり、彼らは無職者・失業者・半失業者となり、社会的地位が最下層まで落ちて、いわゆる「最下層社会」を形成するようになった。清華大学教授孫立平は市場型式転換期の中国社会のこのような変化について深く詳細な研究をしている。孫立平によると、1990年代以降中国の社会は資源再集積の過程を経験したが、こうした資源の再集積は社会に広範かつ重大な影響を生み出した。その具体的現象は次の数点である。①各層の人々の間で収入や財産の格差がいっそう拡大している。90年代以降、資源配置メカニズムの変化により社会の一部の人々は急速に巨大な富を得たが、他方で改革初期に少量の利益を享受した社会の周縁層及び弱者層がしだいに改革の代価の負担者となっている。すなわち、90年代は改革の失敗者がはっきり現れてきた時期であった。その過程で、一方では少数の「富裕層」が形成され始め、また一方では都市の失業者が最も注目を集める層になった。この失業者たちは、改革前は経済収入であれ社会的地位であれ、どちらも明らかな優位にあったが、最近十数年の間に都市社会の最下層にまで没落した。②社会の周縁部に明らかな困窮状態が見られる。これはとりわけ農村や小さな都市・町で顕著である。一部の地方の農村では、若者の姿はもうほとんど見られず、村落によってはいわゆる“空殻村”〔脱けがら状態の村〕になっている。最近十数年の間に農業は事実上利益の見込めない産業となり、農民の収入は基本的に足踏み状態である。1997年以降、農民の収入の平均レベルは緩やかな速度ながら上昇してはいるが、実際のところ、大多数の農業を生業とする農民について言えば、収入は実質的に下がっている。③基層が空虚化している。ここ数年で財政収入がますます上級政府に集中する一方、基層政府の財政能力は弱体化を続けている。農村や都市・町の政府は多額の負債を抱え、相当数の県レベルの政府には公務員や教師の給与を支払う力もない。反対に、財政収入はより多く中央政府や省レベルの政府に集中し、その大部分は大都市、特に巨大都市に投資されている。社会資源集積の最終結果は、社会に相当規模を有する最下層社会が形成され始めたことであった。具体的に言えば、この最下層社会には主に、貧困農民・都市に流入した農民工・一時帰休による失業者を主体とする都市の貧困層が含まれる。これらの社会の成員は、主流社会から放り出された後、各方面の資源が欠乏しているために再度主流社会に戻ろうとしてもそれがほとんど不可能になり、最終的に主流社会との間に構造的“断裂”が生まれている。(15) ここから分かるように、30年近い市場経済改革を経て、中国にはすでに、都市の無職者・失業者・半失業者及び農村の貧困農民を含む貧困層が出現しており、彼らは社会階層構造中の最下層に置かれている。

総じて、1978年の改革開放政策実施以降、市場の型式転換及びそれによって引き起こされた国家の分配分野における改革は、中国の社会階層構造に重大な影響を生み出した。改革開放まで、中国の収入分配は基本的に統一的な労働に応じた分配制度によっており、この単一的な収入分配制度が人々の収入格差を過度に広げる恐れは低かった。しかし改革開放以降、大量の私営企業・外資企業・合弁企業の誕生及び商業流通分野の発展によって、中国社会の分配体制に大きな変化が生じた。労働収入以外に、リスク収入・資本収入・株式配当金等の収入形式も国家の承認と認可を得た。収入分配の分野のこうした変化は社会の分配構造を大々的に変え、多くの人々が資本力や経営能力を手がかりに短期間で高所得層に入り、羨望を集める上流社会に足を踏み入れた。かたや、資本もチャレンジ精神もない人は低所得で一家を支える生活を送るしかなく、さらには社会の最下層に落ち込んで、主流社会とは隔絶された社会的周縁層になった。これらの現象すべては、市場の型式転換及びそれに伴う収入分配制度の変化と密接に関係している。この視点から言うと、市場の型式転換は中国の上流富裕層を創り出し、それと同時に下流貧困層をも生み出したのである。

三、制度の変遷と社会階層

世界のいかなる国や地域においても、制度の新設及び導入は社会階層に影響する重要な要素であり、政治権力が異常に強大な中国ではそれがさらに明らかである。概括すると、中国の社会において制度の導入が社会階層に与える影響は、主に二種のルートで現れる。第一に、国家は制度の導入を通して、社会資源の各集団間における分配を変えることができる。例えば、改革開放までは中国の労働者階級は最も保護されており、地位も比較的高い階級であった。労働者の就業権や収益権は制度上で保護され、政府は“強助権力”〔労働者の利益を守るために行使される強制的権力〕によって労働者階級がより強い法理権力及び非法理権力を持つように支え、そのような制度の後押しで労働者階級は社会の指導階級となった。(16) そのほか、制度の導入はさらに労働者階級の次世代に特に優先的な教育・入党・幹部昇進及び求職の機会を与え、それによって労働者階級は制度上で社会のその他の成員がそれまで持っていなかった特権を享受できた。一方、そのような機会は一部の「階級成分」の良くない人々にとっては制度によって剥奪されたものであった。こうした制度の導入すべてが、社会階層構造中の労働者階級の地位を大きく向上させた。しかし改革開放以降、経済効益と社会発展が政府の追求する主要な目標となり、そのため政府はもはや労働者階級に特別な保護を与える必要も、労働者の特別な要求を受け入れる必要もなくなった。かつて長期的に労働者階級に与えられていた“強助権力”もそれと共に姿を消し、代わって政府は社会の各階層に社会資源を均等に獲得する権力を与えた。こうした背景のもとで、労働者階級は事実上長期にわたって享受してきたいくつかの特権を失い、労働者階級の次世代がかつて享受していた多くの特権も同様になくなった。逆に、かつて「階級成分」が良くないと称された人々は、制度の変更によって労働者と均等の機会を獲得し、社会階層システム中の地位が相対的に大きく引き上げられた。第二に、国家政策の変更は通常いわゆる「資本」の各種の人々への分配関係を変えるが、さらに進んで、彼らの社会階層中の位置をも変える。例えば、文化大革命の期間、高等教育は政治の足手まといと見なされて資本とはされず、ホワイトカラーが現在あるいはその他の社会のように相応する経済的利益や職業的声望を得ることはなかった。知識人はその時代には社会で尊敬される層ではなかったばかりでなく、「九番目の鼻つまみ者」と蔑称されていた。改革開放以降、国家の知識人に関わる政策がしだいに実行されていくのに伴って、高等教育を受けた知識人は徐々に社会に尊重され、また相応の待遇を受けるようになって、声望が比較的高い層となった。同様に、文化大革命中特にひどい打撃を被った商工業者・個人経営者等も、国家の制度変更によって最も早く豊かになり始めた層になった。

先に述べたように、計画経済期の中国の社会は実際には一種の身分制社会であり、政治制度が人々の地位や資源の獲得に重要な意味を持っていた。人々の社会階層システム中の地位は、完全に人々の国家支配構造中の地位によって決められていた。すなわち、国家は制度の導入によって異なる個人や人々を異なる社会階層に割り振ったのである。この時期には、「厳格な戸籍制度・単位制度・幹部と労働者を分けた档案制度・幹部の等級制度等で構成された身分制度が、時運に応じて生まれた。この制度では、戸籍・出生家庭・労働参加時間・等級・所属単位の所有制等を社会的ふるいの基本指標として、社会各層の人々を分別した。1950年代中・後期になると、そのような非財産所有権型の社会階層はすでに比較的安定したシステムを形作り、それは1978年の改革開放政策実施までずっと継続していた。このような社会階層システムについては、これを『身分制』と称しても差し支えない。」[17] このような「身分制」社会では、人々の社会階層構造中の地位は制度の導入によって決定された。国家は人為的な「社会的ふるい」の指標に依拠して、農村社会の人々を地主・富農・中農・貧農・雇農等の異なる等級に分け、また都市の公民を労働者・手工業者・個人経営商工業者及び資本家等の異なる類型に分けた。このような区分は表面的には人々に一種の「身分のラベル」を貼ったもの、実質的には身分から人々の社会的地位を確定したものであり、人々はこの「身分のラベル」で自分が社会階層システムのどの等級にいるか、自分は社会階層構造中で誰と同類であるかを判断することができた。

改革開放以降、中国社会では一連の制度変革があった。それらの制度変革は「身分制」を徐々に解体し、社会では身分階層的地位がしだいに低くなると共に、経済階層的地位が日増しに向上した。李強はこの変遷を次の数方面にまとめている。(18)

（1）農民が戸籍身分による制限を乗り越え始めた。改革開放以降、中国の社会階層で変動が最も大きかったのは農民階層であり、そして農民階層の変化の前提は戸籍制度の身分制限に対する緩みであった。改革開放まで、農民は戸籍制度によって土地にきつく縛り付けられており、意のままに土地を離れてその他の職業に就くことはできず、勝手に戸籍所在地を離れて違う土地に行き生計を立てることなど、もってのほかであった。改革開放以降、国家は長い期間都市と農村の戸籍の差を取り除くことはなかったが、制度上に大きな緩みが生じ、農民は都市戸籍を必要とせずに都市へ出稼ぎに出る、あるいは農業以外の仕事に従事することができるようになった。これによって農民は大きな自由移動と発展の空間を与えられた。ある不完全な統計によると、現在までに、都市にいる出稼ぎ労働者はすでに1.2億人以上に達しており、同時にまた1億人以上の農民が郷里で農業以外の産業に従事、あるいは農業に従事しながら農業以外の産業にも進出している。これらの人々を合計すると、少なくとも2.2億人を突破して、中国社会の就労者中で最大のグループになる。そのような農民の中から農民企業家も少なからず誕生して、一部には百万長者や千万長者、さらには億万長者になった者もいる。

（2）「官本位制」にある程度変化が現れた。改革開放以降、政府は経済分野からしだいに手を引き始め、もはや直接経済活動に関与しなくなり、それによって中国社会の「官本位制」にも一定の揺らぎが生じた。計画経済の時代、企業経営者の等級は政府の査定で認定され、企業トップもそれによって事実上の「官」になった。改革開放以降、企業はしだいに政府の直接的コントロールから抜け出し、自主経営・独立採算の法人実体となって、しだいに市場競争の中で生存を図ることを学んでいった。このような背景下で、企業の地位の高低はもはや政府の認定で決まるのではなく、その資産・生産額・利潤の高低によって評価せざるを得なくなっている。厳しい市場競争に直面し、官認定の企業の等級は徐々に意味を失い、かつて高いランクにあった一部の企業も、経営不振で損を出す、さらには倒産する恐れさえあり、また一方で元々低いランクに認定されていた企業も、経営方法が理にかない大型企業に成長する可能性が出てきた。これらすべての現象が、「官本位制」に大きな衝撃を与え、「官」はもはや、できないことはない「全能のチャンピオン」ではなくなった。

（3）「档案による身分」がすでに撤廃された。改革開放以降、就労状況に大量の移動現象が現れた情況下で、人材の「単位による所有」は大きな打撃を被り、档案なしの就業がすでに珍しい現象ではなくなった。多くの若者がもはや档案に束縛されることなく、市場で自分の前途に適した単位を自由に探し始めた。社会にも档案保管を担当する「人材交流センター」ができ、それぞれの所有者間の相違を調整している。档案身分の撤廃は都市や町で働く労働者により多くの就業機会を提供し、彼らの社会的地位の向上に有利に働いている。

（4）伝統的な先天的身分という指標に代わり、後天的努力で獲得した卒業証書・学歴・技術証書等が、人々を社会的に選別するものとしてますます重要視されている。1977年中国では10年間閉じていた大学の門戸が再び開かれ、大学入試の統一試験が人々の生活の中で大きな出来事になった。それ以降、卒業証書・学歴は社会的地位を決める上で徐々に重要な作用を及ぼすようになってきた。80年代初期、中央政府は幹部選抜や昇進の基準において明らかに学歴を重要な条件とし、高等教育の学歴がない者は一般的に国家の正式な幹部になることが難しくなり、また昇進も難しくなった。80年代中期以降、中国では正式に学位制度が回復され、学士・碩士・博士という一連の学位体系が成立した。90年代以降、さらに一連の技術証書制度が設けられ、これには会計従業資格証書・律師執業証［“律師”＝弁護士］等がある。これらすべての制度変革が後天的努力の重要性を強調しており、それによって人々は努力で自己の社会的地位を変え、上層への移動が実現できるようになった。

（5）財産権の「排他」作用がさらに顕著化している。改革開放以降中国の社会に生じた著しい変化は、社会全体の財産集中化の程度がいささか下がり、民間財産の数量が明らかに増加したことである。1990年代以降、私営企業・民営企業・株式保有制企業、そして多種の所有制による企業がさらに目覚ましい勢いで発展を遂げ、その結果民間財産の数量や形式がともに急速な発展を見た。このような情勢下で、私有財産をいかに保護するかが中国人の生活における大きな関心事となった。最近政府は、私有財産は神聖にして犯すべからざるものであると明確に規定し、法律上で私有財産の所有権制度を確定した。これは中国で財産所有権の地位がしだいに向上しつつあることを表しており、この制度変革は今後の社会階層構造に深い影響を及ぼすであろう。

以上の五方面の現象には、改革開放以降の制度変遷が社会にもたらしたプラスの影響が集中的に現れている。しかし、一枚のコインの表裏のように、改革開放以降の制度変遷は社会に一定のマイナスの影響も及ぼした。なぜならば、制度は総体的に市場経済ニーズに適応するために設けられたものであり、本質的に人々の間の格差を広げるという内在的属性を持っているからだ。したがって、制度の導入による最大の不利な影響は、それにより社会の分化が日増しに深刻化し、貧富の格差がどんどん拡大して、そのために社会の調和と安定が脅かされるようになったことである。この問題については後の部分でさらに詳細に論じるため、ここでは触れない。

このように、改革開放以降、中国の社会の制度変遷は社会階層に相当の影響を及ぼしてきた。国家の政策が調整されるに従って、社会階層の構造にも相応の変化が生じた。指導者･知識人･個人商工業者･経営者等の階層の大多数の人々は制度の導入による受益者であり、中には改革開放後の新富裕層になった者も少なくない。その反面、労働者・農民等の階層の大部分は制度の導入により損害を被った側、ひいては改革の陣痛を味わわされた人々であり、その社会的地位は向上しなかったどころか、一部には逆に低下した者さえおり、彼らは社会階層構造中の下層に落ちてしまった。

四、社会型式転換期の社会階層構造の基本形態

1990年代中期、中国社会科学院社会学所の「現代中国社会構造変遷の研究」課題グループは、広汎な調査研究を基礎にして『現代中国社会階層研究報告』という一書をまとめた。この報告は現代中国の社会階層の基本構造について比較的正確な総括と分析を行い、現段階の中国の社会階層の分析をする上で重要な参考価値がある。それによると、1978年以来の改革開放政策は中国社会に重大な変化を引き起こし、経済体制の軌道転換と現代化の過程推進も、中国の社会階層構造における構造的変化の発生を促進した。元来の「二階級一階層」（労働者階級・農民階級と知識人階層）という社会構造に顕著な分化が生まれ、いくつかの新しい社会階層がしだいに形成され、各階層間の社会・経済・生活の方式及び利益認識の相違が日々明らかになり、職業を基礎とする新しい社会階層化メカニズムがこれまでの政治身分・戸籍身分・行政身分を依拠とした分化メカニズムに徐々に取って代わっている。これらの兆候は、社会経済の変遷がすでに一種の新しい社会階層構造の出現を招いたことを表している。(19)

こうした認識の基盤に立ち、この報告では職業分類を基礎とし、組織資源・

経済資源・文化資源の占有状況を基準として、社会階層を区分する理論的枠組みを提示した。そのうち組織資源とは行政組織資源と政治組織資源を含み、主に国家政権組織及び党組織系統が保有する社会資源の支配能力を指す。経済資源とは主に生産手段に対する所有権・使用権・経営権を指す。文化資源とは社会に認められた知識や技能を保有していることを指す。現代の中国社会では、この三種類の資源の保有状況がそれぞれの社会階層の階層構造中における位置、及び個人の総合的な社会経済上の地位を決定している。このような階層化の原則に基づき、この報告では現代中国の社会階層構造の基本形態を描き出した。基本形態とはすなわち、現代中国の社会階層構造が十大社会階層と五種の社会経済的地位等級から構成されているというものだ。十大社会階層とは、国家及び社会のトップ指導者層／経営者層／私営企業オーナー層／専門技術職員層／事務職員層／個人商工業経営者層／商業・サービス業の従業員層／産業労働者層／農業労働者層／都市や農村の無職者・失業者・半失業者の層である。五種の社会経済的地位等級とは、社会の上層／中の上層／中の中層／中の下層／下層である。それぞれの社会階層及び地位等級集団の高低の順序は、三種類の資源の保有量及びその保有する資源の重要度に依拠して決定される。この三種類の資源中、組織資源が最も決定的意義を持つ資源であり、それは与党と政府が社会全体の中で最重要かつ最大の資源をコントロールしているからである。経済資源は1980年代からしだいに重要性を増し、また文化資源の重要性はここ10年で急上昇して、人々の社会階層中の地位を決定する上で、その作用が日増しに顕著になっている。[20] 現代中国社会の十大社会階層と五種の社会経済的等級の間には複雑な相関関係が存在して、現代中国社会の階層構造図を構成している（次頁図１）。[21]

図1　現代中国社会の階層構造図

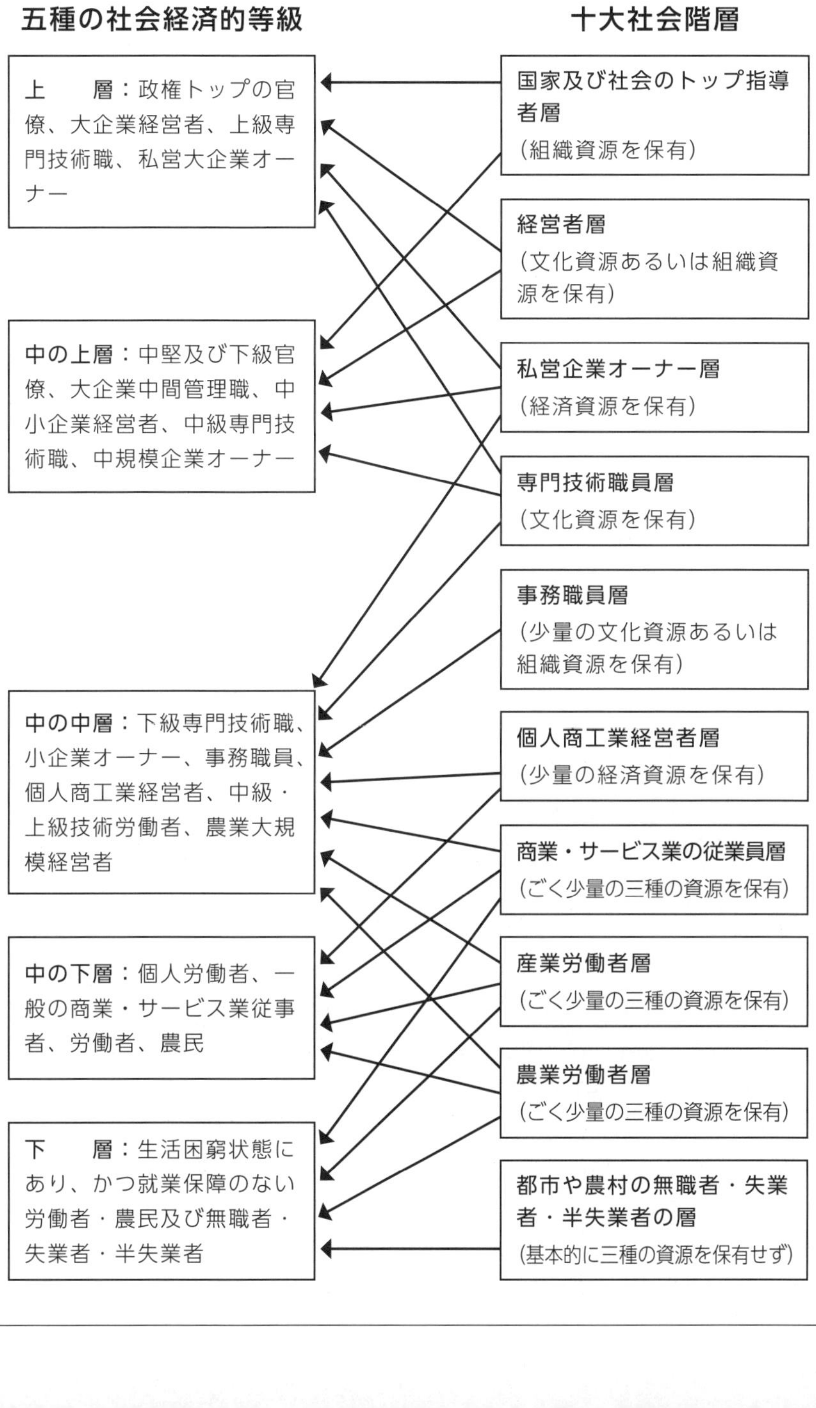

五種の社会経済的等級	十大社会階層
上　　層：政権トップの官僚、大企業経営者、上級専門技術職、私営大企業オーナー	国家及び社会のトップ指導者層（組織資源を保有）
中の上層：中堅及び下級官僚、大企業中間管理職、中小企業経営者、中級専門技術職、中規模企業オーナー	経営者層（文化資源あるいは組織資源を保有）
中の中層：下級専門技術職、小企業オーナー、事務職員、個人商工業経営者、中級・上級技術労働者、農業大規模経営者	私営企業オーナー層（経済資源を保有）
中の下層：個人労働者、一般の商業・サービス業従事者、労働者、農民	専門技術職員層（文化資源を保有）
下　　層：生活困窮状態にあり、かつ就業保障のない労働者・農民及び無職者・失業者・半失業者	事務職員層（少量の文化資源あるいは組織資源を保有）
	個人商工業経営者層（少量の経済資源を保有）
	商業・サービス業の従業員層（ごく少量の三種の資源を保有）
	産業労働者層（ごく少量の三種の資源を保有）
	農業労働者層（ごく少量の三種の資源を保有）
	都市や農村の無職者・失業者・半失業者の層（基本的に三種の資源を保有せず）

職業を分類の基礎として、組織資源・経済資源・文化資源の占有状況を基準に区分した社会の階層構造は、計画経済実施期の社会階層構造と大きな相違がある。計画経済の時代には、中国の社会は主に労働者階級・農民階級及び知識人という大きな三つの部分から構成されており、社会の階層構造も相対的にわりと単純であった。より異なるのは、当時の階級・階層身分はすべてが政治的基準に基づいて分けられたもので、政治が人々の社会的地位を決める唯一の基準であったことである。改革開放以降、このような情況に大きな変化が生じ、社会階層構造はより複雑に変貌して、人々の社会的地位を決める基準にも多元化の傾向が現れ、政治・経済・文化等の要素が総合的に社会的地位を決めるようになり始めた。

改革開放以降の中国の社会階層構造の変化についてさらに全面的な認識を得るため、先の「現代中国社会の階層構造図」と結び付けながら、十大社会階層についてさらに具体的かつ詳細な分析を加えていく。

社会の階層構造中の最上層は、国家及び社会のトップ指導者層である。この階層は組織資源の面で絶対的優位にあり、社会経済的等級中では上層及び中の上層に属する。成員は主に「中央政府各部門ならびに直轄市の中で実質的な行政管理の職権を持つ処レベル、及びそれ以上の行政レベルにいる幹部、また各省・市・地域の中で実質的な行政管理の職権を持つ郷科レベル、及びそれ以上の行政レベルにいる幹部である。」「目下、中国の社会政治体制は、この階層が等級分化に向かう社会階層構造中で最高あるいは比較的高い地位等級にあって、社会階層構造全体の主導的階層であり、当面の社会経済発展及び市場化改革の主要推進者であり組織者である、と決めている。」(22)

第二の階層は経営者層である。経営者層は主に文化資源と組織資源を保有し、社会経済的等級中でも上層や中の上層に属する。この階層の成員は主に、大・中企業のオーナー以外の上・中級管理職である。前身から見ると、その一部は国有企業や集団企業の幹部、また一部は比較的大規模な民営企業や「三資」企業の上級管理職であった人々である。この階層は市場化改革の結果誕生し、また市場化改革の積極的な推進者でもある、改革開放以降に形成された新階層で、一般的に比較的高い学歴を持ち、大量の経済資源を手にしており、社会的地位や声望が比較的高く、国家権力ともさまざまなルートでつながっている。それらすべてが、この階層の「当面の社会階層構造中で主導的階層の一つでもあり、社会・経済・政治の分野における影響力——とりわけ政府の経済政策決定への影響力は、私営企業オーナー層より大きいものですらあり、しかもこの影響力は引続き拡大しつつある」(23)という現状を決定付ける要素になっている。

第三の階層は私営企業のオーナー層である。経営者層と同様に、この階層も改革開放の産物である。改革開放以降、中国の所有制構造には大きな変化が生じた。具体的には単一的所有制構造から多種の所有制構造が共存する形に変化を遂げたのである。こうした背景下で、私営企業は中国経済の重要な一構成部分になり始め、それにより新しい階層——私営企業オーナー層が誕生した。この階層は大量の経済資源を保有し、その経済資源占有量の多寡によって、それぞれ社会経済的等級の上層・中の上層・中の中層に属する。この階層は中国の経済発展に比較的大きな貢献を果たし、経済生活分野でわりと高い地位も得ている。だが、この階層の大部分の成員は文化程度が高くないことや伝統的イデオロギーに左右されることで、政治的地位や社会的地位は一向に向上せず、その経済的貢献と地位がなかなか釣り合わない。近年、中国の政治分野に少数ながら「金で選挙の票を集めて全人代代表や村の役人になろうとする、役人に賄賂を贈って政治分野への進出を図る」等の不法行為に走る者が現れており、これはこの階層が自身の政治的地位や社会的地位に不満を抱いている一種の間接的表現であると見ることができよう。

第四の階層は専門技術職員層である。専門技術職員とは、各種の専門的業務や科学技術関連業務に専門的に従事する人々を指し、その大多数は中等以上の教育を受け、専門知識と技能を元手に生活する特殊な階層である。この階層の最大の強みはとりわけ恵まれた文化資源を保有していることで、社会経済的等級の上層・中の上層・中の中層に分布し、現代社会の大規模生産にますます大きな役割を果たしつつある。この階層は改革開放以降新しく生まれたわけではなく、どの時代にも存在した。だが、改革開放以降この階層にもやはり少なからぬ変化が現れた。それは第一に、この階層の政治的地位や社会的声望がより大きく向上し、人々から尊重される階層になったことである。第二に、この階層は国家及び社会のトップ指導者・経営者・私営企業オーナー等の社会上層の人々と密接なつながりを持っており、それによってこの階層が低くはない社会的地位を有するようになったことである。第三には、技術エキスパートがしだいにこの階層の主流になり、より専業化した知識人になりつつあることが挙げられる。

第五の階層は事務職員層である。この階層は少量の文化資源や組織資源を保有し、社会経済的等級では中の中層に属する。この階層も改革開放以降に新しく生まれた階層ではなく、どの時代にも存在した。だが、改革開放以降社会経済の発展によってこの階層の人々が大量に増え、さらに今後も増加していく傾向にある。この階層が持つ特別な意味は、彼らが社会階層構造の中間に位置を占めることであり、その増加は中産階級社会の到来を意味している。

第六の階層は個人商工業経営者層である。この階層は少量の経済資源を保有し、社会経済的等級で中の中層と中の下層に属する。この階層は改革開放後に比較的大きな発展を遂げたが、その主な前身は農民・都市や町の失業者、及び90年代以降国有企業を追われた失業者である。この階層は経営に機転が利き、就業問題の解決や日常生活のニーズを満たす等の面で重要な役割を果たした。80年代の改革開放初期、この階層は相対的に大きな利益を得た集団であったが、90年代以降になるとこの階層には分化が現れて、地域間・各商工業者間で比較的大きな差異を見せ始めた。だが、何といってもこの階層はすべてが社会主義市場経済の重要なパワーであり、彼らには相応の支持と理解を与えていかねばならない。

第七の階層は商業・サービス業の従業員層である。この階層は商業やサービス業の非専門的労働に従事しており、ごく少量ずつ三種の資源を保有し、社会経済的等級では中の中層・中の下層・下層に位置する。中国では目下商業・サービス業が未発達である上にレベルも低いので、この階層の大多数の従業員は経済状態が良いとは言えず、社会的地位も高くはない。しかし、経済社会の発展に伴って第三次産業のサービス業は大きな発展を遂げるはずであり、この階層の従業員の数量や待遇も大きく向上していくと見られる。

第八の階層は産業労働者層である。この階層はごく少量ずつ三種の資源を保有し、社会経済的等級では中の中層・中の下層・下層に属する。産業労働者層の地位には改革開放の前・後で大きな変化があった。改革開放まで、産業労働者層は国家の指導階級であり、国家の多方面の庇護を受け、享受していた特権も少なくなかった。だが改革開放以降、産業労働者の社会経済的地位は明らかに低下の傾向を見せている。まず、80年代改革開放初期に労働者階級の特権が失われ、彼らは文字通りの労働者になった。次に、90年代以降の国有企業改革で大量の労働者が職場を追われて失業し、生活の保障をなくした。さらに、農民工の参入で総体的な産業労働者の地位がいっそう低下した。改革開放を境にしたこの社会的地位の大きな落差は産業労働者層の不満を引き起こし、彼らの中には改革に消極的態度をとったり将来に自信を失ったりした者も少なくない。注意すべきは、産業労働者層はどうあろうと社会の主要な生産者であり、彼らの支持の有無は改革の成否を大きく左右するため、この問題を十分に重視していかねばならないことである。幸いにも、ここ数年この方面の政策がある程度調整され、産業労働者層の状況はいくらかの改善を見たが、問題がはなはだしく山積しているため、短期間で根本的に問題を解決することは難しいように思われる。

第九の階層は農業労働者層である。この階層は目下中国最大の階層であり、総人口のおよそ56%前後を占める。この階層はごく少量ずつ三種の資源を保有し、社会経済的等級では中の中層・中の下層・下層に位置する。農業労働者層は中国では一貫して社会的地位の低い階層であり、多くの場合利害関係では損害を被ってきた。改革開放初期、家庭生産請負責任制が農村にある程度活力を注入し、農民は改革から些細ながら利益を得た。しかし、80年代中期以降になると、この階層はさまざまな理由で再び損害を被った。とくに90年代中期以降農産品の価格が低迷し、郷鎮企業も景気が悪化して、農民の生活は再度苦境に陥った。数年来、政府は大いに力を入れて「三農」問題の解決を図り、長年課してきた農業税を撤廃して農業に一定の補助金を与え、農村の最低保証制度を設けて農村の子女の授業料や雑費を軽減または免除するなどの措置を採っている。これらの措置は農民の耕作への意欲を高め、困窮の度を深めていた農村に新しい生気が芽生えた。しかし、農民の根本的な活路はやはり経済社会の発展にあり、都市化を加速して、農民に先祖代々足を踏み出すことがなかった農村から一歩を踏み出させ、現代の経済社会に迎え入れることである。それでこそ、農民が最終的に貧困を脱することができる。

第十の階層は都市や農村の無職者・失業者・半失業者の層である。この階層は基本的に三種の資源を持たず、社会経済的等級の下層に属する。90年代以降、体制の軌道転換と産業構造の調整によって多くの労働者や商業・サービス業従業員が失業・半失業の状態に追い込まれ、新しく労働力市場に加わった大量の青年労働者も就業機会が不足して就業する術がなく、また都市化やインフラ建設により大量の農民が土地を失って無職の遊民となった。このような人々に、少数の身体障害者や労働能力のない人々も加わり、中国の現段階の最貧困層を構成している。

以上の十大社会階層と五種の社会経済的等級、及びそれらが相互に交錯した関係は、型式転換期にある中国の社会階層構造の形態をほぼ反映しており、中国の社会に対する認識に重要な参考価値を有する。

第三節 社会型式転換と社会移動

社会階層化と社会移動は同一の社会現象に対する二つの異なった視点からの分析と説明であり、双方は不可分の密接な関係にある。社会階層化は主にスタティックな視点から社会階層構造の分化した内容・形式・形成レベルや分布形態を分析ならびに説明するもので、社会階層構造分化の質的変化の過程を研究する。かたや、社会移動は主にダイナミックな視点から社会階層構造の各レベル間の相互移動・動力メカニズム・時空的範囲・方向や速度を説明ならびに分析するもので、社会階層構造分化の量的変化の過程を研究する。(24) 社会階層化と社会移動は表裏一体でどちらも欠かすことのできない相互補完の関係にある。したがって、中国の社会型式転換期における社会階層化の問題を全面的に捉えるには、社会移動の研究は必須の内容である。1978年の改革開放政策実施以降、中国の社会移動はより開放され、より合理的な方向に発展しているというのが総合的な趨勢であり、比較的公正で合理的・開放的な近代的社会移動モデルをしだいに形成しつつある。

一、社会移動の含意と類型 (25)

いわゆる社会移動とは、社会関係の空間の中で、人々がある地位から別の地位に移動することを指す。社会関係の空間と地理的空間は密接な関係にあるため、一般には人々の地理的空間の移動も社会移動に含めている。個人的視点から見ると、個人の社会的地位構造中のいかなる変動もすべて社会移動と見ることができるが、現代社会においては個人の社会的地位構造における職業的地位の意義がとりわけ重要であり、したがって社会移動の研究では人々の職業的地位の変動に特に注目している。

表面的に見ると社会移動は一種の個人行為のようであるが、社会移動は個人にとって重要な意義を持つばかりでなく、さらに社会構造全体に対しても影響を生じる。そのため、社会移動の速度・比率・方向等からある社会の開放度・運営状態、ひいては社会構造の性質すら見出すことができる。

社会移動の方向に基づき、社会学者は社会移動を水平移動と垂直移動に分類する。

水平移動とは人々が社会階層構造中のある垂直分化階層の内部で移動することを指し、大規模な水平移動は往々にして科学技術の進歩により引き起こされる。人類の歴史上では巨大な科学技術の進歩があるたびに社会の職業に構造的変化がもたらされ、大量の人々がある職業から別の職業に流れる大規模な水平移動を引き起こした。水平移動は同一階層内部での移動であるため、人々の社会階層構造中での地位を変えることはない。しかし、水平移動が社会構造にもたらす意義はときに非常に重大であり、社会構造の根本的変化を招く恐れがある。例えば、第一次産業・第二次産業から第三次産業への移動は、広範な労働者にとって、社会階層構造中の地位に実質的な変化が起こることはなく、彼らは依然社会階層構造の中・下層にある。しかし、社会構造全体には質的変化が生じており、一種の新しい社会構造が形成されているのである。

垂直移動とは、人々が社会階層構造の異なる階層間で移動することを指す。垂直移動は人々の階層構造中の地位の上昇あるいは下降を意味し、社会構造の変化をも意味する。したがって、個人の社会的地位であれ社会の構造的性質であれ、いずれも垂直移動の影響を受ける。

垂直移動は、さらに上昇移動と下降移動に分かれる。上昇移動とは流出レベルより流入レベルが高いもの、下降移動とは流出レベルより流入レベルが低いものを指す。

ある社会において、垂直移動の有無はその社会の開放度をはかる重要な指標である。垂直移動が全くない社会では社会階層システムが閉鎖的であり、階層間には移動の可能性が皆無である。インドのカースト制度などは、垂直移動がほとんどない閉鎖的社会制度である。中国古代の封建社会も閉鎖性が強く、科挙試験等少数のルートで社会階層構造中の垂直的地位を変えることができた以外、人々の垂直移動に便を供し得る道はほとんどなく、半閉鎖的社会階層構造に属していた。逆に、ある社会が提供する垂直移動のルートが多数あるならば、それはまさに開放的社会である。社会が伝統的状態から近代的状態に向かうにつれ、垂直移動のルートはますます増え、社会は日々閉鎖から開放に向かっている。

社会学者は社会移動の方向に基づいて社会移動を分類するほか、さらに社会移動の異なる参照点を比較することによって、社会移動を世代内移動と世代間移動に分類する。前者は個人の一生における地位の上下の変化状況を指し、参照点は一般にその個人の最初の職業である。後者は上の世代と比較して確定した個人の地位の変化状況を指し、参照点はその個人と同一年齢時の父親（母親）の職業あるいはその他の地位である。

移動原因に基づき、世代間移動はさらに構造的移動と自由移動に分類される。構造的移動とは、科学技術や生産力の発展により元の構造が改められたために起きた社会的地位の変化を指す。自由移動とは、個人的原因から起きた地位の変化で、主に個人的要素によって決定される。ある社会の自由移動の状況は、その社会の各階層間が開放された状況にあるか否か、開放度はどの程度か、人々が社会的地位を選択・獲得する面で平等な競争の機会があるか否か等を反映している。

二、社会型式転換期の社会移動の合理性

社会移動を現代中国の社会型式転換という大きな背景の中に置いて考察すると、社会型式転換が社会移動に与える影響がかなり重大であることに気付くだろう。肯定的に見ると、社会型式転換は人々の移動意識を高め、人々にそれまでなかった移動の空間と機会をもたらしたため、社会移動のメカニズムがさらに開放的・合理的方向に向かったのである。

（一）社会型式転換により社会移動メカニズムは徐々に開放的・合理的方向に向かった。

改革開放以降、中国政府は一連の制度改革を実施したので、かつての人々の合理的移動を阻んでいた政策や制度、例えば出身階級・所有制・単位制・都市と農村の二元体制等はすでに歴史の舞台から去り、あるいは徐々に弱体化しつつあり、もはや人々の地位獲得に影響を及ぼす決定的要素ではなくなった。それと同時に、個人の能力や業績等の自分で獲得する要素が、しだいに人々の地位獲得に影響を及ぼす決定的要素になりつつある。こうしたことが表すように、社会移動のメカニズムはしだいに公平で合理的になりつつあり、社会は今まさに開放的社会に歩みを進めている。

専門家による世代内移動と世代間移動に関する調査資料からも、中国の社会移動の変化のこうした傾向を実証することができる。世代間移動の比率から見ると、1980年までは世代間移動率が41.4％にとどまり、そのうち上昇移動率は32.4％、不動率は58.6％であった。だが1980年以降、世代間移動率は54％に達して1980年までに比べて13ポイント上昇し、そのうち上昇移動率が40.9％、すなわち子世代の4割が親世代よりも上昇する社会移動を実現した。世代内移動から見ると、1979年までは前職から現職への移動率がわずか13.3％、1980～1989年は30.3％、1990～2001年は54.2％となっている。つまり、改革開放まで社会の成員の86.7％は往々にしてある職位で長期間働いており、移動はまれであった。改革開放以降は移動が大幅に増加して、1949～1979年には前職から現職に昇進や栄転を果たした移動率は7.4％にすぎなかったが、1980～1989年になると昇進や栄転による移動率は18.2％に上昇し、

1990～2001年になるとその移動率はいっそう上昇して30.5％まで達した。(26) こうしたデータからうかがえるように、社会型式転換以降、中国の社会移動のペースは大きく加速し、中国社会は今まさに開放的社会に歩みを進めつつある。

（二）社会型式転換により社会移動の空間がますます広大になっている。

改革開放以降中国社会に生じた重大な変化は、国家の個人に対するコントロールが大きく緩み、国家が個人に対する身分的制約をしだいに取り除き、個人が合理的範囲内で自由に移動できるようになったことである。それによって人々の移動空間はもはやそれまでの狭隘な地域範囲に限られなくなり、個人は長い間生活してきた閉鎖的空間をどんどん乗り越え、境界線がいっそう外に延伸していく傾向が現れている。

社会移動空間の拡大は、何よりもまず国家の産業構造調整の賜物であると言わねばならない。計画経済体制のもとでは、国家はさまざまな配慮から重工業発展を一面的に強調し、「鋼鉄を生産の要とする」工業発展戦略をとったが、その結果人々の日常生活用品の極度な不足を招いた。改革開放以降、国家は速やかに産業構造政策を調整したため、軽工業や商業・サービス業が重視され、かつ急速な発展を見せ始めた。産業構造のこうした変化で、日増しに豊富な日常生活用品が提供されるようになっただけでなく、さらに重要な点は農業以外の就業の場がますます多く提供され、それにより職業移動空間の大規模な拡張に至ったことである。

この面でとりわけ目立つのが、改革開放以降の中国の農民工の集団である。数千年の歴史の中で、中国の農民は先祖代々土地を守り、日が昇れば田畑を耕し日が沈めば家に戻るという農耕生活を送っており、移動はまれで、家を出て生計の道を探るなど想像外のことであった。ところが、改革開放以降二十余年の歳月は、このような農民の生活スタイルを徹底的に変えた。農民は田畑を後にして都市に向かい始め、壮観を呈する“民工潮”〔出稼ぎ農民の大移動〕現象を生み出した。関係資料によると、中国の非農業労働に従事する農村人口2.2億人のうち少なくとも2億人が農民工であり、農民工は1999年には全国総人口の15.9％、全国就業者総数の28.3％、そして農村就業者総数の40.3％を占めた。2億人前後の農民工のうち、都市で単純労働や商売に従事する者は36％前後を占め、膨大な移動農民工の群れを形成している。2001年以降、農業から農業以外の産業に転向する農村労働者数もまた相当の規模で増加し、……農民工はすでに産業労働者階層の主要構成部分となっている。この産業労働者の大軍中には、農地を離れても故郷は離れず、故郷で農業以外の産業に従事している者も一部にはいるが、移動農民工の規模はすでに相当膨大化しており、今の中国における産業労働者の主力部隊となっている。[27] 農民工の大規模で時空を超えた移動の事実は、中国の社会型式転換が彼らに日増しに広大な社会移動空間を提供してきたことを物語って余りある。

当世のグローバル化のうねりの衝撃を受け、社会移動の空間はもはや中国大陸に限ることなく、国際化の趨勢を呈している。多くの人々が中国を出て、国外へ仕事に、商売に、投資に行く……こうしたことはもはや日常化している。改革開放後わずか数十年という短い時間が、すでに人々の社会移動の空間を大いに押し広げたと言えよう。

（三）社会型式転換により人々の社会移動の機会がますます増えている。

改革開放までは、政治上の高圧的政策等の原因に影響され、中国社会はあまり移動の機会がない社会に近かったため、当時の大多数の中国人はほぼ閉鎖的・半閉鎖的環境の中で生活しており、社会移動は大多数の人々には想像すら難しいことであった。当時の大多数の中国人にとって、北京・上海等の大都市は夢で見る天国のような存在でしかなく、そこに行って仕事や生活をする機会があるようになどの過分な望みを抱くことはできなかった。広大な農村地域では、人間関係の多くが血縁・地縁という基礎の上に成り立っており、そのような交際関係によって農民の移動の機会は極めて限りあるものに決められ、主として親族・宗族・同郷人の範囲に限定されていた。言い換えれば、人々の活動範囲はほとんど自分が生活する村落内に限られており、また村落間の相互に隔絶した状態も個々の村落を閉鎖的状態に置く結果を生んだ。このような時空的条件が人々の社会移動を限りあるものに決め、人々にいくらかでも移動の機会を提供する可能性はほぼあり得なかった。

社会型式転換はこのような相互に隔絶した閉鎖的生活に風穴を開けた。なぜならば、近代社会はますます広大な範囲の統一的市場を要求し、資金・人材等各種の生産要素の合理的移動を要求したからである。社会経済発展の要求に適応するため、各国は一様に開放的政策を実施し、人々にいっそう多くの移動の機会を提供した。中国の社会型式転換の過程では、身分制度・人事制度・戸籍制度等かつて人々の移動を厳しく束縛していた制度がしだいに緩み始め、人々にさらに多くの移動の機会を生み出した。

この点は、まず教育制度改革と職場の昇進面の改善に具体的に現れた。1977年鄧小平の提唱と直接的指導のもとで、中国では10年間中断していた大学入試制度が再開され、それ以来大学入試はすべての家庭に影響を与える大事となった。この教育制度改革は、上層への移動機会がほとんどない人々に得難い機会を提供し、大学入試をバネに国家幹部・上級管理職・上級技術者等になって比較的高い社会的地位を獲得した者も少なくない。これに関連して、国家の人事制度改革においても卒業証書を幹部に抜擢する重要条件の一つとし、しだいに試験が公務員選抜の重要ルートになり、ひいては幹部の身分も試験によって獲得するものとなった。これによって、これまで幹部と幹部以外の者の間に横たわっていた大きな溝が埋まり、誰でも努力さえすれば比較的高い社会的地位を手に入れられる見込みが生まれたのである。

次に、所有制の改革も人々にさらに多くの移動の機会を創り出した。計画経済の時代全体を通して、中国経済の所有制構造はほとんど公有制に限られており、非公有制経済は一貫して資本主義経済の産物として打倒され抑圧されてきた。中国共産党第十一期中央委員会第三回全体会議以降、党は中国が未だ社会主義の初級段階にあり、非公有制経済を発展させることが必要かつ有益であると認識し始めた。その後、非公有制経済が合法的地位を獲得してしだいに発展し始めたのである。改革開放以降、非公有制経済が生み出した増加値は年平均成長率20%以上に達し、国民経済に占める割合も1/3前後に達した。特に非公有制経済が経済の主体となった県や市も少なくなく、それは地方財政収入の主要なソースとなった。沿海地域の一部の省では非公有制経済の発展がさらに急速で、浙江省温州市では非公有制経済の占める割合がすでに80%以上に達している。全国的には、“十五”期間［第十次五カ年計画期間］に非公有制経済は急成長段階に入り、その工業増加値は年平均で31%伸び、利潤総額は年平均で41%増加した。それだけでなく、非公有制経済はさらに都市や町部の75%以上の就業ポストを提供した。国有企業の一時帰休による失業者は大部分が非公有制企業で再就職を果たし、農民工のうち相当数に上る部分も非公有制企業で労働に従事している。とりわけここ数年、非公有制企業は中国の高等教育機関卒業者及び退役転職する軍人が就業する重要なルートの一つになった。[28] 非公有制経済の発展によって提供された就業ポストは人々に大量の移動機会を創り出し、同時にさらに二つの新しい社会階層の誕生を促した。それは個人商工業経営者と私営企業主の階層である。非公有制経済の急速な発展によって、この二つの新しい社会階層とそこに属する人々の社会的地位は非常な速さで向上した。

当然ながら、人々の社会移動に最も多くの機会をもたらしたのは、やはり社会・経済の発展にほかならない。改革開放以降の中国経済の目まぐるしい発展、産業構造のレベルアップや画期的な改善は、中国社会の職業構造の緩やかなハイクラス化を招き、比較的等級の高い職業の数や比率が大幅に増加して、それがますます多くの人に上昇移動の機会を提供した。専門家の予測によると、2007年から10年前後で、職業構造ハイクラス化のレベルは飛躍的に向上し、社会の中間層もまた飛躍的拡大を見せるとされている。[29]

三、社会型式転換期の社会移動の不合理性

総体的に見ると、中国の社会型式転換以降、社会移動のメカニズムは一段と公正で合理的な方向に向かい、移動ルートはさらにスムーズになり、移動の空間と機会もまた絶えず拡大と増加を続けていて、これらすべては社会移動が合理的で秩序ある方向に発展していくのに有利であった。しかし同時に、社会型式転換期は制度が未だ完全には整っていないため、社会移動の正常な動きを阻む要素がいささか存在していることにも目を向けなければならない。この視点から見ると、社会型式転換期の社会移動には依然として不合理な一面がある。

（一）社会的弱者層は正常な社会移動をすることが難しいだけでなく、彼らを「社会的に排斥」する現象まで発生している。

中国は今まさに社会型式転換及び体制軌道転換という二重の転換期にあり、社会型式転換が社会階層構造の分化と再構築をもたらし、体制軌道転換が市場をしだいに経済運営の中心にしつつあるが、この二重の転換の結果、社会には比較的深刻な二極分化が現れた。社会階層構造の中心や上層にいる一部の人々は大量の社会資源を占有し、それが彼らの社会移動に便利な条件を提供したため、彼らは上昇移動という目的を絶えず果たし、社会の上層の人物及び富める者となった。逆に、社会階層構造の周縁や下層にいる一部の人々は社会資源に極めて乏しく、そのため社会移動（上昇移動を指す）の目標を達成することが難しく、彼らの大部分は長期にわたって社会階層中の不利な位置にとどまっている。すなわち、社会の二重転換により、一部分の社会的弱者層は社会移動に必要な基本的社会資源を獲得する方法がなくなり、最終的に社会移動に加わる術もなくし、社会的周縁層となった。

1978年の改革開放以降、特に90年代以降、中国経済は一貫して急成長を持続しているが、それと同時に貧富の格差もいっそう拡大している。国家統計局提供のデータによると、1997年都市及び町部住民の10％の最低収入世帯の一人当たり平均収入の増加率は-0.3％、一方で10％の最高収入世帯の増加率は11％であった。また、20％の高収入世帯グループと20％の低収入世帯グループの減収入面から見ると、前者は後者より40ポイント高く、60％に達する。また、1997年20％の最高収入世帯の一人当たり平均収入は、20％の最低収入世帯の3.1倍であったが、1998年には3.3倍、1999年には3.4倍に拡大し、2000年にはさらに3.6倍に拡大している。[30] これらの統計資料から分かるように、中国

の市場経済制度がしだいに確立していくのに伴い、社会の貧富の格差もまた徐々に拡大しつつあり、これは社会的弱者層にとっては極めて不利な情勢で、彼らの大多数は基本的生存資源を失っており、正常な社会移動を実現させようもないのである。目下、多くの都市及び町部の失業労働者は新たな就業が困難であり、また都市の農民工は都市社会に溶け込むことも困難であるが、それには制度上の理由以外に、彼ら自身の置かれている劣勢的地位が招く社会資源の不足が重要な理由になっている。

さらに注意すべき問題は、このような社会の不平等現象の進展を放任しておくと、「社会的排斥」現象が現れる可能性の高いことである。いわゆる「社会的排斥」とは、元来支配的民族が完全にまたは部分的に少数民族を排斥する民族的差別や偏見を指し、そうした差別や偏見はある社会が故意に成立させた政策の基盤の上に生まれた。「主導層はすでに社会権力を持っており、それを他人に分け与えようと思わない。」[31] 現在、社会学・社会活動・社会政策等の学科では、この文の含意は主に、主導層による社会意識や政策法規等の異なるレベルでの、周縁化した貧困弱者層に対する社会的排斥を指すとされている。先の論と合わせてみると、社会の二極分化が日増しに深刻化する情況で、社会階層構造の中心や上層にいる一部の人々は、政策の立案や施行中に往々にして自らの利益や要求しか考慮せず、社会的弱者層を排斥していくさまがうかがえる。同時に、社会階層構造の周縁または下層にいる一部の人々は社会資源の欠乏により主流社会の外に排除され、自らの声や要求を表現する機会もなく、長期にわたって貧困状態に置かれているさまもうかがえる。

（二）社会移動の方向が功利偏重になり、人々の日常生活をはなはだしくむしばむ結果となっている。

社会学の理論上では、合理的な社会移動は、人間相互の不平等の解消に有益である／社会各階層の接触面に広がりを与え、各階層間の相互理解と連係に有益であり、社会の整合度を高める／人々の積極性やチャレンジ精神を効果的に引き出し、社会システムに活力を注入して、社会の好ましい運営や調和のとれた発展を促す等とする。[32] しかし、仮に社会移動が人々が自身の利益を獲得するための一手段に過ぎなくなると、社会移動のプラスの効果が発揮されないばかりでなく、一連のマイナス影響をもたらす恐れがある。今の中国では少数の政府役人が手段を選ばずコネを付け、自分が出世するチャンスを作り出し、自分の利益を追求する現象が極限に達しており、さらには自分の利益追求に際して他人の利益などまるで顧みないありさまだが、こうしたことは社会移動が過度に功利化している状態を集中的に反映している。

社会移動が過度な功利化に向かえば、最後には必然的に人々の日常生活をむしばむことになる。過度に功利化した社会では、一面では手段としての理性が非常に発達して、人の世俗的物欲が無限に膨張し、また一面では価値としての理性がしだいに衰えて、最終的には思いやりが徐々に失われていく。その結果、物質的象徴——金銭が至高かつ無上の地位に押し上げられ、金銭追求が人の生きる目標となる。このような現象を、かつてG.ジンメルが鋭く批評した。ジンメルは、近代社会では「個人権力の実現はすべて、金が有ってこそ可能になる……このような現象の存在は人の価値を金銭で表現する形式に変える趨勢を表しており、このような趨勢は個人の価値の『貨幣等価物』の出現を招いて……」「貨幣経済が助長した、情感の働きに対して理知の働きがまさった情勢」が、社会生活過程の理性化を生み出し、「家庭関係の緩み」をもたらして、「人と人の間に心の障壁を造った」[33]としている。ジンメルはさらに一歩進み、「貨幣が近代生活に止まることのない車輪を取り付け、その車輪によって生活という機械が『永久稼動機』となったため、近代生活によく見られる動揺や不安、とどまるところのない熱狂が生み出された」[34]とも指摘した。現代では、ギデンズがやはりこの現象に重大な指摘をしている。ギデンズは、貨幣が「時空を広げる道具であり、時間と空間の中で隔てられていた商人の間の取引を現実のものにした」[35]と考えている。

人が生存する持続的精神状態が本来依存しているのは、一種の宗教のような情感や人の究極的な思いやりに支えられたものであり、過度に世俗化した追求は精神的帰依の対象を失わせる。そのような精神状態では、人々の現世の一切に対する熱愛が増し、享受への欲望もそれに連れて膨らみ、「天国を探し求める熱情がしだいに慎重な経済的追求に取って代わられる。宗教の根は徐々に枯れしぼみ、最終的には功利主義という世俗的精神に取って代わられる。」[36]宗教の神秘的色彩及びその文化的意義はしだいに世俗的目標に取って代わられ、"経済衝動力"と"文化衝動力"とのバランスが徐々に壊されて、富が奴隷のように働く人々の「鉄の檻」へしだいに異化していった。百余年前の偉大な学者ウェーバーの資本主義社会の物欲化進展に対する憂慮がひそかに私たちにも近付きつつあるが、私たちはそれに対していささかの警戒もしていないようだ。

したがって、社会移動が過度な功利化に向かうと、少数の者にはある程度の一時的な満足をもたらすかもしれないが、情感の奥底ではますます不安や止むことのない焦燥感にかられる恐れがある。このような生存状態では、人々は必死に金銭を追い求めることしか知らず、自分の精神的よりどころのありかも分からない。だが実際には、「金銭は最終的価値に通じる橋に過ぎず、人はその橋をすみかとすることはできない」。[37] 金銭は人々が遥かな彼岸に通じる手段ではあるが、過度に功利化した人はその手段を目標にしてしまう。目標が手段に遮られて見えなくなる、これは近代社会が内在的緊張をはらむ原因である。このような手段と目標が入り混じった社会で生きるのであれば、人は社会という迷宮の中で必死にもがきつつ、自分の身のありかや今後向かうべき方向を忘れ、自分が本来追い求めるべき理想の彼岸には渡りようもないまま、哀れにも彼岸に通じる橋をすみかとせざるを得ない。

（三）社会各階層間の正常な社会移動が阻まれて、各階層間の隔たりや衝突が激化する。

社会移動の機能の一つは社会各階層・各集団間の疎通や連係を強化し、それによって社会の整合を促進することである。しかし、それは社会移動が合理的であるという前提条件のもとで立てられた一種の仮説に過ぎない。仮に社会各集団・各階層間の格差が比較的大きければ、社会移動が不合理な方向に進む結果を招く恐れがあり、そうなれば各階層・各集団間の連係が強化されることがないばかりか、各階層・各集団間の接触が異常に難しくなり、相互に隔離状態に置かれることになる。改革開放以降、中国社会は日々分化が進み、社会各階層間の格差はどんどん拡大している。それにより少数の者は資源上の優勢に力を得て繰り返し自己の目的を果たしているが、一方で大多数の者はたびたび失敗に直面し、社会資源の保有いかんによる差異がますます開いている。一般的には、人との付き合いは対等性の原則に従うもので、人と人との間の社会的地位が大きく開きすぎると両者の交際は難しくなる。これは一面では両者間の社会的吸引力が生じにくいためであり、また一面では両者の意思疎通が確実に困難になるからである。この場合、社会移動は主として同じ層内で展開され、異なる階層・集団の間での交際はほぼ不可能である。現実の生活で常に目にするように、異なる等級の政府の役人の間では自在な意思疎通や交際がまれであるし、都市住民は農民工を見れば軽視の表情を浮かべる。これらの現象の背後にある理由は何か？肝心なのは彼らがそれぞれ保有する社会資源が不平等であることだ。ある社会がこのような状態にあるとき、社会の各階層・各集団の間の正常な移動が阻まれ、移動に困難が生じる恐れがある。それは最終的に、社会各階層間の格差をさらに拡大し、また社会の正常な発展に影響を及ぼすであろう。

陸学芸らの研究によると、「1980年以降、比較的優位にある国家及び社会の管理者・管理職・専門技術者等の階層では、世代間の継承性が明らかに強まっているとともに、世代内移動が目立って減少し、流入者が増え流出者が減る傾向を見せている。かたや経済社会的地位が比較的低い階層にいる子女は、より高い階層に入ろうとしても敷居が明らかに高く、両者の間の社会移動の障壁は強固になりつつある。これらの趨勢が物語るように、中国の社会各階層間の境界は明確になりつつある。さらに、90年代中期以降、経済資源・組織資源及び文化資源が上層に集まる傾向があり、もともとそのうちの一種あるいは二種しか持たなかった大量の人々が、ここ数年にほぼこれら三種の資源を同時に保有するようになった」。(38) 現代中国社会のトップ階層——国家及び社会の管理者層の出身家庭の比率からは、さらにはっきりとこのような事実が見て取れる。中国の現在の国家及び社会の管理者層のうち、15.4%が幹部・企業管理職・企業主の家庭の出身であり、9.2%が専門技術者、同じく9.2%が事務職員、3.1%が小企業主及び労働者の雇用主、16.9%が労働者、46.2%が農民の家庭の出身である。さらに分析を進めると、異なる階層の家庭に生まれた者が国家及び社会の管理者になる比率には、明らかな違いがあることに気付く。そのうち、幹部・企業管理職及び企業主の家庭出身者が国家及び社会の管理者層に入る比率は全体平均値の6倍であり、農民家庭出身者が国家及び社会の管理者層に入る比率は全体平均値の2/3である。(39) ここからうかがえるように、各階層から国家及び社会の管理者層に入る状況には明らかな世代間の継承性が見て取れ、目下耳目を集める"官二代"現象には根拠となる事実があるわけである。こうしたあらゆる資料やデータが示すとおり、改革開放以降の中国社会には総体的により開放的になったという特徴が現れてはいるが、各階層が既得利益を擁護する・相互に閉鎖的であるという現象は依然として中国の社会移動を阻む第一の障害であり、各階層間の格差は縮小に向かわず、逆にさらに拡大しつつある。

1990年代中期以降、中国の都市社会には大量の貧困者が出現した。当初政府は再就職等のルートを通してこうした状況を改善できるよう望んでいたが、しかし実情は、こうした望みは現実のものとはならず、さらに状況が激化する趨勢を見せ、社会の安定と発展に影響を及ぼすまでに至っている。では、こうした現象が現れた原因は何か？すべて貧困者自身に原因があるのか？答えは間違いなく「ノー」である。大量の実証調査の結果が表しているように、ほとんどすべての失業者は再就職を希望、しかも切迫した状態で待ち望んでいる。問題はそれにもかかわらず、彼らが職に就けないことである。したがって、探るべき問題は失業者がなぜ職に就けないかである。その原因は、ほかでもなく次に述べる二方面にある。社会面から見ると、市場経済の内在的要求や制度規則は本質的に社会的弱者を排斥するものであり、市場は限りない就業の機会を創出すると同時に、社会的弱者の無数の機会を奪い取りもする。ただ、通常人々は前者だけに目をやり、後者を軽視しているに過ぎない。貧困者個人の面から見ると、主に貧困者は改革に直面しながら十分な心構えを持たず、そのためすぐに社会運営の正常な軌道から放り出されてしまう。そして、いったん放り出されると社会の主流層からどんどん離れ、社会とのつながりや接触も減り続ける。そのような時点で彼らに再び職に就くよう求めても、彼らには尋ねていける相手などいない。普通ならば再就職の人材市場へ行けということになろうが、社会運営の軌道から遠く離れた人間は、市場で就業できる職場を見付ける能力を持ち合わせてもいない。彼らは十分な就業情報を得る術もなく、また利用できるネットワーク資源も大して持たない。ただ人材市場を一回りするだけで仕事が見付かるのであれば、彼らとて失業するはずはない。したがってはっきり認識すべきであるのは、社会型式転換期には社会各階層間の正常な移動に全く障害がないわけではなく、さまざまな程度の問題や衝突があるということだ。

＊注

(1) D．ポプナー（李強等訳）『社会学』第十版　1999年 中国人民大学出版社 239頁
(2) A．ギデンズ（趙旭東等訳）『社会学』第四版　2003年 北京大学出版社 270頁
(3) 童星主編『現代社会学理論新編』2003年 南京大学出版社 206～207頁
(4) 鄭杭生主編『社会学概論新修』1994年 中国人民大学出版社 278頁
(5) D．ポプナー（李強等訳）『社会学』第十版（前掲）242頁
(6) 楊継縄『中国当代社会各階層分析』2006年 甘粛人民出版社 15～23頁
(7) 楊継縄『中国当代社会各階層分析』（前掲）26～40頁
(8) 鄧小平「改革的歩子要加快」（1987年6月12日）／『鄧小平文選』第三巻 1993年 人民出版社 238頁
(9) 康暁光『権力転移――転型時期中国権力格局的変遷』1999年 浙江人民出版社 59頁
(10) 戴建中「現階段中国私営企業主研究」／李培林、李強、孫立平等著『中国社会分層』2004年 社会科学文献出版社
(11) 辺燕傑、羅根「市場転型與権力的維続：中国城市分層体系之分析」／辺燕傑主編『市場転型與社会分層――美国社会学者分析中国』2002年 生活・読書・新知三聯書店 429～430頁
(12) 顧朝林、胡秀紅、劉海泳、宋国臣「城市富裕階層状況」／李培林、李強、孫立平等『中国社会分層』（前掲）
(13) 武中哲「“単位”資本與社会分層」／『浙江社会科学』2001年第9期
(14) 周雪光、トゥーメン、モエン「国家社会主義制度下社会階層的動態分析――1949至1993年的中国城市状況」／辺燕傑主編『市場転型與社会分層――美国社会学者分析中国』（前掲）382頁
(15) 孫立平「資源重新積聚下的底層社会形成」／李培林、李強、孫立平等『中国社会分層』（前掲）
(16) 陸学芸主編『当代中国社会階層研究報告』2002年 社会科学文献出版社 140～142頁
(17) 李強「中国社会分層結構的新変化」／李培林、李強、孫立平等著『中国社会分層』（前掲）
(18) 李強「中国社会分層結構的新変化」／李培林、李強、孫立平等著『中国社会分層』（前掲）

(19) 陸学芸主編『当代中国社会階層研究報告』(前掲) 4頁
(20) 陸学芸主編『当代中国社会階層研究報告』(前掲) 8～10頁
(21) 陸学芸主編『当代中国社会階層研究報告』(前掲) 9頁
(22) 陸学芸主編『当代中国社会階層研究報告』(前掲) 10頁
(23) 陸学芸主編『当代中国社会階層研究報告』(前掲) 15頁
(24) 陸学芸主編『当代中国社会流動』2004年 社会科学文献出版社 1頁
(25) 鄭杭生主編『社会学概論新修』第三版　2003年 中国人民大学出版社 243～347頁を参照のこと
(26) 陸学芸主編『当代中国社会流動』(前掲) 12～13頁
(27) 陸学芸主編『当代中国社会流動』(前掲) 308～309頁
(28) 経済日報 2007年2月12日
(29) 陸学芸主編『当代中国社会流動』(前掲) 11頁
(30) 唐鈞等『中国城市貧困與反貧困報告』2003年 華夏出版社 14頁
(31) D.ポプナー(李強等訳)『社会学』第十版(前掲) 310頁
(32) 鄭杭生主編『社会学概論新編』1987年 中国人民大学出版社 248～250頁
(33) 魯品越、駱祖望「資本與現代性的生成」/『中国社会科学』2005年第3期より引用
(34) G.ジンメル『金銭・性別・現代生活風格』2000年 学林出版社 12頁
(35) A.ギデンズ(田禾訳)『現代性的後果』2000年 訳林出版社 21頁
(36) M.ウェーバー(彭強、黄小京訳)『新教倫理與資本主義精神』2002年 陝西師範大学出版社 169頁
(37) G.ジンメル『金銭・性別・現代生活風格』(前掲) 10頁
(38) 陸学芸主編『当代中国社会流動』(前掲) 14頁
(39) 陸学芸主編『当代中国社会流動』(前掲) 140頁

第四章
社会型式転換期の失業問題

中国は世界最大の人口を抱える国であり、労働力資源が最も豊富な国でもあるので、結果的に就業圧力が最も大きい国になった。統計によると、中国の労働力資源は世界の総量の1/4以上を占めるが、一方で資本資源（国内投資額を指す）は世界の総量の4％足らずを占めるに過ぎない。仮に十数億という人口の食糧問題を解決することが中国経済長期発展の第一の課題であるとすれば、世界の1/4という労働力に就業機会を創り出すことは第二の課題である。改革開放政策実施以降、中国経済はGDPの急速な増大をシンボルに飛躍的成長を実現して、人々の生活レベルには大きな変化が起こり、総合的国力が目覚ましい向上を遂げた。しかし、ある問題が一貫して影のように中国の経済成長に付き纏ってきた。それは失業問題である。1990年代以降、中国の失業率は長期にわたって高いまま推移しており、広く注目される社会問題になって、政府や社会各界の広範な関心を集めている。より高い見地から言えば、失業問題はすでに単なる一経済問題にとどまらず、社会の安定に関わる政治問題である。

第一節 失業問題の現状と特徴

一、失業・一時帰休の状況

(一) 膨大な失業者数

1990年代以降、関連の研究や統計数字で明らかにされたところによると、中国の失業者数は増加の一途をたどっており、膨大な規模の失業者層が形成されている。だが、全国にいったいどのくらい失業者がいるのか、本当の失業率はどの程度なのか、学界や政府部門には長年統一的な見解がない。そうした現状ではあるが、それでも各種のデータやルートを通して中国の失業現象の基本的情況を知ることができる。

中国科学院・清華大学国情研究センター主任胡鞍鋼は、全国の都市及び町部登録失業者数及び登録失業率、さらに一時帰休者の情況という両面から調べを始め、中国の失業問題の実情について次のように推算した。[1]

まず、全国の都市及び町部の登録失業者数及び登録失業率を見ていく。国家統

計局提供のデータによると……1992 年は登録失業者数 363.9 万人、登録失業率 2.3%であったが、1995 年になると登録失業者数は 500 万人を突破し、1996 年には 530 万人、登録失業率 3.0%になり、これが 1997 年には 570 万人、登録失業率 3.1%になることが見込まれる。1997 年の登録失業者数は 1992 年より 36.8 ポイント増加、登録失業率は 0.8 ポイント上がることになる。ここから、近年都市及び町部の公式発表の登録失業者数は急速に増加しており、登録失業率も上昇していることが分かる。

次に、一時帰休者の情況を見ていく。国家計画委員会マクロ経済研究院楊宜勇が提供したデータによると、1993 年全国の都市及び町部の一時帰休者は 300 万人であったが、1994 年 360 万人、1995 年 564 万人、1996 年 891.6 万人、1997 年 1,200 万人と増加し、1997 年の一時帰休者数は 1993 年の 4 倍に相当する。目下のところ、国家統計局はまだ一時帰休者総数の四部分の人員構成比率を発表しておらず、最大の鍵である経済指標、すなわち実質失業者数及び実質失業率 [1] も正式に発表していない。著者は情報が揃わない条件下でその推算を試みたが、その推算は二種類の仮説に基づいている。第一は、未就業者が一時帰休者総数の 40%、再就職者がその 60%を占めるという仮説による低めの推算で、1993 年一時帰休者中の未就業者は 120 万人であるが、1996 年 356 万人、1997 年は推定 480 万人になる。全国の都市及び町部の実質失業者数は 1993 年 540 万人であるが、1996 年 909 万人、1997 年は推定 1,050 万人になる。実質失業率は 1993 年 3.3%であるが、1996 年 4.9%、1997 年は推定 5.7%になる。第二は、未就業者が一時帰休者総数の 60%、再就職者がその 40%を占めるという仮説による高めの推算で、1993 年一時帰休者中の未就業者は 180 万人であるが、1996 年 535 万人、1997 年は推定 720 万人になる。全国の都市及び町部の実質失業者数は 1993 年 600 万人であるが、1996 年 1,088 万人、1997 年は推定 1,290 万人になる。実質失業率は 1993 年 3.7%であるが、1996 年 5.9%、1997 年は推定 7.0%になる。

1993 年以降、中国の都市及び町部の実質失業者数は急速に増加した。これには公式な失業者数の増加だけでなく一時帰休者中の失業者数の増加も含むが、そのうち特に後者の増加率が前者の増加率を大幅に上回っている。そのため後者が全国の都市及び町部の実質失業者数中に占める割合も急激に増え、1993 年の 22 ～ 30%から 1997 年にはすでに 45 ～ 55%の間まで上昇した。1993 年都市及び町部の実質失業者数は 540 ～ 600 万人で実質失業率は 3.3 ～ 3.7%であったが、1996 年にはそれぞれ 900 ～ 1,100 万人で 5 ～ 6 %、1997 年には 1,050 ～ 1,300 万人で 6 ～ 7 %に上昇した。最近労働部部長李伯勇が述べたところでは今後 3 年

(1998～2000年)で工業関係の国有企業では800～1,000万人を一時帰休にする必要があるという。仮に一時帰休者が毎年300～400万人ずつ新たに増加するという計算によると、1998年都市及び町部の実質失業者数は1,300～1,500万人、実質失業率は7～8%に達すると見込まれる。低めの推算であれ高めの推算であれ、同様に次のような結論を導き出すことができる。目下全国の都市及び町部の失業者数の規模や実質失業率は建国後50年来の最高値を記録し、実質失業者数の規模は1980年の2倍に相当する上、絶え間ない増加を続けており、中国の経済社会においてすでに最も突出した問題になっている。

以上の推算の数字を合計すると、およそ1,900～2,100万人の間、これが胡鞍鋼が推算した中国の1990年代末期の都市及び町部の失業者総数である。

厳しい状況の失業問題について、李強らは1997～1998年に全国的調査を実施した。その調査では黒竜江・河南・山東・江蘇・浙江・江西・広東・湖北・湖南・四川・北京・天津・重慶・内蒙古・新疆・寧夏等の16の省・直轄市・自治区を調査対象として抽出し、失業者と一時帰休者を、登録失業者・一時帰休者(すでに仕事をやめているが、職場とまだ関係を持っている者)・待業者(新たな就業を希望する求職者)の三種類に分類したが、その結果は下表の通りである。

表4-1 都市失業者・一時帰休者の割合 (1998年全国調査による)

失業者の分類	人　数	有効百分率(%)
登録失業者	300	31.6
一時帰休者	545	57.4
待　業　者	105	11.0
不適合ならびに未回答者	93	Missing
合　　計	1043	100

表の示す通り、登録失業者は全失業者(一時帰休者・待業者を含む)の31.6%を占めるに過ぎず、ここから推算すると全国の一時帰休者・待業者を含む失業率は10.4%、失業者数は約1,912万人になるはずである。(2)

以上二種類の比較的権威がある研究結果を見ると、導き出されたデータがほぼ一致しているので、これが90年代末期の全国の都市及び町部の失業者総数であると大筋で認めることができるだろう。

2000年以降中国政府は失業問題に対する対応を強化したが、新しく増えた就業ポストは従来の失業者と新しい労働力の双方のニーズを満たすことが到底できず、失業問題は根本的には対応策が採られていない。逆に、失業者総数はさらに増加を続けている。邱澤奇の研究によると、2003年になると登録失業者数及び一時帰休者数の合計は3,300万人を下らないとされていた。[(3)] その研究では、都市及び町部の失業問題は21世紀を迎えて、いっそう悪化する見込みが示されている。

だが、中国の失業者数はこの程度にはまったくとどまらない。なぜならばこれらのデータが表している数字は顕在的失業者数に過ぎず、大量の失業者はほとんどが潜在的失業状態にあるからだ。ある研究によると、潜在的失業者は主に四種類の人々からなる。それは、①国有企業の冗員約3,000万人、②政府系事業機関の冗員約700万人、③集団企業の冗員約900万人、④農村の余剰労働力約1.2～1.5億人である。前三種類を合計すれば余剰人員が4,600万人、つまり全国の都市及び町部には4,600万人に及ぶ潜在的失業者または不十分な就業状態にある人がいることになる。農村の潜在的失業者と合わせれば、潜在的失業者総数は1.66～1.96億人にも達するのである。[(4)]

顕在的失業者と潜在的失業者を加算した合計は約1.99～2.29億人となり、これがすなわち中国の失業者総数である。さらに、この数字を中国の現在の労働者総数（7.4432億人）で割ると得られる商は26.7～30.8%になり、この数字が実質失業率に近いと見なすことができるだろう。このデータは、1995年にILOと労働部が共同実施した調査の結果――非公式な失業率は都市及び町部で18.8%、農村で31%、全国平均レベルは27%である[(5)]――とほぼ一致するので、目下の失業者の情況をおおよそ反映していると思われる。

（二）都市及び町の失業者層の構成

（1）地域・業種及び就業単位の経済類型別の構成

農村の潜在的失業者が中国の失業者の絶対的多数を占めてはいるが、社会の安定に直接脅威となるのは都市及び町部の失業者である。そのため、政府及び大多数の研究者は都市及び町部の失業者に注意を払っている。多くの研究結果が表しているように、都市及び町部の失業者には地域・業種及び就業単位の経済類型の分布に比較的大きな差異が見られ、それが中国の失業問題をより複雑にしている。李強らが1998年に実施した全国の失業状況についてのサンプル調査のデータには、この特徴が反映されている。[(6)]

表 4-2 **失業・一時帰休前の業種分布** (1998 年全国調査による)

業　種	調査人数	有効百分率（%）
1. 農林・牧畜・漁業	28	2.8
2. 工業分野製造・採鉱	459	45.8
3. 建築・地質調査・水利	52	5.2
4. 電力・ガス・水道	20	2.0
5. 交通運輸・倉庫・郵便通信	65	6.5
6. 商業・貿易・飲食	240	23.9
7. 金融保険・不動産	9	0.9
8. 文教・衛生・福祉・社会サービス	30	3.0
9. 科学研究・技術サービス	24	2.4
10. 国家機関・社会団体	22	2.2
11. その他の業種	54	5.4
未回答者	40	Missing
総　計	**1043**	**100.0**

表 4-3 **失業・一時帰休前の就業単位の経済類型** (1998 年全国調査による)

就業単位の経済類型	調査人数	有効百分率（%）
1. 国有企業	710	69.7
2. 集団企業	216	21.2
3. 私営企業・個人商工業経営者	27	2.6
4. 外資企業・合弁企業	32	3.1
5. 株式制企業	14	1.4
6. その他	20	2.0
未回答者	24	Missing
合　計	**1043**	**100.0**

両表から分かるように、中国の都市及び町部の失業者の分布には、地域・業種及び就業単位の経済類型により明らかな差異が存在する。地域で見ると、都市及び町部の失業者・一時帰休者は東北・西北・西南にある一部の古い工業基地に比較的集中している。業種で見ると、工業分野製造業及び採鉱業に最も集中しており、総数の 45.8％に達し、半数に迫る。次は商業・貿易業・飲食業で 23.9％を占め、総数の 1/4 に近い。就業単位の経済類型から見ると、多くが国

有企業と集団企業に集中しており、双方を加えると総数の 90.9%になる。

このような失業者・一時帰休者の不均衡な分布は、一面では彼らが集中している地域・業種及び就業単位の人々に一様に社会の不公平を感じさせ、相対的な被剥奪感を与えている。また別の面では、失業問題への対応を困難極まるものにし、対応の難度を高くしている。

(2) 性別・年齢及び教育レベル別の構成 (7)

1998 年の『中国統計年鑑』に掲載された「都市及び町部登録失業者の性別及び年齢の相互分類表」は、中国の失業者の性別及び年齢の構成を明らかにしている。

表 4-4 都市及び町部登録失業者の性別及び年齢の相互分類表

(1998 年『中国統計年鑑』102 頁より)

	16 歳～ 25 歳	26 歳以上
男性失業者数（万人）	163.65	109.99
失 業 率（%）	47.4	47.5
女性失業者数（万人）	181.60	121.54
失 業 率（%）	52.6	52.5
総失業率（%）	**59.9**	**40.1**

上表から分かるように、性別では女性の失業率が男性より明らかに高く、女性は就業面で極めて不利な立場に置かれている。年齢分布から見ると、青年が失業者の主体であり、16 歳～ 25 歳の登録失業者数が総数の 59.9%、26 歳以上が 40.1%を占めている。

都市及び町部の失業者の分布は性別及び年齢との相関が見られるが、教育レベルとの関係はより密接である。言い換えれば、就業面で競争力に欠けるのは、主に一部の教育レベルの低い女性と若者であり、大まかに女性と若者の失業率が高いとみるのは事実に反する。次の「失業者の年齢と教育レベルの相互分類表」は、この問題をより的確に説明している。

表4-5 失業者の年齢と教育レベルの相互分類表

（蔡禾主編『失業者群体與失業保障』江西人民出版社30頁より）単位:%

	16歳～25歳	26歳以上
高卒・中等専門学校卒及びそれ以下	89.4	96.1
大学卒・専門学校卒及びそれ以上	10.6	3.9
総　計	100.0	100.0

上表にはっきり示されている通り、25歳以下の失業者の89.4%は教育レベルが高卒・中等専門学校卒及びそれ以下、10.6%が大学卒・専門学校卒及びそれ以上である。また、26歳以上の失業者の96.1%が高卒・中等専門学校卒及びそれ以下で、大学卒・専門学校卒及びそれ以上はわずか3.9%しかいない。ここから読み取れるのは失業と教育レベルの高い相関性であり、このような相関性は失業者の文化レベルの構造から見るとさらに顕著である。関連の研究によると、失業者層の文化レベルは相対的に言って明らかに低い方に偏っている。1997年の大学卒・専門学校卒及びそれ以上の文化レベルを有する失業者は失業者総数の5.1%に過ぎないが、高卒・中等専門学校卒の失業者は37.1%、中卒及びそれ以下の失業者は57.8%を占めている。[8] データが示すように、失業者本人の受けた教育と失業のリスクは反比例の関係を示し、高等教育を受けた労働者は競争力が高く、労働参加の面ではより高い積極性と安定性が見られ、就業機会が多く失業リスクは低い。逆に、高等教育を受けていない労働者は失業リスクが比較的高くなっている。

（三）失業・一時帰休後の状況

中国の都市及び町部の失業者が失業・一時帰休後に二つの問題を抱えることは、注視に値する。その一つは失業期間が長いこと、もう一つは生活が一様に貧困状態に陥ることである。

現代の経済社会には摩擦性失業と構造性失業が存在するため、多くの人が失業という事態にぶつかる可能性をはらんでいる。したがって、失業が必然的にマイナスの影響をもたらすというわけではなく、逆に適度な失業は必要なのである。失業者が失業後短期のうちに仕事を見付けて再就職できれば、失業は個人や社会にとって必ずしも脅威にはならない。この点から見ると、失業期間の長短は失業問題の深刻度をはかる重要な指標となる。一般的に失業期間が長くなければその失業が深刻であるとは言えないが、失業期間が長くなりすぎると一連の問題を引き起こし、その時点で失業が社会問題になるのである。

1990年代以降の失業者層を総合的に観察すると、失業者のうち相当数の人々は失業期間が長期にわたり、失業者本人や社会に少なからずマイナスの影響を与えていることが容易に分かる。失業者の中では年齢が高く文化レベルの低い人々が多数を占めている。そのような失業者は、文化レベルがより高く専門技能を保持するような若者とは競争する術がなく、また大量の安価な農村労働力にも匹敵しようがないため、失業後は往々にして再就職が難しく、長期間失業状態に置かれる。統計によると、登録失業者の3/5近くは失業期間が半年を超え、長期的失業状態に属する。1997年の都市及び町部の登録失業者中で失業期間6カ月以上の比率は、総数の58.1%に上っている。[9] また李強らの研究によると、失業・一時帰休が7カ月以上に及ぶ長期失業者は66%に達し、さらにそのうち15.7%は失業期間が37カ月以上に及ぶという。[10] これらの研究から分かるように、中国の失業者の失業期間は長きに失する。その原因は主に、失業期間が長い失業者は人的資本及び社会資本の両面で競争力に欠け、そのため当然ながら失業後の再就職が相当困難であるからであろう。

失業期間の長期化が引き起こす直接的結果は、失業者の生活が苦境に陥り、彼らが都市の貧困層になることである。ある研究によると、90年代中期以降、都市に少数とは言えない貧困層が現れたが、その貧困層と失業者・一時帰休者の間には高い関連性があり、都市貧困層の主体はまぎれもなく失業者・一時帰休者であった。その上、都市及び町部の貧困層の分布状況には、失業者・一時帰休者の分布状況と同様に明らかな業種別や地域的な特徴が見られる。失業者・一時帰休者の問題が深刻な古い工業基地や工業分野、製造業・採鉱業等の業種は、都市貧困層の分布が最も密集しているところである。[11] これら貧困層の収入は一般的にいずれも低く、多くて1,000元どまり、少なければ数10元で、非常に薄給である。彼らのうち状態がいくらか良い者は、往々にして過去の貯金または親戚友人の援助に頼って生活をしているが、悪い者は日雇い仕事や借金で生活を維持するしかないため、大変困難な生活を送っている。

二、失業問題の特徴

ある学者が、中国に近年現れた失業問題には次の五点の特徴があるとしている。①失業者数が空前の規模になり、人数が急増、期間が長期化している。②一時帰休者の割合が高いが、実際には失業の色彩が濃厚で、社会的動揺が大きい。③失業の類型が非常に複雑である。④失業者の分布にばらつきが大きく、それは異なる所有制・文化レベル・業種や地域間で明らかである。⑤都市及び農村の動向には強い相関性がある。(12) これらの特徴は、中国の失業問題の現状を比較的正確に表していると言ってよい。本稿では他者の観点の踏襲を避けるため、顕在的失業と潜在的失業との関係という視点から現在の中国の失業問題の特徴を探るよう試みたい。その視点から見ると、中国の現在の失業問題には少なくとも三点の比較的独特な特徴が見られる。

1．失業問題と就業ポストの欠員が共に存在して、「就職難・雇用難」という複雑な局面を生んでいる。

これまでの論述から分かるように、中国の労働力資源は供給過多の状態であり、就職難が終始問題の中心であった。しかし、80年代中期以降には雇用難という問題も現れ始め、21世紀初頭になるとその問題はさらに多くの企業の発展を妨げる重要な要素となった。地域分布から見ると、就職難の問題は内陸部の未発達な地域でより深刻であり、雇用難の問題は主に大都市や沿海部の発達した地域に集中している。労働力資源の素質という面から見ると、技術を持たない労働者や非熟練労働者の就業は比較的難しいが、その一方で、多くの企業の技術分野、または要となるポストでは相応の労働者を確保することが難しい。労働力の性別から見ると、女性の失業率が男性を上回り、産業構造から見ると、第三次産業、とりわけ旅行業・商業・飲食業・サービス業の発展が速い地域では失業率が比較的低く、一定の程度雇用難が存在する。しかし、第三次産業の発展が遅い地域では就業の難度が高い。最後に企業内部の就業ポストの構成から見ると、第一線のポストは雇用難で欠員率が高く、それ以外のポストでは雇用は容易であるが、肥大化や潜在的失業率が高い等の問題を抱えている。(13) このように、中国の社会には「ある人はやる仕事がない、ある仕事はやる人がいない」という矛盾した現象が現れている。

2004～2005年前後、中国では一時、雇用難の問題が相当深刻であった。経済が比較的発達した珠江デルタや長江デルタ等の地域ではさらに顕著で、各レベルの政府や関連部門はそれぞれこの問題を重視していた。ある時期には、雇用難と“民工荒”［出稼ぎ労働者不足］が政府やマスコミのホットな話題となった。

2005年広州市第十期政治協商会議第三回委員会では、多くの政協委員が出稼ぎ労働者不足の問題を大きく取り上げ、“民建”［中国民主建国会］の広州市委員会が出した提案九項のうち、二項はこの問題に関するものであった。彼らは出稼ぎ労働者不足から明らかになった問題に対し、都市に流入した出稼ぎ労働者の職業訓練・“労務市場”［求職者と雇用者をつなぐための情報提供等を行う場所あるいは組織機関、職業紹介所や人材交流センター等］の設置等から取り組みを始め、調査研究を深めて、「都市に入ってきた出稼ぎ労働者をつなぎ止めるには、彼らを産業労働者に変えることが必要である」等の具体的提案を示した。(14)

珠江デルタ地域に見られた企業労働者の不足・出稼ぎ労働者の欠乏という現象について、広東省企業調査チームは2005年3月末に広州・深圳・珠海・汕頭・佛山・江門・肇慶・惠州・東莞等珠江デルタ地域九市で、春季労働者募集情況のサンプル調査を実施した。(15)

その調査結果によると、2005年春季に労働者募集計画を立てた企業287社で募集が必要な各種人材の延べ人員数は56,156人、職種の内訳は企業管理職が4.2%、専門技術職が7.1%、技術労働者が21.3%、一般労働者が67.4%であったが、実際の雇用情況を見ると募集計画が達成できた職種は一つもなかった。各職種中では一般労働者の計画達成率が最も高くて73.2%を占め、次いで専業技術職が達成率71.1%、企業管理職が67.8%だが、技術労働者は58.6%に過ぎなかった。調査結果から見ると、各職種の達成情況にある程度の開きはあるが、雇用難の問題が存在することは共通する事実であった。達成率が最も高かった一般労働者にしても、まだ26.8%の欠員が見られる。

表4-6　企業287社の春季各職種人材募集の全体的情況

(http://finance.sina.com.cn 2005年5月10日10:24より)

	企業管理職	専門技術職	技術労働者	一般労働者
春季計画募集者数	2,367	4,009	11,958	37,822
春季実質雇用者数	1,605	2,850	7,009	27,697
計画達成率（%）	67.8	71.1	58.6	73.2

同類の問題は、東部沿海地域の浙江・江蘇・上海・山東等の省市でも程度の差はあるものの、同じように発生している。このように中国では、高い失業率という問題があると同時に、雇用難もまた避けられない事実になっている。上海の家庭4,000戸を対象にした最近の訪問調査の結果によると、労働者になることを希望する人の割合はわずか1%に過ぎず、就業希望先は希望の高い順に

政府機関・事業単位・独占的企業・金融保険業及び競争力の強い企業であった。(16)
これらの調査結果が物語るのは、待遇が悪く保障が十分でない業界は就業先としての吸引力をますます失い、雇用難の問題がいっそう悪化していく見込みが高いことである。

2．顕在的失業の圧力は労働力資源や企業の中で階層化した分布状態を呈している。

1990年代以降、中国の失業問題は日々深刻化して、社会全体が失業問題という巨大な圧力を受けるようになった。しかし、失業者層を分別してそれぞれに考察を加えると、失業者層が異なれば受ける失業の圧力も異なり、顕在的失業の圧力は労働力資源や企業の中で階層化した分布状態を呈していることが見出せる。

都市や町部の新規参入労働力は、最大の失業圧力を受けている。目下、中国はまさに人口規模及び労働年齢人口の拡大期にあり、毎年新規参入する労働力は年を追って増加している。2000年の国勢調査のデータに基づいて推算すると、2005年には就業を要求する新規参入労働力が1,100万人を数える。このほか、教育部が発表したデータが示すように、2005年の全国一般高等教育機関卒業生数は338万人に達する見込みで、前年より58万人増加し、増加幅は20.71%に達する。これらのデータを合算すると、2005年の都市及び町部の新規参入労働力は1,430余万人となり、失業圧力の大きさが推察される。2006年になると新規参入労働力はさらに増加して、失業圧力もいっそう大きくなる。『瞭望新聞週刊』の報道によると、国家発展及び改革委員会が2月13日にそのウェブサイトで『2006年の就業が直面する問題及び政策への提案』と題したレポートを発表したが、その中で2006年における中国の16歳以上の人口増加はピークに達し、労働力資源の増加量は1,700余万人、都市及び町部で配置が必要な就業者総数は年間で約2500万人になると予測している。ニーズから見ると、仮に経済成長や就業の柔軟性が近年のレベルを維持しているとすれば、2007年に都市及び町部で新規参入可能な就業者数は約1,100万人になる推計である。労働力の供給過剰分は1,400万人に達し、2005年より100万人増加する。レポートでは、2006年の全国労働力供給量のうち増加分の約60%が農村からの新規参入労働力であり、その圧倒的多数が都市及び町部に就業の機会を求めなければならないと予測している。さらにレポートでは、高等教育機関卒業生が依然やっかいな構造的就業問題に直面するであろうことも指摘している。2006年の全国の一般高等教育機関卒業生は413万人に達し、前年より75万人増加する。地域分布を見ると、東部沿海地域の発達した地方及び大・中規模の都市の労働力に対するニーズは相対的に高いが、西部地域ではニーズが不足している。学歴レベルから見ると、就業困難者は主に大学及び高等職業訓練校の卒業生に集中しているが、一方で重点大学や大学院の卒業生、花形分野の専攻者は供給が追い付かず、中卒者・高卒者は今後も政策が十分行き届かない状態に置かれるであろう。2006年労働力市場に参入する中卒・高卒レベルの卒業生は引続き増加し、総数は480余万人に達する。加えて都市及び町部ではそれ以前の中卒者・高卒者200万人前後が失業または半失業状態に置かれており、中卒者・高卒者で就業を必要とする人は680余万人に上る。さらに、第十一次五カ年計画の全期間に中国で新たに増加する労働力は3,450万人とされている。就業情勢の厳しさは容易に想像できよう。

このように、一面では毎年大量の新規参入労働力が就業を必要とし、また一面では国家には十分な就業機会を提供する能力がない（就業を実現できる人数は毎年半数に満たない）。その結果、必然的に新しい失業者が増え続け、失業者総数は年を追うごとに拡大の一途をたどっている。しかし、現行の就業制度にはいまだ計画経済の色彩が強く残り、多くの単位は雇用制度上ほぼこれまで同様に「終身雇用制」を踏襲しているので、ある人がいったんある単位にポストを得ると、それを辞退することは難しい。そのため、新規参入者がより強い競争力を持っていたとしても、現任者を「押し退けて」そのポストに着くことはできず、「ポスト」を眺めて嘆くばかりである。多くの大学・大学院新卒者が、社会で良い職場を得ている人を前にため息を漏らし、自分は「時運に恵まれない」と感じるのも無理はない。大学を例にとると、総合大学一校で働く教職員数はおよそ7,000～8,000人前後、中には1万人以上に達する大学もあるが、そのうち教育に携わる人員は多くても3,000人前後にとどまる。そのほか数千人のいわゆる職員がおり、学内各部門に隙間なく配置され、ポストを得て安泰に暮らしている。外部の多くの大学生や院生がその仕事に加わりたいと考えても、現行の雇用制度ではほとんど不可能である。このような問題が、ほぼすべての行政機関・事業単位、及び効益の比較的良い一部の国有企業に存在している。このような背景があっては、新規参入の労働力がポストを平等に競い合う機会など持てるはずもない。全国で失業問題が深刻になり、かつ就業圧力が増大する情況の中、すべての失業圧力は必然的にまず彼らの肩にのしかかっていくことになる。

非国有企業に在職する労働者も失業圧力が比較的大きい。中国の非国有企業には主に私営企業・集団企業・外資企業（合弁企業を含む）や個人事業経営者等が含まれる。そのうち、私営企業や個人事業は不安定性が比較的高いため、私営企業で働く従業員や個人事業経営者は最も失業のリスクに見舞われやすく、失業圧力が比較的大きい。多くの私営企業は創業後の歴史が長くはなく、規模も大きくない上に、経営分野も国家の命脈には関係のない分野であるため、リスクに抗する能力が比較的弱く、常に倒産の危機に直面している。私営企業で働く従業員にとって、企業の倒産はそのまま失業を意味するので、私営企業の従業員は比較的大きな失業圧力を受けている。個人事業経営者に至っては、あらゆるリスクを自身が負わなければならないので、その失業圧力の大きさは言を俟たない。集団所有制企業では、失業のリスクは企業と労働者が共同で負担するものであり、企業が倒産しない限り、労働者が失業する事態を招く恐れはない。一部の外資企業・合弁企業には、企業オーナーが自分の優位な立場に頼み、法定手順を踏まずに従業員を解雇するという問題が存在する。こうした情況すべてが、いずれも労働者に少なからぬ失業圧力を与えている。

受ける失業圧力が最も小さいのは、国有企業に在職する労働者である。長期にわたり、国有企業労働者にはいかなる失業圧力も皆無に近く、その失業圧力は完全に政府が引き受けていた。だが、90 年代以降はこのような情況がある程度変化し、国有企業労働者もその身分に応じて失業圧力を受けるようになった。すなわち臨時労働者・契約労働者から正規労働者まで、その失業圧力は徐々に低下していき、最終的にはゼロになる。

3．潜在的失業の圧力はさまざまな失業者層で不均衡な分布状態を示している。

全国的に見ると、中国の潜在的失業の情況は顕在的失業よりも深刻であり、２億人を超える失業者の中で潜在的失業者数はおよそ1.7 億人に上る。潜在的失業の圧力はさまざまな失業者層によって分布が不均衡で、被る失業圧力が最も大きいのは農村の労働力であり、次いで国有企業、集団企業と続き、最も小さいのは機関事業単位である。

中国の農村労働力の供給は需要をはるかに上回っており、この問題は清朝末期にすでに現れ始めていた。伝統社会に存在した“人地矛盾”を論じた前述の部分で、フィリップC.C.ホアンが提示した「過密化」または「内巻化」の問題を取り上げたが、それは実際には農村の労働力の潜在的失業問題である。1950年代以降、中国の人口は鰻登りになり、労働力の就業ニーズはどんどん増大したが、国家は一貫して十分な就業の場を提供して新しい労働力の就業ニーズを満たす方法を持ち得ずにきた。したがって、中国には事実上、長期にわたって大量の潜在的失業者が存在し続けてきたのである。この矛盾を解決するために、中国政府は農村に危機を押し付けざるを得なかった。なぜなら農村は大きな「貯水池」であり、膨大な失業者層を農村に追いやって隠す方が、都市で顕在化した状態にあるよりずっと安全であったからだ。農村の潜在的失業者数は長年膨らみ続け、彼らが被る失業圧力もいっそう大きくなった。ある不完全な統計によると、農村の潜在的失業者数は少なくとも1.2～1.5億人以上に達し、ある学者は2億人前後に達するとさえ推算している。このように膨大な潜在的失業者層は、当然ながら最大の潜在的失業の圧力を被っていた。

計画経済体制のもとでは潜在的失業の圧力は主に政府の財政支出が肩代わりしたため、労働者の身に及ぶのは給与が低いという点のみであり、企業がそのような圧力を被ることもなかった。しかし、改革開放政策実施以降、特に90年代の国有企業改革以降は、潜在的失業の圧力がしだいに国有企業にまで及ぶようになった。国有企業は徐々に自主経営ならびに損益責任を負う独立した経済実体となっていったが、かねてより溜め込んでいた大量の冗員が国有企業に潜在的失業の巨大な圧力を与え始めたのである。

集団企業では経営や雇用のメカニズムが相対的に柔軟であったため、国有企業と比較すると、受けた潜在的失業の圧力はずっと小さかった。

機関事業単位に至っては、冗員が少なくないために潜在的失業問題は深刻ではあったが、改革は機関事業単位の利益に過度に抵触することがなく、今に至るまでほとんど潜在的失業の圧力を受けずにきている。

第二節　失業問題発生の原因及びその影響

一、失業問題の成因分析

西洋社会は失業問題に関する研究に比較的長い歴史があり、失業発生の原因についても各種各様の説明がなされ、普遍的意義のある理論が多数提示されてきた。中国の失業問題には西洋社会のそれと同じ原因も多く見られるが、より多分に中国独自の性格が見受けられる。そのような独自性を認識することは中国の失業問題解決に大きな意味があるため、本節ではまず中国の目下の失業の具体的原因について重点的に述べる。

大きくまとめれば、目下の失業の具体的原因は主に次の数点になる。

1．労働力総量の供給過多が総量的失業の原因である。

目下の失業問題は主に総量的失業である。すなわち、目下の厳しい失業問題は主に労働力の供給が需要をはるかに上回っていることから生まれたものである。関係資料によると、土地資源の負荷能力から推算すれば、目下の適正人口は9.5億人で、過剰人口が3.5億余人になる。有効就業という面から見れば、目下の経済状態に基づく適正人口は7億人で、過剰人口が6億余人になる。国家統計局の予測によると、1987～2000年に毎年労働就業年齢に達する人数は平均2,000万人以上であるが、実際には都市及び町部の労働力の吸収能力は730万人以下で、それに加え農村労働力の吸収能力には毎年少なくとも400万人分の不足が出る。(17) このような労働力の総量的供給過多が、顕在的失業者中の非志願失業者、とりわけ都市及び町部の青年待業者を生み出す要因である。

また1990年の国勢調査によると、1965～1975年の人口純増加数は毎年平均2,000万人近く、この期間の出生者が相次いで労働年齢に達した後の十数年の労働力純増加数は毎年平均1,680万余人になる。この時期、経済は目覚ましい成長を持続し、全国の都市及び農村の職場・ポストの純増加数は毎年平均1,320余万になったとはいえ、やはり大量の労働力資源を吸収するには足りなかった。人口政策によるコントロールのもとで出生率はある程度下がってはいるが、巨大な人口は相応に労働力人口のピークを迎える。次の表は、中国の30年間、特に90年代の総人口及び労働力人口の増加情況をはっきりと示している。

表4-7 中国の総人口及び労働力人口の増加情況

（張向東著『当代社会問題』中国審計出版社、中国社会出版社196頁より）

年　度	総人口（万人）	総人口成長率（%）	人口純増加数（万人）	労働力人口（万人）	労働年齢人口成長率（万人）
1978	96,259	－	－	40,682	－
1980	97,605	－	－	42,903	－
1985	105,851	－	－	50,112	－
1990	114,333	－	－	64,292	－
1991	115,823	1.30	1,490	65,151	1.34
1992	117,171	1.16	1,348	65,918	1.18
1993	118,517	1.15	1,346	66,793	1.33
1994	119,850	1.12	1,333	67,675	1.32
1995	121,121	1.06	1,271	68,467	1.17
1996	122,389	1.05	1,238	69,403	1.37
1997	123,626	1.01	1,237	70,340	1.35

上表のデータから分かるように、計画出産政策の指導を受けて人口増加はすでに高成長から低成長に転じ、増加率は1991年の1.3%から1997年には1.01%に低下して、それと同時に人口純増加数も年々逓減する傾向を示している。しかし、労働力人口の絶対数は逆に年々上昇し、特にその増加率は総人口増加率をはるかに上回っている。ここから言えるのは、中国の人口規模が効果的にコントロールされている情況下で、新規参入の労働力は歴史的慣性の作用により依然として毎年上昇を続ける勢いを保ち、それが就業に巨大な圧力をもたらしているということだ。(18) これらのデータが反映しているのは90年代の情況であるが、近年の増加傾向も当時と大して変わらず、新規参入労働力の増加が速すぎる一方で、新しく増える職場・ポストが足りないために生まれる矛盾は効果的に改善されていないので、就業情勢は依然として大変厳しい。さらに深刻な問題は、多くの研究結果が物語るように、90年代以降中国の経済成長は新たな雇用を創出する能力を大幅に低下させており、経済成長によって失業問題の解決を図ることがほとんど不可能になったことだ。人口増加の慣性の作用により、新規参入労働力の急増は今後も相当長期にわたり持続すると見られる。予測では、今後二十余年労働年齢人口は依然として比較的速い増加傾向を保ち、2030年になるとピークに達して、それ以降ようやく新規参入労働力が下降に転じるという。(19) そのときには、新規参入労働力の過多と職場・ポストの不足から生まれる矛盾もかろうじて徐々に緩和に向かうだろう。

近年農村の労働力も供給過多の趨勢がより顕著になり、就業問題が相当突出してきているが、その問題は具体的には次の数点である。（1）人口増加と水資源及び土地資源の減少が、農業の就業空間の絶え間ない縮小を招いている。関係のデータによると、600余の県では一人当たりの耕地面積が0.8畝［約5.3アール］を下回り、現有の労働力を吸収することもできないので、新規参入労働力の投入など論外である。（2）郷鎮企業は調整段階にあり、就業者の増加はわずかである。80～90年代、郷鎮企業は大量の農村余剰労働力を吸収し、ピーク時の1996年にはその数が1.35億人に達したが、1997年には急激な減少に転じた。その後の数年はある程度回復を見せたが、遅々とした増加にとどまり、2000年は1.28億人で、1996年のレベルまで達していない。ここから分かるように、郷鎮企業はすでに農村労働力吸収の主要ルートという昔日の役割を失っている。（3）都市や町への変化が進展する過程で、都市及び町では農村の労働力を吸収する環境にゆとりがなく、吸収する条件も不足していたため、吸収力向上や農村労働者の都市及び町への安定した移動に影響を与えた。（4）WTO加盟後、国外の高品質低価格の農産品が大量に輸入されたことは、農業の就業機会の減少を招いたばかりではない。農産品の品質競争によって農業労働者の素質や技能により高いレベルが要求されるようになり、これが農村の就業をある程度制限することにもなった。[20]

このように、人口の「総量超過」が中国の失業問題の要因であり、目下失業者数が膨大になっている根本的原因もそこにある。

2．労働力需給構造のアンバランスが構造性失業を生む原因である。

まず、不均衡な発展戦略が構造性失業に与えた影響を見ていく。中国のように、資金が足りず、国民一人当たりの資源量がわずかで、生産力配置が極めて不均衡な国家にとっては、不均衡な発展戦略をとることが必要であった。それゆえ、国家は経済を発展させる上で東部・中部・西部の三大経済地域を順次開発するという不均衡な戦略をとった。しかし、そのような不均衡な発展戦略は不可避的に、ある地域・ある産業では急速な発展が引き起こす労働力の供給不足を、また別のある地域・ある産業では発展の速度が遅いために労働力の供給過多を生み出し、最終的には必然的に地域的な構造性失業を招いた。

社会の発展の均衡喪失問題を論じた部分で触れたように、改革開放以降、東・中・西部地域の経済発展レベルの格差がどんどん拡大し、それにより中・西部地域の大量の人材や労働力が東部沿海地域に移動する事態を招いて、すこぶる壮観な“孔雀東南飛”現象［国の政策で70年代前半に技術者を中心とする大量の人材が西部に送り込まれたが、それらの人材が80年代に人材欠乏の東部沿海地域に移動した現象。古詩の一説を引いてこう呼ばれた］が生まれた。こうした現象の背後で、中・西部では人材が日々不足する一方、東部地域では人材過多が災いして多くの労働力が生かせない状態になり、一部の高学歴者は“知識失業”という苦い結果を味わい始めている。労働力の分布がこのように不均衡であっては、当然ながら地域的な構造性失業は避けることができない。

地域的な構造性失業は、発達した地域と未発達の地域の間に見られるだけでなく、発達した地域内部の発達程度の異なる都市と地域の間にも、類似した情況が存在している。報道によると、長江デルタ地域では、拡大しつつある人材の地域間差異がすでに地域経済に重要な影響を及ぼしている。つまり、各種の人材が続々と上海等の中心的都市を仕事や生活の第一希望地とし、それに伴って都市周辺地域の“引智”［知力すなわちハイレベルな人材の導入確保］が難しくなりつつある。少し前になるが、上海市人事局が外部に向けて“引智”の目標を発表した。それによると、今後5年間で人材規模を220万人まで、外国人専門家を15万人まで増強すること、専門技術職の割合を1/3まで、かつ上級技能保持者の割合を20%まで引き上げることを努力目標とし、2015年には国際的人材が集積する都市づくりをほぼ完成させるという。

上海市の人材を集めようとするこのような“大胃口”［大いなる意欲］は、全国各地のハイレベルな人材の目を大いに引き付け、さらに周辺地域にも少なからぬ影響を生み出した。全国16カ所の高等教育機関の博士・修士100余名を対象にした最近の調査によると、上海はすでにハイレベルな人材が仕事や生活の場として選ぶ都市のナンバーワンになっている。そして『新民晩報』の記事によると、外部地域から流入してきた人材は、江蘇省・浙江省の出身者がそれぞれ1/3ずつを占める。

上海等の中心的都市が人材を引き付ける強力な勢いと比較すると、長江デルタのその他の地域はそうした意欲にいささか欠けている。浙江省では、技術労働者の不足が目下現代的な製造業基地を建設していくうえでの“背靡”［除去しがたい難点］となっている。「年俸10数万元でも、あるいは30万元ですら上級技術労働者を招請できない」というような話題が近年議論の中心になっている。目下のところ浙江省の上級技術労働者は約56万人で、技術労働者総数の7%を占めるに過ぎず、先進国の30%という数字と比較するとその差がはなはだしい。

長江デルタの一部の地域では、人材資源が欠乏することで、その地域の産業資本が流出する事態を引き起こしている。2004年には浙江省だけで3,058社の民間企業が省外に移転し、そのうち全社移転が488社、本部移転が2,488社であった。それら移転企業が省外で生み出す総生産額は453.5億元に上り、省内私営企業の総生産額の6.1%を占める。調査結果が示すように、ビジネスコストが高いにも関わらず人材が集まる上海は、浙江省の企業移転先のトップになっている。人的資源という要素はすでに原材料・資金・技術等の要素を超え、企業移転にまで影響を及ぼす要因となっている。

上海人才有限公司［人才＝人材］取締役会長兼総裁の王紹昌は、中国の上海・北京等一部の大都市にはすでに人材の高消費及び過度な集中といった現象が現れているが、人材の高消費は明らかに人材資源の浪費を生むと見ている。

人材の過度な集中は、高学歴の人材と低学歴の人材が一つの仕事を奪い合うという情況を生み出した。上海のある人材仲介サービスを専門とする会社では、100余名の登録者のうち大学本科卒以上の学歴の者が70%を占めるが、その大多数が従事しているのは、例えば給与支払い・人事契約締結等のような、昔ながらの人事管理業務である。

上海人材市場の盧軍は、「学界では通常労働者の地域分布・移動・職場の地域分布の不均衡が生み出した失業を地域的な構造性失業と呼んでいる。ある都市や地域への人材の過度な集中は必然的にビジネスコストの上昇を招き、いったん経済構造の変化や産業の興廃・移転があれば構造性失業を生みやすい。目下の情況から見て、長江デルタ地域にはすでに一定の地域的な構造性失業問題が現れており、各関連部門は大いにそれを重視する必要がある」と指摘している。

次に、教育体制の構造性失業への影響を見ていく。教育体制の整備の遅れや構造的な不合理は、質量両面で労働力の素質レベルの向上をはなはだしく妨げており、そのためにいわゆる"知識失業"という現象を作り出している。量的側面から見ると、中国の労働力の教育・育成能力は低く、労働力育成のニーズをまるで満たしていない。質的側面から見ると、専門が過度に細分化しているところが多く、経済構造の変化に適応していない。例えば、総合大学・単科大学の理工科には全部で453の専門分野があり、そのうち軽工業に属するものはわずか46学科で10.2%を占めるに過ぎず、明らかに産業構造に適応していない。したがって、教育・育成を経た労働力が往々にして社会経済発展のニーズに合わないため、大量の人材は学んだものを生かせず、現在の職務ではそれを浪費している。[21] 南京工業大学が実施した卒業生の資的側面の追跡調査の結果では、83%の卒業生が大学で学んだ知識を社会で生かせず、課程設置が社会のニーズの変化に追い付いていないと考えていた。一部の哲学系や政治経済の学科では学科の内容が雑多で、授業時間や履修単位が多く、商務・営業・渉外・法律等のような学生の社会適応性を強化する学科の設置が少ないが、これらの学科は紛れもなく社会で最も出番が多い。同時に大学生からは、人的資源管理面の課程を設置して、企業がどのように人材を選抜するか、社会で求められる人材の方向性を見極める等の指導をするよう提案が上がっている。[22] 近年、国家はこうした情況に対して一部改善に向けた努力を行い、情況を変えようと試みてはいるが、教育そのものの慣性や高等教育の非市場化という方向性の影響で、情況はいくらも好転していない。このほか、中国は一貫して一般教育を重視する反面、職業技術教育を軽視しており、これもある程度人材育成の構造上の不合理を助長して、失業問題の深刻性を高めている。総じて、労働力の素質の構造とニーズの構造が一致を見ないため、一面では多くの職場・ポストで比較的高い素質レベルが求められていながら人材が見付からず、また一面では一部の専門技術と一致しない労働力が"萎縮使用"〔畑違いの仕事をあてがわれ機能が低下した状態で使われること〕され、"在職失業"という事態を作り出している。

3．労働力移動が非常に不足しており、それが硬直性失業の原因になっている。

労働力等の生産要素は自由な移動状態である必要がある。これは社会化した大量生産が客観的に要求することだ。K.マルクスは近代化した工業生産に言及したおり、「近代化工業……大量の資本と多数の労働力を絶えずある生産部門から別の生産部門に送り込む。そのため、大規模工業の本質が、労働の転換・職能の変更そして労働者の全面的移動性を決定した」と指摘している。[23] しかし、中国では大規模工業の本質が決定した労働力の移動性が相当低く、そのため労働力欠乏がはなはだしい地域や産業では就業機会がタイムリーかつ十分に利用されることが困難である。一方で、労働力が過剰な地域や産業では冗員を外部に放出することもまた難しく、"在職失業"の情況が深刻になっている。これらすべては、就業情報・地域・業界・労働力の素質に対する要求等や、労働者個人の素質・条件・要求が生み出す労働力の移動性の低さがもたらした失業で、「硬直性失業」と呼ぶことができよう。目下、体制改革が徐々に深化するに伴い、社会移動のメカニズムは相対的にずっと柔軟になってはきたが、総体的には依然として近代化した大量生産の要求を満足させることができず、硬直性失業の問題はこれまで同様に比較的顕著である。

80年代及び90年代初期、中国の硬直性失業は、主に一様の就業政策や固定労働者制度、及び低給与・高福利の企業制度が生んだ現象であった。50年代の新中国成立から、政府は一貫して失業ゼロを社会主義の優越性の表現であると見なし、そのため労働分野では上から下まで一様の就業政策と固定労働者制度を実施してきた。具体的には、すなわち労働力を配置する際に社会生産の労働力に対する実際のニーズに配慮せず、就業志願者を一括配置方式で人為的に企業へと送り込んだ。企業労働者は配置先に入るだけで出ることはできず、職業選択の自由を失って「一度の配属で一生が決まる」ことになり、所属単位に対する従属関係が生じ、正常な社会移動は困難であった。配置制度から見ると、長期にわたって実施してきた低給与・高福利の分配制度では、企業は従業員及びその家族が生まれてから死ぬまで、衣・食・住・行動・消費・医療等、極めて広範にわたる福利厚生上の責任を負った。福利厚生が企業化して非社会化したこのような体制では、従業員は所属単位が提供する単位ごとに異なる福利を享受しているために移動が難しく、大量の硬直化による失業を生み出した。改革開放以降、政府は大きな力を傾注してこのような硬直化した雇用制度や福利厚生制度を改めようとしたが、堆積した歴史の淀みが重すぎて、情況は今に至るまで、依然として根本からの徹底的な解決を見るには至っていない。例えば、90年代中期以降に始まった大胆な国有企業改革は小さいとは言えない抵抗に遭ったが、その深層にある原因はかつての雇用制度や福利厚生制度に関係している。なぜならば、ある単位で数十年働いてきた一部の古い従業員にとって、彼らの単位への貢献は大部分が福利という形式で単位に蓄積されているため、突然単位を離れて別の仕事を探しに人材市場へ行けと言われても、当然喜ぶ者はいない。単位を離れることは、自分の数十年にわたる貢献の大部分を自ら進んで放棄することを意味したからである。少しでも理性のある者ならば、このような事態を望んで受け入れるはずはない。一番簡単な例を挙げよう。中国では計画経済時代、さらに80年代末期や90年代初期まで、各単位がほぼいずれも住宅分配制度を実施していた。住宅の分配は主に就業年数や貢献度によって行われており、ある単位で数年働いた従業員には、正常な情況であれば、あるいは数年待たずして単位から住宅の分配が受けられる可能性がある。このようなときに突然単位を出ろと言われても、首を縦にふるはずがない。ましてやこのような分配制度そのものが従業員にとって不公平なものであれば、当然それが移動を拒む理由となり、自分から移動することなどあり得ない。理由は簡単で、大方の大都市では、住宅一軒の価格はおそらく少なからぬ人間にとって一生働いて貯めた蓄えに相当する。そのような手厚い福利を放棄したいと願う者などまずいない。そうした制度を実施してきた結果、大部分の者が自分の単位での利益を守って手放さず、最終的に企業内にどんどん冗員が増えて、硬直化による失業を生み出したのである。このように、伝統的雇用制度や福利厚生制度は明らかに労働力の自由な移動をはなはだしく妨げるもので、これらの制度が多年にわたって実施されれば、硬直化による失業は当然避けられないものになる。

中国にとって、硬直性失業の発生にはもう一つ極めて重要な原因があった。それは硬直化した戸籍制度である。50年代中・後期から、中国では厳格な戸籍管理制度の施行が始まり、人は戸籍に従って動くよう要求された。また、戸籍の移動は非常に困難であり、それが労働力の自由な移動を厳しく制限した。中国のこのようなねじ曲がった戸籍制度は国民の不満を引き起こしたばかりでなく、世界の注目を集めた。フランスの『ル・モンド』は2007年4月12日「戸籍制度が中国の社会をねじ曲げる　十七回大会に改革の先導を望む」という記事を掲載したが、これは中国の硬直化した戸籍制度に対して優れた見解を示しているので、以下に要約を転載する。

今年秋に開催される中国共産党第十七回全国代表大会では、国家主席胡錦濤の「調和社会」構築の理念を党の基本方針に正式に採用する見込みであるが、これは戸籍制度改革の歩みを加速させるうえで有望である。戸籍制度は五十余年実施されているが、今日の中国において、硬直化した戸籍制度は以前から時宜に合わなくなっており、さらに日増しに社会の調和の実現を妨げる何よりも大きな障害になっている。

現行の戸籍制度は 1953 年に始められ、当時の社会主義計画経済モデルを支えることを目的としていた。計画経済モデルでは、政府は生産に力を入れるばかりでなく、さらに分配を保障しなければならない。そのため、政府は生産計画立案までに、生産過剰にならないよう人民のニーズをはっきり把握しなければならなかった。戸籍登録制度はまさにこのような背景のもとで提起されたものであった。

中国は伝統的農業社会であり、通常農民は自給自足できると考えられている。政府は物資欠乏という困難の制約を受け、都市住民に食物・住宅・就業・医療・教育そして福利厚生を提供するのがやっとであった。そのため、戸籍制度は農村住民が都市に移住することを厳しく制限し、都市の人口膨張を抑制することで、政府の負担を軽減するという目的を達成してきた。その当時、農村の住民が身分を変えて都会人になろうとするのは、天に昇るより難しいことであったと言える。比較的容易なルートは大学に合格し、卒業後は都市で何かの仕事に就くことで、これが順当な転身方法であった。さらに、都市住民も戸籍を勝手に地方に移すことはできず、小都市から大都市への移住も無論不可能であった。

改革開放政策が実施されてからすでに 30 年近くが経ち、中国の経済や社会には天地の覆るような変化が起こったが、戸籍制度は時代の動きから取り残されてきた。現在は都市の住民であれ農村の住民であれ、全国どこにでも自由に移動できるようになった。だが、戸籍を移すことへの抵抗は呪縛のように依然存在している。

このような状況は農民工にとってとりわけ不公平である。80 年代初期以降、膨大な数に及ぶ農民が農耕生活に別れを告げ、都市に出て労働に従事するようになった。政府の見積もりでは、目下そのような農民工の人数はすでに 2 億人を超え、少なくともその半数が「永久に住むつもりで」都市で安定した生活と仕事を手に入れて暮らしているという。しかし戸籍制度の制約があるため、都市に何年住もうと、さらには子供が都市で生まれ成長していようと、農民工の身分は依然として農村住民のままである。それゆえ、農民工は都市住民と同等の権利や福利厚生を享受する手だてがなく、はっきり言えば廉価な労働力に過ぎず、都市の繁栄に貢献してもその経済的成果を享受できない。

中国社会科学院研究員王春光が指摘するように、農民工に対する差別はなくならず、各種の社会問題が引続き「炎症を起こし、膿を流している」。「多くの農民工は都市で 20 余年にわたって臨時雇いの労働で生活しており、今では故郷に土地もなく、耕作方法も忘れている。仮に長年身を落ち着けてきた都市が彼らを受け入れないのであれば、彼らはどこで何をすればよいのか？」すさまじい勢いで進む都市化の過程が、ますます多くの農民から生存のよりどころである土地を奪い去り、農民を都市で生活せざるを得ない状態に追い込んでいる。それにもかかわらず、彼らが正式に都市住民になることができなければ、ほかにどのような身分があり得ようか。

中央政府は実はこの問題をずっと以前から認識しており、1992 年から都市と農村の格差解消に取り組み始めたが、その後 10 年にわたって、常に「階段から音だけ聞こえるが、誰も下りてこない」という実際の進捗が見られない状態が続いている。2005 年末になって、戸籍登録を管轄する公安部は、ようやく一部の省で試験的な改革を行うことを誓った。ところが図らずも数ヵ月経ったころ、「狼がやって来た」[「狼多肉少」という表現の「狼」に農民工を例えた、都市の資源を農民工に奪われることを恐れた都市住民の言葉]という声の中で、公安部は地方政府が自ら戸籍制度改革が必要か否かを決定すると表明した。

戸籍制度改革がぶつかった最大の抵抗勢力、それは各都市の政府から押し寄せた。戸籍制度改革は、各地の市政府が人・物・金を大量に投入して、都市人口の増加がもたらす都市のインフラ整備や公共サービスへのニーズを満足させなければならないことを意味したためである。例えば、社会の治安を最低限度維持するためだけに、深圳市は現有の警察人員及び装備を少なくとも三倍に拡大しなければならない。ましてや、その他の都市公共施設やサービスまで改善することは、至難の業である。

中国の現行の戸籍制度は農民工への差別を招き、明らかに社会の不公平を生み出す原因であるため、早期に歴史のごみ箱へと捨て去るべきであった。社会の不公平は社会の調和に影響する。胡錦濤の「調和社会」構築という理念を徹底して実行に移すには、社会に再び公平感を取り戻すことがどうしても必要である。「調和社会」に鑑みた理念は、中国共産党第十七回全国代表大会において十分な承認を得るだろう。社会は戸籍制度改革が早期にその一歩を踏み出すように望んでいる。

長期にわたり実施されてきた硬直した戸籍制度は、中国の社会に一連の重大な影響を与えてきたが、その一つがまさに、労働力人口の自由平等な移動を厳しく制限し、日々深刻化しつつある硬直性失業を生み出したことであった。

二、失業問題のマイナスの影響

経済学の理論では、一定程度の失業は決して悪いことではなく、逆に適度な失業は生産要素の合理的移動を促進して合理的競争メカニズムを作り、経済発展に一定のプラス作用を生み出すとしている。しかし失業が合理的範囲（一般に3.5～4％とされる）を超えると、さまざまな程度のマイナスの影響をもたらし、深刻な場合は社会の発展や安定にまで危害を及ぼす恐れがある。中国では1990年代以降失業率が高いまま一向に下がらず、すでに適度な失業の限界をはるかに超えているため、それが国民の生活や経済社会の発展にもたらしているのは主に各種のマイナスの影響である。こうした認識に基づいて、失業問題がもたらす影響を論じるにあたり、筆者はマイナスの影響に集中的に目を向けていく。まとめて言えば、中国の深刻な失業問題がもたらしたマイナスの影響は次の数点になる。

1．失業問題が大量の都市及び町部の住民の貧困化を招いて、都市に膨大な貧困層が出現した。

関連の研究によると、中国の都市及び町部では絶対的貧困状態にある住民総数が少なくとも1,200万人に上り、またある研究者の推算では1,200～2,000万人の間であるという。[24] さらには、相対的貧困者の数を含めれば、全国で都市及び町部の3,000万人の職員や労働者の生活が貧困状態にあり、最低レベルの基本的生活をかろうじて維持できているに過ぎないとする見方もある。[25] これらのデータが示すのは90年代中・後期の情況であるが、これ以降、中国の都市貧困問題は大した改善が見られないままである。“全国総工会”［労働組合の全国組織］が各地で公布している最低生活保障基準に基づき、1999年に家族一人当たりの収入レベルが各地の基準を下回る企業の従業員の家庭（退職者も含む）を対象に調査統計を実施したところ、判明したその人数は1,500万人であった。2000年に民生部が各地の貧困ラインに基づいて全国都市貧困者数をまとめて統計をとった結果は1,382万人であったが、同年に国家統計局が関係資料をもとに分析した数字は1,170万人であった。専門家が推算した都市貧困者の人数は、明らかに政府各部門のそれを上回っている。中国社会科学院社会学研究所社会政策研究センター研究員の唐鈞は、中国都市部の貧困層は3,000万人近いと見ている。唐鈞の同僚である朱慶芳が『1999年社会白書』中で推算している都市貧困者数はさらに多く、3,100万人以上で、当時の都市及び町部の人口の８％を占めるはずであるという。さらに、2000～2001年、アジア開発銀行の援助のもとで、国務院発展研究センター発展戦略及び地域経済研究部が「中国の都市貧困問題」について詳しい調査研究を行った。その結果、一人当たりの収入を貧困の指標とした場合、全国都市貧困者総数は1,470万人になるが、指標を一人当たりの支出に置き換えると、貧困者総数は即座に3,710万人にまで跳ね上がる。[26] さまざまな理由からこれら統計データの間には多少の差異が存在するが、疑いようもないのは、中国の都市及び町部の社会には膨大な数の貧困層が確実に存在することである。

では、いかなる原因で90年代以降に突如そのように膨大な数の都市貧困層が現れたのか。研究によると、中国の一部の都市住民の貧困の原因は大変複雑で、物価・社会保障・家庭環境等がすべて関係しているが、主な原因は失業または職場・ポストの不足であり、失業者が中国の都市貧困者の主体であった。[27]

一般的に、中国の都市及び町部の住民収入には主に四つのソースがある。それは就業収入・財産収入・転換収入及びその他の収入である。そのうち、就業収入が都市及び町部の住民の総収入の80%以上を占める。したがって、失業または職場・ポストの不足は都市及び町部の貧困を招く最大の要因であり、失業者が貧困層の主体を成しているのである。1994年には貧困者中に失業者の占める割合は80%を超え、1995年は約81%、1996年は約84%であったが、87%であったとみる者もいる。[28]

中国の経済発展のレベルは未だ高くはないので、国家が提供できる保障にも限りがある。大多数の倒産企業の従業員や失業者が受け取る救済金では、最低の生活レベルしか維持できない。中でも一部の特に困難な情況にある失業者、例えば一家で2人以上が失業している場合などでは生活はさらに困難で、すでに都市の貧民になっている。一時帰休になり復帰を待っている従業員の中で、一部は何とか標準給与の40～70%の生活費を受け取ることができているが、相当数は生活費を支給されていない。復旦大学が1996年に一時帰休の従業員282人を対象に行った調査の報告では、一時帰休中に受け取った一時帰休手当てが200元に満たない者が186人（うち60元以下が22人）で65.9%を占め、彼らが非常に厳しい貧困状態にあることが明らかになった。

その上、中国の失業には時間の経過に従って期間が延長する傾向が現れ、長期失業者の人数が増加している。広州市労働局の調査によると、失業者中で失業期間7～12カ月の者が21%、12カ月以上が9%を占めていた。また、吉林省の調査では、失業者中で失業期間1～2カ月の者が27%、3～6カ月が16.2%、6～12カ月が39.4%、2年以上が17.4%を占めた。湖北省の調査では、失業期間1～2カ月の者が25%、3～6カ月が18.1%、6～12カ月が

27.3%、2年以上が30%を占めた。労働部門の初歩的統計では、全国失業者の平均失業期間は4カ月からすでに7カ月に延びている。また、失業者中で失業期間が半年以上に及ぶ者は69%を超えている。失業期間の延長は失業者の貧困化をいっそう加速させている。(29) これらのデータが映しているのは90年代中・後期の情況ではあるが、毎年新規の就業者数が絶えず増加を続けているにもかかわらず、新たに増える職場・ポスト数がまるでその現実的ニーズを満たせないため、その結果必然的に失業者総数は拡大の一途をたどっている。このような理由から、目下の都市貧困者の情況が当時より明らかに改善されたということはないと推断される。

以上の結果から、膨大な失業者層が大量の都市貧困者を生み出し、さらには失業者の生活に深刻な影響を与えていることが分かる。

2．大量の失業者が一連の社会問題を引き起こしている。

厳しい失業問題は大量の人々の貧困化を招くばかりでなく、さらに一連の重大な社会問題を引き起こしている。その社会問題には、主に次に挙げるものがある。

（1）“群体性事件”［群衆による事件・デモ・暴動など］の勃発がますます増えている。都市及び町部の大量の失業者は、就業にはつてがなく、商売には元手がない状態で、自ら生計を立てることが非常に困難である。一部の企業や地域では「一時帰休手当て」や「救済金」が未払い（不払い）であったり、「予定勤続年数分給与前払い金」「医薬費」「暖房費」「医療補助金」「従業員解雇手当て」等の失業者・一時帰休者の基本的生活に直接関わる費用が未払い（不払い）であったりする情況に加えて、各種の腐敗・汚職への怒り、単純で荒い仕事への不満等に起因する、突発的で激しい“群体性事件”がいっそう増加している。ここ十数年、政府機関・企業を包囲する、その職員や従業員を取り囲む、道路・鉄道の交通を遮断してデモ行進や座り込みをする等の行為が後を絶たない。実際にはすでに中・小規模の「動乱」が絶えないという局面を招いており、社会の安定や秩序を著しく脅かしている。

（2）社会に対する不満が日々高まり、政治的動揺の危機が強まっている。厳しい失業問題によって大量の人々が生活の道をなくし前途への望みを失ったが、それに加え社会の貧富の格差がいっそう拡大し、政治スキャンダルや腐敗汚職のスキャンダルも絶えることがなく、特に社会の公平（政治的公平・経済的公平）が失われる方向に進んでいる。貧しい者はますます貧しく、富める者はますます豊かになっている。一方には貧困と病気に同時に苦しむ人がいて、病気を治療する金も学校に通う金もなく、さらには基本的生活さえ危うくなり、彼らの実際の社会的地位はどんどん低下している。また一方には酒色に溺れた生活を送り、洋館も車も妾もみな手に入れた人がいて、彼らの実際の社会的地位は日々向上している……等々。こうした現象はすべて社会への不満感情の急速な高まりを招き、各種の不満を表す言論の数が増え、言辞が激しくなり、政治的色彩が強まる。特に各種の「政治デマ」「政治ジョーク」「政治漫談」は内容がより大胆で暴露的に、言葉はより過激で辛辣に、傾向はより集中して明確になり、しかも天地を覆うように全国各地に広まっている。こうした現象が表しているのは、すべて民衆の日々高まる不満感情であり、中国の政治的動揺の危機がある程度高まっていることを明らかにしている。

（3）不当な手段で生計を立てる者が出現し、経済道徳が失われて、社会の風潮が悪化している。一部の失業者は正常な手段やルートで生計を立てることが困難で、社会道徳や風潮が悪化していく環境の中、不当に生計を立てる道に足を踏み入れている。最近20年ほど、密輸や密輸品販売・麻薬販売や売春・脅しや騙り・偽造劣悪品・偽煙草・偽酒・偽ブランド・毒混入の酒・毒混入の油・毒混入の米・注水豚肉・注水牛肉・偽高級豚肉・ホルモン剤混入の鶏肉……等々状況はどんどんエスカレートし、こうした商品が全国に氾濫して災いを引き起こしている。

（4）経済的刑事犯罪の悪質性が高まっている。大部分の失業者は青年期・壮年期にあたり、市場経済の利益に突き動かされて個人主義が悪い方向に膨張する環境の中、少数の者は切羽詰まり、“占山為王”［山を占有して王となる］よろしく暴力的犯罪組織のボスになって、一地方を牛耳るようになっている。もしくは“落草為寇”［山中に入って山賊になる］という言葉のように交通手段を襲う盗賊や強盗になり、都市や農村で人々に危害を与えている。あるいはまた落ちぶれて種々さまざまな「知能型」犯罪者となる。ここ十余年の間、殺人・強盗・窃盗・詐欺・人身売買・ゆすり……等々がいくら取り締まっても後を絶たず、かつ悪質性が高まる趨勢にある。

以上の社会問題は、すべてが失業による貧困問題が招いたものだとは言い切れないが、こうした問題の発生に最近十余年の深刻な失業問題が多かれ少なかれ関連していることは、認めざるを得ない。

3．失業問題はすでに経済・社会生活に深刻な影響を生み出している。

失業問題が単純な失業だけの問題ではなく、すでに中国の経済・社会生活に重大な影響を与えていることは、ほぼ多くの専門家や学者の共通認識になっている。以下、失業が個人や家庭に与える影響、及び失業が引き起こす社会犯罪という二方面に絞ってこの問題を見ていく。
（1）失業は個人や家庭に影響を与える。すでに述べたように、中国の深刻な失業問題は相当数の都市及び町部の家庭の貧困を招き、このことが貧困者個人や家庭にいずれもかなりの程度影響を及ぼしている。貧困状態の住民の日常生活には基本的保障もなく、収入レベル・生活状況は多くが懸念されるところとなっている。一部には、生活が維持できずに野生の植物を食べる・クズ拾いをする・売血する・売春する等の人や、さらには自殺する人さえいる。また一部には、子女の生活費や学費の負担が重すぎたり医療費が高すぎたりして堪えられない人もいる。物質生活のレベルが低下し、生活が貧しいため、ほとんどの貧困者は精神状態がすぐれず、多数が苦悶・いらだち・ためらい・悲観等に襲われている。同時に、物質生活の欠乏状態は一定の程度貧困者の家庭生活にも影響している。ある調査結果によると、貧困者の家族間の仲の良さは同年齢者の平均レベルを下回り、家族間のもめごとや衝突に巻き込まれる人も少なくない。一部の夫婦はそのために離婚話が持ち上がったり、妻が経済的困窮を苦に家出をしたりしている。また、一部の家庭では子女が学校を中退する事態になったり、または個人的尊厳を守るため、さらには子女のため社会交際上のイメージを保たなければならず、貧困状況を押し隠したりしている……家庭は社会をつくる細胞であり、家庭の安定は社会の安定に直接関係するということに、社会は必ず敏感でなければならない。
（2）失業が相当数の社会犯罪を引き起こしている。社会犯罪は比較的深刻な社会問題であり、これについてはさらに深く詳細な論述が必要である。1980年代末期及び90年代初期から現れ始め、それから上昇の一途をたどっている犯罪発生の流れを、ある学者は「第五次ピーク」と呼んでいる。[30] この呼称は解放以降犯罪発生のピークが五回目を数えることによるが、これまでの四回はいずれも特殊な原因が引き起こしたもので、その原因であった問題を解決すると、それに連れて犯罪の発生も収まった。しかし第五次の犯罪ピークは情況が異なり、その原因に特殊性は少なく、他の国の犯罪率が高いまま推移している原因とほぼ同じであるため、速やかに発生を抑える方法がなく、相当長期間にわたって持続する恐れがある。この第五次犯罪ピークを招いた原因は複雑であるが、一点間違いがないのは、深刻な失業問題がこのピークの、特に都市社会の犯罪急増の原因の一つであることだ。

失業や一時帰休は都市の多くの貧困状態の住民から生活の糧を奪い、彼らを切羽詰まった状態に追い込み、犯罪に走らせた。強盗や窃盗、さらには金品のために人命を奪う等、多くの刑事事件は失業と関係がある。その点についてとりわけ説得力があるのは、近年中国の都市及び町部の犯罪の中で、女性による犯罪の比率が明らかに上昇傾向を示していることだ。その原因はどこにあるのか。ある調査結果によって、その原因が都市の失業問題と密接に関係していることが分かった。80年代、さらに90年代初期まで、都市で売春・誘拐・“三陪”［一に酒の相手、二にダンスの相手、三に食事等の相手をすること（三番目は諸説あり一定していない）］等社会の醜悪な行為に関わる女性は大多数が貧困山間部の農家出身者であったが、現在ではこの“黄色隊伍”［ピンク部隊］に都市の一時帰休の女性労働者が大量に加わっている。筆者が数都市で公然・非公然を含めてそのような行為に従事する一部の女性を観察したところ、街角に立って男性の注意を引き、“黄色交易”［男女間の不正交遊］の機会を探す女性の多くが、都市の一時帰休中の女性労働者であった。公安部の報告によると、ここ数年の間に摘発された売春女性の多くはやはり都市の貧困状態の女性で、ときには取調官を窮地に追い込むような事例もあった。それは、法に則って処理をすれば窮状にある女性をますます苦しめ、その事態を避けようとすれば法を曲げ原則を破ることになるという矛盾する難題であったという。また、そのような都市の女性は一般に比較的良い教育を受けており、農村女性より考え方がはるかに複雑で、いったん犯罪に手を染めると危険性がより高くなる。彼女たちは売春のかたわら、ゆすり等の深刻な犯罪活動にもしばしば手を伸ばしており、重大な事件を引き起こす可能性が極めて大きい。このように、深刻な失業問題はより重大な犯罪を引き起こし、社会の正常な秩序や人々の正常な生活を害するため、政府や社会はこの問題を十分注視していくべきである。

4．長期間の失業が一部の失業者の社会生活上の姿勢を消極的傾向にさせている。

中国の都市及び町部の失業者・一時帰休者のうち、相当部分が深刻な被剥奪感または相対的な被剥奪感を抱いている。それら失業者・一時帰休者は過去数十年間一貫して強い優越感を抱いてきた人々、かつて国家の「寵児」であった人々である。90年代以降改革がいっそう推進されると、彼らは失業者・一時帰休者となり、都市の貧困者に身を落として昔日の優越感を失った。その変化はどうしても彼らの心理に極度の落差感を生み出し、また社会生活を送る上では、しだいに消極的傾向を育てることにつながった。四川省都市社会経済調査チームの調査結果で明らかになったところでは、200戸の典型的な都市失業者特別貧困家庭を対象とした部分では、被調査者の41％が生活に不満を持っている、

39％が大変不満を持っていると答えている。また、改革開放以降生活に明らかな改善が見られたことについて、約24％が同意しない、20％が全く同意しないと答えている。この調査結果が物語るように、都市の失業による貧困者は社会生活の姿勢ですでに明らかな消極的傾向を持っており、改革が人々の生活にもたらした利点を認めず、改革も支持しない態度をとっている。

最近、益普索咨詢公司［“咨詢”＝コンサルティング］が北京・上海・広州・天津・瀋陽・青島・秦皇島の7都市で、ランダムサンプリングした2,248名の長期居住者を対象に電話によるヒアリング調査を実施した。その結果によると、80.1％の都市住民が現在の生活に満足感を表しており、半数近く（46％）の都市住民が最近の生活レベルは半年前より明らかに向上したと思っている。7割の都市住民は半年後の生活が「良くなる」ことにも比較的自信を持っているようで、各所得層で楽観的姿勢を持つ者の割合がいずれも40％を超えている。このような結果も出てはいるが、低所得者の生活の質は依然憂慮される状態にある。月収1,500元以下の家庭の人々の生活に対する満足度は明らかに低すぎ、生活に不満を感じている人が1/3を占める。それと同時に、低所得者は将来の生活に対しても自信を持っていないようで、将来の生活状況に楽観的姿勢を持っている人は42％しかいなかった。

調査結果から、次のような法則が浮かび上がった。収入が高い人ほど生活に対する満足度が高く、月収8,000元以上の住民は生活に対する満足度が90％近くに達し、「衣食に憂いなし」という楽観的姿勢を十分反映している。そのほか、高所得者の61％が将来はさらに良くなると信じている。逆に、収入が低い人ほど悲観的な傾向を示している。月収が1,500元以下の住民で、生活レベルがある程度向上していると答えた人はわずか35％で、月収8,000元以上のグループの数値（56.1％）をはるかに下回っている。また、15％の低所得層（月収1,500元以下）は自分の生活レベルが半年前より下がったと感じているが、このような悲観的な感覚を抱いている人は、高所得層ではわずか2％に過ぎない。[31]

この調査結果が示す通り、人々の社会生活における姿勢は主に経済所得の高低によって決まっている。収入が高くなるほど現実生活に肯定的な態度を取るようになり、収入が低くなるほど現実生活に否定的な態度を取るようになる。膨大な失業者の中で、一部の失業期間が長い人は収入が低く、さらに収入がほぼゼロの人さえいて、彼らは救済金だけを頼りに生活を維持している。このような経済的地位が彼らの心理に反映した結果が、現実生活に不満を感じ、将来の生活に自信を失っている状態である。彼らが社会生活を送る態度は悲観的で失望しているか、さもなければ消極的傾向を持つかのいずれかである。

総じて言うと、長期的に失業状態にある少数の人は、社会生活中ですでにマイナスの傾向を見せている。深いレベルまで進行したこの問題は、特に全社会が関心を寄せるに値すると考えられる。

第三節 大学の学生募集拡大と知識失業

1990年代中国の失業者の教育程度はおしなべて低かったため、一般的にその失業の原因を彼らが受けてきた教育が不十分であることに帰する見方があった。しかし、21世紀に入ってから中国の失業者中に新しい層が増えた――すなわち大量の大卒者が失業者の列に加わり、“知識失業”という問題が注目を集め始めた。長期にわたって、大学生は立派な教育を受けてきた若者たちであり、一般に失業とは無縁であると考えられてきた。だが、残酷な現実がそのような幻想を打ち破り、大学生にとって「卒業即失業」という事態がすでに回避しようのない事実になっている。社会では大卒者の失業という事態を受け入れる心理的準備が十分ではないため、誤った認識まで存在しており、この問題については特に取り上げて検討を加える必要がある。

一、大学の学生募集拡大及びその利害

(一) 大学の学生募集拡大の概況

中国の大学にとって、1999年が重要な転換点であったことは間違いがない。その年、中国の大学は大規模な学生募集拡大を始め、在校生数が急激に増加し始めた。一時期、この大学生募集拡大は政府・社会・マスメディア、さらには巷の雑談でもホットな話題となり、賛同する人も、また懸念を示す人も少なくなかった。大学生募集拡大は2007年までにもう8年続いているが、いったいどのような情況なのか。また、どのような結果を生み出しているのか。まず、大学生募集拡大のこれまでの情況についてざっと振り返る。

1997年にアジア経済危機が勃発して、アジア全体ひいては世界の経済が一様に落ち込む事態になった。中国の経済が受けたショックも小さいとは言えず、国外の需要不足によって経済の急成長が一定の程度制限されたので、そうした情況下で中国政府は内需を牽引する方針を打ち出した。だが、当時中国では国有企業改革がまさに正念場に入った段階であり、大量の労働者が失業や一時帰休の状態にあって収入も著しく落ち込んでいた。その時期にはまた、国家の社会保障システムもできていなかったので、失業者・一時帰休者の生活は巨大な

圧力に直面していたのである。そのような背景のもとで、大多数の人々は将来の生活に対する不安から消費後に残った金を銀行に預け入れ、銀行の預金額が大幅に上昇した。中央政府は当時連続9回にわたり利息を引き下げたが、内需の増加につなげることはできず、内需は大幅に不足していた。

1998年、通貨政策や財政政策による内需刺激があまり効果を生まない中で、政府や理論的指導者は高等教育に目を向け、高等教育機関［大学及び大学レベルの各種学校］拡大のプランを練っていた。当時の理論的指導者たちは、内需不足が経済発展の後発パワーの欠乏・相場の下落・就業への希望喪失・失業問題の深刻化を招いていると考えていた。そして、大学の学生募集を拡大することによって数百万の就業ポストを創出し、失業者・一時帰休者に提供して就業圧力を緩和することができるとともに、4年後または7年後に募集拡大で増加した大学生が卒業・就職をするときになれば、経済はすでに間違いなく回復しており、その時点での再就職は大きな問題ではなくなると見ていた。さらに重要なのは、高等教育の学生募集拡大に当たり学費徴収制度をとったため、一般庶民は大量の金を懐から出して子供の進学に充てなければならず、そうなれば国内消費を引き出すことができ、内需不足の問題も解決が図れると見ていたことだ。このような見方はたちまち中央政府の承認を得て、高等教育機関の学生募集拡大政策が速やかに決定され、打ち出された。それに続き、高等教育機関はほとんど何の準備もしていない情況で、大規模な募集拡大に踏み切った。実情を正直に言うと、当時の高等教育機関の学生募集拡大の主目的は真に青年の文化的素養を高めることではなく、内需不足、そしてそれまで続いていた消費や投資の弱気を考えてのことであり、外からのパワーで国民が貯蓄を減らし消費を増やすよう押し進めることが差し迫って必要であったからである。恐らくこうした理由によるのだろうが、高等教育機関の学生募集拡大は実施後に少なからぬ論議を引き起こした。

1999年、高等教育機関の大規模な学生募集拡大は初年度だけで募集者数を50万人増やし、同年の募集者数は160万人近くになって、前年の107万人と比べ増加幅は49.5％に跳ね上がった。2005年の募集者数はすでに500余万人に達している。1998年から2005年の7年間で募集者数は5倍になり、年平均22％の増加を見せて、人口・経済・基礎教育等の成長ペースを大幅に超えていた。(32) 2006年の募集者数はさらに540万人に上り、募集拡大前の5倍強となった。大学在校生数は80年代末期の700余万人から2006年にはすでに2,000余万人に膨らみ、総数では3倍になった。関連部門の情報によると、財政力不足や就業圧力の影響により、2007年には学生募集者数の制限に転じ、募集者数が大幅に増加する見込みはもうないとされた。前教育部長周済は2007年高等教育機関学生募集工作会議の準備段階で、同年全国普通高等教育機関本科及び専科の募集計画人数は567万人であり、前年比27万人増、増加率5％になると指摘した。(33) ここに及び、1999年に始まった高等教育機関の大規模な学生募集拡大に、ほぼ終止符が打たれることになった。

(二) 高等教育機関の学生募集拡大の利害

高等教育機関における近年の過度とも言える大規模な学生募集拡大には、社会一般の人々も学術界の面々も大きな関心を寄せ、“仁者見仁、智者見智”〔同一の事物に対しても立場や観点によりさまざまな見方があるという意味〕という状況であった。学生募集拡大に賛同する人も、あるいは婉曲な批判の声を上げる人もいたし、さらには学生募集拡大を中国高等教育の失敗だと見なす人さえいた。これについて筆者は、高等教育機関の学生募集拡大を賞賛してやまない人が言うように問題がまるでないわけではないし、また同時に、否定的態度を示す人が言うようにプラスがまったくないわけでもないと考える。実情に即して言えば、高等教育機関の学生募集拡大には利点も弊害もあったが、総体的には利点が弊害を上回っており、それが中国の高等教育に貢献したことを肯定するべきであろう。

貢献その1：多くの少年少女の「大学進学への夢」をかなえた。中国の歴史上、学問は長期にわたり少数の人々のみに与えられた特権であり、学問を修めることは高い官位を得て豊かになる道であって、いわゆる「学ビテ優ナレバ即チ仕フ」という言葉通りの状況であった。その後、共産党が政権を握り、労働者が国家の中心になっても、その局面を変えることはできなかった。大多数の人々は厳しい統一試験制度によって大学の門外に閉め出されていたので、大学進学は数多の少年少女の夢であり、大学生は時代の「寵児」と目されていた。いったん大学に入れば「金庫」に入ったも同然〔将来を案じる必要がないという意味〕で、国が学費も就職も面倒を見てくれ、卒業後は当然のように国家の幹部になった。本質的には、このような統一試験制度は「貴族教育」と何ら変わりがなく、大部分の人々が高等教育とは無縁であった。

実際のところ、近代工業革命以降、教育は身分を象徴するものであっただけでなく、労働技能を育成する手段でもあった。このような現実が客観的に教育の貴族化という傾向を改めるよう要求し、労働者一人一人に教育を受ける機会を提供した。つまり、教育の大衆化は近代社会の発展が客観的に要求したものである。それぞれの国家が種々の条件の制約を受け、教育の大衆化を実現した時期に差異はあるものの、このような結果は早晩現れるものであった。今、世界の大多数の先進国では、そのほとんどが経済が一定の程度まで発展した後で、「エリート教育」から「大衆教育」への転換を実現している。したがって、教育の大衆化は近代社会発展のため客観的に求められることであり、また近代社会発展の必然的結果でもある。

高等教育大衆化の恩恵を実際に被るのは数多の少年少女で、学生募集拡大は彼らに高等教育を受ける千載一遇の機会を与えた。まさに高等教育機関学生募集拡大の提唱者の一人である湯敏が言ったように、「学生募集拡大以降、中国では一般大学の本科・専科への入学者数が1999年160万人から2004年447万人まで増加した。在校生数は413万人から1,334万人に増加した。このように大規模な学生数増加は、無数の青年学徒を高等教育の場に受け入れ、人生の新しい飛躍に向けてスタートさせたのである。国連の統計によると、中国の進学適齢青年が高等教育を受ける割合は1991年の3％から2003年の13％に上昇し、世界ランキングは131位から114位に上がった。学生募集拡大が中国社会にもたらした影響は大きく、軽視することはできない。都市では、進学適齢青年が大学に進むのはすでに困難なことではなくなった。筆者は近年しばしば貧困地域を訪問しているが、多くの辺鄙な村落で、村の歴史上初めて大学に進んだ学生が出たという例に接した。大学の学生募集拡大は民族の素質を大幅に向上させ、中国の教育レベル・人的資本レベルを大きく引き上げた。この深く大きな影響は今後10年または20年でより明確に現れてくるであろう。大規模な学生募集拡大とともに、高等教育機関そのものも目覚ましい発展を見せ、大学数は1999年の1,071校から2004年の1,731校にまで増加して、大学の教員数も倍増した。高校教育・大学院教育も同時に拡大しつつあって、高校生数は2倍になり、1999年1049.7万人から2004年には2220.4万人まで増加、また大学院生も3.5倍に増加した。大学の学生募集拡大は、中国が今後よりハイレベルな国際競争に加わって自主創新の発展を遂げるために、豊かな人材と知識の基盤を形成した。」[34] 高等教育機関の学生募集拡大は種々の不利なマイナス効果をもたらしもしたが、多数の学生に教育を受ける機会を提供したことは否めない。この点については、国家及び教育部も肯定をしている。前教育部長周済は2006年中国発展高層論壇［トップフォーラム］の席上で、「2005年には各種の高等教育機関の在校生総数はすでに2,300万人を超え、2000年より1,071万人増加した。高等教育機関への入学率は概算で21％に達し、2000年比8.5ポイント上昇して、国際的に公認されている大衆化のレベルに入った」[35] と述べた。この発言は、国家と教育部が数年来の高等教育機関学生募集拡大に対して、主に是認する態度をとっていることを表している。

貢献その2：国家のため将来の経済・社会発展に適応する人材を大量に育成して蓄えた。高等教育機関の学生募集拡大に反対の立場をとる一部の人々は、数年来の学生募集拡大が大学生の就職難を招き、大学生が卒業と同時に失業状態になることは人的資源の大きな浪費であると考えている。しかし世界各国との比較、また将来の経済・社会発展上のニーズを考慮すると、そのような見方は正確さに欠ける。なぜなら、世界各国と比較すると中国の大学生数の総人口比は高いどころかはるかに低い。さらに将来の経済・社会発展による人材ニーズを考慮すると、この問題をよりうまく説明できる。ダボスの世界経済フォーラムで首席を務めた経済学者オーガスタス・ロペス・コラロスが2003年に中国メディアのインタビューを受けたとき語ったように、中国の大学生数は総人口の3％を占めるに過ぎず、大学入学率は世界で78位である。そのため、彼はさらに「これは深刻な問題である」と言って特に注意を喚起した。なぜかと言うと、国の将来は要するに現在教育を受けている人材によってつくられるのであり、教育は将来へのエンジンである。したがって、中国の大学生は多いのではなく、少なすぎるのである。中国は財政等の面の投入を増やし、大学生数の総人口に占める割合を適切に引き上げ、それを通して、またその他の方法も併用して国民の総体的教育レベルの向上を図っていくべきである。

貢献その3：高等教育に画期的な発展の機会を提供し、高等教育が未曾有の発展を遂げた。高等教育機関の学生募集拡大以降、相応して教育設備の不足・教職員の力量不足・教育施設が狭小である等の問題が上がってきた。これらは問題でもあり、原動力でもあった。そのため、国家はここ10年高等教育への投入を大幅に増やし、高等教育は急速な発展を遂げた。高等教育機関のここ数年の設備拡張・「土地の囲い込み」に対して婉曲な批判を表す人々も少なくはなく、そのような人々は「大学ト謂フトコロハ、大楼ノ有ルヲ謂フニ非ザルナリ、大師ノ有ルヲ謂フナリ」と見ている。しかし仔細に考えてみると、そのような見方は実際には一面的なものであると気付く。世界に目を向けると、当世の世界に大量の投入なくして有名大学になり得たところがあろうか。真に近代的な大学には“大師”と“大楼”とが存在するはずだ。したがって、適当な「大楼」を造ることは世界の一流大学への道を実現する基礎である。著名な高等学府である南京大学を例にとれば、1999年に「985」プロジェクトの第一期が始動するまで、前後50年間の国家の同校への財政投入総額は「985」プロジェクトの第一期投入額に及ばず（国家及び江蘇省政府の1999～2002年の3年間の投入額は12億元）、その発展を大きく制約しており、前学長曲欽岳が資金不足で大学の正常な運営などできないと憤慨して辞職する事態に至っていた。「985」プロジェクト第一期の12億元の投入は同校の運営条件を大きく改善した上、同校に解放以降見られなかった急速な発展をもたらした。2006年に南京大学は国家が授与する自然科学二等賞を28項目中4項目で受賞し（一等賞は該当なし)、全国すべての科学研究施設が獲得した賞の総数の1/7を手にした。2007年には南京大学はさらに自然科学一等賞2項目のうち1項目で受賞を果たしたが、自然科学一等賞の受賞は国内の高等教育機関では初の快挙であった。同じように、中国最大の都市上海にある著名な大学――上海交通大学も「985」プロジェクトによる国家及び地方政府の強力な支持を得る機会に恵まれ、空前の発展を遂げた。基礎研究レベルをはかるものとして重要な指標であるSCI論文を例に取ると、同校の1998年のSCI論文総数はわずかに50余編であったが、2009年にはこの指標はすでに3,100余編に達している。その目覚ましい急増は全国の高等教育機関でもほとんど例を見ず、これは同校がここ数年飛躍的発展を遂げた結果であると言わざるを得ない。

このような飛躍的発展については、同校のある学院であったささやかな出来事からも片鱗がうかがえる。大学側が極力国際化を提唱する中で、その学院では2003年から毎年ノルウェーの著名な大学――ベルゲン大学の教授を講義のために3週間招聘しているが、ある教授は毎年起こっている変化を目にして大いに驚嘆し、まったく考えられないことだと感じたらしい。その様子に対して、学院長はユーモア交じりに「これがまさに中国の特色ある飛躍的発展ですよ！」と言った。その教授はそれを聞くと少し考えてから、こう応じた。「貴校の飛躍的発展から中国全体の飛躍的発展がうかがえますね。」この簡潔な一問一答は、中国の高等教育、ひいては中国全体の10年来の急速な発展情況に対する両者それぞれの感銘や理解をよく表している。

これに類した情況は少数の高等教育機関で起こっただけではなく、最近10年間に高等教育機関が発展する中で見られた普遍的な事実である。これらが物語るように、近年中国の大学はかつてない著しい発展を遂げた。その過程では種々の問題が発生し、さらに比較的重大な問題もいくつか存在はしたが、大学が学生募集拡大の期間中に大きく発展したことは否定できない事実である。それは大学の将来の発展に好ましい基礎を築き、中国の大学が世界の一流大学になる道を邁進していく準備を整えた。

当然ながら、高等教育機関の学生募集拡大がもたらした効用を認めることは、その弊害を否定するものではない。逆に、準備不足や「動機が不純」等の理由から高等教育機関の学生募集拡大は確かに少なからぬ問題を生み出し、それがまた人々の追及、さらには非難を受ける理由になっている。まとめると、高等教育機関の学生募集拡大が生み出したマイナス効果は主に次の数点である。

1．高等教育機関の学生募集拡大によって、高等教育機関の教育の質が相対的にある程度低下した。高等教育機関の学生募集拡大後、中国の高等教育の質は総体としては着実に向上したが、それによって高等教育の質がしかるべきレベルに達したと見ることは決してできず、相対的には個々の点で教育の質がある程度低下した。国家の権威筋の機関はこうした見方を承認せず、現在の大学生の英語・コンピュータ等の学科のレベルは80年代のそれに比べてずっと高いことから、教育の質は学生募集拡大以降低下してはおらず、比較的大きな向上を得たという結論を出している。だが筆者は、そのような見方は成り立たないと考える。大学生の英語・コンピュータのレベル向上は高等教育が発展した必然的な結果であるとしか言えず、それをもって教育の質が向上した根拠とすることはできない。実際に、高等教育機関の学生募集拡大以降、教育条件の悪化・管理が追い付かない・教師の負担過重等の理由で、高等教育機関の教育の質は相対的にある程度下がっており、達成されるべきレベルには至っていない。

謝安邦らが実施したサンプリング調査の結果によると、高等教育機関の学生募集拡大以降、教育の質は確かに一定の影響を被り、相対的にある程度下がっている。(36)

調査グループは全国9省・市の大学15校を調査対象として選び、学生の層及び種類を分けてランダムサンプリングする方法で調査を実施した。調査対象の大学の分布は、東部地域が10校、そのうち研究型の大学が3校、教育型兼研究型の大学が6校、教育型の大学が1校、中部地域が3校でいずれも教育型兼研究型の大学、西部地域が2校でやはりいずれも教育型兼研究型の大学である。授業管理者（総合大学で授業主管の副校長・教務処処長・単科大学で授業主管の院長あるいは学科主任）対象のアンケートは発送数60部、回収数57部、有効回答率91%であった。教師対象のアンケートは発送数300部、回収数213部、有効回答率71%、また学生対象のアンケートは発送数750部、回収した有効サンプル数703部、有効回答率93.8%であった。そのサンプル分析の結果、教師の側から見ても学生の側から見ても、高等教育機関の学生募集拡大後の情況は楽観を許さないものであることが明らかになった。大多数の高等教育機関には程度の差こそあれ、教育資源が不足している・教師の役割が重くなり、学生の学習条件がある程度悪化する等の問題が存在しており、それによって必然的に教育の質がある程度下がる結果を招いたが、これは回避できないことであった。

2．高等教育機関の学生募集拡大は、学生の家庭、特に貧困家庭の経済的負担を重くした。高等教育機関の学生募集拡大後、大学は学費徴収制度を実施し始め、無償教育は歴史の一部となった。学費徴収制度の実施は、一面では大学の運営経費不足の局面をある程度緩和させたが、また一面では重い学費の負担を学生及びその家庭に回し、学生の進学にかかる負担が重くなった。近年では、住宅・医療・教育を指して、庶民の頭上にのしかかる「三つの大難」という人がいる。この表現はいささか一面的だが、庶民の悩みを言い得たものだ。このように、高い教育支出はすでに庶民の重い経済的負担になっている。現在までのところ、高等教育機関の学費徴収基準は初年度年額2,000～3,000元前後だったものが、徐々に増加してすでに年額6,000～10,000元前後になっている。それぞれの学校や専門によって小さな差異はあるものの、およそこのレベルにある学校が多い。少数の裕福な家庭にとってこの徴収基準は大した額ではなく、家庭に大きな圧力をもたらすこともないであろう。だが、一部の貧困状態にある山間部の家庭や都市及び町部の失業者・一時帰休者の家庭にとっては、重い負担である。高等教育機関の学費が高額であるため「学校に行けない」ことは、当世の社会の大きな問題になっている。農民の家庭では、一生苦労して働き続け、一生倹約し続けても、かろうじて大学生一人分の学費をひねり出すことしかできない。まして、今や少なくない一時帰休者の家庭、農村の貧困家庭は言うに及ばない。大学進学にかかる経費は、そのような家庭にとっては全く天文学的な数字である。教育費、とりわけ高等教育にかかる費用は、すでに下層の庶民には耐えられない重い負担となっている。

『新京報』の調査及び報道では、大学生のうち貧困状態にある者の割合は20％、約240万人であり、貧困状態がはなはだしい者は5～10％、約160万人である。2004年都市及び町部の住民の年平均純収入と農民の年平均純収入は、それぞれ9,422元、2,936元であった。仮に貧困状態の大学生の一人当たり年平均支出を7,000元（学費・生活費・住宅費）として計算すると、一人が本科で4年間学ぶのに最低2.8万元かかり、この額は貧困状態の県の農民一人の35年分の純収入に相当する。そして、これにはまだ食費・衣料費・医療費・養老年金等が含まれていない。多くの貧困学生の家庭は未だに「食糧を得るのも天候頼み」という状態である。加えてそのような状態の地域は交通が不便で、自動車使用率はわずか15％に過ぎず、自転車使用率が61.7％と高いほか、情報が限られ、人材が欠乏して、経済的サポートも少ないため、山間部の資源の開発・利用が十分ではない。さまざまな要素の制約を受け、調査地域の農民のうち、2004年に中国の農民の年平均純収入2,936元を超えた者の割合は19.8％にとどまっている。[37] ここから、高等教育機関の学生募集拡大以降の教育有料化が貧困家庭にもたらす負担がいかに重いかを理解できよう。

3．高等教育機関の学生募集拡大は同機関の無計画な拡張を招き、さらに財務の逼迫や負債過多という結果をもたらした。高等教育機関の学生募集拡大以降、大多数の高等教育機関の現有教育資源は日々増加する学生のニーズを満たせず、とくに教室・宿舎等のハード面は増加の需要に追い付けなかったため、新しい用地開拓が多くの高等教育機関の選択するところとなった。実情に即して言えば、今では多くの人が高等教育機関の新用地開拓を、手柄を立てようと焦ったり政治的成績をあげる必要があったりした学校トップの責任に帰するが、それは客観性に欠ける。そのような理由が含まれることも排除はできないが、主な理由はやはり、学生募集拡大以降それまでの校用地では日々大きくなる教学上のニーズが満たせなくなった結果である。したがって、校用地の面積を適当に拡大して教学上のニーズを満たすことは、本来過度に非難すべきことではない。しかし、ことは当初それを計画した者の思惑通りには進まず、膨らみ続けた校用地拡張の欲望は21世紀初頭に中国全土で巻き起こった、すさまじい勢いの「土地囲い込み運動」を招いた。やがて、各省・各地域は互いに競い合い、積極的に「土地囲い込み運動」に加わって、一時期“高校城”[“城”＝大型専門施設]の建設は各地方政府が先を争って取り組んだ、メンツを保つための事業になっていた。

関連の研究によると、中国の大学施設建設は1990年代に高等教育機関の合併や学生募集拡大後に始まったとされる。2000年8月、廊坊東方大学城の建設を皮切りに、その後上海松江・北京昌平等の大学城が相次いで建設され、わずか２年のうちに全国で建設された大学城は50余カ所に達し、21の省・市に及んだ。2002年に投入された費用は325.89億元、キャンパスの総建築面積は1,436.97万平米で、高等教育機関134校、在校生59.7万人を収容した。これにとどまらず、各地の大学城建設は次から次へと進み、さらに先を争って大規模化した上、相当の部分で耕地を占用した。加えて一部の地方政府は大学城建設の必要性や基本条件についてしかるべき論拠も持たず、建設地は不正確、進め方が粗略で、功利心ばかりが勝ち、その結果大学城はどんどん巨大化した。廊坊東方大学城は占有面積6.7平方キロメートル、湖南「岳麓山大学城」は44平方キロメートル、河南「鄭州大学城」や湖北「黄家湖大学城」はともに50平方キロメートルである。すでに工事が始まった「広州大学城」の第一期工事の占有面積は17平方キロメートル、第二期工事の計画面積は43平方キロメートル、また南京「仙林大学城」の計画面積は70平方キロメートルに達する……。(38)

しかしながら、大学城が「盛んに発展する」背後には、すでにいくつもの危機が潜んでいた。その一つは、紛れもなく巨大な債務返済問題である。わずか数年の間に、高等教育機関はと近代的な新しいキャンパスを建設しようとしたが、資金の出どころが大問題となった。このとき銀行が「援助」の手を差し伸べ、2000年前後から高等教育機関に大規模な貸付けを行い、高等教育機関の焦眉の急を救った。しかし、銀行が金をタダで貸し出すはずはない。銀行が高等教育機関を貸付け対象の目標に選んだのは、高等教育機関が政府の管理下にあり、万一高等教育機関が返済不能となった場合は政府がその返済責任を負わざるを得ないからである。したがって、高等教育機関への貸付けは銀行にとって最もリスクがない。ある独立した調査研究によると、中国の公立高等教育機関への貸付金規模は2,000～2,500億元にのぼる。1999年の学生募集拡大からローン騒動に巻き込まれていった高等教育機関は、2008年前後に相次いで返済のピークを迎えることとなった。そして、学生募集拡大が各大学にもたらした財務危機がついに火を噴いた。2007年3月19日、吉林大学は校内ネットワークで通知を流して同校の負債額が30億元であることを発表し、教師や学生から困難な財務問題解決の方法を募った。(39) これが中国の高等教育機関学生募集拡大が引き起こした財務危機の幕開けになった。山東省人民代表大会財経委員会の調査によると、高等教育機関の学生募集拡大や移転によって、山東省高等教育機関のローン規模は急速に拡大した。2005年5月までに山東省教育庁所属の23校の高等教育機関のローン残高は75.4億元で、2004年総収入の1.57倍にあたり、そのうち5校のローン残高は総収入の2倍を超えていた。これらのローンは毎年利息だけで4.3億元必要であったが、省の高等教育機関への財政投入の増加額は毎年1億元しかない。ローン返済のピークが到来するに連れ、一部の高等教育機関は運営が困難になった。広州大学城にある広東工業大学も最近似た問題にぶつかり、20余億元に達するローンをいかに期日内に返済するかが、同校が引き続き発展していく上での第一の難問になった。同校の返済予算に基づくと、そのローンは今後30～50年にわたり返済していくことになっているが、銀行の返済期限は8～15年しかなかった。(40)

こうした情況に対して、著名な社会学者李培林は、近年中国の高等教育は速やかな発展を遂げたが、大学の常軌を逸した規模拡大が新しい問題をもたらしたとみている。全国の大学は10年前の1,000校前後から現在の2,000校近くにまで増加したが、管理や教育の質が相応して向上しなかったほか、拡大中の債務問題も日々明らかになっている。ある大学はすでに赤字経営に陥り、債務の利息分さえ償還する術がなく、さらに大学の債務責任者は欠員になっており、過去の国有企業の債務問題に似た情況を呈している。大学の債務は銀行の財務リスクを高め、最終的には新しい不良債権になる恐れが高く、大学にいっそう「収

入を創り出す」方向に進むよう強制している。(41)

高等教育機関が背負ったこのような多額の債務に対して、最後にいったい誰が尻拭いをするのか多くの者が関心を寄せてはいるが、まだこの問題には統一的な見解がない。一部には、最後に尻拭いをするのは庶民だ、なぜなら学校はやむを得ない情況下でさらに学費を引き上げ、債務償還に充てるからだ、という見方がある。そのような処理方法は「学問無用論」の新たな広がりを助長し、多くの人は学費が払えないため大学で学ぶ機会を放棄するようになるであろう。また一部には、中国の大学はどのみち政府の主管であり、政府が最後の尻拭いをするだろう、という見方もある。さらには、前述の李培林の考えを支持し、高等教育機関のローンは80年代末期～90年代初期の国有企業のローンのように最終的には貸し倒れ・不良債権になるだろうと見ている者もいる。最近、教育部の主担当者はこのような情況に対して見解を発表し、2007年7月までに大学の債務についての調査活動を終え、それから相応しい解決方法を探していくことを公約した。

高等教育機関の学生募集拡大は、主に以上三方面の問題を引き起こしたほか、さらにもう一つ最も注目を集める問題を生み出した。それは大卒者の失業問題である。この問題はことのほか注視されているため、次にそれに絞って論を進める。

二、知識失業及びその結果

“知識失業”(Educated Unemployment)という概念について、目下のところ中国の学界ではまだ統一的な見解が形成されていない。字面から理解するなら、それは教育を受けた者の失業である。この言葉が中国に導入された当初、いろいろな学者がそれを、教育を受けた者の失業・教育性失業・知識性失業・知識型失業・知識人の失業等の異なる表現に訳出した。本稿ではこの概念に対する理解にこだわるつもりはなく、この概念を借用して次のような失業の類型を説明したいと望んでいるに過ぎない。その類型とは、労働者は中等・高等以上の教育を受けていて、労働の意欲があるにもかかわらず就業できない状況、あるいは労働者を従事させる仕事はあるものの、仕事の性質がそれほど高い教育レベルを必要としない状況である。本稿では主に前者の意味で“知識失業”という概念を用い、同時に必要な場合は後者の意味をも兼ねることとする。

（一）知識失業の現状

1980年代、特に労使双方による選択・職業自主選択という就業政策が実施されてから、大学生の就職難が社会の関心を集めるホットな話題になり、それ以降就職難はいっそう厳しくなる傾向にある。西洋の国家や日本、そして多くの発展途上国にかつて現れた知識失業の問題が、中国にも上陸し始めたのだ。まず、知識失業は失業者層の中に一定の割合の大卒者が出現するという形で現れた。『経済日報』2001年8月31日の記事では、北京市労働及び社会保障局失業保険処が提供した数字によると、2001年6月末までに、北京市の登録失業者数は4.02万人、そのうち大学レベル以上の学歴を持つ者が0.21万人であるとしている。別のメディアの報道によると、深圳市労働局失業科の統計データでは、2000年12月31日現在、深圳市の大学レベル以上の学歴を持つ登録失業者数は2,869人、うち大学院修士課程修了者はわずか2名であったという。しかし2001年5月9日になると、全市の都市及び町部の登録失業者中、大学レベル以上の学歴を持つ失業者数は3,157人に達し、失業者総数の12.34％を占めた。これらの数字には労働部門に失業登録していない「潜在的失業者」は含まれていない。北京市統計局が発表した『北京市失業人口状況分析』によると、失業者中73.7％は労働部門に失業登録に行っていない。次に、知識失業の問題は大学新卒者の就職難の問題により集中して反映され、この点は大学生の卒業時の就業率からも証明できる。2001年5月30日、『中国教育報』が2000年の大学生就業率の状況を発表したが、その記事によると「重点大学・一般大学及び高等専門学校卒業生の就業情勢から見ると、重点大学の卒業生は比較的理想の状態にあり、人材のニーズと供給がほぼ釣り合い、就業率は82.75％である。一般大学の卒業生の就職には一定の圧力があるが、大きなものではなく、就業率は68.2％である。高等専門学校卒業生の就職はやや困難で、その就業率は41.23％である」という。記事に付された理・工・医・農学系の専門課程卒業生の就業率の専門別分布が示すように、農学系全体で就業危機・就業困難、及び就業が厳しいという割合が89.13％を占める。1999年から中国では全国的な高等教育機関の学生募集拡大が始まり、2002年全国の大学卒業生総数は記録を更新して145万人に達した。2003年、この数字は212万人まで急激に膨れ上がり、ニュースメディアの報道によると、大学生の就職に対する希望は一様に低下してはいるが、それでも依然就業情勢は楽観を許さないという。それだけでなく、ここ数年間一貫して就業情勢が比較的好調であった大学院生の就職も「寒流にぶつかり」始めた。2003年春はSARSの襲撃に遭ったため、同年7月卒業の大学生就業率はわずか51％であり、この問題について社会各界のいっそう強い関心を呼び起こした。専門家の推計によると、最近数年大学生の就業率は70%前後であるが、多くの人がこれは相当控え目な推計であると見ている。だがそうであるとしても、2003年は64万人前後の大学生が卒業時に職場を確保できなかったことになり、2004年になるとその数字はさらに80余万人に達する。(42)

これらの数字が表しているのは、わずか数年前の問題である。高等教育の周期性を考慮すれば、中国の本当に深刻な知識失業の問題は実際には2003年から始まっている。なぜならば、大規模な高等教育機関の学生募集拡大が始まったのは1999年であり、その年の新入生が2003年に卒業を迎えたので、2003年を大規模な知識失業の端緒であると見なせるのである。SARSの影響を受け、その年の大卒者の就職率は50%をやや上回る程度で、70余万人の大学生（政府発表の数字はこれよりやや低い）が卒業時にまだ就職が決まっていなかった。それ以降、中国では毎年学生募集数がおよそ年平均20%増のペースで増え続けて、2004年には460余万人に達した。就業率70%で計算すると、その年だけでも130余万人の大卒者は就職ができず、その前4年分の累積未就業者数を加えれば、未就業の大卒者は300万人を超えると見込まれていた。

今後数年中に、高等教育機関学生募集数は種々の圧力によってある程度抑制されるであろうが、慣性作用が働いて知識失業問題はさらに悪化していくであろう。簡単な推算をすると、2005年の大学生募集数は500万人を突破し、2006年には540万人、2007年には教育部の関係幹部の情報によると募集数が20万人増加するので、560万人前後に達する。この増加傾向が続けば、2008年大学生募集数は600万人前後に近付くか、あるいはそれに達する。先と同様に就業率70%で推算すれば、2012年には大卒者の累計失業者数は900万人を超え、さらには1,000万人（すでに存在する累積未就業者300万人に2009～2012年に増加する630万人前後を加算）に近付く恐れさえある。当然、毎年の大学院進学者や国外留学、及び新卒で就職したが新たに再就職した等のケースを除けば、実際の数字はこれよりいささか少なくなるだろう。だが、たとえ修士や博士の課程に進もうと最終的には就業するのだから、就業が数年延びるだけであり、大学院進学が就業の道であるわけはない。

このような機械的な算出法で得られた数字は、将来の実情とはいささか差異があるだろうが、これから数年のうちに、中国に膨大な数量の知識失業者が存在するようになることは間違いない。注意すべきであるのは、これらのデータが示しているのは大学生の就業状況に過ぎないことである。近年社会で目立つ大学院生の就業難や、博士号取得者の就業も日々厳しくなっている問題まで考慮に入れれば、知識失業の問題はさらに深刻になるだろう。このように膨大な数量の知識失業者は、いかなる国家にもいかなる時代にもかつて存在しなかったものであり、中国の政府や社会全体にとって何をおいても最優先で重視していかねばならない問題である。

(二) 深刻な知識失業の結果

知識失業の結果その1：人材のはなはだしい浪費を招く。これまで述べたように、中国の大学生数が総人口に占める割合は実際には決して高くはなく、インドのような発展途上国のレベルを下回りさえする。したがって、人材の欠乏は依然中国の将来の経済発展を制約するボトルネックになっている。そのような情況下で数百万に及ぶ大卒者が失業状態にある、または彼らを有効に利用できないとは、人材のはなはだしい浪費と言うよりほかにない。

ある学者は中国の深刻な人材浪費現象を次の三方面にまとめている。(43)

(1)"教育過度"型の人材浪費

いわゆる"教育過度"とは、国民経済の人的資源に対するニーズと比較しての表現であり、学校で育成された知識労働者の一部が仕事に就けず知識失業者になること、または専門的能力を発揮できない職場で働くことを余儀なくされ、学んだものを生かせないこと、志望を曲げて譲歩し、レベルの低い仕事を求めるという「教育代替」現象を生み出すこと等である。中国の"教育過度"が招いた人材浪費問題は、極めて深刻である。

教育部が発表した情報によると、2005年全国の一般高等教育機関卒業生数は338万人に達し、前年比で58万人増加、増加幅は20.71%であった。これに加え、前年までの卒業生で就業できていない者が当年の就業先争奪戦に加わるため、教育部の見込みでは、2005年に全国で実際に就業が必要な一般高等教育機関卒業者数は400万人を突破するという。しかし関連部門が統計をとった雇用ニーズの総数は、毎年ある程度増えてはいるものの、卒業生総数の伸びにははるかに及ばない。このような「僧が多く粥が少ない」という就業情勢は相当数の卒業生が卒業までに就業先を見付けられず、知識失業の状態に追い込まれることを意味する。つまり、その部分の人的資源への投入は予期した収益を得ることができない、あるいは予期した収益の獲得を先延ばしすることになる。要するに、教育によって生まれたもの（人材）が分配や流通の過程、消費の過程で浪費される現象が現れている。

(2)"学歴高消費"型の人材浪費

"学歴高消費"とは、高学歴者がその能力に相応しい職場を得て仕事をすることができないと同時に、社会の雇用単位が実際のニーズに関係なく、常に高学歴者を選択する現象を指す。経済が相対的に発達した多数の都市では、雇用単位の人材に対する要求はおしなべて高くなっている。秘書・セールス等の職務は本科卒以上、コンピュータ・法律・商工管理等の人気がある専門職は修士以上が最低条件として要求される。人材市場では「博士や修士は多いほど良い、本科卒は様子を見てから、高等専門学校卒には一瞥もせず、中等専門学校卒は門の外」というバランスの悪い情勢が生まれている。このような傾向は、目下の人材浪費の最も典型的、かつ最も一般的な形である。最近数年の人材市場では、やたらに高学歴者を求めるようになった雇用単位が少なからずあり、有名校卒・高学歴者でなければ採用しない。このような情況下で、多くの大学院生も自分を「安売り」せざるを得ず、まずまずの仕事を見つけることしか望まない。学んだ専門技術が仕事内容に合うか、自分の強みが発揮できるかは、すでに求職時に考慮する主な要素ではなくなっている。北京や上海等の人材が集まる大都市では、博士課程修了者が社会最基層の役所の出張所で働くのもすでに珍しいことではなく、修士が都市中心部の出張所に仕事を見付けることができれば、他人に羨まれるようになった。中国で人材が未だ欠乏している今日、何はどうあれそのような高学歴者をそこまで単純な仕事に従事させるには及ばないであろう。だが事実はその通りであり、この例からも人材浪費問題の一端がうかがえる。

表 4-8　2001 年～ 2004 年全国高等教育機関卒業生の情況一覧表

	一般高等教育機関卒業生 人数／就業率	大学院修了者 人数／就業率	大学本科卒業生 人数／就業率	高等職業訓練校（専科）高等専門学校卒業生 人数／就業率
2001 年度	115 万／ 82%	6.78 万／ 95%	103.63 万／ 80%	＊／ 40%
2002 年度	145 万／ 80%	9 万／＊	64 万／＊	72 万／＊
2003 年度	212 万／ 70%	12 万／ 93%	92 万／ 83%	108 万／ 56%
2004 年度	280 万／ 73%	16 万／ 93%	124 万／ 84%	140 万／ 61%

注釈：1．上表のデータは捜狐ネットの最近４年のデータを統計したものである。
2．情報の公表が不完全な形であるため、表中の＊はデータ欠落を表す。

上表は教育部が 2001 ～ 2004 年の高等教育機関卒業生について統計したデータをまとめたものであるが、ここから分かるように、一般高等教育機関卒業生の就業率は総体的に毎年低下を続けており、“学歴高消費”現象が非常に明らかである。データの通り、高学歴者の就業率は明らかに一ランク下の学歴の者の就業率より高く、大学院生及び本科生と比較すると、高等職業訓練校・高等専門学校卒業生の就業率は明らかに低い。現在の国家経済の急成長・ハイテク分野の人材欠乏という情況下でも、高等職業訓練校・高等専門学校卒業生の就業率は50％前後しかない。この状態は雇用単位の偏った高学歴志向に関係があると言わざるを得ない。このような実情を顧みないむやみな高学歴志向が、人材資源の浪費を招いている。

（3）“知識閑置・知識淘汰”型の人材浪費

いわゆる“知識閑置”とは、卒業生の習得した技能が相応に発揮されず、獲得した知識が合理的に使われていない情況を指し、こうした情況は高等教育を受けた多くの卒業生が学んだことを生かせない、または失業状態にあることに大きく現れている。卒業生対象に行われた調査によると、中国は現在「構造性失業」の状態にある。すなわち、一面では大学生が就業難に見舞われているにもかかわらず、また一面では多くのポストが欠員状態にある。無論、その理由の一部は大学生の心構えによるのだが、そのほかに、欠員が出ているポストは多数が一部の技能職、または農村で必要とされる職種であるという理由もある。高等教育機関の専門や課程設置上で、あるいは教育内容上でその分野の技能教育が不足しており、最終的には育成した卒業生がそれらの欠員ポストに適応しないという結果を招いて、“知識閑置”の状態を生んだのである。そのため、人的資源が有効に直接的生産力に転化されていない。

単位、特に事業単位は、卒業したばかりの者に職場のニーズに応じて仕事を分けることができず､下級の職場へ「鍛錬」に行かせるところが少なくない。「年功序列」で彼らに配置の順番が回ってきたときには､往々にして“知識陳旧”〔知識の陳腐化〕または“知識淘汰”という現象が現れており、そうなると人的資源を直接的生産力に転化することはすでに難しくなっているので、最終的に人材の浪費になる。また、一部の単位の指導者は小さな団体の利益を守るという考えから、個人的好き嫌いで人材の進退や昇進を決めることすらある。ある職場ではまるで使い道がない、または一時使い道がないが、ほかの職場ではすぐに必要だという人材がいても指導者が手放さない、あるいは専門分野が特殊でその才能が明らかな人材に対して指導者が先入観を抱き、仕事ですぐ必要とされていても実権を与えずに半端なまま放っておく等のやり方は、人材の“閑置性浪費”である。

2006年の『中国人才発展報告』によると、2005年だけでも2,500万人が「その才を尽くす」ことができずに理由もなく消耗され、それによる損失は経済指標一項に限っても9,000億元を超えている。そのリポートの著者の一人である余仲華は、中国では目下人材の利用効率が高いとは言えず、人材浪費現象がすでに非常に深刻になっていると指摘している。関連の理論に基づけば、人材資源がその能力を発揮する最大限度は持てる能力の90％で、残る10％はその管理や開発過程で必要なロス分だという。しかし中国では、人材資源の総体的能力が発揮される程度はわずか61.9％で、この数値は西部地域ではさらに低い。(44) 人的資源の浪費がこのように深刻であることは、深く考えるべき問題であると言うほかにない。

知識失業の結果その２：個人に非常に大きなショックを与える。昔から今に至るまで、中国人は勉学を極めて尊重してきており、往々にして勉学は運命を切り開き、社会的地位を向上させる有効な道であるとされてきた。しかし、今では勉学は自分の社会的地位を向上させることができない上、高いコストを支払った挙句に失業の危機に瀕する結果を生んでいる。これは無数の学生にとって、状況のいかんを問わず受け入れ難いことである。そのため、少なからぬ大学生が強い挫折感や就業に対する恐怖心を持ち、将来に悲観や失望を感じて、さらには過激な行為に走ってしまう。

2003年、浙江省嘉興市で大卒者の就業問題に関係する特殊な殺人事件が起きた。４月３日、浙江省嘉興市秀洲区公務員筆記試験及び面接試験をすでにパスしていた浙江大学2003年度本科卒業生周一超は、健康診断の結果、現地部門の規定に外れて不合格になったことを知り、絶望と憤怒にかられて秀洲区人事労働保障局に駆け込むと、卒業生選抜業務にあたった局員１名を刺殺、同時にほかの局員１名を刺傷した。周一超は普段学校では素行が良く、周囲とも非常に打ち解けており、教師と同級生双方から見て申し分のない優秀な学生であったという。そのため、事件発生後、周一超のクラスメートならびに教師合わせて429名は、彼に対する処罰をできるだけ軽くするよう要求する上書を連名で裁判所に提出した。このような尋常ではない事件に対して、学習にも品行にも優れた学生を過激な行為に走らせた理由は何であるのか、さらに周一超のクラスメートや教師が彼のために情状酌量を訴えるといういささか理性を失った行動に出た理由は何であるのか、誰もが疑問に思った。理由は実は簡単なことだ。農学が専門の周一超にとって理想の仕事を見付けるのは容易ではないことを、彼のクラスメートや教師はみなよく知っていたのである。それゆえ、彼が公正でない処遇に遭って過激な行為に出たことは法律上許されることではないが、情状を考慮することは許されてもよいという思いで起こした行動だった。周一超の犯罪事件は就業の圧力を受けて起こった極端な例ではあるが、確かに全社会の注意と思考を喚起した。周一超は人を殺したために事情が明るみに出たが、失業が原因で人知れず過激な行為に走った大学生がまだほかにどれほどいるのか、考えずにはいられない。

大多数の理知的な大学生にとって、失業は彼らを殺人を犯すほどの狂気に追い込むものではないが、失業がもたらす心理的圧力や恐怖感は消し去りようがない。北京市が実施したある調査によると、調査対象学生の65％が「求職が最も自分たちを苦しめたことだ」と表明している。求職に対する心情を尋ねた調査項目では、調査対象学生の30％が「緊張」、１％が「悲観」を挙げ、また「落ち着かない」が13％を占めた。そのほか少数の学生が就業の圧力で「食欲がない」（１％）、「睡眠が浅く不安定」（４％）、「恐れや狼狽の感情に襲われる」（２％）、「前途に希望がないと思う」（２％）、「身体に力がなく頑張りが効かない」（２％）、「感情が傷つきやすい」（３％）等、さまざまなマイナスの反応をあげている。[45] このように、失業はすでに大学生に全面的な影響を及ぼしている。

さらに深刻な問題は、知識失業がすでに庶民の教育投資や消費心理に相当程度の影響を与え始めていることだ。長きにわたって中国人は教育消費や投資を選ぶ際に高等教育の経済的効果を重視してきたが、さらに重視したのは教育を通して社会移動の機会を得ること、すなわち家族あるいは子女の社会的地位を保持する、あるいは向上させることであった。関連する調査結果によると、中国における家庭の消費ランキングでは、教育支出が第一位及び第二位である家庭が調査対象家庭総数の68.8％を占めた。自分の子女が高等教育を受けられるよう希望する保護者は調査対象家庭総数の89.8％を占め、そのうち大学本科の教育を受けられるよう希望する保護者が47.6％、大学院や高等専門学校レベルの教育を希望する保護者がそれぞれ28.4％、13.8％であった。このような子女の高等教育を強く望む心理は、生活環境が比較的劣っている一時帰休者の家庭でより強くなっている。上海の『下崗職工家庭教育心理調査』〔“下崗職工”＝一時帰休の職員・労働者〕の結果、77.6％の父母は子女が大卒レベル以上の学歴に達するよう希望、そのうち56.6％は子女が大学本科または修士の学歴に達するよう希望していることが分かった。これらの数字は、高等教育を受けて社会で自立する競争力を高めることが、すでに人々の共通認識になっていることを物語っている。知識失業という現実は、おそらく教育消費に二種類の影響を生み出すだろう。第一に、経済条件が一般的な家庭では、教育投資を絶えず拡大して盲目的に高学歴を追求するようになる。第二に、希望が見えず、かつ際限ない教育投資競争の中で、経済的に余裕のない一部の家庭では重い負担を担いきれずに競争から手を引き、さらなる教育投資や消費を止める。いずれの情況にせよ、この二種類の趨勢はともに好ましくない。前者は教育投資の割合過多を招き、その結果ほかの面の消費や投資を抑制するようになる。また、後者は人々の教育に対する信念の喪失や「勉学無用」という考え方を生み、教育を受けるレベルの低下を招くことになる。

以上の事実が十二分に物語るように、最近十数年、特にここ数年は知識失業が中国人の心理・行為等の各面にさまざまなレベルの衝撃を与える原因になっており、関係部門はこの事態を大いに重視するべきである。

＊注

(1) 胡鞍鋼『中国的失業問題與就業戦略』www.66wen.com
(2) 李強、胡俊生、洪大用『失業下崗問題対比研究』2001年 清華大学出版社 2～3頁
(3) 邱澤奇「爆発点在哪里——失業問題対中国社会穏定的影響分析」/中国論文下載中心 [06-03-26 13:24:00]
(4) 劉嘯主編『第三次失業高峰——下崗・失業・再就業』1998年 中国書籍出版社 6～7頁
(5) 曾道明「世紀之交的中国失業状況、困難及対策分析」/『南方経済』1998年第6期
(6) 李強、胡俊生、洪大用『失業下崗問題対比研究』(前掲) 3～4頁
(7) この部分の内容は張向東『当代中国社会問題』2001年 中国審計出版社 中国社会出版社 193～195頁の関連する内容を参照した。ここに記して謝意を表す。
(8) 張向東『当代中国社会問題』(前掲) 195頁
(9) 胡鞍鋼「中国城鎮失業状況分析」/『経済学消息報』1998年9月4日
(10) 李強、胡俊生、洪大用『失業下崗問題対比研究』(前掲) 6頁
(11) 王祥俊、韋文英主編『世紀之交的沈思——当代中国城郷社会発展問題探究』2003年 地震出版社 62～63頁
(12) 程連昇『中国反失業政策研究』(1950～2000) 2002年 社会科学文献出版社 156～164頁
(13) 童星『世紀末的挑戦——当代中国社会問題研究』1995年 南京大学出版社 172～173頁
(14) 『新快報』2005年3月21日
(15) http://finance.sina.com.cn 2005-05-10 10:24
(16) 『北京日報』2007年4月8日
(17) 童星『世紀末的挑戦——当代中国社会問題研究』(前掲) 190頁
(18) 張向東『当代中国社会問題』(前掲) 197頁
(19) 『中国人口統計』1997年
(20) 宋世傑、許世琴「中国失業問題解決出路的探悉」/『甘粛社会科学』2004年第2期
(21) 童星『世紀末的挑戦——当代中国社会問題研究』(前掲) 192頁
(22) http://www.0577job.com
(23) K.マルクス『資本論』第一巻 1975年 人民出版社 533～534頁
(24) 樊平「中国城鎮的低収入群体」/『中国社会科学』1996年第4期
(25) 李培林主編『中国新時期階級階層報告』1995年 遼寧人民出版社 414頁
(26) 『第一財経日報』2006年3月14日
(27) 劉嘯主編『第三次失業高峰——下崗・失業・再就業』(前掲) 16頁
(28) 江流等主編『1997年中国社会藍皮書』1997年 中国社会科学出版社 参照
(29) この部分のデータはいずれも劉嘯主編『第三次失業高峰——下崗・失業・再就業』(前掲) 16～17頁から転載

(30) 曹鳳『第五次高峰——当代中国的犯罪問題』1997 年 今日中国出版社 参照
(31) 『中国青年報』2007 年 4 月 16 日
(32) 茅于軾「大学拡招帯来了什麼?」http://education.163.com/ , 2006-10-10 10:33:11
(33) http://www.xinhuanet.com/ , 2007-03-01
(34) 湯敏「拡招錯了嗎?」/ "天涯社区" www.tianya.cn , 2006-03-26
(35) 人民網 2006-04-25
(36) 謝安邦、韓映雄、荀淵、羅尭成、王道紅「高校拡招後教学質量調査與分析」/『教育発展研究』2005 年第 8 期
(37) 張剣鋒、劉英才、張太凌「特困生首選勤工倹学減軽父母負担」/『新京報』2005 年 8 月 10 日
(38) 蒋洪池「中国大学城建設的価値錯位及其修復」/ http://www.edu.cn/ , 2004-11-15
(39) 『南方都市報』http://www.sina.com.cn 2007-04-09 11:46
(40) 中国経済網 http://www.ce.cn/
(41) 『南方都市報』www.163.com , 2006-04-29 09:00:43
(42) 王效仿「知識労働力失業問題的実証研究」南京大学未公開出版の博士論文
(43) 曹斯「当前高等教育中人才浪費問題浅析」/『現代教育科学』2006 年第 2 期
(44) http://www.club.china.com/ より転載、原文タイトル「本科等等看中専靠辺站　中国人才浪費触目驚心」
(45) 呉魯平『中国当代大学生問題報告』2003 年 江蘇人民出版社 202 頁

＊訳注

[1] 原文は "真実失業率"。"…也没有正式公布最関鍵的経済指標：実際失業人口及真実失業率" という文脈から、「実質失業率」と訳出。

第五章
分配不公平と貧富の分化

1980年代以降中国の市場化への改革はしだいに深まりを見せ、それと同時に社会の利益構造にも重大な再編が起こった。社会の利益構造が改めて編成される過程で、一方では少数の者がチャンスをつかみ、徐々に多くの社会的財産を蓄積して、中国の"先富階層"［先に豊かになった階層］になった。1980年代の「万元戸」から90年代の「10万では金持ちに入らず、100万がスタートライン」というレベルへ、さらに今で数十億から百億元以上の財産や資産を抱えるまでになった、これがそのような人々の歩んできた道のりである。また一方では、そのような富裕への道を驀進する「急行列車」についていけなかった人々も少なくない。さらに社会運営の軌道から放り出され、社会の周縁に追いやられて、相当な規模の貧困層を形成するようになった人々もいる。この二種類の人々の間にはとりわけ鮮明な対比、すなわち金持ちはますます豊かになり、貧乏人はますます困窮するという現象が生まれ、現在の中国の貧富の分化の両極をなしている。

第一節 分配不公平とそれを表す現象

一、分配の判断は公平な基準によるか

国際的に比較的通用する収入分配の不平等な情況を測定する基準には、主に次の数種類がある。

(一) ローレンツ曲線 [(1)]

ローレンツ曲線は、ある社会の富の分配情況を直観的に映し出すのに用いられる曲線図である。具体的には、まずあらゆる家庭を貧富の序列によって並べ、それから一連の実質収入額累積の百分比（縦座標）とそれらの収入を獲得した社会住民の家庭数累積の百分比（横座標）の交点を直角座標上に描き出し（二種類の百分比の数字は統計データから引く）、交点をすべて結んだ連続線がローレンツ曲線（次頁の図O-D-L）である。この曲線はある国家あるいは地域の収入分配の実際的情況を表す。

表 5-1　収入分配の資料

人口累積	収入累積
0%	0%
20%	3%
40%	7.5%
60%	29%
80%	49%
100%	100%

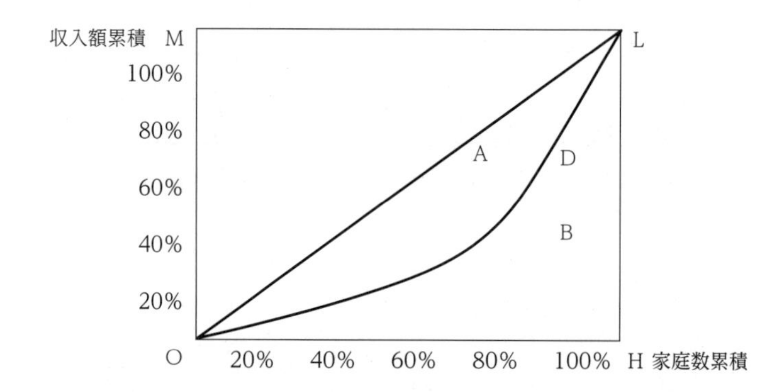

上図には、ローレンツ曲線以外に直線が１本、折れ線が１本記されている。横座標・縦座標と 45 度の挟角をなす直線（O‐L）は完全平等直線と称され、すべての家庭間の収入分配が完全に平等であるという一種の仮説を表している。横座標及びその右端の垂直線が共同で構成する折れ線（O‐H‐L）は完全不平等折れ線と称され、これが表すのはすべての収入をある一家庭が獲得し、その他の家庭は収入なしという一種の仮説である。明らかに、実情を反映するローレンツ曲線がなだらかであるほど完全平等直線に近付き、収入分配は公平になる。逆に、ローレンツ曲線が深くカーブするほど完全不平等折れ線に近付き、収入分配は不公平になる。

（二）ジニ係数

ジニ係数とローレンツ曲線は本質的に同じものであり、前者は収入分配状況の数学による表現形式、後者は幾何図形による表現形式であるに過ぎない。簡単に言えば、ジニ係数はローレンツ曲線と完全平等直線の間の面積（上図のＡの部分）と、完全平等直線と完全不平等折れ線の間の総面積（上図のＡ＋Ｂの部分）の比較値である。収入が完全平等分配であれば、ジニ係数は０に等しい。収入が完全不平等分配であれば、ジニ係数は１に等しい。ジニ係数が０に近付くほど収入分配は平等になり、逆に、ジニ係数が１に近付くほど収入分配は不平等になる。

いわゆる収入分配が公平であるとは、ローレンツ曲線のカーブがちょうどよい形を描くこと、言い換えればジニ係数が０～１の間の適切値になることである。ジニ係数がいったいどのくらいであれば適切と見なせるのか、これについては絶対的な基準がなく、異なる経済レベルにおいては、ジニ係数の適切値もある程度異なってよい。一般的には、豊かな国や地域ではジニ係数はいくらか高めでもよいが、逆に少し下げることが要求される。ジニ係数の適切値は習慣的に通常 0.25 ～ 0.30 の間とされる。ジニ係数が 0.25 より低い、特に 0.25 より大幅に低い場合は、貧富の差が小さすぎ、収入が平均化しすぎて、通常は一種の分配不公平な状態であると見なされる。ジニ係数が 0.30 より大きい、とくに 0.30 をはるかに上回る場合は、貧富の差が大きすぎ、収入の幅が開きすぎて、通常はまた別種の分配不公平な状態であると見なされる。中国には 1950 年代～80 年代の間は常に分配不公平という現象が存在していたが、それは具体的には収入が平均化しすぎているという分配不公平であった。改革開放以降中国の分配不公平の問題は再度顕著になったが、計画経済の時期とは異なり、この時期の分配不公平は主に収入格差が大きくなりすぎ、貧富の差の問題が日々目立ってきたことに現れている。

（三）五等分法

いわゆる五等分法とは、一人当たりの平均収入の高低によって人口を五等分し、それから 1/5 の部分それぞれの収入が総収入中に占める割合を算出する。こうした方法を採ってある社会の分配が公平であるか否かを考察するのだが、最もよく見られるのは最富裕層の 20％が所有する財産額と最貧困層の 20％が所有する財産額に目を向け、双方を比較する方法である。双方の比較値が大きいほど、その社会の不公平な現象が深刻であることを物語る。逆に比較値が小さいほど、その社会が相対的にわりに公平であることを表す。これと同様に、さらに詳細な比較をするため十等分法を採用する学者もいる。すなわち人口を一人当たりの収入の高低によって十等分し、1/10 の部分それぞれの収入が総収入中に占める割合を算出して、そこから社会の分配が公平であるか否かを判断する。極端な情況では、ある社会で最高収入を得ている５％の人々の財産額の多寡を見て、その社会の分配が深刻な不平等状態にあるか否かを判断する者もいる。

(四) エンゲル係数法 [2]

エンゲル係数とは、食費支出が全生計費支出に占める比率を指す。エンゲル係数は主として総体的生活レベルをはかるために用いられるが、エンゲル係数からもある社会の各階層の生活レベルを大まかに見出すことができる。エンゲル係数による分類では、58％以上が困窮状態、51～58％が衣食には足りる、または衣食を何とかしのぐ状態、41～50％が安定した生活を送れる状態、31～41％が裕福な状態、30％以下が大変裕福な状態であると判断される。

社会の分配が公平か否かをはかる以上四種類の方法はそれぞれに利点があるが、直観的という視点から見ると、二番目と三番目の方法がより直観的であり、したがって一般に採用される頻度もいくらか高い。

二、現在の分配不公平を表す具体的現象

中国の目下の分配不公平の問題は比較的深刻であり、具体的に現れている形式も複雑であるが、次の数面でとりわけ顕著であるように思われる。

(一) 住民の収入格差の絶え間ない拡大

改革開放以降、中国の経済の力強い成長は住民の収入レベルの継続的な向上をもたらしてきたが、同時にまた住民の収入格差も絶え間なく拡大している。新華ネット2005年6月17日の報道によると、目下の住民の収入格差は主に、全社会の住民の収入・都市住民及び農村住民の収入・業界収入・職業収入・財産分布・財政分配及び労働分配という六方面に現れているという。[3]

(1) 全社会の住民の収入格差が絶えず拡大している。国家統計局が発表したジニ係数は、中国の住民の、個人収入の格差の総体的変化の過程をよく表している（表5-2参照）。

表5-2 改革開放以降の都市住民及び農村住民のジニ係数

（孫小系主編『総量平衡、収入分配與宏観調控』中国計划出版社389頁より）

年　度	農村部住民ジニ係数	都市及び町部住民ジニ係数	全国住民ジニ係数
1978	0.2124	1.30	−
1985	0.2267	0.19	−
1990	0.3099	0.24	−
1995	0.3415	0.28	0.389
1996	0.3229	0.28	0.375

1997	0.3285	0.29	0.379
1998	0.3369	0.30	0.386
1999	0.3361	0.295	0.397
2000	0.3536	0.32	0.417

国家統計局が発表した上表のジニ係数から見ると、中国の住民の収入格差は絶えず拡大し続けている。特に都市と農村を合計した全国住民のジニ係数は、すでに公認の国際警戒ラインのレベル（ジニ係数0.4）を超えている。この事実は、改革開放以降、中国の住民の総体的な収入格差が全面的に拡大する様相を呈していることを物語る。

中国の住民の総体的な収入格差の拡大は、さらに住民全体の20％の最高収入層と同じく20％の最低収入層との収入格差の拡大にも現れている。報道によると、2003年20％の最高収入層の家庭の一人当たり可支配収入は17,472元、前年比2,012元増、増加率13.0％であったが、一方20％の最低収入層の家庭の一人当たり可支配収入は3,295元、前年比263元増、増加率8.7％であった。最高収入層と最低収入層の収入比は2002年の5.1：1から5.3：1に拡大し、最高収入層の収入増加ペースは最低収入層のそれより明らかに高くなっている。

（2）都市及び町部住民と農村部住民の収入格差が絶えず拡大している。中国の都市住民と農村住民の収入には一貫して比較的大きな格差が存在していたが、近年その情況が特に顕著になっている。ある学者が提供したデータはこの点をよく説明している。1978年、都市及び町部住民の一人当たり可支配収入は、農村部住民の一人当たり純収入の2.57倍であった。改革初期、農村では家庭生産請負責任制の実施により農民の収入増加ペースが比較的速く、都市及び町部住民と農村部住民の収入格差が縮小し始めて、1983年には最小値になった。だが、都市の経済体制改革が進むに連れ、1984年から双方の収入格差は再び開き始め、特に90年代以降収入格差の拡大はいっそうペースが上がり、1992年には1978年の開きを超えて、さらに1994年には2.68倍まで拡大した。その後ある程度下がったものの、最近数年はまた拡大し始めている。1999年は2.65倍、2000年は2.79倍、2001年は2.90倍、2002年は3.11倍になった。2003年になると、都市及び町部住民の一人当たり可支配収入は前年の比較的高い実績の上にさらに実質8.4％増加したが、農村部住民の一人当たり現金収入は前年の低い実績に続き実質2.5％しか増加せず、都市及び町部住民と農村部住民の収入格差はいっそう拡大した。(4) 2003年以降国は農村に対する財政投入や補助を増やし、さらに2006年には農業税を全廃、全国規模で新農村建設運動を展開して一定の成果を収めたが、都市と農村の収入格差は依然として比較的大きな問題である。

（3）都市及び町部の住民の間で収入格差が絶えず拡大している。90年代中期以降国有企業改革は本格的段階に入ったが、その結果の一つとして、多数の都市及び町部の職員や労働者が失業や一時帰休に追い込まれ、貧困状態に陥った。また同時に、富裕層はその過程で何ら損害を被らなかったばかりか、逆にその一部は「国有企業の再編」「郷鎮企業の再編」「不動産の膨張的発展」等の過程でより多額の財産を蓄積し、千万長者、億万長者になった。このような背景のもとでは、都市及び町部住民の間で収入格差がさらに拡大していくことは当然避けられなかった。

国家統計局の資料によると、1978年以降都市及び町部住民の収入格差のジニ係数も徐々に拡大する趨勢を示し、さらに近年はその趨勢がいっそう明らかになっている。

表5-3　改革開放以降の都市及び町部住民のジニ係数　（国家統計局の資料より）

年　度	都市及び町部住民のジニ係数	年　度	都市及び町部住民のジニ係数
1978	0.16	1990	0.24
1980	0.16	1991	0.23
1981	0.15	1992	0.25
1982	0.15	1993	0.27
1983	0.15	1994	0.30
1984	0.16	1995	0.28
1985	0.19	1996	0.28
1986	0.19	1997	0.29
1987	0.20	1998	0.30
1988	0.23	1999	0.295
1989	0.23	2000	0.32

2005年6月17日の新華ネットの報道によると、都市部の財産の多い層（都市住民の10％を占める）は都市財産全額の45％を占有しているが、いっぽう財産の少ない層（都市住民の10％を占める）はそのわずか1.4％を占有しているに過ぎない。持てる財産の開きがいかに大きいか、推して知るべしである。そのほか関連の調査によると、江蘇省でも近年都市及び町部の住民の間で収入格差が急速に拡大しており、最高収入層と最低収入層との収入格差は2000年には5.4倍であったが、2004年には10.7倍まで拡大したという。[5]

(4)業種による収入格差が絶えず拡大している。業種の収入レベルを最もよく反映する給与水準から見ると、1978年に中国で収入が最高だったのは電力・ガス業で平均給与額は850元、最低だったのは社会サービス業で平均給与額は392元、前者の給与額は後者の2.17倍であった。同じように、2000年に最高だった科学研究及び総合技術サービス業と最低だった農・林・牧畜・漁業の平均給与額はそれぞれ13,620元、5,184元であり、前者が後者の2.63倍であった。2001年に最高の科学研究及び総合技術サービス業と最低の農・林・牧畜・漁業の平均給与額はそれぞれ16,437元、5,741元であり、前者が後者の2.86倍であった。2002年に最高の金融保険業と最低の農・林・牧畜・漁業の平均給与額はそれぞれ19,135元、6,398元であり、前者が後者の2.99倍であった。そして、業種をさらに細分すると、最高のコンピュータ応用サービス業と最低の農業の平均給与額はそれぞれ38,810元、5,383元であり、前者が後者の7.21倍であった。[(6)]注意すべきは、90年代から新興の第二次産業(石油化学工業など)や第三次産業中の金融業・不動産業・飲食ホテル業・商業サービス業・市場仲介業等は一貫して高収入の業種であるが、かたや農・林・牧畜・漁業はずっと最低収入の業種であり、その傾向が今後も続けば業界による収入格差がいっそう大きくなることである。そのほか、近年中国の収入分配にさらに新しい現象が現れ始めた。それは企業内で経営者の地位にある者と一般職員との収入格差が明らかに拡大していることで、双方の収入格差は20倍以上になっている。一部の企業責任者は年俸20～30万元に達し、中には50万元以上に上る者さえいる。行政機関でも行政レベル別に年俸制を採用しており、各レベルの幹部の間で収入の開きが大きい。このようなやり方が合理的かどうかは、検討に値すると思われる。

(5)地域による収入格差が絶えず拡大している。改革開放以降、中国の都市及び町部住民の収入の地域格差はいっそう開きつつある。東部地域の都市及び町部住民の収入レベルや増加速度は明らかに中・西部地域を上回り、収入格差は年を追うごとに拡大している。1981～1999年まで、時価で換算すると、東部地域の都市及び町部住民の一人当たりの収入は15.01倍増加したが、中部地域では12.2倍の増加、西部地域では9.5倍の増加にとどまっている。中部地域の収入を1とすると、東・中・西部の三大地域の収入比は1981年の1.20:1:1.80から1.48:1:1.10になった。中・西部と東部の収入の絶対差額はそれぞれ79元または8元から、1999年には2,299元または1,844元に拡大しており、それぞれ29倍または231倍になっている。とりわけ東部地域の北京・上海・深圳・広州等発達した地域の都市では、住民一人当たりのGDPや収入がすでに中所得の国家や地域のレベルに達するか、または近付いている。一方で中・西部地域の多く、特に貧困状態の山間部や農村では収入がほぼ発展途上の国家や地域のレベルにあり、地域間の差異が極めて顕著である。

以上に挙げた数点以外にも、住民の収入格差の更なる拡大現象は、異なる所有制単位間の収入格差拡大や異なる分配メカニズム間の収入格差拡大等に現れているが、ここでは個々に論じない。また、以上述べてきたことは主に都市住民の収入格差という面に集中しているが、実のところ、改革開放以降中国の農村住民の間の収入格差もしだいに広がっており、地域による農民の収入格差もまた大変目立っている。東部沿海地域の多くの農民はすでに伝統的な意味での農民ではなく、ビジネスに加わったり工場で働いたり、あるいはまた自分で商売を始めたりして、その収入レベルは中・西部の多くの地域の農民に比べ格段に高い。

収入格差が拡大し続けるのは、一部には合理的要素が働いた結果であり、過度に非難すべきことではない。だが、また一部には不合理な要素も作用しており、それが不公平な分配という現象である。

(二) 不法収入の存在と国有資産の流失

社会型式の転換期には、国家の法制整備にどうしても多少至らない部分が存在し、多くの事柄もまた「試行錯誤」の過程にある。このような状態は、一部の不法の徒が社会的財産をむさぼるチャンスを生んだ。社会の分配の公平性という視点から見れば、大量の不法収入の存在は最大の分配不公平である。それは正常な分配の秩序を乱し、社会に極めて悪い影響を生み出す。いわゆる不法収入とは、汚職・収賄・不正転売・脱税・偽造品製造販売等の不法な手段を通して得た収入を指している。改革開放以降今日に至るまで少なくとも三回にわたり大きな政策調整や改革が行われてきたが、それが不法の徒に社会的財産を大量に掠め取る「機会」を与えてきた。その三回とは、80年代中期に始まり10年近く継続した「二重価格制」、90年代初期に始まった大規模な土地資源の転売、そして最近数年の規範に外れた不動産開発である。

80年代中期から、国家は価格体系改革を穏当に進めるために、価格市場を一斉には自由化せず、一部の重要な商品については計画価格と市場価格を併用する政策を実施して、いわゆる「二重価格性」政策を推進した。これは本来、国が穏当に改革を進めるために採用した保障的措置であったが、思わぬことに、実際には国家の管理商品を手にする機会がある一部の者に暴利をむさぼる機会を与えた。例えば、当時東風マークのトラック1台は計画価格で約5万余元であったが、市場価格では10万余元という高値だった。ある“倒爺”(7)がコネで計画価格の東方マークのトラックを大量に手に入れ、転売するときに市場価格で売りさばくことができれば、いとも簡単に元値相当の暴利を稼ぐことができる。推計では、1988年国家管理商品の価格差総額は1,500億元以上、国の銀行のローンの利息差総額は1,138.81億元以上、輸入向け公定価格による外貨総額は930.43億元以上で、これらを合計すると差額総額は3,569億元以上に上る。この莫大な額の金を追い求める過程で、権力を盾に私腹を肥やす・賄賂を授受する・商品を不正に転売する等の違法行為が多数現れた。(8)

90年代初期、中国の経済は一度急速な成長期に入った。その時期、各地では先を争って各種各様の開発区が設けられ、大量の土地が投資業者によって開発される段階を迎えたが、これがまた投機や立ち回りに長けた者たちに一財産つくる「機会」を与えた。彼らはコネを使って政府から大量の土地を廉価で入手し、それを開発業者に高値で転売して暴利をむさぼったのである。

2001年以降、中国では長年活気を失っていた不動産業が息を吹き返したが、その金儲けの「機会」に再び目を付けた人間も少なくなかった。彼らは政府の一部の役人との特殊なコネを使い、大量の土地を手に入れて不動産開発を進め、数年の間に不動産王となった。思うに、当初彼らの中にはいくらも資本を持たない者が少なくなかったが、土地を手に入れると銀行から金を借入れて住宅を建て、住宅がある程度できるとその購入者から金を手に入れ、その金で不動産業者に替わり銀行ローンを返済した上、不動産業者にも確実に金を握らせた。このようにして、「賢い」不動産開発商は“空手套白狼”［空手で白狼を得る＝元手なしで大きな利益を得る］というやり方に頼るだけで、瞬く間にビジネス界の巨人となった。なるほど誰かが言ったように、このご時世、本当に“撑死肝大的，餓死肝小的”［不法な悪辣者はますます金持ちになり、法を守るまじめな者はますます貧乏になる］だ。度胸さえあれば、いつか大金をつかめるかもしれない――これがそのような連中の人生哲学であり、得る収入が合法的か、儲け方にやましいところはないかなど、彼らはまるで眼中にない。

労働部のある責任者は、かつて彼らが社会的財産を不法に掠め取る手口をまとめて“六炒”［六種類の炒（“炒”＝転がす）］と称したが、それは問題の実質をとらえていると言ってよい。(9)

（1）“炒批件”［許可文書の不正転売］ 一部の者は輸出入に関連する上級機関の許可文書の転売を専門に手がけており、莫大な金が企業から彼らのポケットに次々と流れ込んでいる。

（2）“炒差価”［値ざやの不正利用や不正転売］ 一部の者は「二重価格制」を利用して、コネ活用・裏工作・「リベート」稼ぎ・生産手段の公定価格指標の転売等をして、実質的にその大部分の負担を国有企業に転嫁した。

（3）“炒股票”［株の不正転売］　一部の者は公金を着服して個人株や法人株を他者に転売したり、一部の新公開株を上場前に「関係戸」［コネのある企業や個人］に私的に分配したりしている。また、ある者は職権を利用して公然と企業に対して株を要求している。

（4）“炒房地産”［不動産の不正転売］　一部の者は権勢を笠に着たり堕落した役人に頼ったりして廉価で土地を買い入れ、その後価格をつり上げて転売しては暴利をむさぼり、一夜のうちに百万長者に化ける者も、さらにはそれ以上の金を手にする者さえいる。その利潤はなんと麻薬売買より高い。

（5）“炒貨幣”［貨幣の不正流用］　一部の財政金融機構は国の法規や職業道徳などを無視して大量の不動産会社・投資会社・コンサルティング会社を起こしているが、それらの会社によって、国の税金や利益・企業資金・庶民が血と汗で購った金が、どれほど小団体や個人のポケットに不正に流れ込んだか分からない。

（6）“炒企業”［企業の経営活動を利用した横領］　一部の者は架空利益・二重帳簿・利益隠し・過度なコスト上乗せ・利潤転換・領収書偽造等の手段を使い、共有財産をしだいに食い潰して「殻だけで中身なし」という状態にしている。また一部の者は、制度の抜け穴に付け込む、公金を着服して個人で商売を始める、あるいは公金を個人の銀行口座に流す、さらには国外に流して横領する等の行為に及んでいる。

“炒”という行為が次々と繰り返されるうちに、国有資源が絶え間なく少数の者の懐に流れ込んでいく。そのような転売を重ねる過程で無数の社会的財産を不法に占有する者がいることは、一般庶民の大きな不満を引き起こしている。

（三）過大な資本収入、過少な労働収入(10)

いかなる国家であれ収入分配には多種の分配原則があり、そしていかなる分配原則にも倫理的に公平な依拠が見付かるのは、おかしいことではない。当世の中国には、少なくとも労働に応じた分配・ニーズに応じた分配・資本に応じた分配・効益に応じた分配・リスクに応じた分配・権力に応じた分配等、多種の分配原則が存在している。現実の世界では一種の分配原則に従って収入分配をしている国など一つもなく、往々にして各種の分配原則が多様に交じり合っている。アメリカの著名な社会学者Ｇ．Ｅ．レンスキはかつて大量の政府資料から、「アメリカの国民収入中、20％近くは財産所有の報酬として分配されたものであり、70％が仕事の報酬として、10％がニーズに基づいて提供されている」という結論を導き出した。(11) 中国には似たような判断を下すに足る詳細な資料はないが、先に述べたような数種の分配原則が異なる程度で存在していることに間違いはない。そこから生じるのは、一国の収入分配が多種の分配原則が共同で作用した結果であるならば、それらの分配原則間にどのような関係があってしかるべきか、という問題である。言い換えれば、一国に共存する各種の分配原則がいったいどのような比率になれば、より合理的状態に向かうのか、ということだ。明らかに、この問題こそが一国の収入分配が公正か否かをはかる鍵である。社会的財産は結局のところすべて労働が創出するものであるので、大部分の国家は労働に応じた分配を収入分配の主要原則にしている。中国は社会主義国家として、当然労働に応じた分配を収入分配の主要原則及び方式にするべきである。

改革開放まで、中国はいわゆる100％純粋な社会主義の分配原則に従って、すなわち労働に応じた分配によって収入分配を行っていた。この分配原則は資本・技術等そのほかの生産要素の積極性を奪ってしまうので、生産力レベルの全面的向上に不利であり、社会全体の効率引き上げに不利であり、さらに経済の急成長を促進するにも不利であって、その弊害は早くから人々に認識されていた。改革開放以降、社会主義市場経済体制の確立は生産力を大きく解放し、資本・技術等の生産要素が分配に関与する割合を大幅に高めた。資本という重要な要素が束縛を解かれたことで、国内資本が積極的に生産・流通過程に投入されただけでなく、大量の外資の流入を呼び、これらは国民経済の発展に大きな役割を果たした。

しかし、それに伴って現れたのが分配方式の変化で、依然一貫して労働に応じた分配を主、その他の分配形式を補とすることが叫ばれてはいたが、実際にはすでに、資本やそのほかの要素に応じた分配方式を主、労働に応じた分配を補とするよう変化していた。資本という生産要素に対して収入分配への関与を重視しすぎ、資本に一連の特恵条件まで与えたが、逆に労働という最も重要な生産要素に対してはその価値をどんどん軽視するようになり、収入分配上でほとんど重視せず、さらに保障もしなかった。国内の収入分配に関与する各種の要素の中で、労働者の待遇は最低、分配の絶対値も最低であり、世界の多数の国家と比較すると、中国の労働者の収入分配は低レベルの状態にあった。特に非技術労働に従事する一部の労働者は、その多くが収入数百元～千元前後で、資本収入とあまりにもかけ離れていた。

この問題に対して、著名な経済学者蕭灼基は単刀直入に、「改革開放以降、我々は資本という生産要素の収入分配への関与は十分に重視してきたが、労働という最も重要な生産要素の収入分配上の決定的作用を軽視してきた」と指摘した。

ここで、蕭灼基は実際に非常に重要な問題を提示している。その問題とはつまり、最近十数年、中国の現実の収入分配には深刻な“重資軽労”〔資本を重んじ労働を軽んずる〕という現象が存在することである。この現象は、収入分配が不公平であることの重要な現れであり、近頃大変顕著になっている貧富の格差や両極分化を助長してきた。実際には、労働者が本来手にするべき、自らの血と汗を代価に得た金を、国内の富豪や国外の資本家に多く譲り渡しすぎていたということで、非常に残酷な搾取的性格を帯びている。一面では中国の就労人口は拡大しているにもかかわらず、また一面では労働収入がGDPに占める割合は低下している。80年代から現在までに、その割合はすでに15%から12%まで下がっている。一部の都市では経済が比較的発達し、一人当たりの収入レベルも比較的高いのに、最低給与基準は低い。例えば、1カ月の最低給与基準は上海690元、南京620元、蘇州620元、深圳610元、北京545元である。珠江デルタ地域では農民工の1カ月の給与はようやく500～600元で、依然としてこれが1日に連続12時間働いて得る額であるので、実際には労働価値のはなはだしい下落である。

当然ながら、中国は人口が多く労働力も相対的に過剰であり、就業圧力が大きいことや競争が激しいことも、労働力が相対的に廉価である大きな原因である。だがそうだとしても、“重資軽労”現象のもたらす危害を十分に認識する必要があり、労働要素の報酬を引き上げることの重要性も認識する必要がある。労働要素の報酬基準、また労働要素と資本要素の収益比率を真剣に研究してGDPにおける労働収入の割合を高め、生産コストにおける給与の比重を高め、労働者の平均給与レベルを引き上げて、特に低給与のレベルの底上げを図らなければならない。そうすれば労働者の生活を改善できる上、分配関係を正し、労資の矛盾を緩和し、社会の安定を守ることができる。同時に、さらに消費率を高め、内需を動かし、経済発展を促進することができよう。

(四) 少数の独占的業種による大量の社会的財産の占有

数年前に世間で「銀行に証保（証券・保険）、二電（電力・電信）に一草（煙草）、石油に石油化学といった会社は、守衛まで相当実入りがいい」という文句が流行した。この文句が正確に現状を言い得ているとは言えないが、一部の独占的業種の収入が高すぎるという事実をある程度反映したものだ。労働保障部副部長布正発が5月14日に開かれた第三届薪酬管理高層論壇〔第三回給与報酬管理トップフォーラム〕で指摘したように、一部の独占的業種とそのほかの業種の収入格差はすでに社会で注目されるところになっている。とりわけ独占的業種の一般的ポストは、その収入レベルが貢献度や価値と乖離している。調査によると、某市電力集団公司のある一般職員の月給は6,000元足らずだが、賞与・住宅公共積立金及び各種手当てを含めると年俸は15万元に達し、これは全国の職員及び労働者の平均給与の10倍であるという。このように、独占的業種の収入の高さは確かに常識とかけ離れており、その収入は労働の代価として得るべき報酬をはるかに超えている。

国家統計局のデータによると、細かい業種分類をすると、2000年に給与額が最高であったのは交通運輸・倉庫管理及び郵便電気通信業の中の航空運輸業で21,342元、最低であったのは採掘業の中の木材及び竹林伐採輸送業で4,535元であり、両者には4.71倍の開きがあった。2004年は最高が金融業の中の証券業で50,529元、最低が農・林・牧畜・漁業の中の林業で6,718元、両者の開きは7.52倍であり、4年間で業種による格差が1.6倍拡大した。そして、目下電力・電信・金融・保険・水道電気供給・煙草等の業界の職員及び労働者の平均給与はそのほかの業界の平均給与の2～3倍であり、これに給与外収入や福利待遇上の差を加味すれば、実際の収入格差はおそらく5～10倍の間になるだろう。

反対に、軽工業・建築等の分野の一部の業種の職員及び労働者の給与平均レベルは、明らかに低すぎる。統計データが示すところでは、北京市の2005年都市及び町部の単位の職員及び労働者の平均給与は32,808元だが、皮革・毛皮・羽毛（綿毛）及びその製造業、紡織業・服飾製造業・プラスチック製造業・保安サービス業の年平均給与は、北京市の単位の平均給与の30％前後しかない。さらに、農民工の給与レベルが低すぎるという問題はいっそう深刻であり、長期にわたり成長が鈍く、ほとんど上昇が見られない。関連の調査によると、珠江デルタ地域の農民工の給与は圧倒的多数が600元前後である。改革開放以降、珠江デルタ地域のGDPの年成長率は平均20％以上であるのに、農民工の給与はこの12年間にわずか68元しか増えていない。同時に、農民工については、一般労働者と同じ仕事をしながら給与に差があるという現象も比較的深刻である。身分の違いによって、企業で働く農民工の労働報酬と同じ職場で働く都市及び町部の労働者との給与には、倍前後の差が出ている。

このような現象を比較すると、独占的業種による大量の社会的財産占有の不合理性をさらにはっきりと見て取ることができる。これはすでに中国の社会分配が不公平であることを示す大きな現象である。

第二節 貧富の分化及びその影響

1980年代末期から90年代初期以降、分配体制の改変に伴って中国社会に貧富の分化という問題が現れ始めた。そして貧富の分化がしだいに鮮明になる中で、中国社会には収入格差による大変大きな二つの階層――富裕層と貧困層が形成され始めた。

一、中国の富裕層

(一) 中国に出現した富裕層

中国に金持ちはどれほどいるのか。彼らはどれほど豊かなのか。彼らはいったいどれほどの富を持っているのか。中国に富裕層が出現し、その数が増えるとともに、これらの問題は常に人々の関心が向かう焦点となった。しかし、この問題を本当にはっきりさせることは、恐らく容易ではないであろう。その主な理由として、一面では富裕というものに確定的な基準を設けることが難しいからであり、また一面ではたとえそのような基準があったにせよ、正確に統計をとることもまた難しいからである。それゆえ、実際は中国にいったいどれほど金持ちがいるのか、統計上は「闇の数」だと言える。事実はこうしたところだが、やはり各種のデータ資料によって中国富裕層の基本的状況を推定することはできよう。

1978年改革開放政策実施の初期、その総プランナーである鄧小平は平均主義が盛行していた当時の状況に対して、「一部の者が先に豊かになることを認める」というスローガンを打ち出した。ここから人々の収入格差が開き始め、30年を経ずして、まず農村に大量の万元戸が出現し、引き続いて数十万元戸、百万元戸、千万元戸、そして目下は億元戸、数十億元戸、さらには百億元戸までもが各種の富豪ランキングやメディアに頻繁に登場するようになり、人々の耳目を引き付けることになった。

中国での収入格差の急速な拡大は、富の分配の枠組みを非常な速さで変化させ、特に富める者と貧しい者の格差は日々顕著になっている。90年代中期になると、貧富の格差はすでに注目を集める社会問題になった。資料によると、1994年中国で最も貧しい20%の家庭の収入合計額は全人口収入額の4.27%であったが、最も豊かな20%の家庭の収入合計額は50.24%を占めた。この格差はすでにアメリカを超えている。アメリカの『ビジネスウィーク』誌の報道によると、同国では最も貧しい20%の家庭の収入合計額が全人口収入額の4.4%

を占め、最も豊かな20%の家庭の収入合計額がその44.6%を占めるという。同年に、アメリカの『フォーブス』誌は中国大陸には資産1億元以上の富豪が17人いるという統計結果を氏名入りで発表した。四川省某グループの四兄弟が保有する財産は6億元、黒龍江省某グループ会長の保有財産は5億元、……山西省某農民は3億元の資産を持っている。これらは明らかになった一部の金持ちに過ぎず、財産公表を望まないため統計に入らない人がさらに多数存在している。[12]

その後、貧富の格差の問題は関心を集めているものの、情況は依然として好転せず、「貧乏人はますます貧乏に、金持ちはますます金持ちに」というロジック通りに運び、金持ちの人数はさらに増えている。≪21世紀経済報道≫によると、美林集団と凱捷顧問公司が共同で発表した≪2004年度全球財富報告≫で明らかにされた通り、2003年中国で100万米ドル以上の金融資産を持つ富裕者数は23.6万人であったという。そして、それら富裕者の持つ資産総額はすでに9,690億米ドルを超えており、2003年度の中国のGDP1.4兆米ドルと比べれば、その数字に驚くよりほかはない。それらの富豪クラブに属するメンバーは、所有資産の平均額が410万米ドル以上で、約3,400万元に相当する。美林集団アジア太平洋地域の馬蓉副総裁は、「中国は世界で最も富裕層の成長が速い数カ国の一つである」と述べている。この報告ではさらに、中国の現在の富裕層は1年前より大幅に増加しており、増加率は12%であると明らかにされている。[13] この報告から、中国にはすでに少数とは言えない富裕層が出現しており、さらにその数は上昇の一途をたどっていることが分かる。

2007年初め、中国では個人所得税申告制度の実施が始まり、年収12万元以上の者はすべて税務局に行って個人所得税の申告を行わなければならないと定められた。国家税務総局が先日発表したところでは、4月2日までに中国初の、年間所得12万元以上の国民による個人所得税自己納税申告作業が終わった。全国各地の税務機関が受理した自己納税申告者は合わせて163万人近くになり、自己納税申告実施の成果は明らかであった。しかし、この「明らかな成果」と実施前の「少なくとも600万人が申告所得の範囲に入るはずだ」とした専門家の予測を比較すると、実際の申告者は予測のわずか1/4であった恐れがある。また別の専門家は、中国は年間所得12万元以上の個人所得税申告者の名簿の記載人数を大幅に増やすべきであるとしている。ある学者の推算では、中国の目下の経済・社会発展の状況から見て、最も控え目な見積もりでも年収が12万元を超える人が少なくとも780万人以上おり、そこから推断すれば今回の個人所得税申告者数はわずか二割である。その780万人がすべて「金持ち」であるとは言えないが､少なくとも高収入者には数えられるだろう。これらのデータから、中国の富裕層の基本的状況をうかがうことができる。

(二) 中国の富裕層とは？

中国社会にすでに比較的膨大な数の富裕層が存在することは、ほとんど疑う者がいない事実である。だが、どのような人が「金持ちクラブ」のメンバーであるのか、それは深く研究するに値する問題である。なぜなら、メンバーによって豊かになった理由は違い、勤労で合法的に富を得た者もいれば、不法に富を手にした者もいるであろうと考えられるからだ。現在の中国社会では一部の庶民が少数の金持ちに対して容認できないという心情を抱いており、ある程度の“仇富”［金持ちを仇のように恨む］心理さえ存在するが、それは恐らく少数の金持ちの富の出所が不当であることと一定の関係があると思われる。それゆえ、中国の富裕層の構成を知ることにはいっそう大きな意義がある。

ある学者は中国の富裕層が富を得たよりどころに基づき、富裕層を十種類に分類した。(14)

（1）傑出した貢献をした科学技術者。この人々は社会に大きな貢献をしたため政府から手厚い報奨を得ており、それに加えて自分の労働所得もあるので、収入は一般に比較的高い。近年来、中国は科学技術の発明や創造が社会・経済の発展に及ぼす作用を重視し始めたので、科学技術上の大きな貢献をした人々にたびたび手厚い報奨を与え、その奨金は数十万元から数百万元までさまざまである。その上、一件の大きな発明や創造がひとたび社会に出ると各行政レベルで報奨を与えており、国家が地方政府奨を、地方政府が単位奨を授けるという形であるので、彼らの収入は自然と大幅に上がる。しかも、中国の現行の科学研究管理体制は、科学研究能力に長けた人物を優遇する方向に比較的大きく傾いている。あるプロジェクトが認可されると、プロジェクト申請者は通常一定比率の歩合を受け取るが、大きなプロジェクトになると、個人が受け取る歩合の比率も小さくない。プロジェクトの進行過程では、一部の段階的成果も単位の年末審査で奨励金を獲得する可能性があり、論文１編・特許１種、そうした多くのものにいずれも相応の奨励金が準備されている。このようなわけで、少数の能力ある科学研究者の収入は確かに低いとは言えない。そのような科学研究者たちの収入は比較的高いが、その収入は総体的に彼らの貢献に釣り合ったものであるため、社会も彼らには総体的に肯定的な態度をとっている。かつて彼らは「紅色百万富翁」［“紅色”＝社会への貢献度が高いことを意味する、“百万富翁”＝百万長者］と呼ばれていたが、この言葉は彼らに対する社会の承認と敬意を表している。

（2）チャレンジ精神のある個人商工業者や私営企業経営者。この人々は市場経済の中で苦労を重ねて創業し、資本を蓄積して富を得た。1996年北京世紀藍図市場調査公司がいくつかの単位と共同で中国の私営企業オーナーを対象にサンプリング調査を実施し、同時に私営企業オーナー1,947人の訪問調査に成功した。その結果によると、私営企業オーナー1,709人の1996年個人年間総収入の平均額は116,034.3元、そのうち年収が1～5万元の者は51.1％で半数を超え、1万元以下が25.8％で1/4強を占めた。また13.7％が「5～10万元の間」と答えている。年収が10万元以上の者は149人で8.7％を占め、そのうち年収が100万元を超えるとはっきり回答した者が6人いた。企業オーナーの年間総収入の中位を占めたのは「5～10万元の間」で、1994年の同項目の「2.4万元」の少なくとも2倍以上になっている。これらのデータは現在ではいささか古いうえ、収入レベルも高くはない。だが、当時の一般のサラリーマン層と比較すると、彼らの収入はすでに大変高かったと言える。今ではその後十数年が経過して、社会に大きな変化が起こり、彼らの収入状況も当然ながら変化が小さくない。総体的に、この人々は依然として高収入層であり、彼らの平均収入はやはり社会の平均収入レベルをはるかに上回っている。だが、過去10年間にこの層の内部に比較的目立つ分化が現れ、一部の人々は資産が億を超え、数十億元、数百億元の資産を持つ金持ちになった。また一部の人々は、一般的な高所得者のままであり、さらにはすでに倒産して平凡な庶民になった者も、少数だが存在する。

（3）文化的市場または経済建設の過程で人気を得た特殊な職業の者。例えば、歌手・映画俳優・漫才芸人やコメディアン・人気司会者・有名画家・有名作家、そして各種の専門技術を持った芸術家等々である。今では、映画を1本撮って数十万元または数百万元という報酬も珍しいことではないし、広告1本の撮影で30秒にっこり微笑めば、往々にして百万元以上の報酬が得られる。歌手の出演料もどんどん高額になり、有名歌手は出演して1曲歌うだけで数万元から数十万元、さらには百万元以上の収入を得る。高名な画家の作品は普通どれも1枚が数万元、数十万元という高値である。そのほか、近年一部の文化人も清閑をよしとせず、市場で才能を存分に顕示し始めた。最近『品三国』で人気沸騰のアモイ大学国文科教授易中天や、大衆向けの『論語』解釈で多数の読者を引き付けた北京師範大学教授于丹はその典型であり、ほんの短期間で千万長者になった。その他の一部の特殊な職業、例えば弁護士・建築設計士・コマーシャルアーティスト・コンピュータ専門家・上級料理人・著名スポーツ選手等は、やはり年収が数十万元から数百万元である。

（4）チャンスをつかむことに長けた幸運な投機家。1990年代以降、中国にいくつか投機的業種が登場した。株式市場・不動産市場・先物市場等がこの業種に属する。チャンスをつかむのが得手でリスクを恐れない者は、一定の資本を蓄積すると、他人と同じやり方で成長することをよしとせず、これらリスクの高い業界に進んだ。中には、これらの投機的業界で瞬く間に大量の富を獲得し、富裕層に足を踏み入れた幸運な者も少なくない。数年前異常な活況を呈した不動産市場や昨年からにわかに盛んとなった株式市場は、多くの者の金儲けの夢を叶えた。

（5）経済分野の高給サラリーマン。外資系企業で働く「ホワイトカラー」、一部の単位や公司の責任者や管理者、一部の企業の雇われ社長等は、年収が一般にいずれも比較的高額で、年俸十数万元から数十万元は当たり前になっている。一部の効益が良い郷鎮企業では、分配にほぼ制限がなく、完全に利潤に応じた分配が行われている。かつて名を馳せた天津市大邱庄の郷鎮企業の総経理数人は、1993年の年収が150万元に達し、1年で正真正銘の百万長者になった。『中国青年報』4月25日の報道によると、中国のA株市場上場の銀行8行の頭取の2006年の年収はいずれも100万元を超えるという。そのうち、招商銀行頭取馬蔚華が年俸446.18万元でトップ、「最低」は興業銀行頭取李仁傑で年俸101.4万元であった。深圳発展銀行董事長フランク・ニューマンは年収995万元で、董事長の年収ランク首位に座り、また中国銀行董事会秘書楊志威は年俸561.8777万元で、同行董事長の年俸をしのぐ董事会秘書になった。(15)

以上四種類の人々はほぼ政策や法律の認める範囲内で富を獲得しており、主に正当な手段による経営活動で豊かになった。言わば、日のあたる場所で金を儲けた。したがって、彼らが高額の富を得ていることは庶民には大きな精神的ショックであるが、その富の出所はほぼ合法的であり、「白色百万富翁」〔“白色”＝合法的（な儲け）〕と言えよう。彼らのうち一部の者の行為が庶民に不満を抱かせるものではあっても、彼らは中国の富裕層の主体であり、ある程度富裕層の成長の方向を代表している。

（6）権力の後ろ盾がある者。これは主に、役人からビジネス界に転身した者や、一部のビジネス界有力者の子弟である。このような人々は権力とつながる生来の特殊なコネを利用するか、独占的経営に従事しているか、あるいは直接的に権力を利用して経営活動をしているかである。さらに彼らは、持てる資本や権力を投入して社会的財産の大規模な分配を行うこともできる。彼らの特徴は、投入が少なく成果は大きいこと、またリスクが低く見返りは高いことだ。“銭権聯姻”[金と権力の縁組]が彼らの富を得る主要手段であり､それで習慣上“官倒”[役人ブローカー] と呼ばれている。彼らは社会の新興富裕層に属し、貪婪であるという鮮明な特徴があって、その富の出所はほぼ“横財”[不正な儲け] である。

（7）公有制または集団所有制企業を頼みに富を得た者。この人々は主に国有企業の工場長や責任者、貿易会社の業務担当者であり、自分の単位のために働くと同時に、仕事上のルートを利用して自分あるいは親戚友人のためにも働き、単位の所有資源を自分の経営活動の基盤にしている。コストは単位が支払い、収益は自分が受け取るという形である。このような人々の典型的な特徴は、単位に損をさせ自分だけ利益を得る、つまり国の財産を自分の懐に入れていることである。

以上二種類の人々は「灰色百万富翁」[“灰色”＝白と黒の間、狭間やあいまいさを意味する] と言うことができる。彼らの経営活動は常に合法と非合法、合理と不合理の狭間にあり、隠蔽的な経営行為によって単位に損をさせて私腹を肥やす、または公の利益を我が物にするという手段で富を得る、言わば薄暗い場所で金を儲けている人々である。このような人々に、庶民は不満を持っている。彼らは不公平な競争の場に身を置き、特権や特殊な好条件を利用して個人的に大いにうまい汁を吸っているのであり、公正な手段で富を得ているのではない。彼らの行為は本来国や集団の収入及び財産であるものを、形を変えて個人の収入や財産に転化させているので、実質は国家財産の横領であり、社会の成員に対する形を変えた収奪行為である。

（8）政府機関内で権力と金銭をトレードする腐敗した者。改革開放以降中国の政府機関内の汚職問題は深刻化の一途をたどっており、権力と金銭のトレードが少数の腐敗した役人の富を得る主要手段になっている。このところの汚職の特徴は事件がより複雑に、当事者がより上層に、汚職金額がより大きく、関係者がより多くなっていることである。汚職はすでに庶民の極度の怒りを買っており、汚職撲滅が党及び政府の執政能力を問う大きなハードルとなっている。

（9）偽造品製造販売・密輸及び密輸品販売・詐欺窃盗・強盗殺人等の常軌を逸した行為で富を得る者。これらの人々は不法手段で富を得ており、彼らのしていることは軽蔑すべき行為である。

以上の二種類の人々は法を踏みにじり、経済犯罪や社会犯罪によって国、社会や人民の財産を掠め取っており、いわば暗闇で金儲けをしているので、「黒色百万富翁」[“黒色”＝闇、非合法、貢献度マイナスを意味する] と言えよう。

（10）華僑の家族や金儲けをして帰国した者。このような人々の財産はこれまでの国外での労働所得、または国外の親族からもらったものであり、彼らはその財産によって働かずとも恵まれた生活を送ることができる。彼らの財産は正当に得たものだが、労せずして金を得る生活スタイルは当世の社会では奨励されないものであり、彼らを「無色百万富翁」〔"無色"＝法制外、貢献度ゼロを意味する〕と言うことができよう。彼らは社会に害を与えないが、貢献もしない。

二、中国の貧困層

(一) 中国の貧困層の基本的状況

1980年代、中国政府は農村で改革政策を実施して多くの農民の積極性を引き出し、それによって農村の生産力が大きな発展を遂げて農民の生活レベルも一定の向上を果たしたが、農村の貧困問題はその間もずっと根本的な解決を見るには至らなかった。90年代に入ると、国有企業の改革に代表される都市改革が大々的に都市の社会・経済の発展を促したが、それと同時に都市には膨大な規模の都市貧困層も現れた。農村の貧困状態の農民と都市の貧困状態の市民が、ともに現代中国の莫大な貧困人口を構成している。

80年代中期、政府は農村の貧困状況の調査と貧困撲滅計画に着手した。1985年のデータによると、全国の農村人口のうち年平均純収入が200元以下の貧困者は1.03億人、農村総人口の12.3％を占めていた。そのうち一人当たりの年間純収入が150元以下の特別貧困者は計3,700万人で、農村総人口の4.4％を占めた。これら貧困者の分布は比較的集中しており、主に22の省及び区の664県に分布しているが、これらの県はほぼいずれも「老（革命の初期根拠地）・少（少数民族居住地域）・辺（辺境地域）・山（高原山間部）」と言われるところに属している。

こうした情況に対して、国務院は1986年に貧困地域経済開発指導グループを組織し、貧困地域の経済開発活動の組織・指導を担当させた。この貧困地域経済開発指導グループによって貧困県を確定する三項の基準が定められた。その基準とは、第一に、県を単位として、1985年農村住民の一人当たり年間純収入が150元以下の県／第二に、県を単位として、1985年農村住民の一人当たり年間純収入が150～200元の少数民族の県／第三に、県を単位として、1985年農村住民の一人当たり年間純収入が200～300元で、さらに国の内外に大きな影響を持つ革命の初期根拠地の県である。この基準により、国務院は国が重点的に支援する貧困県（通称：国家レベル貧困県）300カ所を確定、また各省及び自治区もそれぞれの負荷能力に応じて支援する貧困県（通称：省レベル貧困県）351カ所を確定した。1986年全国の農村で一人当たり年間純収入が200元以下の貧困者は約 9,600 万人おり、農村総人口の 11.33%を占めた。そのうち一人当たり年間純収入が 150 元以下の特別貧困者は約 3,600 万人で、同 4.31%にあたる。

1990 年になると、5 年間の懸命な努力により、全国の農村で一人当たり年間純収入が 200 元以下の貧困者数は 1,800 万人まで減少した。だが、不変価格で計算すると（1985 年の農村社会物価指数を 100 とし、1990 年 165.1 に上昇したとして計算すると、1985 年の 200 元は 1990 年の 330 元に相当する）、1990 年の貧困者数は依然 1.12 億人という高い数字であった。国が発表した一人当たり年間純収入 300 元という新しい貧困ラインに従って計算すると、1990 年はそれ以下の貧困者が 7,700 万人で農村総人口の 8.59%を占め、1991 年には 8,400 余万人で同 9.37%を占めていた。[16] 以上のデータから分かるように、5 年間の貧困撲滅に向けた努力を経ても貧困問題には明らかな改善が見られず、農村における貧困撲滅の道のりが長く困難なものであることがうかがえる。

90 年代以降、都市の体制改革は実質的段階に入り、国有企業の改革によって大量の労働者が失業または一時帰休の状態になった上、毎年 1,000 余万人の新規参入労働力が就業を必要として、都市における失業問題はにわかに深刻の度合いを増した。失業問題の招いた結果の一つが、大量の人々を貧困状態に陥し入れたことである。農村の貧困問題が大した改善の見られない情況下で、続けて都市の貧困問題が発生したことは、中国社会にとって二重の苦しみに相違なく、貧困者支援は責任が重大で道のりも長い。

90 年代中期、都市の貧困問題は日増しに尖鋭化してきた。関連データによると、1994 年都市及び町部の絶対的貧困者及び相対的貧困者の総数は 3,000 万人以上に達し、その人々は最低レベルの基本的生活を維持することしかできていない。[17] 各省及び区にも、程度は違うものの都市の貧困問題が存在している。調査によると、1994 年上海市区内には 26 万戸の貧困家庭に 82 万人余の貧困者がいたが、そのうち浦東地域だけで貧困者は 8.258 万人に達し、その一人当たりの 1 カ月生活費収入は 135.09 元で、農村の貧困ラインの基準を下回っていた。[18] 関連メディアの情報によると、南京市には月収が 100 元前後の特別貧困状態の労働者が 6 万人以上おり、鞍山市の職員・労働者家庭では一人当たりの月収が 70 元に満たない戸数が 16,220 戸あった。 国の関係部門が全国の五大都市を対象に実施した共同調査の結果では、貧困者数は総人口の9%を占めている。[19] 中・西部地域に至っては、情況はさらに深刻である。例えば、四川省の 1996 年都市及び町部の貧困住民（絶対的貧困者と相対的貧困者を含む）は全省非農業住民総戸数の 4.05%、約 26 万戸で、貧困者数は 90 万人前後、貧困発生率 4.6%であった。また、寧夏回族自治区の統計局研究者はサンプリング調査の方法を採用して、まず貧困率（抽出したサンプル中の都市及び町部貧困者数を都市及び町部の非農業人口総数で割って得られた数字が貧困率である）を算出し、その貧困率から貧困者の総数を推算した。数段階に及ぶサンプリングを経て居民委員会103カ所を抽出、さらにそれらの居民委員会から都市及び町部の家庭3,400戸を抽出、最後に調査で得られたデータを加重平均して算出した1998年同自治区の都市及び町部の貧困者数は13.4万人、貧困率9.7%、貧困家庭約3.4%、そして絶対的貧困家庭が1.1万戸約4.7万人で、貧困者数の35%を占めた。[20]
以上の情況が示すのは、90年代中・後期、都市及び町部の貧困住民の分布は極めて広範囲で、全国の各省・市・自治区に及んでいることだ。地域から見ると、東部地域では相対的貧困者が主であり、中・西部地域では絶対的貧困者が主である。総体的に、都市及び町部の貧困者数は膨大な数量に及んでおり、貧困者支援の道のりははなはだ険しい情況にある。

これ以降、政府は一貫して貧困者支援に大きな力を投入しており、貧困問題の改善は21世紀初頭ついに実質的な進展を得るに至った。2003年10月17日の「国際貧困撲滅デー」に、政府は「中国農村の貧困者数は1978年2.5億人から2003年末2,900万人に減少し、農村の総人口に占める割合も30.7%から3%前後まで減少した」と誇らしく宣言した。中国史上でも、あるいは世界でもこれは偉大な壮挙であり、中国は国際社会の幅広い賞賛と高い評価を勝ち得た。

次に挙げるのは、貧困者支援の成果を表す数字である。

——貧困者数が大幅に減少した。全国の農村で衣食の問題が解決されていない貧困者数は、1978年の2.5億人から2003年末には2,900万人に減少した。昨年は592カ所の重点県で農民一人当たり純収入が5.8%上昇し、全国の農民一人当たり純収入の増加幅を1.5ポイント上回った。貧困者支援が新段階に入ってから、貧困地域の農民の増収が全国平均レベルを上回ったのは、これが初めてであった。

——貧困地域の生産及び生活条件が明らかに改善された。1986年から2003年までの18年間で、基本的耕地が計2,688万畝開拓され、7,459万人の飲料水不足の問題が解決を見た。貧困村落では、自然村の道路・電気・電話・ラジオ及びテレビの敷設率や開通率がそれぞれ71.7%・92.1%・49.1%、そして82.7%に達した。

——社会事業が全面的に進展した。貧困地域の学校運営条件が顕著な改善を見て、学齢児童の学校中退率が7.8%に低下した。70.2%の行政村では保健衛生施設が設置され、医療及び薬品不足の情況が大きく緩和された。大量の農業適用技術の普及が進み、農民の科学的耕作のレベルが明らかに向上した。世界銀行のウォルフェンソン総裁は、もし貧困状態が軽減された人数を基準にすれば、中国は疑いなく貧困軽減に世界で最大の貢献をした国家であるとしている。中国政府は広範な人民を率いて貧困撲滅に向けた偉大な実践をする中で、国情に合致した貧困者支援の方法を探り当てた。それは、「政府主導、社会参加、自力更生、開発支援、全面発展」という方法である。世界の多数の国家では貧困者支援活動がみな慈善団体によって始められているが、中国では各レベルの政府による主導である。中国政府は80年代中期から、全国で計画的・組織的、かつ大規模な貧困者支援活動に着手した。1994年には≪国家八七扶貧攻堅計画≫［“扶貧攻堅”＝貧困者支援ならびに貧困撲滅］を制定、2001年にはさらに≪中国農村扶貧開発綱要（2001－2010年）≫を発表した。中央政府財政部門が準備した貧困者支援の専用資金は1980年10億元から2004年には122億元に増大し、累計で1,147.8億元に達した。地方の各レベル政府も積極的に資金投入を増やしており、2006年その関係資金総額が30億元を超え、貧困家庭・貧困地域支援が新段階に入って以降、財政投入額が最大の年になった。近年来、NGOによる貧困者支援の影響や役割も大きくなりつつある。NGOの活動には、例えば貧困地域の小学生を支援する“希望工程”［“工程”＝プロジェクト］、私営企業家が貧困地域の発展をサポートする“光彩事業”、身体障害者を支援する“康復扶貧”、貧困状態の母親を支援する“幸福工程”、女子児童の義務教育修了を援助する“春蕾計画”、ほかにも“青年志願者支教扶貧接力計画”“貧困農戸自立工程”等がある。

UNDPのブラウン総裁は、中国の貧困者支援の経験は世界が学ぶに値するもので、中国が世界に提供した最も価値ある発展の経験は、有効な貧困者支援政策を制定ならびに堅持したことであるとしている。[21]

中国の貧困者支援はこのように大きな成果を上げたが、注意すべきは、以上の統計データがほぼすべて絶対的貧困者数を対象にしていることだ。相対的貧困者数を加えれば、中国の貧困者数は2,900万人をはるかに上回る。2007年開催された「両会」［全国人民代表大会と中国人民政治協商会議］の会期中、全国政治協商委員王志宝は3月6日第十期政治協商会議第五回会議の記者会見で、中国には未だ支援を必要とする人民が目下1億人前後おり、そのうち絶対的貧困者が2,148万人、低所得者が3,550万人であると率直に語った。[22]

その上、中国の都市及び町部の貧困問題解決への取り組みは多くの困難に直面しており、これまでの成果もあまり顕著ではない。国の社会保障等の制度の設置や導入には資金と時間が必要であり、引き続き貧困問題を大いに重視していかなければならない。

（二）中国の貧困層とは？

中国の貧困層の分類は、富裕層のように複雑ではない。農村部の貧困者・都市及び町部の貧困者・生理的貧困者に大きく三分される。[(23)]

（1）農村部の貧困者層。都市の貧困問題が相対的に深刻かつ顕著であるとはいえ、全国的規模から見れば、農村の貧困者数の占める割合が都市のそれよりはるかに高い。絶対数では、1978年の農村貧困者数は2.5億人（貧困ライン＝150元）、1985年は1.25億人（貧困ライン＝200元）、1992年は8,000万人（貧困ライン＝300元）、1995年は6,500万人（貧困ライン＝530元）、そして2003年になると2,900万人にまで減少した。貧困者数が総人口に占める割合は1978年の31％から2003年には３％にまで下がり、貧困者絶対数と貧困率は大幅に低下した。

中国には約８億人の農民がいて、総人口の60％前後を占める。したがって、農村問題は依然として中国社会の根本的な問題であり、農村問題が解決されてこそ中国の問題はようやく一応の解決を見たことになる。目下の情況から見て、農村の貧困はやはり農村問題の要であり、数千万人に及ぶ貧困者数は軽視できない数字である。それに加え、すでに貧困状態を脱した農民の大多数も収入レベルが高いとは言えず、リスクに抗する能力は依然脆弱であり、いつでも貧困状態に戻る危険をはらんでいる。したがって、政府や社会は引き続き農民に対するサポートを強化し、農民が貧困という苦境から完全に脱却できるようにしていく必要がある。

（2）都市（及び町）部の貧困者層。都市の貧困者には主に二種類の人々がいる。一種類は都市の一時帰休者・失業者であり、もう一種類は引退・退職後の高齢者や無収入で身寄りのない老人である。一時帰休者・失業者については先に失業問題を扱った部分で詳細に論じたため、ここでは触れない。退職後の高齢者や無収入で身寄りのない老人は、特殊な層として、収入レベルや生活情況が大変懸念される。中国は現在すでに高齢化社会に突入しており、都市の退職後の高齢者はいっそう増加しつつある。計画経済の時代、これら退職後の高齢者の扶養問題は主に単位が保障していたが、改革の深化とともに企業は自主経営・独立採算の法人実体となり、従業員の退職後の扶養責任を担わなくなった。だが、高齢者は就業当時に年金を納めていなかったので、扶養問題がにわかに持ち上がったわけである。退職時期が早く、就業年数が長くなかった一部の高齢者は、現在毎月受け取る老齢年金が約数百元から1,000元という程度である。

そのうち東部の発達した省・区では情況がいささか良く、高齢者は毎月1,000元前後を受け取れるが、中・西部地域の情況は比較的深刻で、80年代末期から90年代初期に退職した高齢者が現在受け取れるのは毎月約500～1,000元の間にとどまり、当たり前の生活を維持することが難しい。無収入で身寄りのない老人に至っては、自身に何の収入もなく、すべて政府の手当てに頼って生活している。目下、中国ではこの方面の制度整備が不十分であるうえ、一部の地方政府では仕事が行き届かず、身寄りのない老人の生活がさらに問題化している。事実、大部分の地方には、十全な設備や資金を提供してそのような老人の生活上のニーズを満たす能力がない。したがって、そのような老人の大多数が貧困状態の生活を送っている。

（3）生理的貧困者層。中国にはおよそ次のような生理的貧困者がいる。①障害者5,164万人＝一部の人々は福祉作業所で働いているものの、収入はわずかであり、大部分は国家の補助や家族に頼って生活している。②精神病患者1,000万人＝彼らの仕事は普通のものとは違うので収入が高くなく、仕事のない者もいる。こうした患者は都市にも農村にも存在する。③身寄りのない老人500万人＝これらの人々は完全に国家の福祉保障に頼って生活している。民生部の統計によると、毎年救済が必要な被災者や貧困家庭は1.4億人に達し、また“優撫対象”［戦没者遺族や傷痍軍人等に対する特別な優遇・扶助措置の対象者］が4,000万人近く、身寄りのない障害者が5,000余万人おり、総計2.3億人に上る。(24) これらのデータが示しているのは十余年前の情況であるが、近年の情況にもいくらも好転が見られず、生理的貧困者層は依然として小さなものではない。

三、貧富の分化の重大性及びその影響

(一) 貧富の分化の重大性

先の中国の富裕層と貧困層に関する論述から、今の中国には比較的顕著な貧富の分化という問題が存在していることがわかった。だが、先のような分散した叙述では貧富の分化の問題がいかに深刻であるかをはっきり認識するには不十分な恐れがあるため、この問題に限定して集中的に論じる必要がある。

2003年に財政部が実施したある調査の統計結果によると、中国では10％の富裕層家庭の財産額が都市住民財産総額の45％を占めている。10％の最低収入層家庭の財産額はその1.4％を占めるのみであり、また以上の20％を除いた家庭の財産額が総額の53.6％を占める。それと同時に、都市住民の金融資産は高収入の家庭に集中する趨勢が現れており、一戸平均金融資産最多層の20％

の家庭における金融資産合計額が都市住民金融資産総額に占める割合は約66.4%、最低層の20%の家庭における金融資産合計額はその1.3%を占めるのみである。[25] これらのデータが物語るように、中国社会にはすでに相当深刻な貧富の分化の問題が現れている。

最近ネット上で≪貧富両極分化譲人心悸的数字：２%和全球第二≫［貧富の両極分化 不安を呼ぶ数字：２%と世界第二］と題された文章を読んだが[26]、これは現在の中国における貧富の分化現象を最も適切に説明したものと言ってよい。それによると、世界銀行が第60回国連首脳会合期間に190頁に及ぶリポートを発表し、そのリポートでは中国の国民一人当たり財産額は9,387米ドルで、アメリカの同財産額の２%に及ばないとしている。同時に、安永の最新の研究報告では、2005年から2008年の中国における贅沢品販売額の年成長率は20%に達し、2009年から2015年は年成長率10%、そして2015年には贅沢品販売額が115億米ドルを突破して全世界消費量の29%を占め、中国は日本に次ぐ世界第二の贅沢品市場になると予測している。

この結果に、上掲の文章の筆者は感慨を禁じ得ない。２%――この数字は、中国がまだ「富国」とは依然大変隔たったところにあり、国民一人当たりの財産レベルが国際的レベルからはるかに遅れをとっていることを教えている。一方で、世界第二――この数字は逆に、中国の贅沢品消費能力はすでに国際レベルに肩を並べただけでなく、さらに先進国も舌を巻く速度でそのトップに躍り出たことを意味している。２%――この数字は、中国人がおしなべて清貧であることを証明している。世界第二――この数字はまた、中国人の最富裕層の消費能力は驚くべきレベルであることをも証明している。同じように中国人の財産保有量をはかったデータであるのに、なぜこのように矛盾した結論が出るのか。

この問題について、その筆者は調べ当てた第三の数字を挙げて説明を加えている。この第三の数字は「２%」と「世界第二」のギャップの問題を容易に解決し、最も説得力がある解釈を与えてくれる。第三の数字とは、0.45である。UNDPが公表した一連のデータによると、中国の目下のジニ係数は0.45であり、総人口の20%を占める最貧困層が収入あるいは消費総額に占める割合はわずか4.7%、総人口の20%を占める最富裕層が収入総額あるいは消費総額に占める割合は50%という高さである。国際的に公認されているジニ係数の警戒ラインは0.4であるが、中国の貧富の格差はすでにこの公認の警戒ラインをはるかに超えて、しかも引き続き拡大する様相を見せている。

その筆者は次のように総括している。「一人当たりの財産額総量が低レベルで推移する一方で、贅沢品消費のブームが盛り上がりを見せていることは、貧富の両極分化の最もよい説明である。贅沢品の消費者は中国の総人口の約10%を占めるが、この1億余人の掌中にある財産総額は極めて莫大であり、巨大な贅沢品購買ニーズはその人々から集中して湧き上がっている。彼らの熱い購買ニーズと強大な購買能力が急激に膨張した贅沢品市場を支えているのである。それと同時に、中国には数千万の絶対的貧困者、及び総人口の60%前後を占める、1990年代の消費レベルにとどまっている農民がおり、彼らは贅沢品とは無縁である上、生活必需品を手に入れるのにさえ努力が必要である。一人当たりの財産額を計算する公式で、彼らは膨大な分母を構成するが、分子への貢献は微々たるものである。つまり、平均額算出の最終結果として、中国は世界ランキングの後方に並ぶのである。」

労働及び社会保障部労働工資研究所が近頃発表した研究報告では、国民の収入格差は2003年以降急激に拡大し、目下すでに二番目に深刻な「黄信号」点灯の警戒レベルに達しており、今後5年以内に有効な措置を講じなければ「赤信号」点灯の危険レベルまで悪化すると指摘している。2%と世界第二、この二つの数字からすでに社会が分裂していく乾いた音が聞こえ、二つの分立した、明らかに異なる社会の姿が見えてくる——このような状態は、調和社会という良き理想を抱くすべての人々を不安に陥れる。

理性にあふれ正義感がみなぎる上掲の文章は、今の中国社会の貧富の分化の問題をうまく解説しており、またその深刻性を論理的に根拠を挙げて十分説明している。

近頃、中国の富の集積に関するニュース二本がとりわけ人々の耳目を集めた。一本は中国一の富豪楊惠妍についての報道、もう一本は中国の上場銀行8行の頭取の年収に関する報道である。

『第一財経報』の記事によると、2007年4月20日広東省順徳の不動産商碧桂園が香港証券取引所に正式上場、寄り付き価格が7.01香港ドル、それからどんどん値を上げて一時7.30香港ドルという高値を付け、5.38香港ドルという発行価格に比べて36%急騰した。午前の取引終了段階では7.29香港ドルを付けていた。碧桂園は当日取引が最も活発だった銘柄で、午前の取引高は7.48億株、53.8億香港ドル、31%を超える取引で取引高ランキングのトップに躍り出て、HSBCホールディングス（0005HK）の16.9億香港ドルをはるかに引き離した。全日の最高値は7.350香港ドルに達し、引け値は7.270香港ドル、募集価格5.38香港ドルに比べ35.130%値を上げて、1日の取引高は72.26億香港ドル、取引株数は10.04億株であった。碧桂園の株を95.2億株持っていた25歳の大株主楊惠妍は、一挙に玖龍紙業の董事長張茵を抜いて中国内地随一の女性富豪になり、692.1億香港ドルの持ち主になった。

また『中国青年報』同年4月25日の報道によると、中国の上場銀行8行のトップの年俸は平均で100万元を超え、そのうち最高は446万元以上に達し、最低でも101万余元であった。元のデータを表にまとめて読者の参考に供する（中国工商銀行及び中国銀行以外の6行はすべて税引き後の収入)。

表5-4　上場銀行8行の董事長の年俸ランキング

（『中国青年報』2007年4月25日の記事を整理して転載）

銀行名	氏　名	年俸（万元）	銀行名	氏　名	年俸（万元）
深圳発展銀行	フランク・ニューマン	995	工商銀行	姜建清	130
民生銀行	董文標	452.89	興業銀行	高建平	105.70
浦東発展銀行	金　運	158.5	華夏銀行	劉海燕	103.89
中国銀行	肖　鋼	152.377	招商銀行	秦　暁	給与受領無

表5-5　上場銀行8行の頭取の年俸ランキング

（『中国青年報』2007年4月25日の記事を整理して転載）

銀行名	氏　名	年俸（万元）	銀行名	氏　名	年俸（万元）
深圳発展銀行	フランク・ニューマン	995	工商銀行	楊凱生	125
招商銀行	馬蔚華	446.18	華夏銀行	呉　建	103.89
民生銀行	王　世	174.47	興業銀行	李仁傑	101.40
中国銀行	李礼輝	152.8657	浦東発展銀行	傅建華	全年分未受領

この二本のニュースが報じられると社会に大きな反響が巻き起こり、メディアやネット上で相次いで転載され取り沙汰された。まさに「投じた一石が千の波を引き起こす」という如く、人々の心を揺り動かしたことは確かであった。中国は今、都市住民一人当たりの年収が1万元を突破したばかり、農村では一人当たりの年収が未だ数千元という情況にある中、個人の年俸が百万元、さらに数百万元に達するとは、格差を論じるレベルをとうに超えている。

これらの数字を前にして、中国では本当に誰もが豊かになったなどと決して思ってはならない。これまでに述べたように、中国の金持ちは実際には総人口の10%前後を占めるに過ぎず、大部分の中国人の生活は豊かではない。中国社会の底部で生活する貧困者に至っては、その生活レベルの低さはときに想像を絶するほどである。中国には依然として経済的理由で学校に通えない子供が数多く存在し、家を持てずに山の洞穴で生活する「原始人」も、一生遠方に出かけることのない山間部の貧困者もいる。さらには生活していけず、あるいは学費を納められずに自殺を選ぶ者さえいる……紙幅の制限で一々具体的な数字や事例を挙げないが、社会の底部までのぞいてみれば、必ず無数の貧困者のありさまが目に入るはずである。

(二) 貧富の分化のマイナスの影響

このように深刻な貧富の分化は、中国人や中国社会にどのような影響を及ぼしているのか。当然ながら、いかなる現象にもプラスとマイナスの両面があり、適度な貧富の分化にはモチベーション効果があって、生み出す影響は主にプラスに働く。だがいったん貧富の分化が人々の負荷の範囲を超えると、もたらされる影響は恐らくマイナスの方が多い。

個人的な視点から見れば、深刻な貧富分化は人々の"仇富"心理を引き起こす。大多数の中国人は次のような根強い考え方を持っている。中国人は昔から今まで一貫して「金持ちを恨む」心理を持っているが、それは祖先からずっと「少ないことを嘆くな、公平でないことを嘆け」と言い伝えられてきたからであり、すなわち、あなたが金持ちなら、私には当然あなたを「恨む」理由があるという考え方だ。このような考え方は、実際には問題の本質を衝くものではなく、あるいは正しいようで実は間違ったものである。歴史上の出来事でも現実に発生した"仇富"事件でも明らかであるように、中国人は決して単純に「金持ちを恨む」わけではなく、金持ちに仁の心がないことを「恨む」。すなわち、富を手にする方法が正しくなければ他人の恨みを買うということであり、これこそが問題の根源である。当然、具体的な個人についての状況は、どの財産が公明正大に得たものであり、またどの財産がそうでないかの断定は難しい。だが富裕層全体の得た財産がある種の「搾取性」さらには「略奪性」を帯びたときに、金持ちを恨む心理が生まれる。現状から言えば、過度に深刻化した貧富の分化が、人々のそのような心理を容易に引き起こしている。なぜならば、その貧富の分化には大きな不合理性が含まれているからだ。

かつて『財富時報』に「中国の金持ちはなぜたびたび誘拐されるのか」と題した記事が掲載され、大同市に住むある炭鉱所有者白某が３人組の誘拐犯に拘束されて300万元の身代金を要求された事件を報道していた。それによると、白某は誘拐犯と交渉の結果、80万元の支払いに同意した。誘拐犯に脅迫され、白某は家族ならびに会社の経理に電話をかけて、80万元を持参するように命じた。事情を知らない家族と会社の経理係は、大同市雲崗賓館の入口で受取りに来た誘拐犯に準備した現金を渡した。そのとき、家族と経理係は相手の落ち着かない様子に気付く。相手の一人は現金を確認もせず、30万元だけを持って逃げた。不審な情況を察知して、家族と経理係が協力して誘拐犯を取り押さえ、警察に通報した。

さらにその記事によると、2003年以降、中国で富豪数人が殺害されているという。山西省の億万長者李海倉の殺害事件、浙江省温州の富豪周祖豹の殺害事件、甘粛省の不動産業界の有力者劉恩謙の殺害事件、四川省明達公司董事長葛君明の殺害事件(27)……一時期“仇富”が最も人々の関心を集める話題になった。多くの専門家や巷間の人々は、当時の国民の金持ちを恨む強烈な心理は過大な貧富の格差が生み出したものだと考えていた。巨大な貧富の格差、巨大な心理的落差は国民に備わっていた価値体系を破壊するに十分であり、それが破壊されるに伴って震撼・羨望・嫉妬・不満、さらには恨みという感情が生まれたのである。

このような事態の出現は、明らかに誰もが望んでいないことだ。では、このように極端な、有無を言わせぬ事態に至った責任はいったいどこにあるのか。中国には古来“殺富済貧”［金持ちを殺してその財産を貧しい者に分け与える］という伝統があり、そのような行為に立ち上がる役柄は庶民からしばしば英雄視されてきた。それは、社会の深刻な不平等に直面したとき、“殺富済貧”は理にかなうことだと見られてきたからだ。今の中国に現れている深刻な貧富の分化は、無論昔日の搾取や抑圧と同日の論にはならないが、やはりそこにある似通ったものが存在するのであろうか。特に、一部の金持ちの理も非もない金儲けの手段は、容易に人々の“殺富済貧”へと向かう気持ちを誘発し、さらに“仇富”心理を生じさせるのであろうか。事実、そうしたロジックを完全に否定するに十分な理由は見当たらない。まさにその記事の筆者が書いたように、「中国の高所得層がたびたび誘拐に遭うだけでなく“撕票”［人質殺害］という事態に至る、その事件の背後にはっきり見えるのは社会の分配不公平や貧富の格差の広がりである。山西省の炭鉱会社社長がアメリカのHUMVEE［高性能多目的ジープ］を20台一括購入したり北京の豪邸を大量購入したりしているが、一方では炭鉱事故が絶えず発生して、無数の生命がその豪勢な生活の礎に消えている」のである。

社会的な視点から見れば、深刻な貧富分化は将来の経済成長や社会の調和を脅かす可能性がある。ある国で国民一人当たりのGDPが1,000米ドルに達したとき、その後の経済状況は正反対に向かう二本の道のいずれかに進む可能性がある。一本は引き続き高度成長を保ち、シンガポールや香港と同じように一人当たりGDPが2,000米ドル、3,000米ドル、4,000米ドル、さらにはより高いレベルにまで急速に伸び、しだいに先進国に接近していく道である。もう一本は経済が停滞して伸びず、さらには悪化する情況さえ現れてくる道である。中国は2003年に国民一人当たりのGDPが1,000米ドルを突破し、経済発展が重要な分岐点に差しかかった。その後の4年間、中国経済は一貫して高度成長のペースを保っており、世界で「中国だけが順調」という大勢である。それゆえ大部分の経済学者は中国経済の前途を楽観視し、将来の素晴らしい青写真を描いて見せる。しかし、冷静な観察と思考を持ち続けている学者も少なくない。彼らは中国に現在存在している深刻な貧富の分化の問題に懸念を表している。中国政府自体も、前途に存在する調和を欠いた要素にも目を向けて、調和社会を築くための施政方針を打ち出している。

経済発展の面から見ると、中国には1990年代中期からすでに効果的ニーズの不足という問題が現れ始めていたが、これは庶民の購買力に問題があることを示している。しかし、他方では、銀行の預貯金のデータから分かるように銀行には大量の預貯金が存在しており、中国にはまだ消費に回されていない金がたくさんある。これはいったいどういうことであろうか。

経済学にはある基本的な常識がある。それは、社会の供給と需要は総量でバランスが取れていなくてはならないということだ。あるデータによると、中国の総供給はすでに総需要をはるかに上回っており、非常に深刻な需給アンバランスの状態が現れている。ある報道では、中国の商品を種類別にみたとき、その86%は供給オーバーで、2005年末までに国内の在庫商品総額はすでに4兆元という巨大な額に達したという。こうした情況に直面し、経済学者は一貫して内需拡大や経済成長方式の転換を唱えているが、これは言うまでもなく至極正しい。悪循環を断ち切ろうとすれば総需要を引き上げて総供給を減らすしかなく、企業資金を市場に入れて経済効益を上げさせ、銀行で貸し倒れが出ないようにするしかない。国内の関係資料によると、2005年中国の輸入額は経済全体の37%であり、ここからも供給の大部分はやはり内需によって消化をしなければならないことが分かる。

それでは、中国の内需はどのような情況にあるのか。発表された統計資料から容易にうかがえるように、中国ではサラリーマン以外、圧倒的多数の都市住民は決して「高所得」ではなく、中国は依然として世界最大の発展途上国であり、1億人近くの貧困者を抱えている上、都市には政府が最低生活保障手当てを支給する必要のある人々が数千万人もいる。それでは、銀行の多額の預貯金はどこから来るのか。統計によると、総人口の20%に当たる金持ちが国の富の80%を占有しており、銀行の預貯金の大部分はそのような金持ちのものであった。しかし、彼らは平凡な消費者ではない。日常消耗品は彼らにとっては何の魅力もないので、彼らが大量の預貯金を持ち出して消費することはないのである。これが中国の内需不足の根本的原因であり、それは今後中国経済の継続的発展に影響を与える重要な要素になるであろう。すなわち、深刻な貧富の分化は、すでに中国経済の将来の発展に影を落としているのである。

深刻な貧富の分化が社会の発展に与える影響はいっそう顕著であり、国民も政府もすでに貧富の分化は社会の調和がとれない一要因であることを認識するに至っているので、次節ではその問題をもっぱら論じることにする。

第三節 「共に豊かになる」ことと調和社会

二十余年の改革開放政策実施を経て、中国は二十余年の長きにわたった「みな貧しい」状態を脱した。GNPは改革開放初期1978年の3,624.1億元から2006年には20余兆元まで増加し、国民の生活レベルが大きく向上し、一人当たりGDPが2,000米ドル前後に達して経済・社会の発展が正念場を迎えている。しかしながら、国民の財産が増えると同時に貧富の格差が拡大するという問題も現れ、それはすでに社会の不調和を招く大きな要因となっている。いかに効果的に貧富の格差のさらなる拡大を抑え、各方面の利益関係や利益への要求をまとめていくか、それがすでに社会主義の調和社会を構築する上で解決しなければならない問題になっている。

一、貧富の格差——社会の不協和音

中国共産党第十六期中央委員会第四回総会で≪中共中央関于加強党的執政能力建設的決議≫［中国共産党中央委員会 党の施政能力育成強化に関する決議］が報告され、「社会主義調和社会を構築する」という概念が初めて全面的に提示された。それに続き、2005年2月19日中国共産党総書記胡錦濤は、省・部レベル主要幹部対象の社会主義調和社会構築能力向上の専門研究班の活動開始時の挨拶で、社会主義調和社会構築の重要な意義を再度強調し、それをすべての業務において重要な方針とするよう要求して、さらに次のように指摘した。「我々が構築していかねばならない社会主義調和社会とは、民主的法制・公平と正義・誠実さと友愛・大きな活力・安定と秩序・人と自然がすべて調和のとれた状態で共存する社会である」。(28) これ以降、社会主義調和社会を構築することが、新しい時代の中国共産党の治国理念となった。

これまでの考察から分かるように、貧富の格差拡大は現在の中国社会が調和

を欠いていることの大きな現れであり、すでに多方面で中国社会の調和を脅かしている。[29]

1．貧富の格差拡大は社会の矛盾を容易にあおり立て、社会の安定に不利である。 貧富の格差拡大の直接的な結果の一つは社会の公平が破壊されることであり、そこから強烈な“仇富”心理、及び社会財産の新たな分配に対する衝動を引き起こし、そのうえ騒乱や暴力行為さえ誘発して、社会全体の安定や健全な発展に危害を及ぼす。社会発展の歴史的事実が繰返し証明しているように、いかなる国家の富の分配であれ、完全な平等は不可能であるが、同時にまた過度に不平等であるべきではない。G. ジンメルが「バラの仮説」で説いたように、現実の世界では、完全な意味での公平は永久に存在するはずがない。たとえ人々が完全に合理的な制度を作り、各々に質と大きさが完全に等しい土地を分配したとしても、将来の不可抗力的要素（陽光・水分・空気等）によって各々の収入が同一でなくなる可能性もあり、社会の不平等は相変わらず存在する。[30] すなわち、「実然」的現実世界では、人は完全な意味での公平を手に入れる術はないということだ。古代社会であれ近代社会であれ、人はあらゆるところで不公平な現象を目にする。社会の不公平は、人類社会の発展を遅らせる頑固な病である。だが不公平には一定の限度があり、不公平がある限度を超えると社会の運営に問題が生じ、運営が不可能になることさえある。アメリカの著名な学者Ｊ．ロールズは人類社会の公平の問題に言及したとき、人と人とが共に調和を保って暮らし、互いに助け合うことは、人類社会が道徳的に求めるところであるだけでなく、さらに人類社会が運営されていく条件でもあると強調した。ロールズは「一人一人の幸福はすべて一種の協力システムに依存しており、そのような協力なしには、誰にとっても満足する生活はあり得ない。それゆえ利益の区分は誰もが自分から協力システムに加わるように人々を導き得るものであるべきで、それには境遇の比較的劣った人々も含まれる」と指摘している。[31] したがって、完全な意味での公平が現実の世界に存在する可能性はあまりないにしても、一定の限度内での公平は欠かすことができない。さもないと、社会の矛盾は激化する恐れがあり、社会の秩序や安定がその挑戦を受けることになろう。

ラテンアメリカ諸国の発展の実情も、貧富の格差拡大が社会の運営に不利な影響を及ぼすことを証明している。これまでの数十年間に、ほとんどのラテンアメリカ諸国の一人当たりGDPは3,000米ドル以上に達しており、個別に見れば5,000米ドルを超える国さえある。しかし、経済の急速な発展は決して社会の全面的な繁栄や進歩をもたらしはせず、逆に動乱状態が持続する情況に陥った国が少なくなかった。総体的な収入レベルが東南アジアより高いラテンアメリカ諸国で、なぜ社会的動乱が絶えず発生するのか、当然疑問が生じる。研究によると、ラテンアメリカ諸国を動乱状態に陥れた要因は、貧富の格差拡大であったという。世界銀行の研究リポートでは、ラテンアメリカは世界で最も貧富の格差が深刻な地域であり、加えてその現象は引き続き拡大していると述べている。ラテンアメリカの平均ジニ係数は目下すでに0.522に達しており、さらには0.6に迫る、または0.6を超えた危険な状態にある国も少なくない。[32]
ラテンアメリカの歩みは我々に重大な教訓を与えている。すなわち、総体的な富が増加する過程で、もしも社会の底辺にいる民衆の利益を軽視すると、社会の大多数の成員が経済発展のもたらす恩恵を享受できず、多数を占める社会の成員が発展の外に追いやられてしまう。そのような場合、その社会は深刻な危機をはらむ可能性が高く、経済社会も安定した発展を持続することは難しい。

先に述べたように、今の中国社会には2億人近い社会的弱者層が存在しており、種々の理由によって彼らは改革開放以降の社会発展の成果を全く、あるいはわずかしか享受できず、社会の貧困層となった。そのまま放任しておけば、社会の矛盾は恐らくいっそう激化して、社会の安定が懸念される事態になろう。これまで、我々はラテンアメリカの発展中に現れた問題を重く受け止めて、「ラテンアメリカの罠」と呼んできた。それを鑑として果敢な措置を講じ、日々拡大する貧富の格差の縮小を図って、「中国の罠」と言われるような事態の発生を防がなければならない。

2．貧富の格差拡大は経済の持続可能な発展に不利である。社会全体の再生産には生産・分配・交換・消費という四段階があるが、そのうち生産が分配・交換・消費を決定し、分配・交換・消費が生産に反作用を及ぼす。ある社会で貧富の格差が過大になれば、大多数の人々の消費ニーズが不足する状態を招き、さらに再生産拡大に不利な影響をもたらす。目下中国で貧富の格差が過大になっている情況下で、金持ちは買うべき物をすべて買い終え、もはや大量の社会製品に対する購買欲を失っており、かたや大量の社会製品を必要とする社会の大多数の人々は購買力が足りず、消費ニーズがひどく落ち込む情況を生んでいる。このような情況は1990年代末期に顕著に現れていた。当時は金融危機の影響を被って世界経済が不況に見舞われ、中国の輸出が大きな痛手を受けたため、政府は内需拡大の施政方針を打ち出した。しかし、政府が消費を促せば促すほど庶民は消費をためらい、銀行が連続8回利息を下げる措置に及んでも消費ニーズを刺激することはできず、内需は依然として大した高まりを見せなかった。最後には政府が財政措置を講じざるを得なくなり、インフラ整備等の業界に大量投資をしたことで、ようやく経済が徐々に上向き始めた（当然世界経済の回復も重要な外部条件であった)。その理由を追っていくと、社会保障制度の不備が一要因ではあったが、社会最下層の庶民の懐に消費に回す金がなかったことが、恐らくより大きな要因であっただろう。政府は銀行にあった大量の預金に目を向けたが、それらの預金が誰のものかには注意を払わなかったためだ。預金者が消費を必要としていなければ、利息を下げることには何の意味もない。貧富の格差が過大になって大量の富が少数の者に集中する中、豊かな人々の消費ニーズがすでに落ち込んでいるのであれば、利息がどうなろうと彼らには大した影響はない。他方で、大量の消費を必要とする貧しい人々は銀行に大した預金もなく、わずかな預金があったとしてもそれは不測の事態に備える金で、いくら利息を下げようと、この人々にもまた大した関係がなかったのである。これが要するに、当時の「内需刺激」政策に明らかな効果が見られなかった根本的理由であり、またこのことは、過大な貧富の格差が経済の持続可能な発展を著しく阻害することも説明している。

過大な貧富の格差が経済の持続可能な発展に不利な影響を及ぼすことについては、さらに次のような簡単な経済学の話で説明してもよい。

ある資本家が自分の持つ 5,000 万元の資本を新しく開掘される鉱山に投資し、500 人の労働者を雇用して採掘・生産させ、生産開始後の毎年の純収益が 5,000 万元であると仮定する。この 5,000 万元の収益については多種の分配方式が存在する。

第一の分配方式では、経営者が 4,000 万元を受け取って個人消費と拡大再生産にあて、残る 1,000 万元を労働者への給与支払いに回し、労働者一人当たりの年収を 2 万元と仮定する。労働者にとっては毎月の収入が 1,600 余元になり、その半額を自分が使い、半額を実家に送金して家族扶養に充てなければならないとする。この分配方式では、経営者個人は思う存分消費をし、かつ大量の余剰資本を拡大再生産、さらには他業種への投資に充てることでより多くの利潤を得ることができる。しかし、収益は日増しに経営者の懐に集中するようになり、富が少数の者に集中する傾向が現れる。一方、労働者の収入は 2 カ所に分かれた一家族の生活を支えるだけで、労働者個人と家族の生存をどうにか維持できるのみである。

第二の分配方式では、経営者が 3,000 万元を受け取って個人消費と拡大再生産に充て、残る 2,000 万元を労働者への給与支払いに回し、労働者一人当たりの年収を 4 万元と仮定する。この分配方式では、労働者の消費情況が第一の方式と全く異なってくる。彼らには家族や子供をみな実家から呼び寄せ、一緒に生活する経済力がある。家族や子供が呼び寄せられるということは、十分な商品の供給が必要になり、住む家が必要になり、さらに子供を学校に通わせなければならないということだ……このようにして商業がしだいに盛んになり、不動産業者が住宅を建て始め、学校が造られて、第三次産業がしだいに形成される……こうなれば鉱山はただの鉱山ではなくなり、しだいに一つの社会を形成して、一定の規模に成長すれば都市に発展していく可能性もある。なぜ第一の分配方式と完全に異なる結果が生まれるのか。答えは簡単で、第一の分配方式は両極分化の方式、第二の分配方式はみなが発展の成果を享受できる方式だからである。誰もがみな発展する、それでこそ本当の社会の発展である。

社会の富が同じ総量で増加しても、分配方式の違いによって個人や社会に及ぼす影響はまったく異なり、両極分化という分配方式が社会の持続可能な発展を大きく阻害することを、この話はよく物語っている。今の中国の都市の農民工たちはこの話の第一の分配方式下の労働者によく似た情況であり、その大多数が毎月 700 ～ 1,000 元前後の給与しか受け取れず、わずかに自分の低レベルの消費ニーズと家族の生存ニーズを満たせるのみであり、都市生活に溶け込んでいく実力を備えることは難しい。政策決定者はそのような分配方式がもたらすマイナスの結果に目を向け、社会の富の分配が第二の方式に向かって転換するよう、措置を講じていくべきである。

3．貧富の格差が過大になることは社会主義の原則に対する挑戦である。計画経済の時代、中国は統一的分配制度を実施しており、一人当たりの収入レベルは低く、人民の生活はおしなべて貧困状態にあった。当時人々は敬虔に、自分たちが歩んでいるのは社会主義の道であると信じていた。だが実際のところ、それは本当の意味での社会主義ではなかった。なぜならば、「貧困は社会主義ではない」からだ。中国は改革開放以降、中国の特色ある社会主義市場経済の道を歩み始め、公有制を基礎として多種の経済方式の発展を堅持し、労働に応じた分配を主体とする多種の分配方式の採用を堅持して、労働・管理・技術や資本等の要素を分配に関与させ、一部の人が先に豊かになることを認めたが、その目的は生産力の発展を促進して国民を豊かにすることにあった。しかし、非公有性経済の発展や市場メカニズムの導入は必然的に貧富の格差を拡大し、それが深刻になると両極分化という事態も現れた。社会の発展は再び社会主義の本質とは反対の極限に達し、それは社会主義に対する挑戦でもあった。なぜならば、社会主義の本質は「生産力を解放し、生産力を発展させ、搾取を一掃して両極分化をなくし、最終的に共に豊かになることを実現する」ことだからである。[33] それゆえ、合理的社会には一定の収入格差は存在するが、同時にその格差が大きすぎてはならない。一定の収入格差は合理的競争を生み、人々の積極性を十分に引き出して労働効率を高めるが、過大な収入格差は人々に現実を変える力はないと感じさせ、また深刻な不公平感を生み出すからである。この二種の情況は、どちらも社会の好ましい運営や協調的な発展には不利である。当初、改革は収入格差を合理的に広げ、人々の創造意欲を引き出すことを目的の一つとしていた。だがその格差が合理的限度を超えたとき、また新しい問題が現れた。過大な収入格差が再び世人の注目を集める問題になったのである。このとき、国や政府は相応な措置を講じて介入と調節を行い、過大な収入格差の縮小を図るべきであった。目下、中国の経済・社会の発展は国民一人当たりの収入が1,000米ドルを突破して3,000米ドルに向かう正念場にあり、過大な貧富の格差は経済・社会の協調的発展には非常に不利である。有効な措置を講じて貧富の格差を縮め、大多数の人々の収入レベルを上げなければ、異なる社会階層・異なる利益集団の間の相互の協調や推進を促し、平等で友愛に富み、なごやかで調和のとれた人間関係を形成して安定した秩序ある社会環境を保ち、社会主義の発展の方向を確保することはできない。そうしなければ、発展の原則や方向から外れて、貧富の隔たりの大きい不合理な社会に向かうこととなるだろう。

二、貧富の格差縮小——調和社会構築の内在的要求[34]

過大な貧富の格差は今の中国社会で最大の不協和音の一つであるため、貧富の格差を縮小することは調和社会を構築する内在的要求である。

1．公平で正義がある調和社会は貧富の格差縮小を求める。「公平で正義がある」ことは調和社会の内在的要求であり、調和社会というテーマが表す意味でもある。調和社会は社会各方面の利益関係の協調が図られ、社会の発展における各種の矛盾が正しく処理されて、それにより社会の公平と正義が擁護されることを要求する。昔から今に至るまで、公平・正義は一貫して人々が孜々として追求してきた目標であった。まさにロールズが強調したように、「正義は社会制度の最も重要な価値であり、それは真理が思想体系の最も重要な価値であるのと同じである。」[35] このように、公平・正義はある社会において調和がとれているか否かをはかる重要な基準であり、社会の公平・正義を擁護かつ実現することは社会主義調和社会の構築において肝要である。

公平・正義は社会の制度・システム・重要な活動が合理的であるか否かをは

かる重要な基準である。どのような時であれ、どのような社会条件のもとであれ、社会の不公平は往々にして社会の調和に影響する要因の一つである。公平・正義にはさまざまな内容が含まれている。経済・政治的なもの、また文化・社会的なものもあり、社会生活全体に及び、また社会の成員一人一人に関わってくる。社会学の角度から見ると、公平とは社会の成員間の社会的地位・経済収入・消費レベル等が比較的近いところにあり、大きな隔たりがないことを言う。また、正義とは権利が平等、分配が合理的、機会が均等、そして司法が公正である等を指す。

社会の公平・正義は社会調和の基本条件で、調和のとれた社会は必然的に公平かつ正義ある社会である。公平・正義の実現度が高いほど、社会調和の実現度も高くなる。目下、中国の社会は総体的には調和がとれてはいるが、一部には調和に欠ける要素も存在しており、社会の不公平な現象が調和の欠如を引き起こす要因の一つになっている。なぜならば、社会の調和は社会各方面の利益関係が適切に協調し合い、国民内部の矛盾やそのほかの社会的矛盾が正しく処理され、人々の経済・政治・文化・社会等各面のニーズが比較的良好に満たされ、人々の全面的発展が有効に保障されることに現れるからである。そしてこれらすべてが、社会の公平・正義の擁護や実現と不離の関係にある。社会主義調和社会を構築する過程では、収入分配・利益調節・社会保障・公民の権利保障等の部分から着手し、国民の収入分配の枠組みを合理的に調整する・社会保障体系を完備する・民主的法制の整備を強化する・地域間及び社会成員間の過大な収入格差の問題をしだいに解決する等を進めて、権利・機会・規則・分配が公平であることを主眼とした社会保障体系を築き、社会の成員がみな平等に市場競争や社会生活に参加できること、みな法律や制度に依って自身の正当な権益を擁護できることを保証しなければならない。そうしなければ、すべての国民の積極性・自発性・創造性を十分に引き出し、すべての国民がそれぞれ能力を発揮し得る適所を得て、なごやかに共存する局面を形作ることはできないのである。

機会公平を例にとれば、中国には目下比較的深刻な機会不平等の問題が存在し、それが現在の、貧富の格差の絶え間ない拡大を生み出す要因の一つにもなっている。「権力資本」が収入分配に関与する・「地方独占」が収入分配に干渉する・「業界独占」が収入分配をねじ曲げる・「都市と農村の分断」が都市と農村の収入分配に影響する……こうした情況すべてが、人々が分配に関与する機会の不平等を招く。機会の分配が比較的平等な社会では、富の分配の差は大部分が個人の異なる能力により競争の中で形成されるもので、一定の貧富の格差は社会の成員に対してプラスのモチベーション作用を生み出し得る。しかしながら、機会の分配が不平等な社会では、富の分配の差は種々の間接的または直接的な強制的要素で生み出され、その結果モチベーション作用を生み出すことができない上、人々が抱く社会的不公平感を強め、そうした不公平感を絶えず蓄積させて、最終的には経済社会の発展を阻害する。したがって、公平かつ正義ある調和社会を構築するには、拡大し続ける収入格差をどうしても縮小しなければならない。

2．安定した調和社会は貧富の格差縮小を求める。安定は調和の前提であり、基礎である。調和社会の構築を推し進めるには、どうしても社会の平穏・安定・秩序を保つ必要がある。安定がなければ、社会主義調和社会の構築など論外である。安定が得られてこそ経済が発展し、社会の調和を達成し得る。世界銀行の北京部主任ディーパック・バタサリは社会の安定状態と社会調和が経済発展に与える役割と貢献を研究して、次のように指摘している。「社会の安定と調和の経済成長に対する貢献率は50.7％であるが、そのほかの社会経済的要素の貢献率は4.0％である。」[36] このように、社会の安定には経済効益がある。安定は生産力の積極的な要素であり、また社会の発展を加速させる要素になり得る。したがって、調和社会を構築する過程では多方面でなすべきことがあるが、安定した秩序ある状態を保ち、社会の安定を擁護することが何よりも肝要である。

それだけにとどまらず、社会の安定を擁護することは社会主義調和社会を構築する上での必然的要求である。今のところ、中国が置かれている内外の環境は相当複雑であり、大きなチャンスに直面してもいるし、また厳しい挑戦を受けてもいる。心を一つにして安定を保ってこそ、チャンスをつかんで困難を克服し、挑戦を受けて立つことができる。中国の近代化建設は今まさに重要な戦略上の好機にあるが、安定を確保してこそこの好機をとらえてうまく利用し、経済発展や社会の調和を実現し得る。安定を確保してこそ矛盾を解決して感情を和らげ、団結し得る力を団結させて、すべての積極的要素を引き出すことができる。安定を確保してこそ直面した各種の問題を適切に解決し、経済・社会の発展に良好な内外の環境を創造することができる。近代化建設の過程では、社会の安定が擁護されなければ社会の調和や発展を保つことはできないであろう。

そして、貧富の格差は社会不安定の根源である。1998年のノーベル経済学賞受賞者アマーティア・センが述べたように、貧しい者と富める者の収入格差は国家にとって不幸なことであるだけでなく、最終的には富める者を不安に落とし入れる。なぜならば、人類の歴史上、貧困は常に動乱の温床であったからだ。

改革とは各種利益の再分配と調整を意味し、改革で利益を獲得する者がいるかたわら、恐らく損失を被る者もいるだろうが、これは改革の過程では不可避のことである。しかし、「利益を得る」ことや「損失を被る」ことは必ず一定の限度内に抑える必要があり、利益を得る者が永遠に利益を得続ける、また損失を被る者が永遠に損失を被り続けることがあってはならない。そうなっては利益を得る者だけが改革の成果を享受し尽くし、損失を被る者は改革のあらゆる代価を背負い込むことになって、道義的にも現実的にも不合理である。そのまま進めば、損失を被った者は軽症であれば改革に対して自信を失い、重症になれば深刻な被剥奪感を抱いて、社会の安定に危害を与えるまでになるかもしれない。1990年代から、中国の犯罪率は高いまま推移して下がることなく、刑事犯罪と経済犯罪が徐々に深刻化しているが、それは社会の富の分配が不合理であることと大きな関係があると認めざるを得ない。それゆえ、社会の安定を保ち、調和社会を構築するには、社会の利益構造や矛盾を調整して貧富の格差を縮小しなければならない。

3．人間中心の調和社会は貧富の格差縮小を求める。人間中心ということと調和社会とは弁証的、統一的な関係にある。人間中心と調和社会、この両者の間にはそれぞれに内在的な規定性があるが、また両者には不可分の内在的つながりもある。それぞれの規定性から見れば、人間中心の発展観が強調するのは、人は発展の本質であり、発展の原動力であり、発展の目的であり、発展の証しであって、人の全面的発展が社会の発展の終極の目標であることだ。そして、調和社会が強調するのはすべての国民がそれぞれ能力を発揮し得る適所を得て、調和を保ち共存することであり、それには人と人との調和・人と社会との調和・人と自然との調和が含まれ、その最終的な目的はやはり人の全面的発展を実現することである。内在的つながりから言うと、両者は本質的には一致したものであり、どちらも「すべては人のためであり、すべての人のためである」ことを中心的価値としている。人間中心の考え方は調和社会の前提であり、調和社会は人間中心の考え方を保証するものである。人間中心の科学的発展観を堅持しなければ、社会主義調和社会を真に構築することはできない。同様に、調和社会を構築しなければ、人の発展の本質と目的の実現をよりよく保証することはできない。

人間中心の考え方を堅持して調和社会を構築する、その鍵となるのはできるだけ広く、また十分に、最大限に人を尊重して、人を思いやり、すべて人を出発点とし、すべて人を最終目標とすること、つまり人の価値を至上とし、人の権利を至上とすることである。人間中心の調和社会では、少数の者のために多数の利益を犠牲にすることは、いかなることであれ許されない。その社会は最も広範な民衆の根本的な利益を首位に置くことを要求し、異なる方面の民衆の利益を正しく反映かつ配慮し、民衆にとって最も現実的で最も関心がある、最も直接的な利益を大いに重視かつ擁護し、民衆の利益に害を及ぼすさまざまな行為を断固として正し、低所得者や社会的弱者の根本的利益をとくにきちんと保護しなければならない。さしあたり、中国の多くの農民や都市の失業者・一時帰休者、中・西部の辺鄙な山間部の住民は、種々の原因によって一人当たりの収入が未だ低く、社会の高所得層と比べると収入格差が著しい上、その一部は人として当たり前の生活をすることさえ難しい。彼らは絶えず生存を脅かされる事態に直面しており、よい方向に発展していくことなどまるで不可能である。このような情況下で調和社会を構築するには、さらに人間中心の考え方を堅持して人のさまざまな権利を尊重し、とりわけ彼らの生存の権利を十分に保障するべきである。それを達成するため、当面の急務はまさに貧富の格差を縮小し、社会の富を合理的に分配し、社会的弱者に生存や発展の機会を与えて、全社会を「老人には扶養、失業には保障、貧困には救済、病気には治療、負傷には医療、生活には依拠」がある状態にすることである。そうしてこそ人間への尊重と思いやりを真に体現し、社会発展の目標を真に体現したことになる。

三、「共に豊かになる」道を歩む

30年近くに及ぶ改革開放政策の実施を経て、中国の社会には巨大な変化が起こり、経済発展のレベルは新しい段階に入って、国民一人当たりのGDPや収入・経済規模や国家の財政収入・外貨準備高はいずれも史上例を見ないレベルに到達した。国がしだいに富強への歩みを進めると同時に、貧富の格差という問題が日増しに顕著になり、目下大きな注目を集める話題になっている。そこで、中国社会が今後どのような発展の道を歩んでいくか、それが焦眉の問題となった。中国政府と国民の前には、二本の全く異なる選択の道がある。一本は貧富の格差を引き続き拡大するにまかせ、最終的に両極分化の社会になっていく道であり、もう一本は対策を講じて貧富の格差を縮小し、みなが共に豊かになる道である。この要となる歴史的時期を迎え、中国共産党は社会主義調和社会の構築という治国方針を打ち出したが、その実質は共に豊かになる道を歩むことである。

「共に豊かになる」という思想は、鄧小平が改革開放政策実施の初期に、改革の過程で恐らく出現するであろう両極分化現象を見据えて提示したものである。

1978年、鄧小平は中国共産党第十一期中央委員会第三回総会後に、まず「一部の地域、一部の人が先に豊かになり」、「最終的に共に豊かになる社会を実現する」という考えを打ち出した。当時「一部の地域、一部の人が先に豊かになる」ことを認めたのは、長年にわたり存在していた絶対的平均主義や“大鍋飯”〔大きな鍋で炊いた飯（を皆で食べる）＝誰もが一律に同じ待遇を受ける例え〕の体制を打破して人々の創造意欲を喚起する目的があった。その後の事実は、この考えが正しかったことを証明している。それによって民衆の自発性や創造性が大幅に引き出され、創造性はかつて見られなかったほど縦横に発揮された。30年を経ずして国家には巨大な人・物・金のパワーが蓄積され、総合的国力が目覚ましい向上を遂げて、国民の生活レベルは著しく改善され、中国の経済建設は誰の目にも明らかな成果を収めたのである。

改革開放初期、中国の国民はおしなべて貧困状態にあって富裕層は存在せず、社会にはほぼ貧富の格差がなかったため、当時鄧小平が打ち出した「先富論」は全く正しいものであった。だが、当時の歴史的背景のもとでさえ、鄧小平はやはり「一部が先に豊かになる」という考えが「両極分化」を招く可能性があり、社会主義の本質とは相容れない結果が現れることを意識していたのである。そこで鄧小平は「一部が先に豊かになる」ことを強調すると同時に、改革の最終目的が「共に豊かになる」社会の実現であると言うことを忘れなかった。鄧小平はその最期にすら中国国民の大多数に思いを致し、国民が「最終的に共に豊かになる社会を実現する」ことを遺言として共産党の次世代に託した。このように、鄧小平の思想では「一部の地域、一部の人が先に豊かになる」ことは国民が共に豊かになる社会を実現するための手段に過ぎず、最終目的は共に豊かになる社会を実現することであった。これは偉大な先駆者が後の世代に残した精神的財産であり、後世の者はこの道に沿って進むべきである。胡錦濤を総書記とする党中央委員会が打ち出した調和社会構築の主張は、まさに鄧小平の「共に豊かになる」理論を継承かつ発展させたものである。

社会主義調和社会を構築して共に豊かになる社会を実現するという考えが共産党や国家の指導者からこのように重んじられているのは、それが13億の国民の生存と発展につながり、また政権を握る共産党の存亡に関わり、そしてさらには国家の安定と存続を左右するからである。共に豊かになる社会を実現しなければ、国民の生活は安定せず、国家は発展せず、共産党や政府も国民の擁護や支持を得ることはできない。

まず、共に豊かな社会を実現することは、国民すべての身近な利益に関係する。個人や家庭にとって経済収入は物質的基礎であり、個人や家庭の社会的地位を決める重要な要素である。経済収入が社会の平均収入レベルや生活レベルに達するよう求め、体面を保てる平穏かつ健康な生活を手に入れることは、どの家庭でも個人でも、すべての人が求めることであり、基本的ニーズである。社会にとっては、共に豊かな社会を実現することは社会の公平・公正を実現する物質的基礎であり、社会主義政治体制の基本的な理念である。それゆえ、調和社会を構築するためにまずなすべきは、全国民が共に豊かになる社会を実現することである。

次に、共に豊かになる社会を実現することは、国家の安定と存続につながる。大多数の国家の発展の歩みが明らかにしているように、過大な貧富の格差は社会の不安定を招く大きな要因である。ラテンアメリカ諸国の多くは経済発展の過程で貧富の格差が過大になる問題をコントロールできず、その結果として経済が発展しても国民はその恩恵を享受していないため、国民の不満は極めて強く、反政府行動が常に発生して、動揺の激しい不穏な状態に陥っている。逆に、福祉政策・税収政策によって個人間の収入格差をうまく調節することができた欧米諸国は、安定した国情のもと、国民は平穏に健康で過ごし、社会は繁栄して、世界各国の手本となっている。したがって、国家の安定と存続を実現するには、どうしても貧富の格差を縮小して共に豊かになる道を歩む必要がある。

さらに、共に豊かになる道を歩むか否かは、共産党と政府の存亡に関わる。近代の世界各国の歩みが表しているように、いかなる政府与党であれ、合法的統治を実現するには民衆の支持を得ることが不可欠である。そして、中国共産党の性格は党が民衆の利益を根本的に代表するものであることを決めており、民衆の利益を図ることは党の当然担うべき責任である。そうしなければ民心を失って、与党として生き延びることは難しくなるだろう。現在の世界各国の情況を見渡せば、大多数の国家や国民には一様に民主への意識が目覚め、自身の生存情況への関心が日々高まっている。社会の進歩や経済発展の新しい成果を共に分かち合うことを求め、貧富の格差の縮小を求め、圧倒的多数の国民が共に豊かになる社会の実現を求めることは、すでに今の時代の主流となっている。貧富の格差縮小と共に豊かになる社会の実現は、もはや与党が政権安定を実現できるか否かを左右する要因になっており、一国の政権与党交替における決定的な力になっている。次に挙げる「泥がマウスに勝った」事実は、政権与党が庶民の生活に関心を寄せ、共に豊かになる社会を実現することの重要性を十分に物語っている。[37]

数年前にインドで総選挙が行われたが、選挙前、インドの国内世論や世界のマスメディアは一様にインド人民党が優勢であると見ていた。なぜなら、インド人民党が政権を握っていた直近数年間にインドの経済は急速な成長を遂げ、インドのハイテク技術や多国籍企業の成長は世界の認めるところとなり、特にソフトウェア業界の進歩や輸出は中国を大きくしのいでいた。したがって、選挙前の内外の世論はいずれも、選挙ではインド人民党が勝利を収めて引き続き与党の座に就くと予想していた。だが選挙が終わってみると、その結果は与党であったインド人民党が政権を失い、野党であったインド国民会議が新しく政権を握ったのである。多くの政治家が驚愕した。「泥がマウスに勝った」という一句が当時内外のマスメディアの報道の見出しに頻出した。なぜ泥がマウスに勝ったのか。メディアは即刻大量の調査に取りかかった。判明した基本的な事実は、インド社会のエリート層及び富裕層の利益を代表するインド人民党（社会のエリート層は一様にコンピュータを大量使用していたので、総選挙報道中で「マウス」と称された）は、インド国民の圧倒的多数を占める労働者の生活の改善や向上をおろそかにしたため、インド経済は高度成長を遂げたものの大多数の労働者はその実際の恩恵をいくらも受けず、貧富の格差が拡大して労働者の不満を招いていたということだった。野党であったインド国民会議は総選挙に臨んで過去の失敗の教訓を総括し、選挙運動で掲げたマニフェストでは、農民や労働者に関心を寄せ、我が党は大多数の労働者や貧困者の利益を代表かつ擁護すると称して、政権獲得後は社会的財産を分かち合い、経済発展の成果を分かち合うことを表明した（農民や大多数の労働者はその多くの生活が土地と結び付いているため、選挙戦の報道では「泥」と称された）。総選挙の結果が判明すると、社会のエリート層の利益を代表して政権を執っていた人民党が下野し、大多数の労働者の利益を代表する従来の野党国民会議派が政権に就いて、国際世論を驚愕させた。こうして「泥がマウスに勝った」という一句が、当時の内外のニュースメディアに頻繁に登場する見出しになったのである。

2005年にイランで総選挙が行われたが、大統領経験者のラフサンジャニは名門豪族の生まれで社会の上層勢力及び宗教勢力を代表しており、選挙前には国内外の世論で有力候補と目され、みな彼が当選すると予言していた。しかし結果が出てみると、平民出身のアフマディネジャド（選挙戦で掲げたマニフェストでは、大多数の労働者と貧困者の利益を代表すると宣伝した）が当選を果たし、国際世論を再びどよめかせた。国際ニュースメディアの報道や世論に、再度「泥がマウスに勝った」という見出しが躍った。

両国の選挙結果の事実は、民主化のうねりが沸き起こっている今の時代、どのような政党であれ大多数の民衆の利益を代表し得るところ、それが民衆の支持を得て、ひいては政権を握ることを物語っている。どのような政党であれ大多数の民衆の支持を得られないところは、たとえどれほど「優勢である」と見られても、合法的な統治権を得ることはできない。中国共産党が長期にわたって政権を担うことができているのは、共産党がいつであれ大多数の人民の利益を代表してきたことと不可分であり、それは共産党のこれまでの、そして将来においてもやはり政権掌握の基礎である。

共に豊かになる社会を実現して調和社会を構築するため、肝要な課題はまさに貧富の格差を縮小することだ。大多数の国では経済高度成長の初期段階にいずれも貧富の格差拡大が現れているが、この課題は経済の発展過程における段階的問題で、一定の普遍性があることを認めるべきであろう。この視点から見れば、中国に目下見られる貧富の格差拡大はやはり発展過程で現れた段階的問題であり、十分に重視して真剣に対応し、相応の措置を講じれば必ず解決することができる。事実、党や政府は一貫して貧富の格差の問題を非常に重視してきた。例えば、中国の東部地域で経済が比較的速く発展を遂げると、中央政府は相次いで西北部開発戦略・東北部振興戦略・中部地域決起戦略を打ち出したが、これは実際上、地域発展の視点から全国各地の経済が全面的に歩調を合わせ、共に発展するべく考慮した相応の措置であった。そして、調和社会構築という治国方針を掲げたことは、貧富の格差を縮小して共に豊かになる社会を実現させることを全方位的に考えていくことに等しく、これは施政方針の全面的引き上げである。この施政方針の指導のもとで、貧富の格差拡大の問題は必ず徐々に解決に向かい、共に豊かな、繁栄して調和のとれた、全面的に安定した経済状態の社会がしだいに眼前に現れてくるだろう。

それゆえ、今この貧富の格差の問題が比較的深刻なとき、党及び政府はどうあっても積極的な対策を講じて格差の縮小を図り、共に豊かになる道を歩むよう国民を導いていく必要がある。そうしてこそ、国家は真の繁栄を遂げ、国民は真の幸福や安らぎを覚えることができるであろう。

＊注

(1) 童星『世紀末的挑戦——当代中国社会問題研究』1995年 南京大学出版社 334～335頁
(2) 朱力『大転型——中国社会問題透視』1997年 寧夏人民出版社 465頁
(3) www.xinhuanet.com , 2005-06-17
(4) 常興華『共同富裕——全面建設小康中的収入差距』2004年 中国水利水電出版社 4～5頁
(5) www.xinhuanet.com , 2005-06-17
(6) 常興華『共同富裕——全面建設小康中的収入差距』(前掲) 10～11頁
(7) 80年代中期以降コネ頼みで安価で希少商品を手に入れ、高価で売りさばいて暴利をむさぼった一部の者に対する呼称
(8) 童星『世紀末的挑戦——当代中国社会問題研究』(前掲) 359頁
(9) 童星『世紀末的挑戦——当代中国社会問題研究』(前掲) 359～360頁
(10) 「"重資軽労"是収入分配不公的重要表現」(作者：佚名) / www.dianliang.com/ 参照
(11) G．E．レンスキ『権力與特権：社会分層的理論』1988年 浙江人民出版社 6頁
(12) 楊宜勇『公平與効率——当代中国的収入分配問題』1997年 今日中国出版社 34～35頁
(13) http://biz.163.com , 21世紀経済報道 2004-09-13 10:53:34
(14) この部分の内容は、朱力『大転型——中国社会問題透視』(前掲) 439～445頁の内容を参照したので、ここに記して謝意を表す。
(15) 『中国青年報』2007年4月25日 / www.xinhuanet.com , 2007-04-26 07:19:20
(16) 以上のデータは童星『世紀末的挑戦——当代中国社会問題研究』(前掲) 215～218頁より転載
(17) 李培林主編『中国新時期階級階層報告』1995年 遼寧人民出版社 414頁
(18) 袁華音「浦東新区貧困問題與社会保障」/『社会』1994年第3期
(19) 王立新・万輝「城市扶貧路千条」/『社会』1995年第11期
(20) 潘紀民等「寧夏城鎮貧困居民貧困問題研究」/『寧夏社会科学』1999年第3期
(21) 「中国貧困人口大幅減少 扶貧成就感動世界」www.xinhuanet.com , 2004-10-17 11:01:30
(22) 深圳新聞網 2007-03-06 15:15
(23) 朱力『大転型——中国社会問題透視』(前掲) 454～458頁 参照
(24) 張敬武「城鎮居民収入両極化 貧困線下一千二百万」/『投資導報』1994年12月11日
(25) 中新網 2003-06-16
(26) この一文は、城市規划網 2007-02-26 14:08:00より。恐らく転載のためと思われるが、この一文には筆者の氏名が記されていないので、ここにも記すことができない。ご了承願うとともに、この一文の筆者にここで謝意を表す。
(27) 『財富時報』http://finance.sina.com.cn　2005-12-2-9 12:58
(28) 胡錦濤≪深刻認識構建社会主義和諧社会的重大意義 扎扎実実做好工作大力促進社会和諧団結≫学習活頁文選　2005, (6－7)：3－6
(29) 工継元「論縮小貧富差距與構建和諧社会」/『山東科技大学学報』(社会科学版) 2005年第2期を参照のこと
(30) G．ジンメル『金銭・性別・現代生活』2000年 学林出版社 102～103頁
(31) J．ロールズ『正義論』1988年 中国社会科学出版社 15頁
(32) 『環球資訊』、「拉美的教訓：吉尼係数的警示」中国日報網站 2005-03-29
(33) 『鄧小平文選』第三巻　1993年 人民出版社 261頁
(34) この部分の内容は徐亜娜『縮小貧富差距 構建和諧社会』/『勝利油田党校学報』2005年第4期を参考にした。
(35) J．ロールズ『正義論』(前掲) 3頁
(36) 徐亜娜『縮小貧富差距 構建和諧社会』(前掲)
(37) 銭昆源「実現共同富裕是建設和諧社会的基礎」/『構建社会主義和諧社会的理論與実践』大型文献叢書 2006年版　中共中央党校出版社

第六章
社会型式転換期にある中国の中産階級

二十余年にわたる改革開放政策の実施及び経済・社会の持続的高度成長を経て、中国社会の構造には重大な変化が生じた。産業構造や社会職業構造の分化が進むに連れて徐々に多くの新しい職業分類が現れ、専門技術職・経営管理職及びサービス業従業員の割合が急激に増加し、“白領”［ホワイトカラー］——技術・経営管理知識を資本とする「自由労働者」も絶えずその数を増やしつつある。これらは中国社会の階層構造に少なからず新しい変化をもたらしたが、中でも中産階級の登場と成長がますます注目を浴びる現象になっている。中国の中産階級はどのように形成されたのか。それはどのような社会的特徴を持つのか。中産階級は将来社会の主流となり、さらに調和社会の重要なパワーとなることができるのか。社会型式が転換する中で中産階級はどのような社会的役割を発揮するのか。本章ではこれらの問題に答えを見つけるよう試みる。

第一節 中産階級：制度と政策が生んだ人々

中産階級が工業化・都市化及び近代化に伴って出現するものであるならば、中国は19世紀末期に始まった近代化の過程で、必然的に現代的意味での中産階級の誕生を促していたはずだ。しかし、その特殊な時代と同じように、当時の早期中産階級は規模が限られていた上、依存性や脆弱性が相当強く、さらに挫折や不運に見舞われて出入りが激しかったので、それについて多くを語りようがない。彼らは社会で注目される存在になる間もなく、歴史の波間に消え去ることとなった。しかしながら、中産階級は一瞬だけ存在したそのわずかな歴史の一齣に、独特な形成過程・時代的特徴及び社会的影響を垣間見せている。1920～30年代の上海の中産階級を例にとろう。限られた資料によるが、20世紀に入ってから上海中産階級のホワイトカラー人口はしだいに増加して20～30万人という規模に達し[(1)]、それに加えて小規模の企業オーナー・商店経営者・商人や、職員・科層制［官僚制］組織の管理職・公務員・知識人等から構成された中産階級は、1920～30年代にはすでに上海の社会で最大の中間層を形成していた。[(2)] 当時の上海の中産階級は、その近代性・内在的な古風で慎み深い傾向、そして独特のライフスタイルによって、まだ閉鎖的であった中国社会で目立つ存在になった上、さらに上海人が追慕する集団的記憶の対象になった。彼らは当時の上海における近代化の過程や社会の変遷に大きな影響を及ぼしたばかりでなく、目には見えない形で上海市民の性質・思想観念及び行動スタイルを根本から形作っていった。この影響は上海人に根深く息づいており、1世紀を経た現在でも、さまざまな形の「上海懐古ブーム」が起こり、当時の「中産階級的情緒」を再現している。だが遺憾なのは、中産階級が当時放った輝きは優曇華の花のように一瞬にして消え去り、研究に供される資料がいくらもないことである。

1949年以降、中国社会の大きな変化によって中産階級はほぼ存在しなくなった。その後30年の長きにわたり、社会全体がほぼある種の“去階層化”(destratification)[脱階層化] (3) という、同質性が強い状態に置かれた。この期間、依然として社会的格差は防ぎようもなく存在していたが、曲折を経つつ進められた工業化・都市化の過程、及び絶えず拡張が図られた科層制国家管理機関等が、それに伴う中産階級の広がりを招くことはなかった。別の意味から言うと、この時期には“類中産階級”[擬似中産階級] (4) が存在していたが、真の意味での中産階級は実際にはすでに存在しなかった。その理由は第一に、中産階級は当時の階級闘争の政治用語ではほとんど「小資産階級」の代名詞で、何の社会的地位もない上に社会全体の糾弾やあざけりの対象であり、存在しうる社会的土壌を失っていたからだ。第二に、Szelenyiや倪志偉が述べるような「再分配メカニズム」(5) によって、国や社会は人々がみな平等であるという平均主義の理想のもと、一貫して人為的に不平等や社会階層化を抑制していた。第三に、国家が社会資源を全面的に独占した結果、異なる等級レベルの社会中間層が本当の意味でいかなる個人資源も持たない「無産階級」になった。このような「強い国家・弱い社会というモデル」(6) は中産階級の形成には明らかに不利である。第四に、社会構造が硬直に近い安定状態にあったため、社会移動や社会変化がどうしても特定の範囲内に限られることとなった。第五に、当時の社会階層はほぼ単一の政治的基準により区分されたので(7)、それにより、その他の形式の社会分化ではなく政治的身分等級が社会の中心に位置付けられるように決まっていた。

1978年に始まり、その後ずっと推進されてきた改革開放政策は、中国社会に未曾有の激しい社会変革をもたらした。経済が急速かつ持続的な発展を遂げると同時に、社会資源の保有や配置にも一連の明らかな変化が起こった。このような変化は必然的に社会構造の根本的な変化を招き、それまで存在しなかった「自由移動資源」や「自由移動空間」が現れた。(8) そうなると社会の階層構造にも全く新しい変化が起こり、社会構造の型式転換は「もう一本の見えざる手」として、家庭・企業組織・社会の潜在的ネットワーク等の基本構造を通して社会全体の資源配置方式を変え、元来の国家の単一的「再分配メカニズム」を日々多様化させていった。[(9)] 第一次及び第二次世界大戦期のアメリカの新中産階級、第二次大戦後から70年代中期までのフランスの中産階級、そして70年代から90年代初期の韓国の中産階級と同じように、現代中国の中産階級は自らの発展の「黄金期」を迎えたのである。二十数年来の改革開放政策や特殊な社会型式転換過程の産物として、伝統的な産業労働者や農民以外に、私営企業オーナー・個人経営者・党幹部・知識人・外国企業のホワイトカラー・企業や組織の管理職・新興技術業界の高所得者及び自由業者等から構成される中産階級が現代社会や人々の生活範囲に姿を現し[(10)]、さらに広範な社会的影響を生み出すようになった。この時期、学界は市場型式転換期の社会階層の問題に対して強い興味を寄せたが、その一方で中産階級に関連する研究は非常に少ない上、異議論争が多かった。

1990年代初期の社会階層研究をひもといてみると、やはり「中産階級」に関して論じたものはまれだが、これは当時の社会発展の客観的条件という視点から見れば完全に理解できることだ。1995年に出版された『中国新時期階級階層報告』でも、中産階級の問題を取り上げてはいるが、まだ次のように認識していた。「現段階の就業構造の転換は主に『農』が『非農』に転じることを指し、肉体労働が頭脳労働に置き換わることは未だ論外で、人口の多数を占める『中産階級』が誕生することもありえない。中国の安定した社会構造をつくるための目標は“小康大衆”〔“小康”＝中レベルの家庭経済状況〕の誕生を促すことであるべきだ。中国の国情から見て、それには多数の農業従事者や兼業の農業労働者・圧倒的多数の企業や事業単位のサラリーマン層・あらゆる職業の知識人や専門技術者・一般の公務員、及び一定の資産を持ちながら自分も労働に従事している各種の小規模オーナー等を含めるべきである。」[(11)] こうした情況を生んだ原因は、一面では新興中産階級の規模・背景・性格及びその不確定性と関係があるが、より主要なのはイデオロギーに起因する慣性的認識と懸念である。客観的に言うと、社会全体にまず中産階級の存在を知らしめたのは学者ではなく、大胆な商売人であった。まさに彼らの経済的要求によって「ほとんど一夜のうちに、『中産』が至るところに出現し、表舞台に立って、不動産物件には中産階級をターゲットに高品質の生活が凝縮され、家庭生活では中産者の審美感覚に合わせ完璧なライフアートの理念が推薦され、夜店は中産者の暮らしぶりに合わせ“品味”ある独特のスタイルを作り出し、マスメディアまで続々と中産階級との切っても切れない関係を標榜した……我々にとっての中産は、すでに大きく中性的概念から乖離している。中産とは一種の流行・一種のライフスタイル・一種の経済的理念であり、その人々は商売人や社会調査者にかき回され、身分の曖昧な、顔形のはっきりしない存在になってしまった。」[12] 中国の中産階級の標準的な姿を正確に描き出せる者はいないが、しかしそれはこの西洋の概念が、90年代後期から現在まで、ときに独特な魅力を持つ流行語になっていたことを否定するものではない。[13]

まさにこうした背景があって、中産階級の今の中国社会における重要な意義がいっそう顕著になっている。その意義とは第一に、中産階級の社会的特徴が、中産階級が将来社会の安定と発展の鍵になることを決定付けていることである。中産階級の社会的特徴は二点挙げられる。一点目は、社会発展の受益者として、彼らは「政治の後衛」であり、社会の安定に不可欠な「緩衝帯」であり「耐震クッション」であることだ。また二点目は、新しいライフスタイルの提唱者及び実践者として、彼らは「消費の前衛」であり、その旺盛な消費意欲は目下の内需拡大や経済発展のカンフル剤であることだ。第二に、中産階級がすでに社会及び政治上の合法性を持ち始めていることである。まず、社会分化の事実及び趨勢が国家に折よく認められ、「改革開放以降、中国の社会階層構造に新しい変化が生じ、民営科学技術企業の創業者や技術者・外資企業に招聘された管理技術者・個人経営者・私営企業主・仲介組織の従業員・自由業者等の社会階層が出現した。その上多くの人々が異なる所有制・異なる業界・異なる地域の間を頻繁に移動し、人々の職業や身分が常に変化している。このような変化はまだ続いていくだろう」[14] という見解が示された。それに続き、中産階級の発展は社会発展の目標にもなり、中国共産党第十六回全国代表大会の報告中で「共に豊かになる社会を目標とし、中レベル所得者の割合を拡大する」[15] ことが明示された。「中レベル所得者」という言葉が中産階級と等しいわけではないが、両者がほぼ同じような意味を含んでいることを認めるべきであろう。第三に、一部の研究者が中国に新中間層または「新中産階級」が現れたことを認め始めていることである。その分類基準や具体的名称にはまだ異論が残り、その階層が未だ成熟していないことを認めても、そのような姿勢が時宜にかない、実情に即していることは疑いがない。[16]

近代化の過程における社会構造変遷の中で中産階級が形成されることは普遍的な現象であるが、中国の中産階級の形成過程を顧みると、その出現にはさらに特殊な時代背景と社会的論理があったことが分かる。第一に、中国と欧米諸国では近代化の社会背景や発展戦略が異なるため、中国の社会構造には、欧米と同じように工業化・都市化の発生に連れて変化が生じたわけでも、欧米と同じような変化が生じたわけでもない。中国の中産階級の誕生は、おのずとその社会体制や政策等の影響をより多分に受けることとなった。その誕生及び成長はいずれも改革開放と市場経済の導入がもたらした結果であり、同時にまた、その中に伝統的な計画経済体制の痕跡が残ることも避けられなかった。中国の中産階級の誕生は二本の道をたどってきている。その一本は“内趨式”の道である。このルートには、計画経済時代から残るさまざまな程度の独占的性格を持つ業種の従業員が属する一方、1980年代に生まれた大量の私営企業オーナーや郷鎮企業家も属していた。このほか、新興の株式制企業や比較的効益が良い国有企業の従業員、及び専門機関職員もこのルートをたどってきた。もう一本は“外引型”の道で、このルートには主に外資企業で管理業務や専門業務に従事する中国人従業員が属していた。[17] 第二に、体制の変遷や政策の変化は中産階級の形成を決める要因になっただけでなく、同時に中産階級の規模・構成・分布、さらにこの階層の将来にまで影響を与えた。分析の中で指摘したように、1949年に起こった変化によってこの階層は社会で生存する基本的物質条件を奪われたうえ、同時にまた合理的な社会イデオロギー的生存環境をも失った。だが1979年以降の経済体制改革が、この階層の形成に重要な環境を生み出した。同時に、関連する改革の過程やそこに公民が参加していく順序も、改革後の中産階級の発展に影響を及ぼした。第三に、計画経済が市場経済に転換するという大きな体制の変化以外に、改革開放期の異なる政策もこの時期の中産階級の変化を考察し理解する上で、重要な変数となっている。仮に92年以前の改革がいわゆる旧中産階級、例えば私営企業オーナー・自営業者・個人経営者等の黄金期であったとすれば、92年以降は新中産階級、例えばホワイトカラー・新興インテリ商人・自由業者等の時代であった。第四に、順を追って始まった各種の改革はこの時期さまざまな人々の命運を左右したが、中産階級の内部の変化にもやはり影響を与えた。国営企業及び事業機関の職員・労働者は80年代には優位な立場にあった中産階級の代表であったが、その後の命運はそれぞれ違っていった。国営企業の労働者は90年代末期の国営企業改革の犠牲となって急速に下降の道をたどったが、その他の独占的地位にあった国営機関、例えば銀行・電信・電力・煙草等の業種の職員・労働者は以前同様に優位を保っていた。90年末期に始まった住宅・医療・教育の改革も、またこの時期の中産階級の階層変化の一要因となった。

第二節　中産階級の規模及び構成：実証的研究による認識

長期にわたって存在したイデオロギー上の理由と、それによって形成された社会全体の受け止め方により、中国の中産階級は長い間「小資産階級」、さらには搾取階級と見なされてきたので、この社会階層に対する社会の承認や合法性の認可は一貫して遅れた状態にあった。このような情況は、国が社会階層分化及び中産階級が存在する重要な意義を真に認識した時点からようやく改まり、関連する研究によっても、従来比較的曖昧模糊としていたこの階層が社会全体の表舞台に現れてきた。

中国の中産階級はすでに基本的な形ができあがり、良好な成長の勢いを呈している。ある全国規模の大型調査によると、中産階級はすでに8,000万人以上に達したという。[18] 中国国家信息中心［中国国家情報センター］の所員は、2001年から５年以内に、中国では２億人が中産階級の消費者層に加わると指摘した。[19] 対外貿易部副部長であり中国WTO加盟交渉首席代表でもある龍永図は、2001年シンガポールでの講演中にさらに大胆な、今後10年で中国の中レベル所得者層は４億人に達するという予測を披露した。[20] このような数字は、中産階級がすでに社会で注目されるパワーになっていることを表している。

上述の予測数値の差異は、中産階級についての研究がまだ非常に不足していることを物語っている。社会生活の中では、人々は自分の理解やニーズに従って中産階級の線引きを行う。そして学界では、学者は自分の知識構造・学術的背景からこの新興社会階層について理解しようと試みる。統計基準が一致しない情況下では、算出された数字に差異が現れるのはおかしなことではない。

現代中国の中産階級に関する研究で最新の専門的なものは、南京大学社会学部「現代中国中産階級研究グループ」が2004年３月に実施したサンプリング調査の結果に基づくものである。この研究はランダムな電話番号データバンクからサンプリングする方法を採用して、北京・上海・広州・南京・武漢の五大都市で調査対象を選び、アンケート調査を実施した。[21] すべての調査は南京大学社会学部社会調査センターが行い、具体的な調査実施時期は2003年３月５日から３月18日、電話によるヒアリング調査担当者は南京財経大学社会工作学部及び南京大学社会学部の専門的訓練を受けた学生であった。調査は二つの部分から構成されている。第一部の主要目的は都市中産階級の消費・社会交際・余暇・自己認識を調査すること、第二部の主要目的は都市中産階級の文化メディア・読書と文化的品位・達成動機と教育・政治参加情況について理解することであった。電話の番号空き・不在・拒否などの情況を除き、第一部の有効回答数は1,519

部、第二部の有効回答数は1,509部であった。この二つの調査サンプルは、大体においてほぼ同じコピーと見てよい。ここではそのうち第二部の調査結果をもとに、目下の中産階級の構成・規模及び分布状況について分析を加える。(22)

サンプル総数1,519部の中で、五大都市の各サンプル数はすべて300人前後に調整されている。その内訳は、北京が301人で総数の19.8%、上海が302人で19.9%、広州が302人で19.9%、武漢が305人で20.1%、南京が309人で20.3%である。示された基本的情況から見ると、サンプルの各種特徴による分布はほぼ合理的である。また、サンプル総数のうち男性が727人で47.9%、女性が792人で52.1%を占めており、性別の比率もほぼ合理的である。そのほかの指標、例えば職業・教育程度等の分析結果も、ほぼ正規分布を示している。(23)

一、五大都市の中産階級の分布情況

都市による具体的情況の違い、さらに目下の社会発展中に存在する地域不均衡の問題によって、都市中産階級の分布にも同様の不均衡性が現れているはずである。この点は関係の学者がすでに研究中で指摘しているが、その研究には相応する実証が欠けていた。(24) だが、南京大学の研究結果は中産階級の五大都市における分布状況及びその違いを実証した。異なる指標別に見ると、都市中産階級の分布には顕著な差異が現れている。対象に選択した都市について言うと、各指標で分けた中産階級と、職業・収入・教育の三指標共に設定基準を超えた厳密な中産階級とは、すべてが一致したわけではなかった。このことは、採用する基準が異なれば、中産階級の数量や規模も異なることを表している。したがって、現在中国に中産階級が存在する具体的情況を説明しようと試みるならば、必ず一定の区分基準と前提条件を根拠にしなければならない。さもないと、統一的な認識を得ることは難しい。(25)

(1) 五大都市の中産階級の総体的情況

現在の中国に中産階級という社会中間層が出現しているか否か、その規模はどれくらいかという疑問に対して、目下の研究結果は完全に一致する回答を出してはいない。中産階級に具体的に関係した実証調査として、主なものに中国社会科学院による全国的調査がある。その結果によると、目下の中産階級はおよそ8,000万人前後、総人口の15%前後を占める。洪大用らが社会経済的地位量表（職業・収入・教育）を用いて北京市の社会階層構造を調査した結果は、上層が2％、中の上層が16%、中層が36%、中の下層が31.9%、そして下層が14.1％であった。[26] 国家統計局が2002年9月に発表した『第一回中国都市住民家庭財産調査総報告』によると、同年6月末までに、都市住民の一戸当たり財産額の平均はすでに22.83万元に達しており、財産額15～30万元の家庭が全体の48.5％を占めた。その財産額を「中産階級」の基準とすれば、中産階級の人数はおよそ2億人以上で、総人口の18％前後を占める。[27] 中国社会科学院社会学研究所の李春玲は、その研究で職業・収入・消費・自己認識という四方面からそれぞれ中産階級に分析を加えた。李春玲によると、中産階級の基準を上回ったもののうち職業型中産階級の比率は15.9％で、党や政府の役人・企業経営者・私営企業オーナー・専門技術職や事務職員が含まれる。収入型中産階級の比率は24.6％で、「調査地のコミュニティーで生活している人々の目から見て、収入状況が調査地の平均収入レベルより上の人、これが経済条件の比較的良い人で、十分面目が立つ生活を維持できる、こうした人を収入型中産階級と見なすことができる」とする。消費型中産階級の比率は35％で、家電製品や耐久消費財の消費状況を判断基準にしている。自認型中産階級の比率は46.8％で、家庭消費が“小康”レベルに達しており、かつ自分の社会的地位は中等またはそれ以上であると認識していることを基準にしている。これら四指標を共に用いて中産階級を区分する場合、ある人が職業型中産階層（ホワイトカラー）であると共に収入型中産階層（収入レベルが中以上）であり、さらに消費型中産階級及び自認型中産階級であれば、そこでようやく中産階級に分類されることになる。この統計方法をとった場合、中産階級の割合は大きく低下して、わずか4.1％になる。つまり、この調査の適齢社会人の中で、通常の意味での中産階級の基準を満たす人はわずか4.1％しかいない。旧中産階級（収入が中レベル以上で、家庭消費が“小康”レベルに達し、かつ自分の社会的地位は中等またはそれ以上であると認識している個人経営商工業者等）を加えれば、中産階級の割合は7％まで伸びる。[28]

南京大学の調査結果では、指標別に見ると、調査が実施された五大都市中に中産階級はさまざまな程度ですでに出現し始めており、かつ特定の地域では一定の規模を有するまでになっている。全体的には、どの指標でも、中産階級はすでに都市住民中で相当の比率を占めている。サンプル全体に占める比率は、職業型中産階級が22.6％、収入型中産階級は23.9％、消費型中産階級は14.5％、自認型中産階級は59.6％、教育型中産階級は53.1％であった。常用される比較的厳密な区分、すなわち職業・教育・収入という三指標でいずれも基準を満たす者の割合を見ても、中産階級はすでに11.8％を占める。これらの指標間のデータの差異は、恐らく、都市住民のこれらの指標に関する情況が現在まだ統一されていないためであろう(詳しくは表6-1参照)。この結果と、本研究と同時期に実施された別の調査結果とが似通っていることから、この結果には一定の信頼性があると認められる。この結果と洪大用らの北京における調査結果との相違点は、区分指標及び具体的基準の確定方法によるもの、また李春玲の研究との相違点はサンプル採集地点が異なることによるものだ。これらの結果から、中国の中産階級の数量や規模の推定に際しては非常に慎重を期し、一定の比較的同質な具体的時期や空間を依拠とするべきであり、むやみな推論は禁物であることが分かる。

表6-1 五大都市の異なる指標別の中産階級の総体的分布情況

	A職業型中産階級	B収入型中産階級	消費型中産階級	自認型中産階級	C教育型中産階級	ABCで基準を満たす中産階級
総　数	594	332	247	867	807	172
百分率(%)	22.6	23.9	14.5	59.6	53.1	11.8

(2) 五大都市中産階級の分布及び差異

研究では職業・収入・教育という総合的基準を採用した以外に、さらにいくつかの相関する単一的指標を用いて中産階級の分布情況の統計をとった。それらの単一的指標は中国の都市中産階級の具体的情況及び差異を考察するためにのみ用いたもので、それらの指標が中産階級の区分基準として単独に用いうることを表すわけでないことは、指摘しておかねばならない。分析の結果、中産階級の五大都市における分布には一定の差異が見られることが分かった。

調査で用いた職業分類は、(1) 党及び政府機関の公務員/(2) 事業機関の管理職及び専門技術職/(3) 経営者/(4) 私営企業オーナー/(5) 企業の管理職及び技術職/(6) 個人経営商工業者/(7) 企業労働者・商業及びサービス業従業員/(8) 一時帰休者・失業者/(9) 学生/(10) 農・林・牧畜・漁業労働者の10類である。分析では (1) ~ (5) の五類の職業従事者を職業型中産階級とし、それ以外を非職業型中産階級と見なした。職業を単一基準とした区分から見ると、北京と上海は明らかに他の都市より数値が高く、広州の比率が最低であった。広州の職業型中産階級の比率が他の都市に比べて低い理由は、恐らく以下の数点であろう。第一に、具体的情況、すなわち広州の職業分布は他の都市と異なり、一部の伝統的中産階級の職種、例えば事業の管理職・専門技術職が他の都市より少ないことによるものだろう。これは市場経済自体の持つ働きによって、計画内の単位・職業が相対的に少なく、一方で企業労働者・

商業サービス業従業員が相対的に多くなっているからである。第二に、こうした調査で常用される職業分類が、恐らく広州にはあまり適合しなかったためであろう。第三に、その他の四都市と比べると広州の高等教育は相対的にやや不十分で、これも職業型中産階級が少ない理由だと思われる。第四に、サンプル抽出上の誤差も理由の一つであろう。分析結果から見ると、五大都市間の職業型中産階級の分布には差異が大きい。（N＝594、df＝4、P＝0.0000）広州を除き、この差異と各都市の基本的情況は合致している。つまり、職業型中産階級は大都市及び経済が発展した都市に集中している。

収入レベルの分類は、1カ月当たり（1）1,500元以下／（2）1,501元～2,999元／（3）3,000元～4,999元／（4）5,000元～6,999元／（5）7,000元～9,999元／（6）10,000元～14,999元／（7）15,000元以上の七類である。分析では、個人の月収3,000元以上、家庭の月収5,000元以上の核家族を収入型中産階級と見なし、個人の月収が3,000元以上であることを中産階級の最低ラインとした。(29) 五大都市中で、収入型中産階級は上海に最も多く、27.7％を占めた。北京と広州がそれに続き、武漢が最低でわずか9.3％であった。収入面の分布は、ほぼ各都市の経済レベルに対応している。分析結果から見ると、五大都市間で収入型中産階級の分布には顕著な差異が見られる。（N＝332、df＝4、P＝0.0000）この差異はほぼ各都市の経済発展レベルと一致しており、したがって上海・北京・広州はほぼ同程度で、南京・武漢を上回っており、また南京は武漢より明らかに高い。

消費レベルの分類は、1カ月当たり（1）1,500元以下／（2）1,501元～2,999元／（3）3,000元～4,999元／（4）5,000元～6,999元／（5）7,000元～9,999元／（6）10,000元～14,999元／（7）15,000元以上の七類である。分析では個人消費月額1,500元以上、家庭消費月額3,000元以上を消費型中産階級と見なした。(30) 消費型中産階級は上海が最も多く、全体の32.0％を占め、それに続いたのは広州で25.5％、以下、北京、南京、武漢という順であった。消費型中産階級の分布と収入型中産階級の分布にはいささか一致しない点が見られるが、これはその都市の具体的特徴に起因するものだろう。分析結果から見ると、消費型中産階級の分布にも五大都市間で顕著な差異が現れていた。（N＝247、df＝4、P＝0.0000）上海・広州の両都市は消費型中産階級の比率が比較的高いが、これは両都市の住民の消費習慣に関係があると思われる。そして、南京・武漢は少し低めで、これは両都市の経済的基盤がやや弱いことによるものであろう。

中産階級という言葉の持つ大きな二義性及び曖昧性によって、一般にこの言葉にはいくつか異なった理解があろう。したがって、主観的な自己認識を確定するにあたり、この研究では西洋の一部先進国で中産階級測定の際に常用される方法、すなわち自分が中産階級であると思うかという設問を採用しなかった。それに代えて入れたのは、調査対象者に自分の社会的地位について高低の等級評価をしてもらう設問で、選択肢は上・中の上・中の中・中の下・下の五等級に分けた。調査の結果、「上」と自認する人数が少なかったため、分析では「中の中・中の上・上」と自己評価した人を自認型中産階級と見なし、「中の下・下」と評価した人を非自認型中産階級とした。分析結果から見ると、自認型中産階級の五大都市の分布状況にも顕著な差異が現れた。（N＝655、df＝4、P＝0.0000） 自認型中産階級は北京に最も多く、相互に近い数値を示したそのほかの四都市を大きく上回った。これは恐らく、北京市民が相対的に心理的優越感を持っていることと関係するだろう。

現代の新中産階級について言うと、彼らにとって中産階級に身を置くための主要ルートが教育であったことは疑いの余地がない。西洋の国家では、教育が中産階級の「社会的地位のエレベーター」と称されるほどである。(31) 中国の目下の情況から言っても、教育はやはり紛れもなく新中産階級の重要な条件である。教育型中産階級は個人の学歴を指標とした。分析では大学及び大学程度の専科学校以上の学歴を持つ人を教育型中産階級と見なし、それ以下の人を非教育型中産階級とした。(32) 五大都市では教育型中産階級の比率が比較的高く、平均は53.1％であった。この数値はおそらく正常値より高いと思われるが、各都市を代表する差異の情況は信頼に足るものだ。教育型中産階級が最も多いのは北京、最も少ないのは上海であった。さらに各都市の分布には統計学的意味のある顕著な差異が見られた。（N＝807、df＝4、P＝0.0000）北京・南京等の都市で教育型中産階級の比率が高いことは容易に理解できるが、上海の教育型中産階級が低い理由は恐らくサンプル抽出の誤差によるものと思われる。

住宅は都市住民にとって最も重要な個人資産であり、家庭の財産を代表するものである。分析では住宅面積が80平米以上の家庭を住宅型中産階級と見なし、それ以下の家庭を非住宅型中産階級とした。(33) 五大都市間では、住宅型中産階級の分布にも大きな差異があることが分かった。（N＝731、df＝4、P＝0.0000）

さらに、職業・教育・収入という三つの中産階級区分の常用の指標を用いて、その三指標で共に中産階級の基準を満たす人々の統計をとった。その比率は上海が最も高く、総数の31.4％を占め、次いで北京が24.4％を占めた。広州と南京は同比率、武漢が最も低かった。この総合的指標について言うと、中産階級の分布は五大都市間でやはり顕著な差異が見られ、これは各都市の具体的な情況と対応するものであった。（N＝731、df＝4、P＝0.0000）

異なる指標による各都市間のデータの差異は、また別の側面から目下の都市中産階級の具体的特徴の差異を映し出しているが、それらの差異に普遍性があるかどうかは、さらに研究を通して検証していくことが待たれる。指標別の中産階級の分布情況を見ると、調査を実施した五大都市中で、中産階級は南京・武漢より北京・上海・広州の方が明らかに多い。この結果はある常識的問題と仮説を裏付けた。それはすなわち、目下都市中産階級の分布が、いくつかの経済が発達した地域及び大都市に集中していることだ。当然ながら、この結果をもって全体を推断することには依然一定の問題が残るが、中産階級の分布に都市や地域間の差異が存在することは事実である。この常識的問題が改めて表しているように、全体的に言うと、中国の中産階級はまさに誕生した段階、あるいはまだ勢力が弱い段階であるが、部分的にはすでに軽視できない勢力に成長している。

表6-2　五大都市の異なる指標別の中産階級分布情況

	北　京	上　海	広　州	武　漢	南　京	合　計	平　均
A 職業型 中産階級	134 22.6%	142 23.9%	86 14.5%	116 19.5%	116 19.5%	594 100%	
B 収入型 中産階級	76 22.9%	92 27.7%	74 22.3%	31 9.3%	59 17.8%	332 100%	
消費型 中産階級	48 19.4%	79 32.0%	63 25.5%	22 8.9%	35 14.2%	247 100%	
自認型 中産階級	159 54.8%	128 43.7%	117 40.5%	126 42.9%	125 43.0%	655	45.0%
C 教育型 中産階級	184 60.3%	130 43.0%	165 54.8%	152 50.2%	176 57.1%	807	53.1%
住宅型 中産階級	136 18.6%	141 19.3%	155 21.2%	158 21.6%	141 19.3%	731 100%	
ABC で基準を 満たす中産階級	42 24.4%	54 31.4%	29 16.9%	18 10.5%	29 16.9%	172 100%	

二、五大都市の中産階級の構成上の特徴

都市中産階級の特徴をさらに理解するために、異なる指標別の中産階級を性別・年齢及び学歴の構成比から分析したところ、指標別の中産階級は性別・年齢及び学歴の分布上でも完全に一致するわけではないことが分かった。男性では職業型中産階級が全体の51.3%を占めたのに対し、女性ではその割合は41.0%であり、性別で明らかな差異を呈している。(df = 1, P = 0.008) 職業型中産階級で男性が優位を占めるという結果は、ほぼ中国の都市の具体的実情と一致している。また、男性の32.5%が収入型中産階級に属するが、女性のその割合は25.4%である。結果の通り、両者の差異は顕著である。(df = 1, P = 0.008) 消費型中産階級は男性では全体の24.1%を占めたが、女性では19.5%である。一定の差はあるが、この程度の差は統計的には明らかとは言えない。中産階級であるという自己認識については、男性の57.3%が自分は社会の中間的地位にいると自認しているが、女性ではその割合はわずか37.3%に過ぎず、性別による差異が目立っている。(df = 1, P = 0.000) 以上四指標の男女別比率を見ると、五大都市の中産階級の性別の数値には一定の開きが存在し、目下のところ職業や収入でも、または自己認識の面でも男性が女性を上回っている。

異なる指標別の中産階級には、年齢層別の分布でも一定の差異が見られる。職業型中産階級が占める割合は、20～29歳の年齢層では35.7%、30～39歳では57.8%、40～49歳では54.4%、50～59歳では46.7%、60歳以上では67.7%である。このように、各年齢層に占める職業型中産階級の割合には明らかな差異が見られる。(df = 6, P = 0.000) 収入型中産階級の占める割合は、20～29歳の年齢層では最大で39.3%、次いで30～39歳では35.8%、40～49歳では28.0%となっている。最小は60歳以上で10.1%であった。各年齢層に占める収入型中産階級の割合にも大きな差異が見られた。(df = 6, P = 0.000) 消費型中産階級の占める割合は、20～29歳では28.4%、30～39歳では27.6%、40～49歳では22.6%、50～59歳では15.9%、60歳以上では5.7%であった。また自認型中産階級の占める割合は、19歳以下では87.5%、20～29歳では63.3%、30～39歳では64.3%、40～49歳では54.9%、50～59歳では43.4%、60歳以上では55.4%であった。これらの年齢層別の分布からは、目下の都市中産階級の年齢層別の分布情況には、指標間であまり一致が見られないことが分かる。すなわち、職業型中産階級では明らかな若年化の傾向は出ていないものの、収入型・消費型・自認型の中産階級については、新興都市中産階級の年齢層別分布から明らかに若年化の傾向がうかがわれる。同時にこの

結果からは、職業型中産階級と収入型･消費型･自認型の中産階級との不一致は、別の側面から都市中産階級に存在する世代交代現象、すなわち古い職業型中産階級の衰退と新興中産階級の台頭を映し出していることも表している。この点はまさに、李強が早くから鋭い分析で指摘をしていたように、中国の社会型式転換期における社会の変遷を映し出したものである。[34]

学歴レベル別の分布でも、五大都市の指標別のデータには、程度は一定しないが差異が見られる。職業型中産階級の分布情況は、中卒及びそれ以下5.9%、高校及び同程度専門学校卒20.5%、大学程度の専門学校卒27.6%、大学本科卒38.3%、修士以上7.7%で、大学及び同程度の専門学校卒以上を合計すると73.6%を占める。このように、都市の職業型中産階級では大学及び同程度の専門学校卒以上の学歴保有者がすでに大多数を占めており、職業型中産階級の分布は学歴レベル別に差異が大きい。(df = 12, P = 0.000) 収入型中産階級では、大学本科卒が最多で45.3%、次いで大学程度の専門学校卒19.3%、修士以上8.7%で、この三項を合計すると73.3%を占める。また高校及び同程度専門学校卒が17.3%、中卒以下が9.3% を占め、収入型中産階級の分布も学歴レベルにより差異が目立つ。(df = 8, P = 0.000) 消費型中産階級では、やはり大学本科卒が最多で半数近く(49.2%)を占め、また中卒及びそれ以下が15.3%、大学程度の専門学校卒が13.6%、高校及び同程度専門学校卒が11.9%、修士以上が10.2%を占める。消費型中産階級の分布も学歴レベルによる差異が大きい。(df = 8, P = 0.000) 自認型中産階級の分布は、大学本科卒35.4%、大学程度の専門学校卒23.4%、高校及び同程度専門学校卒18.3%、修士以上11.8%、中卒及びそれ以下11.1%であり、自認型中産階級でも学歴レベルによる差異が明らかである。(df = 8, P = 0.000) 学歴レベル別の分布情況は、目下都市では大学及び同程度の専門学校卒以上の学歴保有者が中産階級の大多数を占めている現状を映し出している。

五大都市の指標別の中産階級分布情況は、都市の基本的現状をほぼ反映していた。具体的には、性別による分布では男性が女性を上回っており、これは中国特有の理由によるものである。年齢別分布では若年化という特徴を示しており、30歳～50歳の年齢層により多く集中している。職業型中産階級と自認型中産階級は50歳以上の年齢層で比較的高い割合を占めるが、収入型と消費型はその年齢層の割合が低くなっており、この事実は中国の社会型式転換期の中産階級形成の具体的特徴をまさしく映し出している。学歴レベルでは、大学及び同程度の専門学校卒以上の学歴保有者がどの指標でも圧倒的な優勢を示している。これは改革開放以降公民が改革の各段階に参加していった情況と合致しており、つまり改革の第二段階で新中産階級の職業従事者が市場に参入した、あるいは産業構造や就業構造が調整されたことで、教育を資本とする新中産階級が都市中産階級の隊列に加わり始めたということである。[35]（表6-3参照）

表6-3 指標別の中産階級の構成比

（N＝1519）単位＝％

		職業型中産階級		収入型中産階級		消費型中産階級		自認型中産階級	
		中産	非中産	中産	非中産	中産	非中産	中産	非中産
性別	男性	51.3	48.7	32.5	67.5	24.1	75.9	57.3	42.7
	女性	41.0	51.9	25.4	74.6	19.5	80.5	37.3	62.7
年齢	20～29歳	35.7	64.3	39.3	60.7	28.4	71.6	63.3	36.7
	30～39歳	57.8	42.2	35.8	64.2	27.6	72.4	64.3	35.7
	40～49歳	54.4	45.5	28.0	72.0	22.6	77.4	54.9	45.1
	50～59歳	46.7	53.3	16.9	73.1	15.9	84.1	43.4	56.6
	60歳以上	67.7	32.3	10.1	89.9	5.7	94.3	55.4	44.6
学歴	中卒以下	5.9	23.2	9.3	22.0	15.3	19.1	11.1	21.9
	高卒・同程度専門校	20.5	36.2	17.3	31.8	11.9	30.1	18.3	31.2
	大学程度専門学校	27.6	15.1	19.3	20.6	13.6	20.9	23.4	26.4
	大学本科卒	38.3	20.9	45.3	21.7	49.2	25.0	35.4	19.3
	修士以上	7.7	4.6	8.7	3.9	10.2	4.9	11.8	3.2

三、中層意識と中産階級の社会的自認意識

「中産階級」という概念そのものが外来のものであり、多くの都市住民にとってはやはり馴染みにくいため、この概念への理解もまちまちである。学界にはこの概念が90年代初期にすでに導入されていたが、新聞やメディアに登場するようになったのは最近数年のことに過ぎない。中産階級に対する認識にも大きな相違が存在し、すなわち理論上規定されている中産階級と実際の中産階級自体の自己認識には一定の食違いがあって、この点は中産階級の自己認識の調査にとって大きな困難であった。国外では中産階級に対する理解にさして大きな障害は存在しないため、中産階級の自己認識の研究では、通常個人が自分を中産階級だと認めるか否かを直接の基準とする。[36] 目下中国では、一般的にそのような自己認識をいわゆる「中層意識」でほぼ代替させて、個人の社会的地位に対する自己評価を、自己認識をはかる基準としている。そして、社会的地位を自己評価してもらう場合、一般には五分法——上・中の上・中の中・中の下・下に分類——を採用し、そのうち「中の中・中の上」、さらに「上」の地位にい

るという回答を、中産階級の自己認識としている。(37) 比較項目として、今回の調査中にもこの調査項目を入れてある。その結果、都市住民の自己の社会的地位に対する認識は、「上」0.6%、「中の上」14%、「中の中」43.1%、「中の下」28.4%、「下」9.9%、「不明」4.1%であった。この算出方法に従うと、都市中産階級が自分の社会的地位を「中の中〜上」と評価している割合は57%で、60%近い人々が自分は社会の中間的地位にいると見ていることになる(表6-4参照)。

だがこの結果が中産階級の自己認識を表すと見なした場合、そこに存在する問題が実に明らかに浮かび上がる。この結果はせいぜい「中層意識」を示すに過ぎないもので、それと中産階級の存在には実はさして大きな関連がなく、たとえ異なる時期にこのような方法を用いて調査してもやはり相応の結果が得られると思われる。それゆえ、そのような「中層意識」は中産階級の自己認識と同じものではない。社会中間層と中産階級の属性や実体が基本的に一致を見てこそ、その結果が類似した作用を発揮しうるのだが、少なくとも中国の目下の情況について言うと、すでに膨大な自認型中産階級が存在することは問題であると断言してよい。そうした情況は、中国と他国のデータを比較した場合に、その数値からいささか表面的満足を覚える結果を招きやすい。しかし実際には、現状の差異を見落としているのである。

表6-4 自分の生活レベルは居住地で社会のどの階層に属するか

	回答数	百分率(%)	有効百分率(%)	累積百分率(%)
Valid 下 層	150	9.9	9.9	9.9
中の下層	431	28.4	28.4	38.2
中の中層	655	43.1	43.1	81.4
中の上層	212	14.0	14.0	95.3
上 層	9	0.6	0.6	95.9
分からない	62	4.1	4.1	100.0
合 計	1519	100.0	100.0	

調査結果によると、中産階級が所有すべき資産状況に対する見方には、五大都市の住民に明らかな一致は見られなかった。資産額についての回答で最多数を占めたのは「分からない」であり、次いで21.2%が中産階級の家庭資産は50万元以上であるべき、19.3%が100万元以上であるべき、12.5%が30万元以上であるべき、と回答している。ここから、家庭資産30万元から100万元までが、社会の大衆が中産階級の資産状況として相対的に認めている大体の範囲で

あることが分かるが、この範囲は明らかにいささか広すぎ、また曖昧である（表6-5参照）。

五大都市の住民の「現在の中国の中産階級の主流層は最低どの程度の教育を受けるべきだと思うか」という質問に対する回答からは、中産階級の教育レベルに対する考え方は、主に大学本科49.8%、大学と同程度の専門学校25.6%という二項に集中していることが分かる。高校及びそれ以下、修士以上とする数値は比較的少なく、また、限定しないという割合は15.7%であった。つまり、中産階級の教育レベルとして基本的に認められるのは、大学及び大学と同程度の専門学校以上という回答が80%近くを占めた。この点は我々が分類上採用した基準とほぼ合致する（表6-6参照）。

表6-5 現在の中国では家庭資産がどの程度あれば中産階級と言えると思うか

	回答数	百分率（%）	有効百分率（%）	累積百分率（%）
Valid 30万元以下	123	8.1	8.1	8.1
30万元以上	190	12.5	12.5	20.6
50万元以上	322	21.2	21.2	41.8
100万元以上	293	19.3	19.3	61.1
200万元以上	62	4.1	4.1	65.2
300万元以上	32	2.1	2.1	67.3
500万元以上	32	2.1	2.1	69.4
分からない	465	30.6	30.6	100.0
合　計	1519	100.0	100.0	

表6-6 中産階級の主流層は最低どの程度の教育を受けるべきだと思うか

	回答数	百分率（%）	有効百分率（%）	累積百分率（%）
Valid 高校及びそれ以下	64	4.2	4.2	4.2
大学程度専門学校	389	25.6	25.6	29.8
大学本科	757	49.8	49.8	79.7
修士及びそれ以上	70	4.6	4.6	84.3
限定しない	239	15.7	15.7	100.0
合　計	1519	100.0	100.0	

中産階級の財産・教育等に対する認識から見ると、目下中産階級という概念に関する認識には、都市住民の間で依然として大きな相違があることが分かる。学界自体にもこの概念について議論があることを考えれば、それはもっともである。その上、厳密に言うと、中産階級という概念もまた特定の社会背景の産物であり、当然社会文化的色彩の影響を被ることは免れないので、関連する研

究においては厳格にその範囲を定めることが必要である。

このような調査で見られる中産階級の自己認識の問題は、具体的な調査中ではより顕著かつ形象的に現れている。次に、調査で中産階級の基準を満たした比較的典型的な回答者の、中産階級に対する考え方や自己認識を見ていく。

「私は中産ではないはずだ、というのは中産なら年俸が少なくとも10万元以上はあるはずだからだ。中産階級というのはやはり比較的曖昧で、収入と関係があることは間違いないが、必ずしもそれだけではない。一部の人々、例えば個人経営者は、とても金を持っているが中産とは言えない。中産階級は職業によって分けられる。私は中等だと自認していて、衣食に不自由しないことは確かだが、さらに高い要求には手が届かない。私は同級生と比較すれば、大変良いわけでも大変悪いわけでもないから、中等というよりほかにない。衣食に不自由しないのは確かだが、それより高い消費となるとまだいささか難しい。私も住宅を買った、100余平米の広さだ。だが車を買おうとしても、一度にそんなに多額の金は出せない。それより高い消費もない。」（上海の回答例1：某病院医師、博士）

「私は君たちが言う中産階級には入らないはずだ。前に読んだ文章に基準があると書いてあった、資産がいくらだとか、消費スタイルや行動スタイルだとか。私はその基準からみんな外れている。なぜかと言えば、私は自分に80元以上の物を買うとき、ちょっと考えてしまう。ある場所に車を停めるとき、30分以上になると駐車料金を5元払わなければいけないとなれば、30分以内に用事を済ませる。5元も払うのは割に合わないと思う。私の衣服にブランド物はまるでない。着ているのは作業着ばかりだ。時間がないし、趣味もない。私の理解では、中産階級は個人資産200万元以上500万元以下だ。彼らはやりたいことをやり、やりたくない場合も楽していられて、今の私のように生活のためにあくせくすることはない。私のある友人は中国で一番若い上場会社の経営者だが、彼なら中産階級と言えるはずだ。彼のような人間は上司の顔色をうかがうこともなく、自由な王国に入ったようなものだ。私は今、やはり生活のために忙しく働いていて、アルバイトみたいなものだ。」（北京の回答例1：某会社経営者）

「私は中産階級ではなく無産階級だ。中産階級なら資本の蓄積があるべきだし、少なくとも住宅持ち車持ちで、経済的なプレッシャーはないはずだ。私は家を買ったが、ローンを返済しなければならない。子供に良い条件を与えてやろうと思ったら、今は何でも金がものを言う。だからプレッシャーがある。今ほとんどは子供のためだ。もともと子供がいなかったときは、40数平米の家で、夫婦二人悠々と暮らしたいように暮らしていて、まったくそんなことは考えなかった。だが子供ができてから、そうした考えは一変した。」

（上海の回答例2：保険会社部門責任者）

この三例は目下の中産階級の自己認識を代表するものに過ぎないが、実際に中産階級の自己認識の注目に値する情況を映し出している。西洋諸国の中産階級の社会的自己認識と比較すると、中国の都市中産階級の社会的自己認識は明らかに低い上、いささか曖昧である。さらに注意すべき現象は、中国では明らかに、中層意識と中産階級の認識との乖離が存在していることだ。つまり社会的地位の比較からすると、自分は社会の中層に位置すると見る人が多いにもかかわらず、中産階級であると自認している人は多くない。要するに、自分は社会の中層にいると考えている多くの人が、自分を中産階級であるとは考えていないのである。それゆえ、中層意識を持つ割合に基づいて、中産階級であると自認する割合を推断することはできない。同時にまた、中国では長期にわたる思想イデオロギー的要素及びマスメディアの宣伝の影響によって、中産階級の概念が一定の程度、西洋の理論における中産階級より相対的に狭くなっている。(38) したがって現状から見れば、中産階級の社会的自己認識という問題では、中層意識と中産階級の自己認識とを分けるべきで、双方を単純に同等と見てはならない。この面だけから見ると、自己認識を中産階級を区分する指標にすることは明らかにいささか不適切である。

第三節 社会型式転換期にある中国の中産階級の特徴分析

国によって近代化の道程は異なるため、異なる社会型式転換の中で二種類の中産階級が形成された。一種は“先発・内源式”の近代化における漸進的な社会型式転換の中で生まれた中産階級で、アメリカを代表とする資本主義先進国の中産階級がこれにあたる。このタイプの中産階級の誕生・成長や変化には一定の順序とロジックがあり、そのモデルはすでに広く研究されていて基本的な型ができ上がっている。もう一種は“後発・外源式”の近代化における急変的な社会型式転換の中で生まれた中産階級で(39)、東アジア諸国、とりわけ韓国の中産階級がその典型的な例であり、ほかの“後発近代化国家”もこのモデルを受け継いでいる（さまざまな程度の差異は存在するであろうが）と思われる。

だが、後者には突然生まれたことによる特質や複雑性、それに加えてまだ明らかでない部分があるため、それらは今後の中産階級研究で関心の集まるところとなるだろう。

東アジアの中産階級に関する研究は、その多くが次のような理論の仮説あるいは命題に基づいている。第一は、第一世代という命題である。ある見方によると、東アジア４カ国では1990年代になってようやく中産階級が現れ始めたが、当時、その４カ国では急速な工業化が進行していた。多くの中産階級の人々は第二次世界大戦後の生まれで、労働者や農民の家庭の出身であり、幼少時代に貧困かつ多難な生活を経験している。第二は、移動という命題である。中産階級は東アジア資本主義の急速な発展や社会移動における主たる受益者であるとされている。有利な市場での位置（例えば高額給与、職業の発展や住宅収益）により、東アジアの中産階級は生活上なんの憂慮もなく、系統的かつ明らかな階級記号で一頭地を抜くことを示す社会的地位を形作ることができた。第三は、階級アップという命題である。中産階級が多分に依拠しているのは彼ら自身の知識であり、労働または資本ではない。専門的知識や技能を持っているため代替不可能な職業サービスを提供することができるため、中産階級は自らを上昇気流に乗った階級と見ていた。第四は、中産階級は複数存在する（異質性がある）（the middle classes）という命題である。研究者がその研究中で注意深く中産階級の複数形を用い、単数形を用いないのは、中産階級内部の顕著な相違を強調するためである。東アジアの中産階級はさらに、いわゆる「新中産階級」（サラリーマン・管理職）と旧中産階級（零細企業主・小市民）、それに周縁的中産階級（一般の非肉体労働者）に再分類される。第五は、国の文化という命題である。研究では、台湾・韓国・香港・シンガポールを一つの経済共同体の類型に入れることは不適当だとしている。急速な工業化のモデルという点は相似しているが、それぞれの社会の民族文化・政治構造には大きな隔たりがある。それゆえ、東アジアの中産階級発展の中で決定的な役割を演じたのは、中産階級の体験ではなく民族文化であった。[(40)] したがって、このようなモデルの中産階級を理解するには、C．W．ミルズ式の単一的理想モデルにとらわれるべきではない。肖興煌は、①韓国の都市中産階級の生活と日常行動への理解を深めるには、家庭的要素を考慮するべきである／②東アジアの中産階級の形成と構造を分析するには、歴史的要素を考慮するべきである／③韓国の中産階級の政治型式転換における今後の役割・政治的潜在力や限度を正確に把握するには、国の及ぼす作用を考慮するべきである／④人文主義的視点から韓国の中産階級を東アジア文化変遷過程における新しい価値観と理念転換の行動者であると理解するには、必ず文化的要素を考慮するべきである等としている。[41]　これらの点もまた、中国の中産階級を理解する上で考慮するべき重要な要素である。

改革開放や経済の急速かつ持続的発展の結果として、現代中国の中産階級の誕生には次のような一考に値する特徴がある。第一に、東アジアの中産階級と同様、現代中国の中産階級は大きな異質性を持っており、あるいはイメージ的に“雑領”[“白領”がホワイトカラーを表すのと同類の呼称で、“雑”の意味通り多種多様の人々を表す]と称してもよい。[42] これはすなわち、旧中産階級（私営企業オーナー等）及び新中産階級の共時的成長や、新・旧の中産階級が一定の時期に共存していることを意味する。第二に、中産階級は二十数年にわたる市場経済改革の産物であり、同じように第一世代に属する。彼らの大多数には中産階級的背景がなく、農民や労働者の家庭の出身であり、ほとんどが困難な過去を経験してきた。ひいては今に至っても、依然「多階級家庭」の成員である。彼らにはいかなる歴史的伝承も蓄積もなく、ライフスタイルや社会的特徴等は形成や変化のただ中にあるので、資本主義先進国の中産階級とは特徴が大いに異なるであろう。第三に、中産階級の分布には一定の地域性が見出され、主に沿海地域や経済が発達した大・中都市に集中しており[43]、こうした地域的アンバランスは引き続き拡大していくであろう。第四に、中産階級には明らかな職業上の特徴があって職業による集中傾向が見られ、同時にそれは市場経済改革と密接に関わっている。目下、中国の新中産階級は主に三分野に集中している。一つ目は、伝統的計画経済体制下で独占的に資源を占有しており、現在も依然強い力を保っている業種＝金融・保険・航空・電訊・貿易・不動産・観光・電力・煙草等である。二つ目は、市場経済改革への参入が進むにつれて将来性が見込まれている一部の職種の人々＝弁護士・医師・高等教育機関の教師等である。三つ目は「三資企業」で管理職や専門技術職に就いている人々で、中国で“白領”という語が特に指している対象である。明らかに、前の二分野は中国社会の旧来の構造中の業種で“内駆的”[239頁既出“内趨的”の誤りか]であり、最後の一分野はそれに対して“外引的”である。[44]　新中産階級に対する旧中産階級とは、主に1980年代以降に現れた個人の私営企業オーナーや郷鎮企業家を指す。第五に、中産階級は国が主導する市場経済改革の中で生まれたので、この時期の市場交替の段階的特徴を備えている。旧中産階級は市場経済に率先して参加した者であり、改革の受益者であるが、一方の新中産階級は90年代以降各業種が市場に参入していった順序をたどり、しだいに拡大していった。スタートは遅かったものの、成長の状態は旧中産階級よりも良い。[45]　第六に、伝統文化やイデオロギー等の影響を受けて、中国の中産階級の社会的自己認識の程度は低い。第七に、いかに楽観的に見積もっても、現在中産階級が占める割合は依然として大きくはない。一人当たりの年収1～10万元、一戸当たりの資産3～10万元の個人や家庭まで含めたとしても、中国の中産階級は総人口の20～25%を占めるに過ぎない。(46) 最後に、中国社会の改革及び経済の持続的発展によって、中産階級を区分する一部の具体的基準は安定性に欠けるものとなっており、例えば前に述べたような基準は、現在から見ると低すぎる嫌いがあるかもしれない。そして、その基準に従った区分が意味を持つのも数年に過ぎない。それゆえ、中産階級区分の具体的基準、例えば収入・財産・職業等の要素は随時変えていくべきである。すなわち、中国は現在まだ依然として巨大な変化の過程にあり、中産階級の数量・構成には大きな変数が含まれるため、このような研究の時効性はやや劣るであろうが、目下の中産階級のこうした動態と不安定性こそが、まさに社会の変遷を分析する重要な、参考に値する根拠を提供しているのである。

中産階級区分の基準に異議があるため、中国の中産階級の具体的構成については依然一致した認識が得られていない。経済学者蕭灼基は、今後10年から20年は中国の中産階級形成にとって重要な時期であり、その中で科学技術分野の企業家・金融業の上級管理職・各分野の専門職中でも特に仲介機関の専門職・外国企業中国駐在部門の中国人管理職、そして一部の個人私営企業家という五種類の人々が、中産階級になる可能性が最も高いであろうと指摘している。(47) 蕭灼基の見方は多分に経済学の視点から見た中所得層を指すものであろうが、これは社会学的意味における中産階級とはいささか食い違う。周暁虹の研究では、中国の中産階級には次のような基本的社会構成が見られると指摘されている。それは、1978年以降に誕生した私営企業家や郷鎮企業家／1978年以降私営企業家や郷鎮企業家の誕生と同時に現れた零細企業主・零細商人等の自営業者、及びそのほかの形式の個人経営者／共産党や国家機関と関連がある党幹部や知識人、及び国営企業のトップ／外資導入で出現した「外資系企業のホワイトカラー」、外資系企業で働く中国人管理職や上級職員も含む／大量の企業や社会組織の管理職＝社会的ニーズの高まりにつれて高等教育機関でのMBAやMPAの育成人数も増え続けており、彼らは中国の中産階級で最も成長が速い人々である／ハイテクの導入や新業種の出現で誕生した高所得層、例えば留学から帰った実業家・建築士・弁護士・会計士・不動産評価士・セールスマネージャー・映像プロデューサー・ストックマネージャー、及びそのほかの自由業者等である。(48) また張宛麗は、現段階の職業・職務成分について見ると、中国の中産階級には主に次の数グループがあるとしている。それは、科学・技術・研究等の分野の中等専門学校卒以上の学歴・下級以上の職名・未評定の職名を持つ専門職／中小企業の経営者・企業家、国有企業・集団企業・私営企業・外国企業、及び香港・マカオ・台湾の投資企業等の各種経済方式の企業を含む／各レベルの公務員・事務職員／行政事務・公共事業の専従管理職／私営企業オーナー・零細企業主・零細商人等／技術労働者、これには「ホワイトカラー」の労働者・移動出稼ぎ労働者中の技能保持者を含む／商業・サービス業従事者／自由業者等である。(49) 事実上、中産階級の構成上の分類は一種に限られず、その違いはやはり分類基準にある。

第四節 都市中産階級の二面性・社会環境及び将来

一、社会型式転換期にある中国の中産階級の社会的特徴及び二面性

中産階級は、近代化を背景として社会の型式転換と構造変遷の過程で生まれた産物である。近代化は欧米の資本主義先進国で最初に始まったため、中産階級がまず資本主義先進国に現れたのも自然なことである。したがって、中産階級についての研究もまた必然的に、初めは欧米の資本主義先進国の中産階級に対する研究であった。国によって近代化の歩みは異なるため、それぞれの国の中産階級の誕生・成長及びその特徴にもいささか相違がある。だが普通は、資本主義先進国の中産階級及びそれに関する先人の理論研究から受ける先入観にとらわれ、残念なことに往々にしてその相違を軽視しがちであり、さらには既存の中産階級モデルと理論を分析も加えぬまま単純に広めてしまう可能性もある。これは、“後発展国家”の中産階級の具体的特徴を真に理解するには間違いなく不利である。東アジア諸国の急速な経済発展や社会型式転換の進行の激化に伴い、東アジアの中産階級の誕生及びその姿が人々の視野に入って、相応に重視されるようになってきた。東アジアの中産階級はその形成や成長過程の上でも、またその規模や特徴においても典型というに足るもので、いずれもミルズの古典的な論とは異なる中産階級のモデルを提供している。そのようなモデルがあったため、現代の中国の新中産階級を認識するにあたっても、しかるべき慎重な態度を保持することが十分可能であった。

中国の中産階級も、中国社会の近代化の過程における改革開放と社会型式転換の産物である。近代化を背景にした社会型式転換に言及するとき、近代化の理論は普通二種の類型に分けられる。一種は“内源的近代化”（modernization from within）で、これは社会そのものが生み出す内部からのイノベーションであり、長い社会変革の道程を経た、自発的な、上から下への漸進的変革の

過程であって、“内源性変化”（endogenous change）とも称される。もう一種は“外源的”または“外誘的近代化”（modernization from without）で、これは社会が外部からの衝撃を受けたため、その内部で引き起こされた思想や政治の変革、さらにはそれによって進んだ経済改革の過程であって、“外誘性変化”（exogenous change）とも称される。社会内部の要素が弱い、または不足している条件のもとでは、“外源的近代化”の主たる推進力は外部の要素による衝撃や圧力である。[(50)] アメリカを代表とする西洋先進国の近代化は大部分が前者に属すが、“後発展国家”、特に後発開発途上国の近代化はほぼ後者に属し、中国も当然例外ではない。そのような近代化のモデルと社会型式転換は早くから知られてはいたが、中産階級の形成と成長の影響については明確に示されていなかった。まさに中国の近代化の過程や社会型式転換が西洋先進国とは異なったことで、中国はそれらとは異なる別の中産階級モデルを生み出したのであった。

アメリカを代表とする資本主義先進国の中産階級とは異なり、中国の中産階級は新たな道を歩んだために、その誕生・成長及び特徴も違うものになった。例えばミルズが分析したように、アメリカの中産階級は商業化⟶工業化⟶ポスト工業化という道に沿って歩み、前後して旧中産階級（零細企業主・農場主・零細商人等）の出現⟶旧中産階級の衰退⟶新中産階級（国家機関の管理職・経営者層・知識人・ホワイトカラー職員等）の継続的成長発展という過程を経て、その過程で中産階級の区分基準も財産から職業に変わり、中産階級の中でも有産から無産へ、雇用から被雇用へ、独立から依存へ等の相対的に顕著な変化が生じた。[(51)] 中国独自の社会発展モデルにおいては、早期の国家主導による工業化・都市化が現代的な意味での中産階級の出現を促すことはなかった。改革開放や経済発展・市場経済の導入に伴い、中国は持続的高度経済成長期に突入して、経済構造や社会構造が短期間に巨大な変化を遂げた。「近代化の過程における社会構造の変化には二つ重要な典型がある。一つは社会の産業構造の転換であり、もう一つは職業構造の変化である。この二つには関連があり、社会の産業構造の転換が職業構造の変化をもたらすのである。」[(52)] 二十余年の改革と発展によって、社会の産業構造は第一次産業が第二次産業に転換していくと同時に、第二次産業が第三次産業に転換していく趨勢も現れた。このように、中国の社会発展では前工業社会⟶工業社会⟶ポスト工業社会という変遷の過程が圧縮され、さらに職業構造の変化を招いたが、その結果の一つが新・旧の中産階級それぞれの職業の共生共存であった。つまり、中国の中産階級は誕生してまもなく、先進国とは別の道を歩み始めたのである。目下の研究では、中国の中産階級ははっきりと新・旧二種に分けることはできない上に、発展過程でも新中産階級の成長と旧中産階級の衰退という情況は現れず、新・旧の中産階級双方が同時にアンバランスな動きを見せつつ成長するという趨勢を見せている。さらに、中国の中産階級はまさに形成され、かつ成長しつつある第一世代であるため,異質性がより大きく,不確定性がより強い。中国の近代化は“外源的近代化”であり,その社会型式転換は時空を圧縮した急激な社会変化であったため、中国の中産階級の誕生・成長・構成及びその特徴には、いずれも資本主義先進国との違いが現れている。中国の中産階級は、“後発展国家”の階級構造変化の中にある中産階級の典型であり、資本主義先進国とは別のモデルの中産階級である。中国の中産階級を西洋諸国の中産階級のコピーだと単純に理解してはならず、中国独自の社会文化的環境から現代の新中産階級についての正確な理解を模索していくべきである。

社会型式転換が時空を圧縮した急変式モデルであったため、中国の中産階級は突然誕生したことによる一定の特質を備えることになった。中国の中産階級は伝統と近代、東洋文化と西洋文化の隙間に位置することになり、一種ばつが悪い位置、板挟みの状況に身を置くこととなった。型式転換前の中国社会は典型的な農業社会が主たる部分を占める都市と農村の二元社会であり、改革開放後は工業化・都市化がいずれも急速に進んだが、社会型式転換は未だ真に完成する前の段階で、目下の中国社会が呈しているのは恐らく調和がとれていない“断裂”社会の様相であろう。このような調和のない状態はそれ自体が張力や矛盾をはらんでおり、そのため新生の中産階級は多くの面でさまざまな程度の二面性を見せることになった。ライフスタイルや地位獲得の面では、消費を選択する中で近頃絶えず繰り返されているテーマが伝統的スタイルと近代的スタイル（東洋と西洋）の衝突であり、伝統と近代という圧力のもとでの潜在的テーマは文化重視（“品味”区分）か経済重視（経済区分）かという二種の社会的地位の間の圧力、すなわちある人間の階級的位置または相関的地位を決定するときに伝統的スタイルに従って文化を重視するか、それとも経済的基準を重視するかということである。このような理由で、中国の中産階級の「ブランド消費」または「地位消費」は、恐らくアメリカの中産階級のように前衛的ではなく、内在的な理性を備えたものだろう。中国の中産階級は、一面では苦難と成長期の貧困を経験しているために「素晴らしい生活」に誘惑されやすく、積極的な享楽主義や物質主義的な消費傾向を見せている。また別の一面では、彼らは所詮第一世代であり、消費では一定の共通性を見せながらも、未だ統一的な消費モデルや消費理念を形成してはいない。つまり、彼らはP. ブルデューが描いたフランス中産階級やH．J．ガンズが述べたアメリカ中産階級のような成熟した“品味”、及びそれを基に開花した“品味文化”を未だ持ってはいない。“超前消費”［経済力を超えた消費］はすでに程度は異なれ家庭生活に現れてはいるが、そのような“超前消費”もやはり自身で責任の負える範囲内であり、むやみな競争的行為ではない。社会全体が絶え間なく「消費社会」に進んでいく中で、中産階級の消費は社会全体の発展の原動力とも鍵ともなっていくだろう。筆者らの研究によると、新中産階級の消費は今のところ型式転換期の社会に共通する二面性、例えば伝統と近代・倹約と贅沢・実用と“品味”・雅と俗・理性と感性等が共存する状態を呈している。だがこのような二面性は、今後の発展の中で消費動向に関わる主要な問題になるであろう。中産階級が理論家の懸念するような「消費社会」中の消費の異化、例えば浪費・理性的消費から感性的消費への移行・誇示的消費等に直面するのか、彼らの消費理念や消費モデルがどのような方向に発展するのか等の問題は、今なお明確にできないが、明らかに関心を持つに値する問題である。なぜならば、それが今後の中産階級の社会における存在や発展の方向に影響を与えるからだ。

中国の中産階級の政治参加も、恐らく先進国とは異なる姿かたちを見せるであろう。これについては、社会型式転換期の韓国の中産階級の政治参加の情況にわずかに先例が見られる。韓国を代表とする“後発国家”の中産階級のもう一つの特徴——政治参加——は、ミルズの説く「政治的後衛」を超えた別の特徴を見せている。ミルズが憂慮したアメリカ新中産階級の政治に対する消極性や保守性と比べると、韓国の中産階級は1960～90年代の三十余年にわたり、特有の情熱を持って各時期の政治活動に参加してきた。多くの証拠が物語るように、彼らはその三十余年に韓国国民が民主と自由を勝ち取った政治の民主化の過程で重要な役割を演じ、軽視できない政治パワーとなった。[53] だが同時に、韓国の中産階級の政治参加に見られる二面性も軽視してはならない。そのような二面性は、一方ではミルズが断言した証拠であり、同時にまた、それを一定程度超越したものでもある。[54] 確かなことは、韓国の中産階級の政治参加が、歴史上の発展時期や社会文化的背景が異なる状況下での、中産階級の別のスタイルであることだ。中国の中産階級の今の政治的態度について見ると、政治的後衛という面がより多分に現れていると研究で明らかにされている。[55] だが、近頃発生した公民の選挙活動への単独参加に関する一部の報道では、中産階級が積極的な参加意識を見せていた。[56] 同時に、個人の権益が損害を被ったことで発生したコミュニティーの権利擁護式の公共活動からは、中産階級の集団参加という新たな可能性もうかがわれた。[57] これは中産階級の政治参加の別の一面を表しているのであろう。当然ながら、これらだけを依拠に中産階級が中国の民主における将来の希望になると断言するのは時期尚早であろうが、注目に値することではある。

中国の中産階級の誕生・成長及びその特徴の研究から分かったように、近代化の道のりや社会型式転換のモデルの違いで、二種類の中産階級が形成された。一種は“先発・内源式近代化”のもとで、漸進的な社会型式転換中に誕生した中産階級、すなわちアメリカを代表とする資本主義先進国の中産階級である。このタイプの中産階級には誕生・成長そして変化に一定の順序とロジックがあり、そのモデルはすでに広く研究されて、ほぼ型が定まっている。もう一種は“後発・外源式近代化”のもとで、急変的な社会型式転換中に誕生した中産階級である。中国はまさにその典型であり、そのほかの後発近代化国家（例えば東アジア諸国）もこのモデルを（さまざまな程度の変異はありうるが）踏襲しているであろう。後者には、突然誕生したことによる特質や複雑性、それに加えてまだ明らかでない部分があるため、それらが今後の研究で関心を集めるところとなるであろう。

二、中産階級の将来の発展への展望

中産階級の発展方向についての分析中で、レンスキは旧中産階級の衰退は必然であり、「将来を展望すると、この階級の前途は必ずしも輝かしいものではなく、この階級のここまでの衰退を招いたパワーにはいかなる弱小化の兆しも現れていない。いつか、比較的先進的な国家でも、経営者階級は経済分野では相当程度周縁部や隙間にまで後退していくだろう。その結果、彼らの多くが特に大きな権力も特権も持たなくなる。実際に、彼らは職員階級あるいは労働者階級の上層と区分することが難しいところまで後退する可能性がある。この階級の成員の現有の権力や影響力は、恐らく彼らの管理者階級のものになるだろう」としている。(58) 中国の目下の形勢から見ると、近い将来には依然として新・旧中産階級が同時に成長して共存する現象が見られるであろうが、現代社会の発展と変化の趨勢からして、明らかに新中産階級にはより良い前途が開けていくはずであり、さらに社会がD.ベルの言う「ポスト工業社会」に転換していくにつれ、新中産階級が優位に立つのは時間の問題である。なぜなら、「現代工業社会では、権力や特権のために繰り広げられる終わりのない闘争の中で、管理者階級より急速に上昇し得る集団は見当たらない。我々の分析がすでに明らかにしているように、この階級は有産階級・経営者階級や政治家階級を犠牲にした基礎の上に極めて大きな上昇を果たした。その上、将来において、彼らはそれらの階級の犠牲を代価に、更なる上昇を実現すると考えるに十分な理由がある」(59) からである。このような趨勢はほぼ西洋先進国の中産階級の歴史の真実をとらえたものであり、目下の中国の発展情況について言うと、同様の情況が非常に明らかというわけではないだろうが、政府の管理機構の継続的拡大や、科層化・集団化した大企業の発展に伴って、新中産階級が継続的な成長を遂げるのは時間の問題だ。この意味から言うと、新中産階級により良い未来が開けることにさして大きな問題はないはずだが、中産階級の将来がいかなるものか、これについては現段階では未だ不確実性が大きい。なぜならば、西洋先進国の中産階級であれ東アジアの新興中産階級であれ、事実上その発展は完全に自主的なものではなく、前者は市場経済の制約をより多分に受けているし、後者には国が強力に関与した形跡が明らかであるからだ。中国の中産階級の発展について言うと、その双方の影響が依然長期にわたって存在し、さらに中産階級の将来の発展の行方をも左右している。

中国の改革は全体的に国家主導型の経済ならびに政治体制改革に属し、政府の政策決定と先導が社会の型式転換や階層分化に大きな役割を果たしている上、その政策決定と先導は今後も中産階級の発展に絶えず影響を与え続けるであろう。中国の中産階級のこれまで二十余年の変化の道筋からは、時代の変遷と国家の先導の跡が深く刻まれていることがうかがえる。改革開放初期には、国の政策変更により、まず零細商人や零細企業主を中心とする旧中産階級が現れた。90年代中・後期になると、国有企業で大胆な改革や調整が進み、それら「擬似中産階級」に苦難や衰退の局面が現れた。そして92年以降、改革の広がりや深化により都市職業者層が相継いでその利益を得て、そうした基礎の上に、都市中産階級がようやくおおよその形を成したのである。≪七一講話≫〔中国共産党トップが建党記念日の7月1日に発表する講話〕及び中国共産党第十六回全国代表大会の報告では社会階層分化と中レベル所得者が認可を得て、それにより中産階級は発展の大きな好機を迎えた。社会構造の緩衝帯・中間層として、中産階級の社会的役割は目下すでに社会の広範な認可を得ているが、それは実際上、長年にわたって中産階級に関わる問題であったイデオロギー的障害がなくなったということであり、これが中産階級の成長に得難いプラスの意義を持つことは信じてよい。しかし、これだけではまだ不足がある。現在中産階級の人数は増加しているものの、中国では農民が依然全人口の大多数を占め、社会の貧富の格差が拡大しつつある。中産階級の成長は政府の経済政策や社会政策、とりわけ税収政策の社会収入再分配に対する調整に依存しており、貧困人口が減少を続ける情況が生じない限り、中産階級の拡大は可能ではない。

中産階級の誕生は経済発展の副産物であり、したがって、誕生後の成長の過程では、経済の盛衰により中産階級も浮き沈みを共にする。新華社の報道によると、中国社会科学院の測定基準に基づけば、家庭資産が 15 ～ 30 万元の間が「中産階級」であると見なせるようだ。最終的に、中国の中レベル所得層の人数は総人口 13 億人の 19％前後と推測される。さらに、中国の中レベル所得層は現在毎年 1 ％ずつ増加を続けており、1999 年にその割合は 15％であったが、2003 年には 19％に達した。予測では、2020 年までに 40％前後に達する見込みである。[60] この予測の前提が現在の経済発展の速度を基にしていることは疑いない。すなわち、経済の高度安定成長がこの予測の基本的前提である。事実としては、この予測は一種の可能性を提供しているに過ぎない。アメリカの第二次世界大戦後の経済発展の「20 年の繁栄」は新中産階級が急速に成長した原因であったが、70 年代中期の経済危機が招いた経済落ち込みもまた、新中産階級が激減した要因の一つであった。グローバル化の過程が加速して進行するとともに、中産階級が絶えず拡大するという断言も、うわべだけの現象になるかもしれない。なぜならアメリカでは、「……市場の有力者以外の誰もが、ひどく害を被っている。貿易が下層の仕事を奪い去り、科学技術が中層の仕事を引き継ぎ、そのような仕事に以前従事していた人はわずかに残る低収入の仕事を争奪するため、元の労働者層と激しく闘う。それゆえサラリーマン層の中間値はどんどん低下し、貧富の格差が拡大している。富める者と貧しい者が以前より増えたことは、中間層がすでに減少していることを表す。一言でいうと、以前は絶えず拡大していた中産階級がすでに増加しなくなり、減少に転じ始めたのである。」[61] そのほかの先進国、例えばフランスやイギリスにも類似した情況が存在する。したがって、経済発展は将来の中国の都市中産階級にとって重要な変数である。同様に、経済発展と共に存在するものに経済構造の型式転換の問題があり、経済構造の転換が招く社会の職業構造の入れ替わりは、同様に新中産階級成長の鍵になる。だが目前の情況から見て、経済発展の速度及び経済構造の転換についての予測には大きな不確実性があるため、それらの予測もおのずと現実のものとなるはずはない。

インドの中産階級の発展についての研究で、ヴァルマは「中産階級の態度や選択を形作る中で極めて重要な意義を持つ要素は、中産階級と西洋が双方向に作用しあうスタイルである。西洋の影響という強力な存在については疑いの余地がない」[62] としている。事実上、これは“後発展国家”が近代化の過程で西洋の影響を受けた一つの特例にすぎないが、中国の中産階級にとっても、それは同様に存在する現実であった。中国の新中産階級の“外源”的部分（三資企業で働く中産階級を指す）は直接それに喚起されて生まれたものであり、さらに重要なのは、近代化の程度が比較的高い層として、新中産階級の自己認識・消費理念・生活スタイル等がいずれも西洋の大きな影響を受けていることだ。中国の中産階級の誕生にはもとより中国社会の特異性があるものの、西洋のライフスタイル・価値観等の影響は明らかで、容易に見出せる。同様に、今後の中産階級の発展の中でも、これはやはり重視すべき要素である。

中産階級の将来について予測をすることは、複雑で変動的要素が多いために、軽率であるとのそしりを免れないだろう。確かであるのは、中産階級が今後絶えず成長し拡大していくことだが、果たしてこの層がパワーのある勢力になれるか否かは、現在まだ肯定することが難しい。中産階級が将来の社会構造の変化と経済盛衰のバロメーターになることに疑いはないが、それがいったいどのような結果を映すのか、現在では未知の謎である。中産階級の将来は変数と不確実性に満ちて、未だ明らかではないが、その将来の姿が明るいものであれ暗いものであれ、現代社会に重大な影響があることは極めて確実である。

三、新中産階級の内在的焦慮：大衆かエリートか

これまでに、中産階級の社会型式転換中の変化は国家の長期的発展と歩調を一にすることが理解できた。だが、その内在的世界に注意を払うことも同様に必要である。「この変化に向かった背景が重要である。なぜならば、まさに大衆の観点に身を置いてこそ、我々はあの身なりの整った中産階級が現代や理性の実体であると自認するその表象を超え、分散された強大な伝統的遺産、及びそれが現代社会と調和することなく接触している証拠を見出せるからである。」[63] 事実上、目下の中産階級に関する理解は、主に二方面からなっている。一方は資本主義先進国の中産階級に関する印象で、すなわち中産階級は常にスタイルや“品味”を追求する人々と見なされ、羨望される教育レベルや職業を持ち、衣食に心配がなく、生活条件がよい消費の前衛であるという理解である。もう一方は現在各種の新聞・雑誌で頻繁に宣伝されている印象で、中産階級は「ホワイトカラー」「若い世代」「高学歴」「高所得」「多量消費」「高“品味”」等の言葉とつながっている。これら二方面の明確とは言えない印象のせいで、人々は中産階級の耳目を集める社会的特徴に注意はしつつも、その内在的世界や感覚については往々にしてあまり関心を持たず、彼らの生活の別の側面には気が付かなかった。

B.エレンリッヒは≪墜落的恐惧——中産階級的内心生活≫という書中で新中産階級のもうひとつの存在スタイルを活写しているが、そのスタイルは中産階級の光り輝く外見とは一致しない一面である。社会の中間層に位置する職業型中産階級には、社会構造中の特殊な位置によって、一種自然な、共通する二面性が存在する。エレンリッヒによれば、一面では、ある意味で職業型中産階級は当然エリートで、貧困者や労働者と比べればそれは間違いのないことであるので、それが彼らの自尊心と自信を喚起している。だが社会構造の中では、階級の違いが金銭面だけでなく、権威・影響力・権力の面でも存在する。社会経済・政治分野のエリートと比べれば、「職業型中産階級はただ一中産階級であるに過ぎず、絶対的な富や権力を持ったエリートの下に位置する。彼らの唯一の資本は知識・技能、あるいはその知識や技能を証明する卒業証書や証明書である。」[64] さらに高い社会的地位を得るために、彼らは絶えず自分を向上させなければならない。彼らは下層から見れば何の憂慮もないはずだが、事実は決してそうではなく、彼らは社会で最も抱負や壮志を持つ層であり、また社会で最も安全感・帰属感や自信を持たない層でもある。彼らが真に社会の上層に身を置かない限り、そのような内在的焦慮のはけ口はない。それゆえ、「これがエリート層だとするならば、不安でひどい焦慮をも抱えたエリート層である。最も安全で豊かな階級より下位にいるすべての人々と同じように、不幸にして起こる地位の低下や失墜を恐れている。だが中産階級内部には、また別の焦慮もある。それは内心が虚弱であるという恐れ、徐々に軟弱になっていく恐れ、自ら進んでいけない、自律した意志がない恐れである。たとえこれらすべてが、通常その目標に向かう努力から生まれる感情であっても、やはり一種の脅威になる。なぜならそれは、享楽主義や放縦の可能性を有しているからである。中産階級は比較的少ない分野を軽視しても、あるいはより多い分野を重視しても、常に一種の恐れ——失墜の恐れを抱いている。」[65] 大衆とエリートの狭間で、中産階級は高度な衝突回避の選択を行っている。こうなると、心理的二面性という角度から中産階級の内的世界をとらえることが可能である。一面では、世俗社会に身を置いて大衆と似たような生活を送っている。別の一面では、文化資本の優位性から自分を高く評価して、自らが到達すべきであると自認する地位を絶えず志向している。事実、韓国の中産階級には多分に上層階級に向かう傾向が見られ、比較すればアメリカの中産階級はより大衆に近いが、これは実際にはその二面性が異なる場景で具体的に現れているに過ぎない。

中産階級の消費世界で目にするのは、それと同じようなロジックである。一面では、中産階級は生存に必要な基本消費に悩むことなく、よりハイレベルな享楽的消費を追求する能力があるが、そのような物質的・精神的享楽にはどうしても限りがあり、中産階級の消費上の理性はその能力の及ぶ範囲で享楽を選択しているだけである。そのような享楽が将来の発展に影響を与えるならば、彼らはその消費を抑えるだろう。また一面では、中産階級自身の向上及び子女の教育に対する投入は、その発展性消費そのものに「投資」的性格を持たせている。そのような投資の見返りがどれほどかは不明であり、その消費あるいは投資そのものもリスクに満ちている。社会全体から言えば、中産階級は疑いなくプレッシャーが最も大きい層であり、辛い労働の背後にあるのは、実のところ個人的な消費や享楽のみを満足させるという目的ではなく、より重要なのは彼らの地位と関わる自己価値を肯定するという目的である。ひいては一部の記号的消費、またはいわゆる「誇示的消費」についても、そこに答えが見つかっている。

恐らくそのような内在的焦慮ゆえに、中産階級はより多くのプレッシャーをその身に背負い、また恐らくそのような内在的焦慮ゆえに、彼らは社会の階段を昇っていくという強い願望に掻き立てられるのだろう。社会構造や社会型式の転換期に、彼らはより多分にその時代のプレッシャーを受けるべく運命づけられていた。この面では、中国の現代の新中産階級の経歴は、韓国を典型とする東アジアの新興中産階級により似通っている。韓国の両班(ヤンバン)貴族の後裔は社会型式転換が提供したチャンスを前にして、栄光ある生活を再び築くため、己を曲げて関係者に援助を求め、経済基盤を強化しなければならなかった。それと同時に、変革期に一夜にしてにわか成金になった“新貴們”(New riches)も、その「誇示的消費」が社会的同意を得られないため、文化資本を求めざるを得なかった。(66) 実際に、目下中国の中産階級の生活上のプレッシャーは、主に経済資本と文化資本の双方を得たいという二重の願望と要求に起因している。豪華で贅沢な生活を送ることは難しくないし、高尚なスタイルの生活を送ることも難しくない。難しいのは双方を兼備することだ。一面で、彼らは平静で質実な生活をよしとしながら、また一面では、同時に社会のエリートの栄えある生活に捨てがたい羨望と追求心を抱いている。文化資本について言えば、中国の現代の新興中産階級は多分に自らを社会のエリートだと見ている。だが経済資本について言えば、彼らはときに真に自信を持ってエリートと称することが難しく、多くの情況では社会一般大衆の縮図であるに過ぎない。そうしたことが、中産階級が将来発展するなかでも、内心では世俗的と見なす物質経済に、依然として相対的に大きな欲求を持つように決定づけている。大衆とエリートの狭間で、文化的欲求と経済的欲求のあいだで、都市中産階級はその他の階層に比べていらだちや不安をより強く感じる定めにあり、また社会型式転換期の多くの心理的衝突に耐える定めにある。このような意味で、中国の都市中産階級はすでにこの時代と社会に存在するあまたの心の病の症状を呈しているし、これからもそうであろう。彼らは近代化の過程における物質的受益者であるが、また同時にこうした物質面の進歩や享楽のために、相応の精神的代価を支払わざるを得なかったのである。

四、都市コミュニティー住民の権利擁護：中産階級の社会参加

中国における政治参加の研究の中で、ある一時期、中産階級の政治に対する関心の薄れが懸念されたことがあった。中産階級の社会参加の程度が高くなく、熱意が不足していれば、政治の近代化の過程に影響を及ぼすであろう。だが事実が証明するように、このような懸念は一定の道理はあっても、中産階級の社会参加の具体的情況を真に理解してのものではなかった。中産階級は政治参加の面では積極的傍観者であり、自身に脅威とならない情況では、社会参加のためであれ自らの利益保護のためであれ、選択した上でやはり社会活動に参加している。こうした矛盾や慎重な心理状態は、最近中国の中産階級を対象にして実施された比較的大規模な調査の結果から見出されたものである。南京大学社会学部が2003年に北京・上海・広州・南京・武漢の五大都市において実施したランダムサンプリングによる電話聴き取り調査の結果によると、①中産階級は非中産階級に比べて多くの社会団体に参加しており、公民の好ましい政治参加の方法は直接参加または政治団体への参加であると考えている／②それと同時に、彼らは政治改革中の「公民の私有財産が侵害を受けないよう保証する」という項目に比較的強い関心を持っている／③その上、彼らは社会の選挙・管理への参加についてはさらに自発的で、ネットを利用して関連する討論に参加する際も非常に積極的である／④目下の公民の政治参加をめぐる主要な問題に言及したとき、彼らが「参加は役に立っていない」と答えた割合は高く、改革関連の動きでは「掘り下げた報道を増やし、世論の監督機能を強化する」ことに希望を寄せている。これらの結果が表しているように、彼らの社会参加行動には限りがあるが、冷ややかで距離を置くようなポーズの奥には、依然機会を待って行動しようという熱意が潜んでいる。

この調査結果の反映しているものが中産階級の社会参加の態度と考え方に過ぎないと見るに留まるのであれば、近年絶えず増加を続けている都市コミュニティーの権利擁護活動は、彼らが社会参加の表舞台に登場し始めた実際的行動

であろう。公民が個人の身分で独立した立候補者としてコミュニティーの選挙に参加した、その最も早い例を代表するのは深圳の王亮であり、そのような方式は以降「深圳モデル」と称された。その後「北京現象」と称された2003年の北京区県境界改変選挙では、私有財産権利擁護者を代表する聶海亮及び公共分野への積極的参加勢力を代表する許志安が当選を果たし、人々の民主の要求には堅実な現実的基盤があり、以前のような中身のない激情ではないことを明らかにした（「深圳競選風雲」:『南方周末』2003年6月5日A3版、「北京現象的政治経済学解」:『南方周末』2003年12月18日A4版）。それと同時に、コミュニティーの権利擁護式の集団参加活動も相次いで出現し始め、一定の影響を生み出すようになった。これらの活動の参加者は、ほぼ都市中産階級である。2003年は都市中産階級の社会参加の象徴的な転換点になった。都市計画が招いた公共管理とコミュニティーの対立が原因で、のちにこの種の活動の典型とされた番禺麗江花園と深圳豊澤湖山庄の“業主”［これ以降、第四節中の“業主”とは自宅用の不動産所有者を指す］権利擁護活動を引き起こし、これが大きな社会的反響を呼んだのである（「一個明星社区的利益博弈」:『南方周末』2003年12月18日A4版［左の新聞名・年月日は誤りか］、『南方周末』2003年6月5日1－2版、「豊澤湖事件:挑戦制度設計」:『南方都市報』2003年12月22日を参照）。

しかしながら、これも都市コミュニティーの権利擁護活動の始まりに過ぎなかった。この前後、深圳市宝安区瀅水山庄業主の自主的行動は本格化して、単純な利益要求からコミュニティー管理の権力要求に主張を変え、外部の政府や社会にまで余波を及ぼす行動になっていった。北京や上海の業主権利擁護活動についての考察・研究では、不動産や物業管理の分野においてはデベロッパーや住宅設備管理会社を主体とし、住宅管理小区辦事処・地方裁判所・街道辦事処等の機関を含む利益分配の性質を持つ不動産商利益集団がすでに形成されており、その集団との対立が、まさにコミュニティーの業主の権利擁護活動が発生した主な原因であったことが分かった。権利擁護活動を進める中で、都市中産階級は自身の利益を保護するために理性的な組織的集団行動を始め、活動の中心人物や積極派の指導・業主委員会の設立・業主委員会への効果的動員・適当な策略・業主の豊富な資源等の要素を利用して、その活動をさらに規範的で成熟したものとした。これらの権利擁護活動中で、都市中産階級はトラブルメーカーではなく理性的な行動者であり、彼らの活動参加は調和社会の進展を促進するもので、悪い影響を及ぼすものではなかった。なぜならば、第一に根本的な傾向から言って、中産階級は改革開放と社会発展の受益者であり、現存の社会制度及び秩序の支持者でもあって、混乱や集団的衝突には反対する者であるからだ。第二に、中産階級の権利擁護活動はある意味では利益擁護式の活動に過ぎず、その基本的出発点は自らの合法的権益を保護するためであり、勝ち取るためであるからだ。第三に、彼らの行動は基本的に理性的、かつ秩序があるという前提で実行され、組織的行動の中で法をもって争い、かつ積極的な結び付きを求めるものであるからだ。それゆえ、合理的に対処するという前提のもとでは、公共管理や社会秩序に悪い影響を生み出す可能性はなかった。

したがって、そのような行動が調和社会の構築に果たす積極的意義に目を向けるべきである。中産階級の多数には、良い教育を受けたという背景がある。教育は、思想がより豊かで理性に富み、科学的・民主的意識を持った現代の公民を育成した。彼らの参加は人々の民主的意識と活動参加の高まりを促し、それは中国が目下推進しつつある政治の近代化・民主化と法制化の過程に大いに有益であろう。社会参加の活動において、中産階級による自己の利益を勝ち取るための積極的社会参加は、都市コミュニティーの公共管理のレベルの引き上げを大きく促進し、政府の能力の絶え間ない向上や転換を推し進めるだろう。さらに重要なのは、コミュニティーの権利擁護活動の中で、中産階級を主とする業主がデベロッパー・不動産商・物業管理会社等の強い勢力を持つ集団との抗争や利益争奪に際し、それらの利益追求集団の拡張を抑えれば、彼らは社会の利益の均衡を保つ重要なパワーになることである。調和社会は自由で開放的、寛容で民主的な社会であり、中産階級の社会参加はそのような社会の追求を積極的に体現している。逆に、中産階級の沈黙や無関心は社会の雰囲気を沈滞させるだけで、調和社会の構築には不利であろう。

このような状況に基づけば、中産階級の社会参加活動を積極的に指導かつ規範化していくことは、非常に重要である。中産階級が社会の調和の「安定器」になる前提は、中産階級と国家の社会管理体制にスムーズに結び付くメカニズムがあることで、それがあれば、中産階級の価値観・行動の傾向及び彼らの利益が社会管理体制の中で積極的に表現され得る。そうなって初めて中産階級が社会の公共事務に参加する積極性が喚起されるのであり、それによって、現在のところ主に彼ら自身の利益に基づいている中産階級の活動が、積極的かつ効果的な社会参加活動に導かれていくことだろう。

第五節 中産階級発展の中で解決すべき苦境

中国の中産階級は社会参加の中で調和社会を支える積極的なパワーになる潜在力をすでに明らかにしているが、目下の情況では、この社会的パワーの将来の発展に影響と制約を及ぼす要素が依然として多い。

まず、中産階級が成長するための社会環境に不安定性がある。孫立平は現在の中国の社会型式転換と近代化の過程の分析で、懸念される問題を多数指摘した。孫立平は、私たちが今まさに“断裂”に向かおうとする社会に直面していると見ている。“断裂社会”とは、社会が二つに引き裂かれているだけでなく、多数の部分に引き裂かれており、その上その多数の部分から構成される社会が多元社会ではない状態を意味する。多元社会では、社会構造の分化が深刻で各種の社会的パワーが共存し、異なる価値観が相互に対立する場合があっても、それらの異なる部分がほぼ同じ時代の発展レベルにあり、各部分が全体で一つの社会を形成し得る。しかし、断裂社会ではその異なる各部分がほとんど異なる時代の発展レベルにあり、全体で一つの社会を形成しようがない。すなわち、社会全体が断裂しているのである。断裂を招いた根源は、80 年代の資源配置拡散から 90 年代の再集積に至る趨勢の転換である。確実であるのは、このような断裂社会は将来の中産階級の成長に不利であることだ。断裂社会は恐らく、中産階級の将来を変数に満ちたものにするであろう。断裂社会の中で中産階級はいかに発展するか、それが将来の中産階級の研究において直面せざるを得ない重大な問題であることは疑いがない。(67)

次に、中産階級は絶えず成長を続け拡大してはいるが、この階層の人数やパワーには依然限りがあり、継続的成長に向けて克服しなければならないボトルネックが相変わらず多い。2004 年の研究で得られたデータでは、中産階級の規模にまだ極めて限りがあること、すなわち北京・上海・広州・南京・武漢の五大都市でも中産階級の割合はわずか 12％前後であり、ここ数年の進展からも明るい兆しは見られないことが明らかになった。憂慮されるのは、社会が絶え間なく発展を続けているため、中産階級という社会中間層の継続的成長を阻害する種々のボトルネックも、絶えずこの新階層に一定の戦いを挑んでいることである。例えば、①貧富の分化や収入格差はどんどん拡大し、その“馬太効応”［マタイ効果］が短期間に解決される可能性は今のところない／②三農問題という難題が農村人口の社会移動や農民の地位向上に影響を与えている／③制度の設置・導入や政策構成が、未だに都市化の過程や農民工の市民化の過程を制限している／④大学生及びそれ以上の学歴を持つ知識層の厳しい就業状況がずっと続き、彼らの「ホワイトカラーへの道」はいささか現実から乖離したものになっている等である。そして、社会階層には固定化の状態が現れて社会上層への移動の機会が減少すると同時に、より多くの中産階級が消費あるいは失業等の要素によって随時下層に引きずられていき、中産階級の増加傾向逆転、あるいはマイナス成長という事態の出現する可能性が大いにある。大・中都市の「房奴」[住宅の奴隷、すなわち高額の住宅ローン返済に苦しむ人々を意味する]はこのような苦境に陥った中産階級の姿である。

第三に、中産階級は社会的地位に対して敏感であり、それが彼らの地位をめぐる焦慮や生存へのプレッシャーを招いている。期待・消費レベル・プレッシャーがいずれも高い生活を送る中で、この階層の抱える不安全感は、恐らく彼らから自分を顧みる余裕を奪い去っているであろう。また、中産階級自体異質性が強く、相互の同一認識や親近感が高くない層であり、生活経験・価値観・社会態度等の面での大きな相違も恐らくこの層の組織性を弱めている。同時に、彼らには未だ安定した行動規範・社会的知識体系や価値認識が形作られておらず、これがまた、彼らの社会参加に安定性や長期目標が乏しい情況を招いている。これらはいずれも、将来中産階級の発展に影響を及ぼす重要な要素になり得るであろう。

第四に、中国における政治参加のルートやメカニズムは目下まだ完全に整ったスムーズな状態になってはいないため、中産階級の社会参加・コミュニティーの権利擁護活動にも必要な認識・理解・指導が不足している。この現状では、もともと比較的単純な社会権利擁護活動が対立・衝突という一極に向かい、不要なトラブルを引き起こすであろう。これは、政治の近代化や政治文明の向上を進めるにあたり、考慮すべき要素である。同時に、中産階級の生活上の焦慮や緊張を生み出す一部の分野や制度、例えば都市不動産市場・教育体制・医療体制等も彼らの生活に影響を与え、彼らの社会参加の積極性を低下させている。

最後に、やはり最も重要であるのは、目下の関連する制度・政策には中産階級の発展に不利な点が多数ある上、政策立案を通して意識的に社会階層の成長を調節していないため、農民層や労働者層がかつて直面した社会的剥奪に、中産階級が今まさに直面していることだ。この点はまさに、中産階級の成長が最近数年滞っている要因でもある。

確かに、中国の中産階級は依然として量的に少ない上、その成長発展の環境も十分に整っているとは言えず、安定して調和のとれた「中産社会」まではまだ道のりが長い。しかし、近代化の発展と社会階級構造変遷の趨勢から言うと、中産階級の成長発展と社会構造の調和は社会が発展するための普遍的法則である。中産階級は必然的に将来の社会で軽視できない主要な社会的パワーになるであろうが、彼らが時代の主役となるか、またはサイレント・マジョリティーになるか、それはこの階級の社会的影響力に関係するだけではなく、調和社会の理想追求と密接に関わっている。目下の現実について言うと、中産階級はすでに社会の変遷や調和社会の歩みに関係しているが、明らかなのは、この階級の役割とエネルギーがまだ徹底的に発揮されていないことである。中産階級が調和社会の構築においてさらに大きな成果を上げられるか否かは、中産階級自体に関わるだけでなく、この階級の発展空間や成長環境とも大変深く関わってくる。中産階級自体について言うと、主体を確立する以外に、積極的な政治参加や社会活動、さらに自覚的な社会的責任感や抱負を持つことが必要である。この階級の発展空間は、やはり安定した経済環境や寛容な政治環境を必要としているので、関連する制度の設置・導入や政策設計を絶えず進めて、中産階級の発展に有利な外部環境を創り出すことが必要である。そうしてこそ、調和社会を構築する中で中産階級の積極性が十分に発揮され、この社会調和の主要パワーを引き出すことができる。

社会人口に一定の割合を占める中産階級及びその社会的役割は、社会調和の必要条件であり、そして前提である。調和社会の構築において中産階級の役割とパワーを十分に発揮させること、そして調和社会の構築において中産階級が成長する環境を創り出すこと、この二つは相互に作用する一つの問題の両面である。この意味では、中産階級の発展と調和社会の構築を同等に重要なこととして捉え、計画を立てていくべきであろう。

*注

(1) 朱邦興・胡林閣・徐声編『上海産業與上海職工』1984 年 上海人民出版社 701 頁
(2) 連連「20 世紀前期上海中産階級的発展模式與群体特徴探討」/『浙江学刊』2004 年第 4 期。この論文中で筆者は、初期の上海の中産階級形成過程には西洋の中産階級とは異なる発生学的意義があり、それは新中産階級が旧中産階級に先んじたこと、また明らかな外生性を有することであるとする。
(3) "去階層化" については次の資料を参照のこと。Parish,William L, "Destratification in China", in Waston,J. (ed), Class and Social Stratification in Post-Revolution China, New York: Cambridge University Press, 1984. 孫立平も、この時期の社会は政治的身分・都市戸籍または農村戸籍という身分・職業的身分及び所有制身分により身分等級社会を構成していたが、階級社会ではないとしている。次の資料を参照のこと。孫立平「改革前後中国大陸国家・民間統治精英及民衆間互動関係的演変」/『中国社会科学季刊』1993 年春季号
(4) 李強は、「相対的意味から言うと、『公有制体制の受益者』として、当時の国有企業従業員は経済的地位から見ても社会的地位から見ても"類中産階級"と称することができる。"類中産階級"という語を用いるのは、国有企業従業員と一般的な意味における中間階層とは明らかな相違があるためである」としている(李強「関于中産階級和中間階層」/『中国人民大学学報』2001 年第 2 期 17 頁~20 頁)。
(5) 「再分配メカニズム」に関する討論は次の資料を参照のこと。Szelenyi, Ivan et al., "Social Inequalities in State Socialist Redistributive Economies: Dilemmas for Social Policy in Contemporary Socialist Societies of Eastern Europe", International Journal of Comparative Sociology, 1978,19:63-87
(6) 孫立平「国家與社会的結構分化――改革以来中国社会結構的変遷研究之一」/『社会科学季刊』(香港) 1992 年創刊号
(7) 李強「政治分層與社会分層」/『社会学研究』1997 年第 4 期
(8) 孫立平「"自由流動資源"與"自由流動空間"」/『探索』1993 年第 1 期 参照
(9) 李培林「另一支看不見的手:社会結構転型」/『中国社会科学』1992 年第 5 期、李培林「再論"另一支看不見的手"」/『社会学研究』1994 年第 1 期
(10) 周暁虹「中産階級:何以可能與何以可為」/『江蘇社会科学』2002 年第 6 期
(11) 李培林主編『中国新時期階級階層報告』1995 年 遼寧人民出版社 38 頁~39 頁
(12) 許海峰編著『你中産了嗎?』2003 年 経済日報出版社 86 頁~87 頁
(13) 中産階級と関連する流行語は「白領」、「金領」[ゴールドカラー]、「粉領」[ピンクカラー]、「小資」、「BOBO」等の概念や名詞を経てから「中産」となったが、その概念の内包及び外延は豊富かつ模糊としており、その出現・移動・変化の速さはいずれもその他の社会階層とは比較が難しく、流行に敏感な者も「分からないのではないが、ただこの世界は変化が速い」いう感嘆を漏らすほどである。
(14) 江沢民≪在慶祝中国共産党成立八十周年大会上的講話≫/江沢民『論三個代表』2001 年 北京中央文献出版社 169 頁
(15) 江沢民≪全面建設小康社会, 開創中国特色社会主義事業新局面――在中国共産党第十六次全国代表大会的報告≫/『人民日報』2002 年 11 月 18 日
(16) 陸学芸主編『当代中国社会階層研究報告』2002 年 社会科学文献出版社、張宛麗『中国中間階層研究報告』、李強「中国社会階層的新変化」/中国社会科学院社会学研究所編『2002 年:中国社会形勢分析與預測』2002 年 社会科学文献出版社、周暁虹『中産階級:何以可能與何以可為』(前掲)、鄭杭生「関于我国城市社会階層划分的幾個問題」/『人民日報』2002 年 2 月 9 日、呂大楽「上海白領」/『社会転型與文化変貌』2001 年 香港中文大学等を参照のこと。
(17) 聶運麟「社会的流動、分層與政治穏定」/『理論與現代化』2001 年第 9 期
(18) 陸学芸主編『当代中国社会階層研究報告』(前掲) 254 頁~256 頁
(19) 未来五年我国中産階級人口達両億」/『信息時報』2001 年 7 月 21 日
(20) 龍永図大胆預測:「中国中産階級十年内達四億」http://www.chubun.com/, 2201/12b/gb5/

page42-06.htm

(21) 南京での調査では、中産階級の十分な量のサンプルを得るため、以前の関連調査のサンプルのデータバンクを基礎として調査を実施しており、主に職業・住宅・収入等の条件が比較的優位にあった以前の調査対象者の一部の電話番号前後からサンプルを抽出したため、厳密には完全なランダムサンプリングであるとは言えないが、その他の都市の調査はいずれも完全なランダムサンプリングである。

(22) この研究に関する具体的な情況については、周暁虹主編『中国中産階層調査』2005年 中国社会科学文献出版社を参照のこと。

(23) この部分の内容は、王建平『当代中国中間階層消費行為研究』2007年 大百科全書出版社を参考のこと

(24) 肖文濤「中国中間階級層現状與未来発展」/『社会学研究』2001年第3期。肖文濤によると、比較的発達した都市と比較的未発達の農村が共存する中国の構造は、都市と農村両地域の中間階層の状況が余り一致しない事態を招いている。一般的に、都市中間階層の人数の割合は農村のそれより明らかに多く、発達地域の中間階層の人数の割合は比較的立ち遅れた地域のそれより明らかに多い。都市地域では、上海・北京・広州・深圳等の経済発展が比較的速い類似した大・中都市では、中間階層の成長速度が中・小都市より速い。農村地域では、東部沿海地域と経済発達地域は中間階層の成長速度が西部地域や経済未発達地域より速い。こうした情況は常識のようだが、具体的な検証はない。

(25) 中国に目下いったいどれ程の中産階級がいるのか?この問題は、中国に中産階級が存在するのかという先の問題に次いですでに人々の関心を集めるところになっているが、それぞれの見解により相違が大きい。この原因は主に具体的数量の多少の変化にあるのではなく、具体的な範囲確定基準の違いにある。ある人の説く3,000万人から比較的公認されている8,000余万人まで、さらには数億人が中産階級に足を掛けているという見解まで、それぞれに根拠がある。ここでその真偽を考証するつもりはないが、具体的な範囲確定基準に依らず中産階級の規模と数量を論じてもあまり意味がないことには疑いがない。アメリカ・イギリス・ロシア・インド・韓国等の情況から見て、範囲確定基準の高低で中産階級の数量には数倍の大きさの相違が生まれる。こうしたことも、基準の範囲確定が必要であることを物語っている。

(26) 洪大用等「中国城市中間階層的現状及其未来発展」/『中国人民大学学報』1998年第5期。このような社会経済的地位の指標が反映しているのは、一種の社会で存在する相対的位置であり、収入指標上は明らかに低い方に偏っている(収入最高ラインは家庭月収825元以上である)。当時の具体的情況を考慮に入れても、この基準には問題がないわけではない。それゆえここで言う中間層と、李春玲の研究及び本研究の対象には一定の食違いがあるはずで、そのため高い数値への偏りが見られる。

(27) http://www.southcn.com/news/china/china04/pandian/pdzhaiyao/200212200592.htm
今現在、家庭資産のみを範囲確定基準とすることは、実際には一般的ではない。それは、第一にそこでは獲得方式の問題を考慮していないので、新・旧中産階級の区分が不明確であるため、第二に財産自体が決して安定的要素ではないためである。

(28) 李春玲「中国当代中産階層的構成及比例」/『中国人口科学』2003年第6期。注意すべき点は李春玲の研究対象が都市・農村住民を含む全国範囲でサンプリングしたものであり、その結論は一定の程度において信頼性があるが、それと本研究で得られた結果とは矛盾しない。その理由は第一に、中国の都市・農村の差異から見て中産階級中で都市中産階級の占める割合が比較的大きいことは明らかであり、全国的範囲では中産階級の規模がまだ小さい場合、都市だけについて言うと、研究で得られた中産階級の規模には信頼性があるはずであり、そこから中国の都市中産階級はすでに大体の形ができ上がったとすることに問題はないはずである。第二に、李春玲の採取データは職業・収入・消費・自認意識という4項の総合指標であり、この点が本研究と異なっている。目下の都市住民の中産階級という概念についての理解情況について言うと、それを一つの基準とすることはあまり適切ではないし、目下の都市住民の消費状況の相違から見て、消費を一つの階層分類の基準とすることが適切か否かも具体的情況を見て決めるべきであると考える。

(29) 収入で中産階級の範囲を確定することは、しばしば大きな議論を呼んでいる。ここでの基準は『中国統

計年鑑』（2003 年）の収入関連の状況を参考にしつつ具体的な調査経験から定めたものである。関連するその他一部の中等収入階層に関する住民収入基準は、実際にはいささか高いようであり、この点はこの調査の家庭収入状況からうかがうことができる。当然、「心理の二重性」（李強）の影響により、収入についてのいかなる調査もその結果を100％信頼することは難しい。収入が 15,000 元以上の家庭は極めて少なかったため、ここではその層も収入型中産階級に含めた。それが結果にさほど大きな影響を及ぼすことはないであろう。研究上の便宜から、この調査は各都市個別の収入区分基準は設けなかった。一部の都市について言うと、一家庭の月収 5,000 元は低すぎる嫌いがあるかもしれないが、これは各都市でほぼ受け入れられる数字であり、さらに異なるレベルの中産階級をカバーすることもできる。社会科学院の調査では、個人平均年収及び財産額 25,000 元～ 35,000 元、平均年収 50,000 元～ 70,000 元の核家族を区分基準としているが、それと比較すれば、この調査で対象とした都市とその発展情況を見ると、基準はいささか高い。

(30) 消費で中産階級の範囲を確定することは、同様に相対的に言って複雑かつ込み入った問題であり、ここでは初歩的な試みとして採用したに過ぎない。『中国統計年鑑』（2003 年）の都市住民消費状況を参考にした基礎の上に、具体的調査及び調査結果中の消費の実情に基づいているので、この基準は相対的に見て合理的である。収入と同様の情況であるのは、各都市の具体的消費状況に基づき加重平均して具体的基準を確定してはいない点である。ここでの家庭消費月額とは正常な情況下での家庭の消費状況であり、特殊な情況は含まない。説明しておくべきは、家庭の住宅供給・車供給の消費を計算に入れていないことである。

(31) S．バウアー（周廷勇訳）「缺失：中産階級教育社会学」／『国外社会学』2003 年第 4 ～ 5 期

(32) 中産階級の範囲確定の際、教育という基準は具体的状況で常に変化する。例えば、韓国社会発展研究院が 90 年代に範囲を決めた中産階級の成長率の基準は高校文化レベルであったが、同時期にアメリカが決めた基準は大学院教育を受けたことであった。中国の現状から言うと、大学教育はエリート対象であったものが絶えず大衆化に向かい、都市住民の教育レベルも大きな向上を見せ、加えて人々の注目を集める新中産階級が存在する。それゆえ目下の情況から言うと、大学及び大学程度の専門学校卒以上を中産階級区分の基準とすることが比較的合理的であり、他の一部の関連研究においても、採用しているのはこの基準である。

(33) ここでの住宅という基準は相対的基準に過ぎないが、調査を実施した五大都市では 80 平米以上の住宅が家庭資産の重要な要素になっていた。住宅をどのように購入したにしろ、これは都市住民にとって生活の重要な一部である。当然、ここでは住宅の差異を映す一基準に過ぎないが、中産階級の範囲確定にあたっては、一般的に住宅は必要な基準である。だが、区分基準には通常入れることがない。

(34) 李強「市場転型與中国中産階級的代際更替」／『戦略與管理』1999 年第 3 期。李強は、改革開放までの中国の国営企業従業員・政府管理職等は「類中産階級」と称してよいと見ている。これらの類中産階級は改革開放後の市場参加が比較的遅く、さらにその後ともに企業改革や政府機構改革を経験して、多数がかつての優位な立場を失った。こうして彼らはかつての職業上の優位を残してはいるが、その他の面での優位は新興の新中産階級、例えばホワイトカラー等に取って替わられた。それゆえ、中産階級の若年化はまさに中産階級が改革の絶え間ない発展や変遷に付き従ってきたことの反映である。

(35) 公民の市場参加の段階と中国の中産階級誕生に関する特徴は、李強『転型時期中国社会的分層結構』2002 年 黒竜江人民出版社（第三章：労働者参與市場経済的両个階段）を参照のこと。

(36) Gouldner,Alvin (1979) , The Future of Intellectuals and the Rise of the New Class. New York: Macmillan.

(37) 陸学芸・李春玲・洪大用等の研究中でこの方法が採用されている。これは一種の自己の社会的地位についての承認意識調査で、ちょうど前部で分析した中産階級区分における主観と客観の矛盾と同じように、解決が難しい問題である。中国の社会文化の中で長期にわたって継承されてきた中庸性ゆえに、この方法で得られた中産階級の自認意識の割合は相対的に高いが、実際には現状との食違いが大きいように思われる。

(38) 調査中に分かったことだが、都市住民の中産階級に対する認定は主に二方面の人々が対象になってい

る。一方は企業オーナー階層あるいは上級経営者層で、さらに経済エリートであるとする人々もいる。これは主に、長期にわたって社会階層化の中ですでに形成されていた社会階層及びその後の方向を踏襲したため、中産階級と小資産階級を結び付け、そのような社会集団意識の中で、中産階級中の中産を往々にして旧中産階級と一緒にしてしまったためであろう。もう一方は主にホワイトカラー階層であり、これは主としてメディアの宣伝作用によるものである。そして、この二方面の人々の自認意識はいずれも、目下の研究で範囲が確定されている現代の新中産階級　　職業型中産階級、すなわちミルズの説くホワイトカラーとは異なっている。

(39) 二種類の近代化のモデルの多くの相違は、すでに広く認められている。だが、これらの近代化のモデルが中産階級の形成にもたらした影響に関して言及している者はほとんどいない。後発外生型と先発内生型の近代化、及びそれらの相違点に関しては、謝立中『当代中国社会変遷導論』河北大学出版社 2000 年版、または羅栄渠『現代化新論』北京大学出版社 1998 年版 123 頁を参照のこと。

(40) Hsin-Huang Michael Hsiao: East Asia middle classes in comparative perspective, published by the Institute of Ethnology, Academic Sinica, Nankang, Taipei, Taiwan, 1999, P4 ~ 5

(41) Hsin-Huang Michael Hsiao, Discovery of the Middle Classes in East Asia. the Institute of Ethnology, Academic Sinica, Nankang, Taipei, Taiwan, 1993, P7 ~ 8

(42) 周暁虹『中産階級：何以可能與何以可為』（前掲）

(43) 肖文濤『中国中間階層的現状和未来』（前掲）

(44) 薛求和、諸葛輝「跨国公司與中国中間階層的形成與発育」/『管理世界』1999 年第 4 期

(45) 市場型式転換と中産階級の関係については、李強「市場転型與中国中間階層的代際更替」（前掲）を参照のこと。

(46) 肖文濤『中国中間階層的現状和未来』（前掲）

(47) 蕭灼基「未来 20 年哪些人最可能成為中産階級」http://finance.sina.com.cn/g/73314.html

(48) 周暁虹『中産階級：何以可能與何以可為』（前掲）

(49) 張宛麗「対現階段中国中間階層的初歩研究」/『江蘇社会科学』2002 年第 6 期

(50) 羅栄渠『現代化新論』（前掲）

(51) C.W. ミルズ『白領——美国的中産階級』84 頁～ 85 頁

(52) 陸学芸等『社会結構的変遷』1997 年 中国社会科学出版社 131 頁

(53) Hagen Koo: The Social and Political Character of The Korea Middle Class, Hsin-Huang Michael Hsiao, Discovery of the Middle Classes in East Asia. Published by the Institute of Ethnology, Academic Sinica, Nankang, Taipei, Taiwan, 1993, P63 ~ 64

(54) 王建平「韓国中産階級的政治参與：1960 ～ 1990 年代」/『二十一世紀』（香港）2004 年 2 月号

(55) 周暁虹『中産階級：何以可能與何以可為』（前掲）

(56) 公民が個人の身分で独立した立候補者としてコミュニティーの選挙に参加した最も早い例を代表するのは深圳の王亮であるが、そのような方式は以降「深圳モデル」と称された。その後「北京現象」と称された 2003 年の北京区県境界改変選挙では、私有財産権利擁護者を代表する聶海亮及び公共分野への積極的参加勢力を代表する許志安が当選を果たし、人々の民主の要求には堅実な現実的基礎があり、以前のような中身のない激情ではないことを示した。同時に、コミュニティー権利擁護式の集団参加活動も出現し始め、かつ一定の影響を生じ始めた。これらの活動の参加者は、ほぼ中等収入者である。「深圳競選風雲」：『南方周末』2003 年6月5日 A3 版、「北京現象的政治経済学解」：『南方周末』2003 年 12 月 18 日 A4 版を参照のこと。

(57) 集団参加コミュニティー権利擁護活動の典型である番禺麗江花園と深圳豊澤湖山庄の活動のありさまは、かつて大きな社会的反響を巻き起こした。『南方周末』2003 年 12 月 18 日 A4 版 [左の新聞名・年月日は誤りか]、「一個明星社区的利益博弈」：『南方周末』2003 年 6 月 5 日 1 − 2 版、「豊澤湖事件：挑戦制度設計」：『南方都市報』2003 年 12 月 22 日を参照のこと。

(58) G . E . レンスキ『権力與特権：社会分層的理論』364 頁

(59) G.E.レンスキ『権力與特権：社会分層的理論』366頁
(60) 社会科学院報告：経済的影響が日々強まり、中産階級が総人口の2割を占め、2020年には40%に達する。
(61) R.C.ロングワース『全球経済自由化的危機』2002年 生活・読書・新知三聯書店 115頁
(62) Pavan K.Varma, The Great Indian Middleclass, Penguin Books India (P) Ltd, 1998, P124
(63) 同上 P123
(64) Barbara Ehrenreich, Fear of falling: the inner life of the middle class. Published in the United States by Pantheon Books, 1989, P15
(65) 同上
(66) D.Potrzeba. Leet, In pursuit of status: the making of South Korea's "new" urban middle class. Harvard University Asia center, Cambridge (Massachusetts) and London, 1998, 224
(67) 孫立平『断裂：20世紀90年代以来的中国社会』2003年 社会科学文献出版社 1～19頁

主要参考文献

1．主要中国語文献

1. Ｅ.デュルケム『社会分工論』2000年 北京：生活・読書・新知三聯書店
2. Ｅ.デュルケム『社会学方法的規則』1999年 北京：華夏出版社
3. Ａ.ギデンズ（田禾訳）『現代性的後果』2000年 江蘇：訳林出版社
4. Ｐ.ファッセル『格調：社会等級與生活品味』1998年 北京：中国社会科学出版社
5. 柏楊『丑陋的中国人』1986年 広州：花城出版社
6. 辺燕傑主編『市場転型與社会分層——美国社会学者分析中国』2002年 北京：生活・読書・新知三聯書店
7. Ｃ.Ｗ.ミルズ『白領——美国的中産階級』1987年 浙江：浙江人民出版社
8. 常興華『共同富裕——全面建設小康中的収入差距』2004年 北京：中国水利水電出版社
9. 曹鳳『第五次高峰——当代中国的犯罪問題』1997年 北京：今日中国出版社
10. 程連昇『中国反失業政策研究』（1950～2000）2002年 北京：社会科学文献出版社
11. 蔡禾主編『失業者群体與失業保障』1998年 江西：江西人民出版社
12. 陳勤、李剛、斎佩芳『中国現代化史綱』（上下巻）1998年 広西：広西人民出版社
13. 陳来『人文主義的視界』1997年 広西：広西教育出版社
14. 『陳独秀選集』1990年 天津：天津人民出版社
15. Ｄ.Ｐ.ジョンソン『社会学理論』1988年 北京：国際文化出版公司
16. Ｄ.ギルバート、Ｊ.Ａ.カール『美国階級結構』1992年 北京：中国社会科学出版社
17. Ｄ.ブルックス『布波族：一個社会新階層的崛起』2002年 北京：中国対外翻訳出版公司
18. Ｄ.ポプナー（李強等訳）『社会学』（第十版）1999年 北京：中国人民大学出版社
19. 『鄧小平文選』第三巻　1993年 北京：人民出版社
20. Ｊ.Ｋ.フェアバンク、Ｅ.Ｏ.ライシャワー『中国：伝統與変遷』1996年 江蘇：江蘇人們出版社
21. 傅治平『和諧社会導論』2005年 北京：人民出版社
22. 費孝通『郷土中国　生育制度』1998年 北京：北京大学出版社
23. 費孝通『江村経済』1985年 江蘇：江蘇人民出版社
24. 費孝通『論紳士』／費孝通・呉晗等『皇権與紳権』1948年 上海：上海観察社
25. Ｇ.Ｅ.レンスキ『権力與特権：社会分層的理論』1988年 浙江：浙江人民出版社
26. Henri Mandras『農民的終結』2005年 北京：社会科学文献出版社
27. フィリップC.C.ホアン『華北的小農経済與社会変遷』2000年 北京：中華書局
28. フィリップC.C.ホアン『長江三角洲小農家庭與郷村発展』2000年 北京：中華書局
29. 何清漣『現代化的陥穽——当代中国的経済社会問題』1997年 北京：今日中国出版社
30. 胡福明主編『中国現代化的歴史進程』1994年 安徽：安徽人民出版社
31. Ｇ.ロズマン主編『中国的現代化』1998年 江蘇・江蘇人民出版社
32. 姜訳華、呉根梁、馬学新編『港台及海外学者論伝統文化與現代化』1988年 重慶：重慶出版社
33. 金耀基『中国社会與文化』1992年 香港：牛津大学出版社
34. 金耀基『从伝統到現代』1999年 北京：中国人民大学出版社
35. 『金耀基選集』2002年 上海教育出版社
36. Claude Thelot『父貴子栄：社会地位和家庭出身』1992年 北京：社会科学文献出版社
37. 康暁光『権力的転移——転型時期中国権力格局的変遷』1999年 浙江：浙江人民出版社
38. 柯蘭君、李漢林主編『都市里的村民——中国大城市里的流動人口』2001年 北京：中央編訳出版社
39. Ｒ.Ｃ.ロングワース『全球経済自由化的危機』2002年 北京：生活・読書・新知三聯書店
40. 劉嘯主編『第三次失業高峰——下崗・失業・再就業』1998年 北京：中国書籍出版社
41. 劉少傑『後現代西方社会学理論』2002年 北京：社会科学文献出版社
42. 劉応傑『中国城郷関係與中国農民工人』2000年 北京：中国社会科学出版社

43. 劉祖雲主編『社会転型解読』2005 年 湖北：武漢大学出版社
44. 李亦園、楊国枢主編『中国人的性格』1988 年 台湾：桂冠図書股份有限公司
45. 李軍『中国城市反貧困論綱』2004 年 北京：経済科学出版社
46. 李培林、李強、孫立平等『中国社会分層』2004 年 北京：社会科学文献出版社
47. 李培林主編『中国新時期階級階層報告』1995 年 遼寧：遼寧人民出版社
48. 李培林『另一只看不見的手――社会結構転型』2005 年 北京：社会科学文献出版社
49. 李強、胡俊生、洪大用『失業下崗問題対比研究』2001 年 北京：清華大学出版社
50. 李強『当代中国社会分層與流動』1993 年 北京：中国経済出版社
51. 李強『社会分層與貧富差別』2000 年 福建：鷺江出版社
52. 李強『転型時期的中国社会分層結構』2002 年 黒竜江：黒竜江人民出版社
53. 李欧梵『上海摩登――一種新都市文化在中国 1930 ~ 1945』2001 年 北京：北京大学出版社
54. 李路路、孫志祥主編『透視社会不平等――国外社会階層理論』2002 年 北京：社会科学文献出版社
55. 李路路、王奮宇『当代中国現代化進程中的社会結構及其変遷』1992 年 浙江：浙江人民出版社
56. 林耀華『義序的宗族研究』2000 年 北京：生活・読書・新知三聯書店
57. 林耀華『金翼――中国家族制度的社会学研究』1989 年 北京：生活・読書・新知三聯書店
58. 林語堂『中国人』2000 年 上海：学林出版社
59. 梁漱溟『東西文化及其哲学』1999 年 北京：商務印書館
60. 梁漱溟『中国文化要義』2005 年 上海：上海世紀出版集団 上海人民出版社
61. 羅栄渠『現代化新論』1998 年 北京：北京大学出版社
62. 陸学芸、景天魁主編『転型中的中国社会』1994 年 黒竜江：黒竜江人民出版社
63. 陸学芸主編『当代中国社会流動』2004 年 北京：社会科学文献出版社
64. 陸学芸主編『当代中国社会階層研究報告』2002 年 北京：社会科学文献出版社
65. 陸学芸主編『社会学』1991 年 北京：知識出版社
66. 陸学芸等『社会結構的変遷』1997 年 北京：中国社会科学出版社
67. M．ウェーバー『新教倫理與資本主義精神』2002 年 陝西：陝西師範大学出版社
68. M．ウェーバー『経済與社会』1997 年 北京：商務印書館
69. M．フリードマン『中国東南的宗族組織』2000 年 上海：上海人民出版社
70. K．マルクス『資本論』(第一巻) 1975 年 北京：人民出版社
71. 潘晨光主編『中国人才発展報告』2006 年 北京：社会科学文献出版社
72. 潘維『農民與市場――中国基層政権與郷鎮企業』2003 年 北京：商務印書館
73. J．H．ターナー『社会学理論的結構』1987 年 浙江：浙江人民出版社
74. 秦音『中国中産階級』1999 年 北京：中国計划出版社
75. B．I．シュウォルツ『中国農村的市場和社会結構』1998 年 北京：中国社会科学出版社
76. S．ルークス『個人主義：分析與批判』1993 年 北京：中国広播電視出版社
77. 『社会藍皮書――2002 年：中国社会形勢分析與預測』2002 年 北京：社会科学文献出版社
78. 『孫中山全集』第一巻　1981 年 北京：中華書局
79. 孫立平『失衡――断裂社会的運作邏輯』2004 年 北京：社会科学文献出版社
80. 孫立平『断裂――20 世紀 90 年代以来的中国社会』2003 年 北京：社会科学文献出版社
81. 宋林飛『西方社会学理論』1997 年 江蘇：南京大学出版社
82. 邵道生『中国社会的困惑』1996 年 北京：社会科学文献出版社
83. T．パーソンズ、N．J．スメルサー『経済與社会』1989 年 北京：華夏出版社
84. トンプソン『英国工人階級的形成』2001 年 江蘇：訳林出版社
85. 佟新『人口社会学』2000 年 北京：北京大学出版社
86. 唐鈞等『中国城市貧困與反貧困報告』2003 年 北京：華夏出版社
87. 田雪原『大国之難――当代中国的人口問題』1997 年 北京：今日中国出版社
88. 童星主編『国情與省情』2001 年 江蘇：南京大学出版社

89. 童星主編『現代社会学理論新編』2003年 江蘇：南京大学出版社
90. 童星『世紀末的挑戦——当代中国社会問題研究』1995年 江蘇：南京大学出版社
91. 童星『発展社会学與中国現代化』2005年 北京：社会科学文献出版社
92. 呉魯平『中国当代大学生問題報告』2003年 江蘇：江蘇人民出版社
93. 文崇一、蕭新煌主編『中国人：観念與行為』民国77年 台湾：巨流図書公司
94. 王亜南『中国官僚政治研究』1981年 北京：中国社会科学出版社
95. 王先明『近代紳士』1997年 天津：天津人民出版社
96. 王御覃『為人：中国当代社会各階層生活品味報告』2000年 北京：西苑出版社
97. 王滬寧『当代中国村落家族文化——対中国社会現代化的一項探索』1991年 上海：上海人民出版社
98. 王煜主編、戴建中副主編『社会穏定與社会和諧』2006年 北京：社会科学文献出版社
99. 王昉『中国古代農村土地所有権與使用権関係：制度思想演進的歴史考察』2005年 上海：復旦大学出版社
100. 王祥俊、章文英主編『世紀之交的沈思——当代中国城郷社会発展問題探究』2003年 北京：地震出版社
101. 王穎『城市社会学』2005年 上海：上海三聯書店
102. 魏英敏主編『新倫理学教程』1993年 北京：北京大学出版社
103. G.ジンメル『金銭・性別・現代生活風格』2000年 江蘇：学林出版社
104. G.ジンメル『金銭・性別・現代生活風格』上海：学林出版社
105. C.E.ブラック編『比較現代化』1996年 上海：上海訳文出版社
106. 徐浩『農民経済的歴史変遷——中英郷村社会区域発展比較』2002年 北京：社会科学文献出版社
107. 肖新煌主編『変遷中台湾社会的中産階級』1990年 台湾：巨流図書公司
108. 許倬雲『中国文化與世界文化』2006年 広西：広西師範大学出版社
109. 許嘉猷『社会階層化與社会流動』1986年 台湾：三民書局股份有限公司
110. 許欣欣『当代中国社会結構変遷與流動』2000年 北京：社会科学文献出版社
111. 許海峰編著『你中産了嗎?』2003年 北京：経済日報出版社
112. 許紀霖、陳達凱主編『中国現代化史』第一巻　1995年 上海：上海三聯書店
113. 謝立中、孫立平主編『二十世紀西方現代化理論文選』2002年 上海：上海三聯書店
114. 謝舜主編、陸漢文・盛志宏副主編『和諧社会：理論與経験』2006年 社会科学文献出版社
115. 楊懋春『一个中国村庄——山東東台』2001年 江蘇：江蘇人民出版社
116. 于建嶸『岳村政治——転型期中国郷村政治結構的変遷』2001年 北京：商務印書館
117. 叶南客『中国人的現代化』1998年 江蘇：南京出版社
118. 尹保雲『什麼是現代化——概念與範式的探討』2001年 北京：人民出版社
119. 尹砥廷『承伝與超越——現代視野中的孔子思想研究』2005年 甘粛：甘粛人民出版社
120. 楊国枢、余安邦主編『中国人的心理與行為：文化・教化與病理篇』1992年 台湾：桂冠図書公司出版
121. 楊国枢、余安邦主編『中国人的心理與行為：理論及方法篇』1992年 台湾：桂冠図書公司出版
122. 楊国枢、文崇一主編『社会與行為科学研究的中国化』台湾：中央研究院民族学研究所専刊
123. 楊国枢、李亦園、文崇一等編著『現代化與中国化論集』（中国人叢書9）台湾：桂冠図書公司出版
124. 楊国枢、黄光国主編『中国人的心理與行為』（中国人叢書10）台湾：桂冠図書公司出版
125. 楊国枢主編『中国人的社会心理』1988年 台湾：桂冠図書公司出版
126. 楊国枢『中国人的心理與行為：本土化研究』2004年 北京：中国人民大学出版社
127. 楊宜勇等『公平與効率——当代中国的収入分配問題』1997年 北京：今日中国出版社
128. 楊宜勇等『失業衝撃波——中国就業発展報告』1997年 北京：今日中国出版社
129. 楊宜勇『中国転型時期的就業問題』2002年 北京：中国労働社会保障出版社
130. 楊継縄『中国当代社会各階層分析』2006年 甘粛：甘粛人民出版社
131. 殷一平『高級灰：中国城市中産階級写真』1999年 北京：中国青年出版社
132. J.ロールズ『正義論』1988年 北京：中国社会科学出版社

133. 虞和平主編『中国現代化歴程』第一巻　2001 年 江蘇：江蘇人民出版社
134. 袁志剛主編『中国就業報告』2002 年 北京：経済科学出版社
135. 袁方等『社会学家的眼光：中国社会結構転型』1998 年 北京：中国社会出版社
136. 閻志民『中国現階段階級階層研究』2002 年 北京：中央党校出版社
137. J．C．スコット『農民的道義経済学――東南亜的反叛與生存』2001 年 江蘇：訳林出版社
138. 『2000 年中国社会形式分析與預測』2000 年 北京：社会科学文献出版社
139. 周建国『緊縮圏層結構論――一項中国人際関係的結構與功能分析』2005 年 上海：上海三聯書店
140. 周暁虹主編『中国中産階級調査』2005 年 北京：社会科学文献出版社
141. 周暁虹主編『中国社会與中国研究』2004 年 北京：社会科学文献出版社
142. 周暁虹主編『全球中産階級報告』2005 年 北京：社会科学文献出版社
143. 周暁虹『伝統與変遷――江浙農民的社会心理及其近代以来的嬗変』1998 年 北京：生活・読書・新知三聯書店
144. 周暁虹『現代社会心理学――多維視野中的社会行為研究』1997 年 上海：上海人民出版社
145. 周暁虹『西方社会学――歴史與体系』2002 年 上海：上海人民出版社
146. 張仲礼『中国紳士――関于其在 19 世紀中国社会中作用的研究』1991 年 上海：上海社会科学院出版社
147. 張佩国『近代江南郷村地権的歴史人類学研究』2002 年 上海：上海人民出版社
148. 張向東『当代中国社会問題』2001 年 北京：中国審計出版社 中国社会出版社
149. 張琢、馬福雲『発展社会学』2001 年 北京：中国社会科学出版社
150. 張静『基層政権――郷村制度諸問題』2000 年 浙江：浙江人民出版社
151. 朱力『大転型――中国社会問題透視』1997 年 寧夏：寧夏人民出版社
152. 翟学偉『中国人的臉面観――社会心理学的一項本土研究』1995 年 台湾：桂冠図書出版公司
153. 翟学偉『中国人行動的邏輯』2001 年 北京：社会科学文献出版社
154. 鄭杭生、李強、李路路『当代中国社会結構和社会関係研究』1997 年 北京：首都師範大学出版社
155. 鄭杭生主編、楊雅彬副主編『中国社会結構変化趨勢研究』2004 年 北京：中国人民大学出版社
156. 鄭杭生主編『社会学概論新修』第三版　2003 年 北京：中国人民大学出版社

2．主要英語文献

1. Celia S. Heller: Structured Social Inequality: A reader In Comparative Social Stratification (Second Edition), Macmillan Publishing Company 1987.
2. Lipset,S.M. and R.Bendix. 1959. Social Mobility in Industrial Society. Berkeley: University of California Press.
3. Bourdieu, Pierre.1984. translated by Richard Nice, Distinction: a social critique of the judgment of taste. Harvard University Press, Cambridge, Massachusetts.
4. Ehrenreich, Barbara. 1989. Fear of falling: the inner life of the middle class. Published in the United States by Pantheon Books.
5. Gans, Herbert.J. 1974. Popular Culture and High Culture: An Analysis and Evaluation of Taste. New York: Basic Books.
6. Hsin-Huang Michael Hsiao. 1993. Discovery of the Middle Classes in East Asia. The Institute of Ethnology, Academic Sinica, Nankang, Taipei, Taiwan.
7. Hsin-Huang Michael Hsiao. 1999. East Asia middle Classes in comparative perspective, published by The Institute of Ethnology, Academic Sinica Nankang, Taipei, Taiwan.
8. Mills,C.Wright. 1951. White collar, the American middle class, New York: Oxford University Press.
9. Varma,Pavan.K. 1998. The Great Indian middleclass, Penguin Books India (P) Ltd.
10. Vogel,Ezra.F. 1963. Japan' new middle class: the salary man and his family in a Tokyo suburb. Published by University of California Press.

■ 著者プロフィール

周 建国　ZHOU JIANGUO

上海交通大学国際与公共事務学院副教授。安泰経済与管理学院経営管理学 MBA プロジェクトセンター兼務。南京大学社会学部法学博士。専門分野は公共管理学。主にリスクマネジメント、地域社会と政府のガバナンス、都市化問題等の研究に従事。主要学術論文 50 篇、著書 3 冊を出版。国家社会科学基金プロジェクト 1 件、省庁級プロジェクト 2 件を主宰し、他にも多数の国・省庁クラスの研究プロジェクトに携わる。

■ 訳者プロフィール

時松 史子　ときまつ ふみこ

東京都出身、成城大学卒業、お茶の水女子大学大学院人間文化研究科博士前期課程修了。現在、日本大学非常勤講師。訳書・編修書に『僕の恋、彼の秘密』（竹書房）、『標準中国語課本 会話編 I ～Ⅳ』（共訳、中研出版部）、『語法教材 修訂版』（中山時子中国語研修所）など。

中国社会

周建国　著 ／ 時松史子　訳 ／ 李恩民　監訳

2015 年 3 月 31 日　　初版第 1 刷発行

発行者　原　雅久

発行所　株式会社 朝日出版社

〒101-0065 東京都千代田区西神田 3-3-5

TEL (03) 3263-3321 (代表)　FAX (03) 5226-9599

印刷所　協友印刷株式会社

ISBN978-4-255-00832-5 C0036